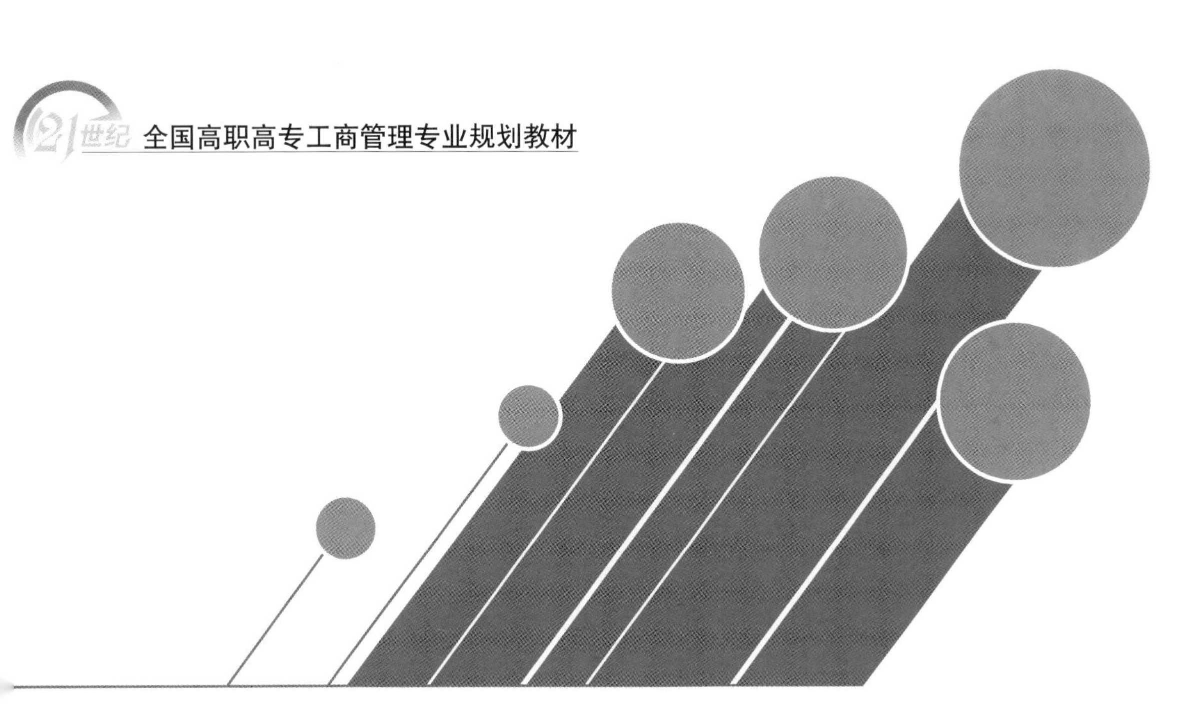

21世纪 全国高职高专工商管理专业规划教材

# 管理沟通

## 理念、技能与实践

Management Communication

Idea, Skill and Practice

裴 芸 崔建农◎主编

北京大学出版社
PEKING UNIVERSITY PRESS

**图书在版编目(CIP)数据**

管理沟通:理念、技能与实践/裴芸,崔建农主编.—北京:北京大学出版社,2013.4

(21世纪全国高职高专工商管理专业规划教材)

ISBN 978-7-301-22061-0

Ⅰ.①管… Ⅱ.①裴… ②崔… Ⅲ.①管理学-高等职业教育-教材 Ⅳ.①C93

中国版本图书馆CIP数据核字(2013)第022483号

**书　　名:管理沟通——理念、技能与实践**

著作责任者:裴　芸　崔建农　主编

策 划 编 辑:贾米娜

责 任 编 辑:贾米娜

标 准 书 号:ISBN 978-7-301-22061-0/F·3522

出 版 发 行:北京大学出版社

地　　址:北京市海淀区成府路205号　100871

网　　址:http://www.pup.cn

电 子 信 箱:em@pup.cn　　　QQ:552063295

新 浪 微 博:@北京大学出版社　@北京大学出版社经管图书

电　　话:邮购部62752015　发行部62750672　编辑部62752926
出版部62754962

印 刷 者:北京飞达印刷有限责任公司

经 销 者:新华书店

730毫米×980毫米　16开本　28印张　487千字

2013年4月第1版　2021年12月第5次印刷

定　　价:45.00元

---

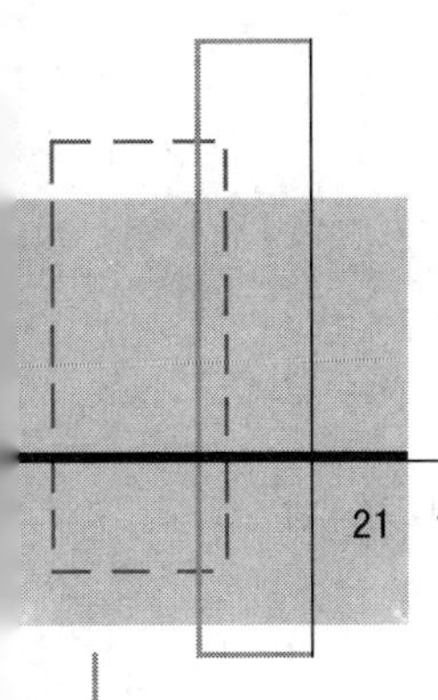

# 内容简介

21 世 纪 全 国 高 职 高 专 工 商 管 理 专 业 规 划 教 材

本书作为全国高职高专工商管理类专业的规划教材，注重培养应用型人才的综合素质和管理实践能力，全面体现了高职高专层次教学对应用、实用、适用的基本要求。在内容的组织上，以管理沟通理论和管理者沟通技能为视角，结合高职高专学生的特点；在编写的过程中，注重理论与实践的结合与渗透，充分满足学生的职业特质、多元环境以及个性发展等需求。

全书内容共分为三部分：

第一部分是管理与沟通的理念（知识铺垫），是对管理沟通、沟通与管理者之间关系的阐述，包括沟通与管理的关系、管理沟通概论以及管理沟通策略三方面的内容。

第二部分是人际沟通技能，说明个体之间应如何沟通，为读者提供基本的沟通技巧和工具，包括如何进行口头表达、书面沟通、非语言沟通等内容。

第三部分是组织沟通实践，这部分的编写思路从“沟通实务”这个管理沟通的角度来勾勒如何与上司、同事、下属沟通，如何通过有效沟通去提高工作绩效、去管理团队、去解决冲突，以帮助相关人员掌握与组织沟通管理环节中的沟通要务。

全书结构合理，针对性、实用性、操作性强，既便于教，又利于学。适用于高职高专各专业学生使用，也可供其他相关专业的师生和社会人员进修或自学使用。

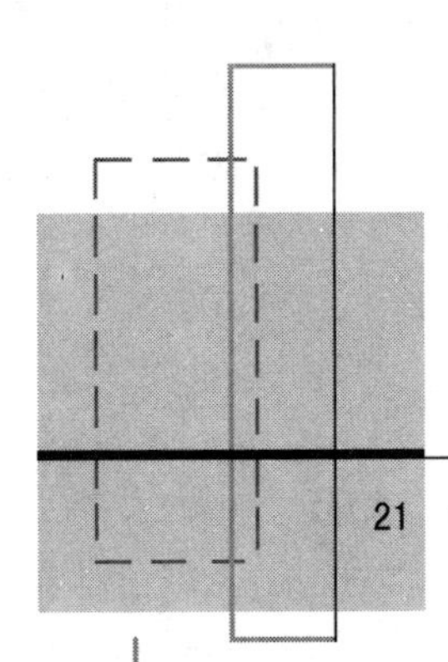

# 作者简介

21 世纪全国高职高专工商管理专业规划教材

裴芸，副教授，管理学硕士，高级企业培训师，现任山西电力职业技术学院企业管理系营销教研室主任，多年担任“工程管理与沟通”、“管理学实务”、“电力市场营销”等课程的教学工作，还积极承担着山西省电力公司在职员工管理沟通、物资管理等方面的培训工作，受到学生、学员的一致好评，被山西省教育厅授予“双师型”优秀教师的称号。多年来先后在国家级和省部级刊物上发表学术论文十余篇。

崔建农，副教授，现任山西电力职业技术学院企业管理系主任、外事处处长，山西省教育厅英语教学指导委员会委员。主编与参编了全国电力工业学校专业英语系列教材 1—5 册，山西中职英语系列教材 1—3 册，《新思维英语》系列教材 1—3 册，参编了《大学基础英语教程》、《电力科技英语翻译方法与技巧》、《电力专业英语培训教材》、《学生英语介词短语词典》、《电力实用英语口语》与《电力科技英语语法》等。在学术期刊上发表“英语否定新探”、“尝试建立英语表意否定的分类范畴”等学术论文三十余篇。

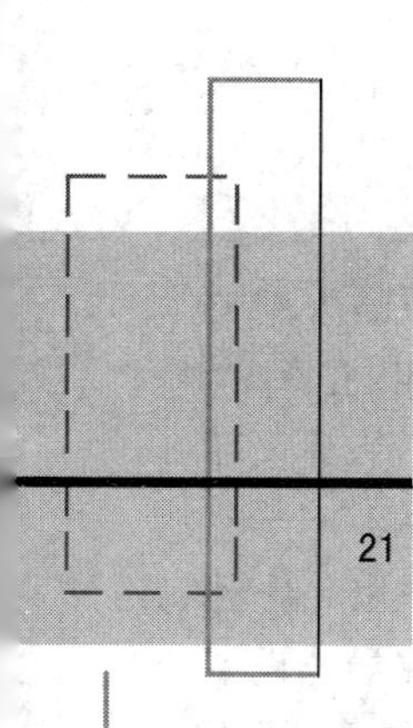

# 前 言

21 世纪全国高职高专工商管理专业规划教材

随着信息时代的迅猛发展，沟通在组织管理活动中起着越来越重要的作用。据美国一项调查显示：87%的回答者认为“沟通能力和批判性思考比计算机或其他特定的工作技能更重要”。良好的沟通能力是加强企业管理、形成良好团队精神的有力保证；而现实中，往往由于沟通意识和沟通技巧的缺乏，多数人不知如何用良好的沟通方法展示自己的专业知识和专业能力，让企业叹息人才难觅，让求职者在机会面前望而却步，让在职人员在职业发展与进步中痛失机缘。

重视培训与提高学生的管理沟通能力，是我们山西电力职业技术学院教育教学改革的一大特点。我院早在2008年就学习借鉴我院中澳合作办学电气项目课程体系，在各专业中普遍开设了“工程管理与沟通”特色课程，还编写了同名校本教材，对培养电力行业高素质技能型，生产、建设、管理与服务一线专门人才发挥了积极作用。

管理沟通类教材的适用对象已从MBA延伸到本科、硕士、博士、EMBA，但此类教材无论是从内容讲解上还是结构编排上，对高职高专层次的关注度都不够，尤其是对人文知识基础薄弱的理工科高职高专学生来讲，接受、理解方面受到了一定限制。经过三年来的教学实践、教学反思和对教材资源的不断挖掘，我们也逐渐发现了原编《工程管理与沟通》校本教材存在着诸多不适和缺陷。

为建立以“知识铺垫—方法和技能培养—实践能力演练”为主线的模块化课程教学模式，努力将能力培养贯穿于课程内容始终，进而实现知识学习与能力提升的有机统一，我们编写了《管理沟通——理念、技能与实践》教材，供开设管理沟通类课程的高职高专层次的学生使用，也可为需要提高管理沟通实际操作能力的在职人员提供参考。

本教材以裴芸副教授、崔建农副教授为主编，董华涛、李磊、顾晶为副主编。编写分工为：裴芸编写第一、二、三、十一、十二章；顾晶编写第四、五章；李磊编写第六、七章；董华涛编写第八、九、十章；全书中管理沟通的启示、建议部分及习题、电子教案由李志峥编写；全书由裴芸统稿。

在编写过程中，我们参考了国内外几十位专家、学者的著作，恕未一一列出，在此一并致谢。与此同时，我们要衷心感谢我院杨金桃副院长倡导开设了“工程管理与沟通”这门课程，并对本教材的编写提出了具体思路与要求，也要感谢我院建筑工程系系主任赵富田副教授在原编《工程管理与沟通》校本教材中发挥的开拓作用。

作为高职高专教材，本教材内容丰富，结构合理，有一定操作性，但是由于管理沟通的内容庞大而复杂，涉及面较宽泛，如何进行内容的取舍始终是我们面临的关键问题，还恳请各位读者不吝赐教。

本教材编写组

2012 年 11 月

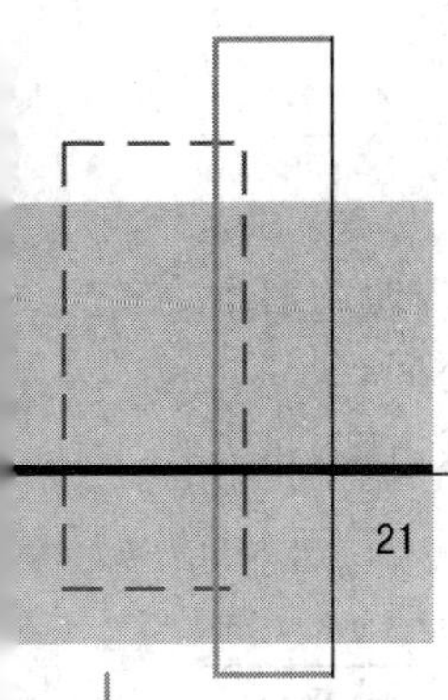

# 使用说明

21 世 纪 全 国 高 职 高 专 工 商 管 理 专 业 规 划 教 材

本教材是结合高职高专学生特点组织编写的，重在突出教材的实用性，注重理论和实践的结合与渗透，充分满足学生和学员的职业特质、多元环境以及个性发展等需求。

本教材分为三篇。

第一篇是管理与沟通的理念(知识铺垫)，是对管理沟通、沟通与管理者之间关系的阐述，包括管理与沟通的关系、管理沟通概论以及管理沟通策略三方面的内容。

第二篇是人际沟通技能，说明个体之间应如何沟通，为读者提供基本的沟通技巧和工具，包括口头表达、书面沟通、非语言沟通等内容。

第三篇是组织沟通实践，这部分的编写思路从"沟通实务"这个角度来勾勒如何与上司、同事、下属沟通；如何通过有效的沟通去提高工作绩效、去管理团队、去解决冲突，帮助相关人员掌握与组织管理沟通环节中的沟通要务。

本教材有以下四大特点：

(1) 在内容设计上，以能力本位来设计内容，不追求知识的完整性和系统性，着力于对学生基本管理沟通能力的培养和训练；在内容编排上，设计了大量的学生参与性内容，使学生能够借助教材进行积极、自主的学习，体现学生为主、能力本位的职业教育特点。

(2) 在内容选择以及编写风格上，力求做到既有理论阐述又有实践训练；通过课堂互动、案例分析、情境模拟、角色扮演、团队练习等众多互动模块，培养和训练学生的沟通技能；为学生由理论向实践跨越建立了一条通道。

(3) 收录的许多生动的本土案例，对学习和掌握根植于本土实际的沟通理论和沟通技巧大有裨益；书中还穿插了一些有关管理沟通的小阅读，极具启示意义。

(4) 设计了一些选择性章节和内容,并在每章后设计了管理沟通的启示或有关有效沟通的建议,为学有余力的学生提供一个拓展知识的空间。

我们结合自己的教学体会,就如何使用本教材提出以下建议或方案,供大家参考,见表 0-1。

**表 0-1 教材使用的教学设计或建议**

| 教学内容 | | 学习要点 | 课时安排 |
|---|---|---|---|
| 第一篇 管理与沟通的理念 | 第一章 管理与沟通的关系 | 第一节 管理与管理者<br>第二节 管理的核心是沟通<br>第三节 管理者要创建沟通生命线* | 2 |
| | 第二章 管理沟通概论 | 第一节 沟通与沟通障碍<br>第二节 沟通的类型<br>第三节 管理沟通的内涵<br>第四节 影响管理沟通的环境因素*<br>第五节 管理沟通的原则和方法* | 4 + 2 |
| | 第三章 管理沟通策略 | 第一节 管理沟通主体策略<br>第二节 自我沟通策略<br>第三节 管理沟通客体策略<br>第四节 管理沟通信息策略 | 6 + 2 |
| 第二篇 人际沟通技能 | 第四章 语言沟通 | 第一节 口头沟通<br>第二节 演讲技能<br>第三节 求职面试*<br>第四节 电话沟通 | 2 |
| | 第五章 书面沟通 | 第一节 书面沟通的类型和作用<br>第二节 有效书面沟通原则<br>第三节 如何写求职信* | 2 |
| | 第六章 非语言沟通 | 第一节 非语言沟通的含义及特点<br>第二节 非语言沟通与语言沟通的关系<br>第三节 非语言沟通的表现方式和运用技巧 | 2 |
| | 第七章 倾听技巧 | 第一节 倾听的含义和作用<br>第二节 倾听的障碍与策略<br>第三节 有效倾听的技巧 | 2 |

（续表）

| 教学内容 | | 学习要点 | 课时安排 |
|---|---|---|---|
| 第二篇<br>人际沟通<br>技能 | 第八章　团队沟通 | 第一节　团队与团队沟通<br>第二节　团队决策沟通 | 2 |
| | 第九章　跨文化沟通 | 第一节　跨文化沟通的含义<br>第二节　跨文化沟通的障碍<br>第三节　东西方文化的差异*<br>第四节　跨文化沟通策略 | 1 |
| | 第十章　网络时代的管理沟通 | 第一节　网络和网络沟通<br>第二节　网络对沟通的影响*<br>第三节　网络沟通的主要形式<br>第四节　网络沟通策略 | 1 |
| 第三篇<br>组织沟通<br>实践 | 第十一章　与员工“相知” | 第一节　“水”到“渠”成——如何与上司沟通<br>第二节　“左”“右”逢源——如何与同事沟通<br>第三节　顺“理”成“章”——如何与下属沟通 | 2+2 |
| | 第十二章　与组织“融合”** | 第一节　沟通怎样影响工作绩效<br>第二节　怎样建设团队<br>第三节　怎样管理冲突<br>第四节　如何进行会议沟通 | 4 |

特别需要说明的是，表中加*部分的内容属于选择性内容；加**的是选择性章节，授课教师可以根据授课对象的层次、接受能力等安排课时。课时可以从32—36课时不等，其中案例、讨论及情境模拟等时间已经包括在各个章节的教学时间中。对于案例讨论，建议各章至少选择一个案例，案例讨论时间由教师灵活调整；对于情境模拟，教师可灵活把握。

本教材编写组

2012年11月

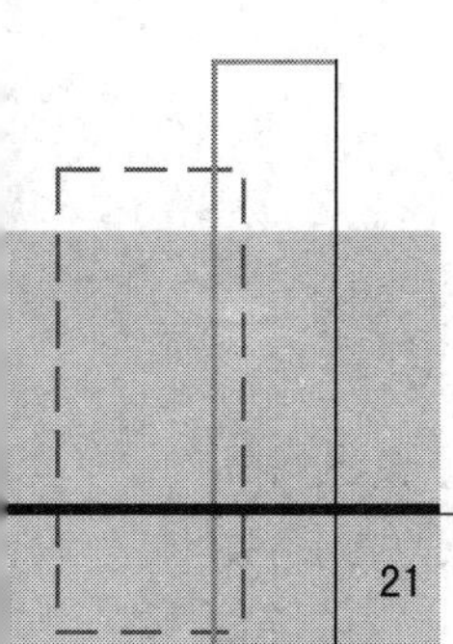

# 目 录

21 世纪全国高职高专工商管理专业规划教材

## 第一篇 管理与沟通的理念

# 第二篇　人际沟通技能

# 第三篇 组织沟通实践

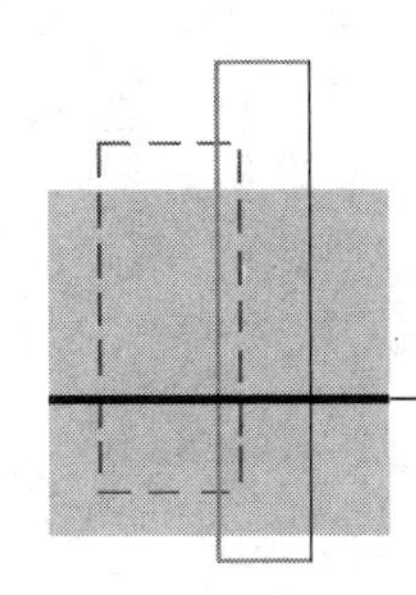

# 第一篇

# 管理与沟通的理念

管理就是沟通、沟通、再沟通。

——通用电器公司总裁杰克·韦尔奇

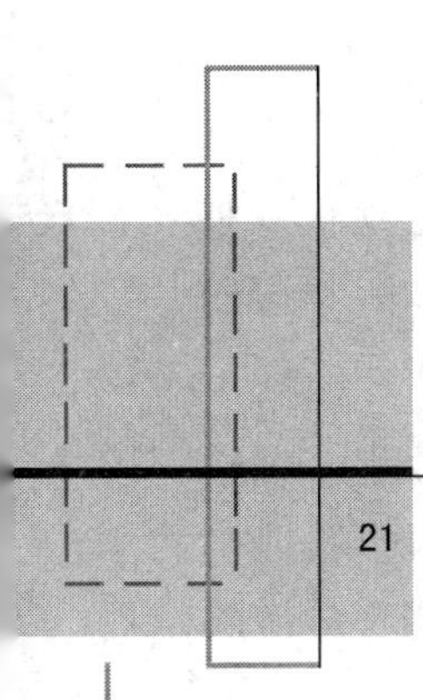

# 第一章 管理与沟通的关系



通过本章的学习,你将了解:

1. 管理的内涵、管理的核心究竟什么。
2. 管理职能与沟通之间有着怎样的联系,管理者的工作究竟有哪些。
3. 管理沟通与组织氛围是怎样的关系。

你将能够:

1. 说出管理与沟通的区别和联系。
2. 辨别实际工作环境中管理者扮演的各种管理角色。
3. 运用沟通的各种模式,营造沟通的鼓励性氛围。

## 第一节 管理与管理者

### ◆ 引例

**男孩的长裤**

有一个男孩弄到一条长裤,穿上一试,裤子长了一些。他请奶奶帮忙把裤子剪短一点,奶奶说家务太忙,让他去找妈妈。妈妈回答他,她已经同别人约好去玩桥牌。男孩又去找姐姐,姐姐正好有约会,就要到时间了。男孩非常失望,担心第二天穿不上这条裤子,就这样入睡了,结果会怎样呢?……

奶奶忙完家务事,想起孙子的裤子,就去把裤子剪短了一点;妈妈回来后心疼儿子,又把裤子剪短了一点;姐姐回来后同样也把裤子剪短了一点。可想而知,第二天早上男孩起来后会是怎样一种情景!

(资料来源:http://www.thsyxx.com/Blog/u/taoxin/archives/2011/598.html。)

这是美国国际商业机器公司(IBM)的创始人托马斯讲述的故事。由这个故事可以看出,任何集体活动都需要管理。如果没有管理活动协调,即使集体中每个成员的目标一致,由于没有整体的配合,也可能无法实现总体的目标。

管理可谓当今时代的一个热词,如果在网络上搜索"管理"两个字,检索到的网页有数千万条,而且涉及社会的方方面面。学校管理、企业管理、工程管理……管理已然成为解决社会宏观、微观诸多问题不可或缺的利器。可以说,只要有共同活动就有管理,大到国家,小到家庭、企业,都存在管理的问题。管理活动无处不在,那么,管理是什么?

## 一、管理的定义与内涵

1. 管理的定义

管理,顾名思义,有管有理,管人理事。"管"有管辖、负责、照管、约束之意;"理"有整治、协调、治理的含义;"管"和"理"合起来就是约束、治理的过程。但从科学的角度给管理下定义,则是仁者见仁,智者见智。

泰罗:管理就是要"确切地知道要别人干什么,并指导他们用最好的办法去干"。

法约尔:"管理就是实行计划、组织、指挥、协调和控制。"

西蒙:"管理就是决策。"

彼得·德鲁克:"管理是一种以绩效、责任为基础的专业职能。"

借鉴现有的定义,我们从系统论的角度给管理下一个定义:管理是管理者在特定的环境和条件下,以人为中心,对组织所拥有的资源进行有效的计划、组织、领导和控制,以便达到既定组织目标的过程。

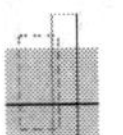

**小阅读:管理的有效性**

彼得·德鲁克(Peter Drucker)提出,管理的有效性包括效果与效率两个概念。效果意味着决定的组织目标是否正确(做正确的事),侧重于强调活动的结果是正确的。效果既包括经济效益,也包括社会效益。效率是指实现组织目标所用资源的多少,即系统在单位时间内投入和产出的比率(正确地做事)。投入多、产出少,则效率低;反之,则效率高。效率侧重于强调活动的方式是正确的。从这个意义上讲,管理就是调动人的积极性以便正确地做正确的事的一门学问(见图1-1)。

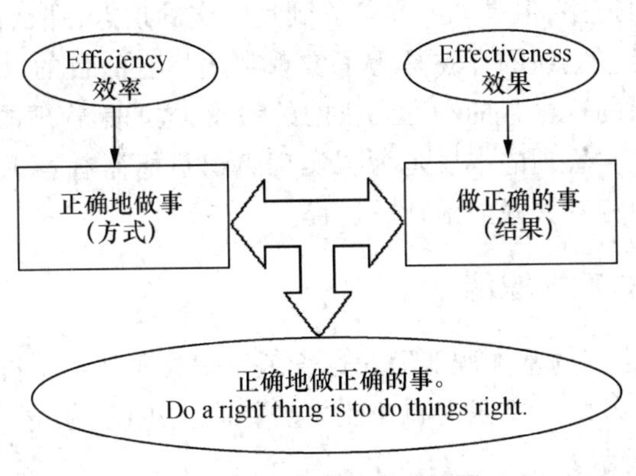


**图1-1 效果与效率关系图**

2. 管理的内涵

上述管理的定义中包含了管理的载体、管理的对象、管理的职能、管理的使命以及管理的本质,我们分别来看。

**管理的载体** 组织管理总是存在于组织中的,管理不能脱离组织而单独存在。这里提到的组织,是指众多的个体、群体以有层次的、富有成效的方式将相互依赖的因素(包括态度、动机、组织结构、相互作用、目标、直觉等)组合起来以达到非个体所能胜任和完成的工作目标的系统,其本质是一个由两人以上构成的协作系统。

脱离组织的管理就失去了管理的意义和内容。正如一个超市经理决定今天超市补货的数量、品种,这属于管理决策;而他决定今天在超市为自己购买什么物品则不属于管理的范畴了,因为其思想和活动已经脱离了超市这个组织。

**管理的对象** 管理的对象是组织内外一切可协调的资源,即人、财、物、信息等资源,具体包括原材料、人力、资本、土地、厂房、机器设备、顾客、信息等。

**管理的职能** 计划、组织、领导和控制是管理的四大基本职能。决策和创新这两项职能也越来越受到重视,但严格地说,这两项职能并不是独立的管理职能,而是从四个基本职能中分离出来的,是对四项基本职能某些方面共同内容的专门强调。组织的有效运作是通过管理系统来实现的,它表现为一系列的管理职能,是按一定程序循环着的动态过程。

**管理的使命** 目标是所有管理活动的起点,同时也是管理活动追求的结果,更是管理工作成效的考核标准和依据。如果你没有任何特定的目的,那么你可以选择任何道路,但是如果你打算到达特定的地点,那么你就要计划到达那里的最佳路径。组织的存在是为了实现某些特定的目的,所以就必须有人清晰地定义组织的这些目的和达到目的的手段,这就是管理的使命。

**管理的本质** 管理的本质是为了实现组织目标而有意识、有目的地对资源进行的一系列相互关联的活动或过程。

## 二、管理的基本职能

一般认为,管理的基本职能即表达管理系统为实现组织目标、按管理过程实施管理所应具备的主要职责和功能,包括计划、组织、领导和控制四项基本职能,如图 1-2 所示。

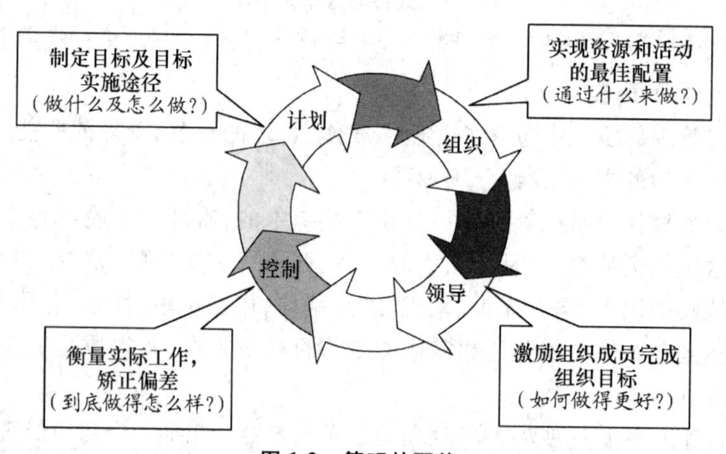


**图 1-2 管理的职能**

计划职能(Planning)包含制定目标、制定整体战略以实现这些目标以及制订计划和协调活动的过程。

管理者还负有安排工作以实现组织目标的职能,我们称之为组织职能(Organizing)。它包括:决定组织要完成的任务是什么;谁去完成这些任务;这些任务怎么分类组合;谁向谁报告;各种决策应在哪一级制定;等等。

每一个组织都是由人组成的,管理的任务是指导和协调组织中的人,这就是领导职能(Leading)。当管理者激励下属、影响工作中的个体和团队、选择最有效的沟通渠道,或者解决组织成员之间的冲突时,他就是在履行领导职能。

管理者要履行的最后一个是控制职能(Controlling)。当设定了目标及制订了计划(计划职能),经过了组织结构所谓的安排(组织职能),雇用了人员、培训和采取了激励措施(领导职能)之后,还需要评估事情是否在按计划进行。为了保证事情按照既定的计划进行,管理必须监控组织的绩效,必须将实际的绩效与预先设定的目标进行比较,如果出现了任何显著的偏差,管理的任务就是使组织回到正确的轨道上来。这种监控、比较和纠正活动就是控制职能的含义。

管理的实际情况并不像上面我们所描述的管理职能那么简单,现实中不存在简单的、界限清晰的、纯粹的计划、组织、领导、控制的起点和终点。当管理者履行他们的职责时,他们通常会发现自己同时在做着一些计划工作、一些组织工作、一些领导工作以及一些控制工作,而且这些管理工作并非都严格遵循上述顺序,所以将管理者所履行的职能描述为一种过程的观点更符合实际情况。

## 三、管理者与沟通

1. 管理层次

管理者是指从事管理活动、实施管理行为、履行管理职能、对实现组织目标承担责任的人。在我国,我们习惯于用“领导”、“老板”这样的词来称呼管理者。现今社会是一个高度分工的社会。政府、企业、中介机构以及各类营利性组织高度发展、高度组织化。各式各样的组织都需要管理者去履行责任。如在一个企业里,会有人力资源部、财务部、生产部等各个部门的经理。他们有着各自的专业特长,但都在做着管理性质的工作。而管理者也不是一个模子刻出来的。我们会看到高矮胖瘦、各种性格的管理者处在各行各业里面。

管理工作不是会计、销售、研发、安全等职能。管理工作性质的差异更多地体现在层级上,而不是部门业务的差异上。按照在组织中的层级,可以将管理者划分为高层管理者、中层管理者和基层管理者。高层管理者是一个组织中最高领导层的组成人员，拥有人事、资金等资源的控制大权，负责组织的长远发展计划、战略目标和重大政策的制定，又称决策层；中层管理者是一个组织中层机构的负责人员，是高层管理者决策的执行者，故称为执行层；基层管理者是指处于一个组织中业务第一线的管理人员，负责现场作业的指挥和监督，故称作业层。对管理者的层次划分见表 1-1。

**表 1-1　管理者的角色定位和职责**

| 层级 | 目标 | 职责 |
| --- | --- | --- |
| 决策层（高层） | 保证总目标与环境的协调 | 制定全局标准（愿景设计、生存空间） |
| 执行层（中层） | 保证组织成为一个畅通的主体 | 随机权变协调（上下、内外） |
| 作业层（基层） | 保证战略与战术的实施 | 操作性激励（工作及时完成） |

不同层级的管理者在各项管理职能上花费的时间不同。越往高层走，管理者在计划和控制职能上所用的时间越多；而到了基层，管理者更多的时候是从事领导或者督导工作，如表 1-2 所示。

**表 1-2　不同层次的管理者每种职能的时间分布**

| 层级 | 计划 | 组织 | 领导 | 控制 |
| --- | --- | --- | --- | --- |
| 决策层（高层） | 28% | 36% | 22% | 14% |
| 执行层（中层） | 18% | 33% | 36% | 13% |
| 作业层（基层） | 15% | 24% | 51% | 10% |

那么，管理者做什么？说起这个问题，可能不少同学会直觉地想到“运筹帷幄，决胜千里”。然而，当我们用眼睛和心灵去观察身边的管理者时，却又会发现上至国家领导人，下至大学院系级的领导、企业的中层干部、乡镇干部，好像多数管理者都很忙碌，天天要去出席活动、处理冲突、拍板决策，或者是出去调研，天天坐在办公室里的管理者不多。

2. 管理者角色与沟通

管理者真正做了什么？20 世纪 60 年代，美国麻省理工学院斯隆管理学院博士生明茨伯格基于实地观察基础上的思考，提出：和人们对于管理者的直觉想象不同，管理者的工作并非是井然有序的，而是经常被意外事情打断。他们在组织中扮演着十种角色，这十种角色又可进一步归纳为人际角色、信息角色和决策角色三大类（见表 1-3）。

表 1-3 管理者的十种角色

| 三个方面 | 十种角色 | 描述 |
|---|---|---|
| 人际关系 | 代表人 | 象征性首脑,履行例行的社会法律义务 |
| | 领导者 | 指导并激励人们努力达到共同目标 |
| | 联络者 | 建立与维护外部网络 |
| 信息传递 | 监督者 | 寻找、获得、筛选内外信息 |
| | 传播者 | 传递、共享内外信息 |
| | 发言人 | 向内外发布组织信息 |
| 决策制定 | 企业家 | 寻求问题和机会,发起变革和策划方案 |
| | 混乱驾驭者 | 处理重大意外动乱,排除和化解矛盾 |
| | 资源分配者 | 分配组织的各种资源 |
| | 谈判者 | 企业内外部重要谈判中的代表 |

尽管这十种角色是基于对 CEO 工作的考察总结出的,但对于中基层管理者来讲也同样适用,不过他们在各类角色上所花费的时间和精力,就会存在较大的差异了。

明茨伯格论述的角色分类揭示了管理沟通的重要意义。有人把这十种角色的功能综合为愿景设计者、激励者和推动者三个方面的角色。管理者作为愿景设计者,必须要把自己设定的愿景转化为下属共同的愿景,这就要求以高超的沟通技巧为前提;而管理者的愿景要能够对员工产生激励,其必要条件是员工的目标能够与管理者的愿景兼容,让愿景产生内在激励效应,这就进一步强化了沟通在管理中的功能;管理者通过大量的沟通活动,促使下属员工朝设定的愿景奋斗,推动组织工作绩效的提高,这就发挥了推动者的作用。综上可以看出,管理者要完成愿景设计者、激励者和推动者三个角色的任务,有效的沟通技能是必要条件。

## 互动话题:管理角色

张玲是一家造纸厂的厂长,这家厂正面临一项指控:厂里排出来的污水污染了邻近的河流,因此张玲必须到当地的污水管理局去为本厂申辩。王军是该厂的技术工程部经理,他负责自己部门的工作和协调销售部门的计划。李刚负责厂里的生产管理,他刚接到通知:昨天向本厂提供包装纸板箱的那家供应厂商遭了火灾,至少在一个月内无法供货。而本厂包装车间的员工们想知道，他们现在该干什么。李刚说，他会解决这个问题。罗兰负责文字处理和办公室的工作，室里的职工之间为争一张办公桌刚发生了一场纠纷，因为那张办公桌离打印机最远，环境最安静。

（资料来源：http://www.worlduc.com/blog2012.aspx? bid=618089。）

问题

在这家造纸厂里，张玲、王军、李刚、罗兰分别扮演了什么管理角色？

3. 管理者技能

管理者的职能是变化和复杂的，管理者需要特定的技能来履行其职能。

（1）概念性技能（Conceptual Skill）。概念性技能是指综观全局、认清为什么要做某事的能力，也就是洞察组织与环境相互影响之复杂性的能力。具体地说，概念性技能包括理解事物的相互关系从而找出关键影响因素的能力、确定和协调各方面关系的能力以及权衡不同方案优劣和内在风险的能力等，主要表现为创新与变革能力、系统分析和解决问题的能力、驾驭全局的能力。

（2）人际关系技能（Human Skill）。人际关系技能是指与处理人事关系有关的技能，即理解、激励他人并与他人共事的能力。人际关系这项技能，对于高、中、低层管理者有效地开展管理工作都是非常重要的，因为各层次的管理者都必须在与上下左右的同事进行有效沟通的基础上相互合作，共同完成组织的目标。

（3）技术性技能（Technical Skill）。技术性技能指使用某一专业领域内有关的工作程序、技术和知识来完成组织任务的能力。技术性技能主要涉及"物"（过程或有形的物体）的工作，如工程师、会计、技术员等。技术性技能强调内行领导。

这些技能对于不同层次的管理者的相对重要性是不同的（见图1-3）。对于高层管理者，最重要的是概念性技能；基层管理者最接近现场，专业技能格外重要；而人际关系技能对不同管理层的重要程度区别不十分明显，但比较而言，对高层要比低层相对重要一些。

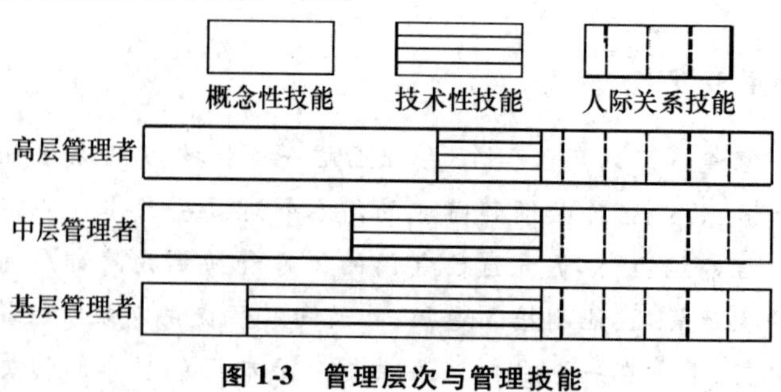


图1-3 管理层次与管理技能

## 四、管理与管理者

对于所有的组织，管理都是绝对必要的。无论组织的规模是大是小，组织类型是营利性还是非营利性，也无论在组织中的哪个领域——制造、营销、人力资源、财务、研究开发等，或组织中的哪个层次——高层、中层、基层，都有特定的目标，都存在对资源的获取、开发和利用，并进行有效的计划、组织、领导和控制，也就是都存在管理问题。所以说，管理是组织的普遍需要。

同时，我们从切身利益出发，要求组织改进其管理方式，因为，我们每天都在与不同的组织打交道。当你为审验你的驾照，在车管所待了三个小时还没办完；当你去商场办理退货，营业员、客服部和厂家互相推诿不解决问题时，你会怎么办？这些都是不良的管理导致的问题。管理良好的组织，能够发展出忠诚的顾客，能持续成长和不断繁荣；管理不善的组织，其顾客群会不断萎缩，营业收入也会下降，最终会陷入困境。组织要兴旺，管理者必须认识到不良的管理的危害，并采取措施纠正。

**思考·讨论·分析**

1. 选取在学校或工作中你所经历的某个情况，辨析你所看到的管理沟通问题，谈谈管理中会遇到哪些沟通问题。

2. 采访几位管理人员，问一问管理工作的重要性主要体现在哪些方面。

# 第二节　管理的核心是沟通

### ◆ 引例

**通天塔的故事**

《圣经·旧约》上说，人类的祖先最初说的是同一种语言，他们在底格里斯河和幼发拉底河之间，发现了一块异常肥沃的土地，然后就在那里定居，修起城池，建造了繁华的巴比伦城。他们的日子越过越好，为自己的业绩倍感骄傲，于是决定修一座通天的高塔来传颂自己的赫赫威名，并作为集合全天下弟兄的标记。由于大家语言相通、心意相同，通天塔很快就高耸入云。

上帝得知此事后，立即前往通天塔的修建工地察看。一见之下，不由又惊又怒，心想：人们说同样的语言，就能建起这样的巨塔，日后还有什么事情办不成？于是就让人世间的语言不再相同，人们说着不同的语言，无法交流。人类从此各执己见，争吵斗殴，思想很难统一，通天塔的修造也因语言纷争而停止，最终没有建成。

（资料来源：http://tuiar.com/blog/1468868#topic_list_1468868。）

一个人若不能随时与外界、与伙伴交流沟通，就会很快落伍。若没有沟通，人们就不可能达成共识。身为管理者要创造出更多的沟通途径，让成员充分沟通交流，达成共识。组织有共识，才能形成合力，为共同的目标奋斗，心甘情愿地倾力打造组织的通天塔。

## 一、管理需要沟通

了解管理职能为我们评价组织如何工作，甚至它们为什么不能有效工作提供了基础，但是如果这些职能没有沟通在其中发挥作用，将仍然是非常抽象的。如果我们希望组织有效运作，就必须沟通，否则，目标就无法实现。

1. 沟通是组织的生命线，传递着组织的发展方向、期望、过程、产物和态度

没有沟通，就没有管理；没有沟通，管理就只是一种设想和缺乏活力的机械行为。沟通是组织中的生命线，就像一个生命体中的血管一样，贯穿全身每一个部位、每一个环节，促进身体循环，提供各种各样的养分，形成生命的有机体。从外部看，沟通因投入而把组织与供应商联系在一起，因产出而把组织与客户联系在一起。从内部看，沟通把人与设备在特定时间内整合，以达到生产要求。

管理职能的发挥离不开沟通。从制订计划和安排生产进度到列出工作职责范围和填写支票，沟通传递着组织的发展方向、期望、过程、产物和态度。正因为沟通是组织的血液，管理者必须积极鼓励自下而上的交流。历史事实不断证明，经营失败往往是由于领导者被蒙蔽而偏离现实。

2. 组织是一个系统，组织中任何部分的变化或变动都会对整个系统产生连带影响

所谓系统，就是以各种方式将投入要素进行转化并产出的整合过程。虽然这种普遍的定义常常被用于描述物理转化过程，但它也同样适用于组织，无论这一组织是大是小，是公共组织还是私营组织，是营利性组织还是非营利性组织。

组织中任何一个部分的变化或变动都会对整个系统产生连带影响。当改变计划时，沟通就具有更大的意义。在这种情况下，管理者必须克服原有的观念，接受与先前不同的信息，而不是管理者脑海中已有的信息。由于组织中其

他的成员有着不同的思维形式和不同的期望,他们可能对管理者所发送信息的感受不同。

3. 信息是指被理解的信息,而非发出的信息

信息接收者所理解的信息也许与信息传递者想要表达的意思毫无关系。事实上,系统中的信息传递者不会意识到接收者对信息的理解不同于他想传递的内容;而接收者判断信息或理解信息的倾向是传递者所无法控制的。

**小阅读:不同的理解**

一位足球教练为了向队员们说明喝酒对身体的危害,就想在一次例会上向全体队员做一个演示,来说明这个问题。

演示是这样的:

有两个透明的烧杯,分别在里面装满了清水和烧酒。此时教练夹起了一只蚯蚓,先放到清水里,蚯蚓自然在里面神气活现地扭动起来。队员们不明白教练的用意,都聚精会神地看着。然后教练又将这只蚯蚓从清水里夹出来放到了盛满烧酒的杯子里,可想而知,可怜的蚯蚓扭动了几下后就瘫软了,不动了。

此时队员们都很诧异地看着教练,这时教练就问道:我做这个演示的目的就是要告诉大家一个道理,有谁知道可以告诉大家。沉默了一会儿,一位运动员举手了,大声地说道:"教练的目的就是要告诉大家一个既深刻又简单的道理,蚯蚓在清水里神气活现而在烧酒里就死掉了,说明烧酒能杀虫。所以呢,要多喝酒,这样的话胃里就不会长虫了。"教练一听这话,真是哭笑不得。其实,从他的本意出发,他是想劝运动员们不要半夜三更去酗酒,因为酒对有机体的伤害是很大的,会对队员的身体造成伤害。然而他却得到了这样一个啼笑皆非的结果。

(资料来源:http://doc.mbalib.com/view/7d64eff8189cb8762335eecaa92e62a3.html。)

看来,同样的事物,不同的人对它的理解的差别是非常大的,在我们日常的谈话和沟通中也同样如此。当你说出一句话来,自认为可能已经表达清楚你的意图,但是,不同的听众会有不同的反应,对其的理解也是千差万别的,甚至可能理解为相反的意思,这将大大影响我们沟通的效果和效率。

## 二、沟通是管理者有效履行管理职能的润滑剂

只要有组织就有沟通。管理者从某一灵感开始,想出一个主意,最终建立起行动的整个框架。即使这名管理者是独立地工作,他也会很好地把这些想法组合在一起。最初他可能会把它变成文字以供未来参照,否则,这名管理者可能在日后会忘记原先的一些想法。由于沟通贯穿于管理的全过程,因此,当管理者实施他们特定的职能时,他们必须认识到各种形态的沟通方法将如何帮助他们完成其职责,表 1-4 描述了与各管理职能一起应用的一些最常用的沟通类型。

**表 1-4 沟通和管理职能的类型**

| 管理职能 | 沟通类型 |
|---|---|
| 计划 | 群体讨论——收集想法、如何实施<br>书面——长期计划、短期计划<br>口头——正式的采购要求、与受到影响的人交谈 |
| 组织 | 书面——监督关系、政策、特殊的程序<br>口头——向受到影响的人讲清关系<br>视觉——结构和流程图 |
| 领导 | 书面指示、快速参照图、看得见的流程图、书面授权、口头指示、视觉肯定<br>交谈——人际关系<br>正式报酬、表扬、个人提升的书面政策、书面职业生涯计划、职业生涯计划的口头讨论 |
| 控制 | 对观察到的东西的口头肯定、书面评价、期望与绩效情况的书面分析,说明未来变化的方向 |

## 三、管理的核心就是沟通

管理以人为本,管好人离不开沟通;管理以事为基,要做好事同样离不开沟通。要出好结果,任何一个环节的沟通都举足轻重、不可马虎,因此,管理离不开沟通,沟通是管理的核心。

1. 沟通贯穿整个管理实践的全过程

只要管理的主体及对象是相对独立的个人或群体,那么沟通就会发生在管理过程的每一个环节。下达一个工作指令需要良好的沟通,反映一项工作意见也需要良好的沟通;没有沟通,管理的全过程就会支离破碎,无法有效衔接。

2. 沟通是实施各项管理职能的主要途径和手段

管理的计划职能需要有计划前的信息采集、计划中的信息交流和讨论，也需要有计划后的阐述和分解落实，所有这些活动，其实也正是沟通的活动和过程。领导职能要确定企业目标并激励员工去实现目标。而控制没有信息的传送和反馈就失去了其真实依据和实施途径，等等。总之，只要想实施管理的各项职能，就必须沟通。

3. 沟通是管理的实质和核心内容

管理的实质是对各种对象资源的一种整合，但由于各种资源在客观上是各自独立隔绝的，它们自己无法直接互相组合和联系，因此就需要第三者（企业的各种管理者）为了达到某种目的对它们施加有效的处置和影响，从而在它们之间建立起有效和牢固的联系。这中间需要各种联系的桥梁，而沟通就是这些桥梁和联系。一项工作指令是沟通，一个规章制度也是沟通。任何管理者想要做任何一件事都需要沟通。

**小阅读**

美国汽车制造业在没有引进团队精神前，每一个零件都是行业内最好的，但是组合起来的汽车性能却远远比不过单个零件质量相比较落后的日本汽车。原因很简单，美国汽车制造商的各个部门在生产每一个零件时没有通力合作，更没有事先对汽车的性能做良好的沟通，而日本汽车制造商却这样做了。

4. 从管理过程来看，管理离不开沟通

管理的过程是资源组合的过程，资源组合的过程必须借助于各种资源信息和组合方式的信息的大量复杂的交流、反馈。没有这些大量的信息交流、反馈，即沟通的发生、实现，管理过程就要中断或残缺，甚至失去控制。

## 互动话题：张经理的沟通经验

某公司张经理在实践中深深体会到，只有运用各种现代化的、科学的管理手段，充分与员工沟通，才能调动员工的积极性，才能使企业充满活力，在竞争中立于不败之地。

首先，张经理直接与员工沟通，避免中间环节。他告诉员工自己的电子信箱,要求员工尤其是外地员工大胆反映实际问题,积极参与企业管理,多提建议和意见。他本人则每天上班时先认真阅读来信,并进行处理。

其次,为了建立与员工的沟通机制,公司又建立了经理公开见面会制度,公开见面会定期召开,也可因重大事情临时召开,参加会议的员工有员工代表、特邀代表和自愿参加的员工。每次会议前,员工代表都广泛征求群众意见,提交到经理公开见面会上解答。1998 年 12 月,调资晋级和分房两项工作刚开始时,员工中议论较多。公司及时召开了会议,厂长就调资和分房的原则、方法与步骤等做了解答,使部分员工的疑虑得以澄清和消除,保证了这两项工作的顺利进行。

(资料来源:http://www.5ucom.com/p-214314.html。)

问题

1. 分析张经理与员工在沟通方式上所做的选择,这些方式有何特点?

2. 沟通的主要内容是什么?通过这个沟通案例,分析管理者在沟通中所起的作用。

## 四、管理与沟通的关系

1. 管理与沟通的联系

管理和沟通有着密切的联系。二者是存在大量重叠的人类行为过程。其一,所有的管理行为过程,绝大部分都是沟通行为过程。沟通是管理的实质和核心内容,也是管理得以实施的主要手段、方法和工具。如管理职能中的计划,计划必须有信息收集、整理、分析做基础,信息收集处理的过程就是沟通的过程。其二,如果把沟通行为过程由人类社会大背景缩小到组织内外部这一相对较小的范围来考察,从组织行为学的角度看,大量的沟通行为过程必然与组织的管理相关或重叠,大部分沟通行为过程都是管理行为过程。

2. 管理与沟通的区别

(1) 管理与沟通的侧重点不同。管理和沟通毕竟是两个不同的概念。管理比较侧重于人和人、人和物等多种企业资源的组合及组合过程,强调的是管理者、管理对象和全部过程。而沟通则比较侧重于管理活动中必不可少的信息交流行为过程,是管理活动中最重要的一部分。

(2) 管理与沟通的目的不同。虽然管理和沟通都是人类和企业组织中重要的社会行为,但两者的目的并不完全相同。管理的目的是要企业输出最大产出,而沟通的目的则是互相正确理解,但理解并非一定能达成共识,没有共识从效果上讲有时并不一定能输出最大产出。当然,两者都以充分利用组织资源、争取最大产出为基本目标和初衷。

(3) 管理与沟通的内涵和外延不同。管理活动和沟通活动作为人类和企业组织的基本活动，两者在内涵和外延上存在着重叠部分，即该活动既是管理又是沟通。管理与沟通也有各自独立不相重叠的部分，也就是说是管理但不是沟通，或者是沟通但不是管理。比如仓库管理员对于纯粹商品库存摆放位置的管理，因为只涉及个人对一些物品的管理，这种行为就仅属于管理行为。

(4) 管理与沟通针对的范围不同。管理主要针对组织来定义，而沟通是针对整个人类社会来定义的。也就是说，只要有人的地方，就必须发生沟通行为，与存不存在组织没有必然联系。在组织内要沟通，不在组织内也要沟通。而管理，必须以组织存在为前提和对象才能成立和实施。可以说，沟通发生的范围更大、更广阔。这也是管理和沟通的重要区别。

**思考·讨论·分析**

请作图说明沟通的四种风格，并对每种风格结合身边的实例加以说明（提示：从沟通的风格和管理职能的关系入手）。

## 第三节　管理者要创建沟通生命线*

### ◆ 引例

**赵老板的一天**

赵俊苏是一家科技有限公司的董事长，该公司在赵老板的领导下由一个只有七八个人的小企业发展成为一个拥有二百多名员工、年销售额过亿的高成长企业。赵老板虽已年过七旬，但仍精力旺盛，以下是他近期某一天的工作情况：

8:30—9:50　与研发部部长张博士谈宽频超远程数采仪的研制。

9:50—10:20　与总经理蔡则（赵老板的女婿）谈昆明展销会的安排情况（这中间接到一个车间主任关于一名工人工伤的报告，当即指示该主任去领取 3 000 元抚恤金，事后再向行政部备案）。

10:20—11:00　科技信息办林工来找他说新的岗位规定太严格，自己因年龄、身体等原因无法胜任。考虑到林工也是公司的元老，赵老板同意对林工

---

* 对于本节内容，教师可根据教学需要选择。

的考核可以灵活掌握,林工十分感谢。

14:00 在得知市场部朱经理再次将原本是公司的业务介绍给他的朋友的公司后,当即决定开除朱经理。

14:05—14:30 接待宁波大洋公司的钱总,钱总向赵老板推荐一种新型的节能光源材料,这使赵老板再次鼓起要搞新型节能光源项目的决心,尽管公司领导层大部分人不赞成搞此项目,但赵老板还是立即通知研发部派人来共同商谈。

15:50—16:30 接采购部王经理电话,被告知由于现有库存太小,以现有的采购规模无法按新的管理办法登账入库,赵老板亲自去库房看了以后当即表态:新的物料管理办法暂缓执行。

(资料来源:张玉利,《管理学》(第二版),南开大学出版社,2004。)

也许你并不喜欢赵老板的工作方式,但事实上许多在岗的管理人员都类似赵老板这样度过每一天。而日常的管理工作也正是由这一系列相互关联、连续进行的沟通活动构成的,可以说管理者的主要工作就是沟通。正如著名学者埃利斯和威廷顿指出的那样,很少有哪项工作不需要相互沟通,特别是从事管理工作的人在与其他部门的人进行工作接触时,沟通技能就显得非常重要了。

## 一、管理者的重要技能:有效沟通

管理者每天都进行沟通。良好的沟通在很大程度上影响着管理者的成功。那些无法给出清晰指导的管理者常常发现其员工绩效很差,因为员工们不知道对他们的期望是什么,而优秀的管理者比较注重发展有效沟通的技能,他们使用这种技能来汲取信息、激励员工。

卢森斯曾经对450多位管理者进行研究,他发现这些管理者都从事以下四种活动:传统管理(包括决策、计划和控制);沟通(包括交流例行信息和处理文书工作);人力资源管理(包括激励、惩戒、调解冲突、人员配备和培训);网络联系(包括社交活动、政治活动和与外界交往)。但是,不同的管理者花费在这四项活动上的时间和精力显著不同(如表1-5所示)。在此,他把工作数量多、质量好以及下级对其满意程度高的管理者称为“有效的管理者”;把在组织中晋升速度快的管理者称为“成功的管理者”。

表 1-5　不同管理者的时间分配

| 管理活动 | 传统管理 | 沟通 | 人力资源管理 | 网络联系 |
|---|---|---|---|---|
| 一般管理者 | 32% | 29% | 20% | 19% |
| 成功的管理者 | 13% | 28% | 11% | 48% |
| 有效的管理者 | 19% | 44% | 26% | 11% |

**小阅读：买复印纸的困境**

一位老板叫一位员工去买复印纸，员工就去了，买了三张复印纸回来。老板大叫，三张复印纸怎么够，我至少要三摞。员工第二天就去买了三摞复印纸回来。老板一看，又叫，你怎么买了 B5 的，我要的是 A4 的。过了一个星期，员工买了三摞 A4 的复印纸回来，老板骂道：怎么买了一个星期才买好？员工回：你又没有说什么时候要。就为了买复印纸，员工跑了三趟，老板气了三次。老板会摇头叹道，员工的执行力太差了！员工心里会说，老板能力欠缺，连个任务都交代不清楚，只会支使下属白忙活！

（资料来源：http://home.babytree.com/u/u1236168033/j/7692714。）

管理者对有效沟通的理解不同和其沟通能力的不同可能使他们的行为产生很大的差异。早些时候，管理者的角色要求他们能够写报告、做致词并能发动职员，而到了今天，对于一个现代管理者来说，还必须具有会谈、谈判、评定等能力。富有经验和能力的管理者还能用各种语言和非语言的技巧让职员感到他们得到了尊重，并能从职员那里获取反馈回来的信息。

## 二、管理者对组织内沟通氛围有重要的影响

1．管理者必须创建沟通生命线

沟通是组织的生命线。沟通不畅会使组织无效率、不盈利，甚至发生组织紊乱；但如果连起码的沟通都没有，组织就会瘫痪。

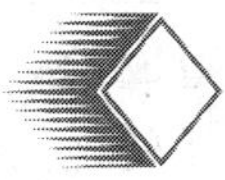

**知识链接：两个 70% 的内涵**

第一个 70% 是指管理者实际上 70% 的时间用在沟通上。开会、谈判、谈话、作报告是最常见的沟通形式，撰写报告实际上是一种书面沟通的方式，对

外的各种拜访、约见也都是沟通的表现形式，所以说管理者有70%的时间用在沟通上。

第二个70%是指组织中70%的问题是由于沟通障碍引起的。比如组织中常见的效率低下问题，实际上往往是因为有了问题、出了事情后，大家没有沟通或不懂得沟通所引起的。另外，执行力差、领导力不高的问题，归根到底，都与沟通能力欠缺有关。

尽管沟通是个复杂的过程，而且在组织体系内有失败的可能，但是管理者对创建有效的沟通生命线仍具有举足轻重的影响；尽管管理者能控制组织正式的信息沟通网络，但他无法控制他人对这种网络的结果做出的评价；更重要的是，管理者无法控制非正式的人际信息网络。不过，管理者可以通过促进开放式沟通来促使生命线的产生。

2．创建有效生命线的最佳办法来自鼓励性的沟通氛围

一般来说，开放式沟通让人感觉到沟通能带来某种结果，而不是仅在有限的几个人中进行。一些理论学家发现，很多成功的企业，无论规模大小都采用了“不受任何限制”的方法，他们的具体做法包括让整个组织中的人们进行非正式和开放式的交往。这种组织显然促进了沟通，提高了管理的有效性。

**小阅读：沟通之道**

一家工厂的管理层希望生产线上的员工自带咖啡，并且为了节省时间，休息时要在机器旁边喝咖啡，而不是在咖啡厅。公司做得非常直率和坦诚，在员工大会上，管理层展示了工厂用电情况统计表，说明在喝咖啡前后15分钟里用电量不到正常用电量的一半，更何况在休息期间正常生产的损失。这一恰当的例子证明，长时间停工或开工不足会造成利益损失。耗电图很令人信服，员工欣然接受了新的休息制度。

（资料来源：http://www.jobinhe.net/news/renzi/186044.html。）

上述案例揭示了一个道理：开放式的沟通往往好于受到限制的沟通。开放式的沟通给予各种异己观念以存在的空间，但最终正确的管理决策会以绝对的优势占据主动。这不同于硬性的灌输和强硬地推行，后者只会造成不必要的误解甚至怨恨。实践证明也是如此，如果员工知道管理层将怎样处理问题并且为什么要这样做，他们通常都是很乐于合作的。因此开放式的沟通在一定程度上降低了信息传递的成本。

开放式的沟通不仅指管理层与员工的沟通,还特别着重于管理层之间的紧密接触。管理层的作用是关键的,因为管理者不仅发起沟通,而且向员工传递和解释信息。管理者如果自身对信息缺乏足够的把握能力和解释能力,那么他传达出的信息很有可能不能完全被员工接收、理解,或是不能为其他管理层的人员提供充分而且足够必要的信息资料。所以管理者自身对信息应有高度的认识管理能力。管理者不仅是一个信息的载体更是信息处理者,其处理信息的方式很大程度上影响着周边人员的行动和决策。

## 三、组织文化与组织氛围

1. 组织文化与沟通

组织文化指的是理念、价值观,是用来解决问题以及完成组织目标的行为标准。它可以通过组织文化的行为模式得到充分的体现。一个特定的文化可以定义为一个群体如何思考、解释和构建组织文化的行为与活动,也就是说,组织内的所有活动均根植于不同文化背景的共同准则和信念之中。不同类型的组织文化会产生不同的管理风格,而在不同的管理风格下沟通的策略也不同。

**小阅读:GE 公司的沟通**

世界著名的 GE 公司的文化突出“以人为本”的经营哲学,鼓励个人创造力的展现,并充分重视和强调个人,尊重个体差异。因此 GE 的沟通风格是个体取向的,并直言不讳。企业内部的员工在任何时候都会将自己的新思想和意见毫无掩饰和过滤地反映给上层管理者。而对于公司的管理协调,GE 公司的员工习惯于使用备忘录、布告等正式沟通渠道来表明自己的看法和观点。与此同时,GE 公司前 CEO 杰克·韦尔奇在公司管理沟通领域提出了“无边界理念”。GE 公司“将各个职能部门之间的障碍全部清除,工程、生产、营销以及其他部门之间的信息能够自由流通,完全透明”。在这样一个沟通理念的指引下,GE 公司更为有效地使公司内部信息最大程度上实现了共享。

实践证明:良好的组织必然具有良好的沟通,而良好的组织沟通必然由其良好的组织文化所决定。

(资料来源:改编自 http://bbs.21manager.com/dispbbs-402028-1.html。)

2. 组织氛围与沟通

组织氛围是在员工之间的不断交流和互动中逐渐形成的,并且对员工的各方面都形成一定的影响。组织氛围是组织文化的一个重要组成部分。组织氛围是所有沟通的基础,参与者会有意识或无意识地认识到一个组织内占主导地位的沟通氛围。组织氛围是在某种环境中员工对一些事件、活动和程序以及那些可能会受到奖励、支持和期望的行为的认识。

## 四、沟通氛围对组织的影响

根据杰克·吉布所说,沟通氛围是一个从防御性到鼓励性的连续体,鼓励性氛围将促进开放,而防御性氛围将限制沟通过程(见图1-4)。

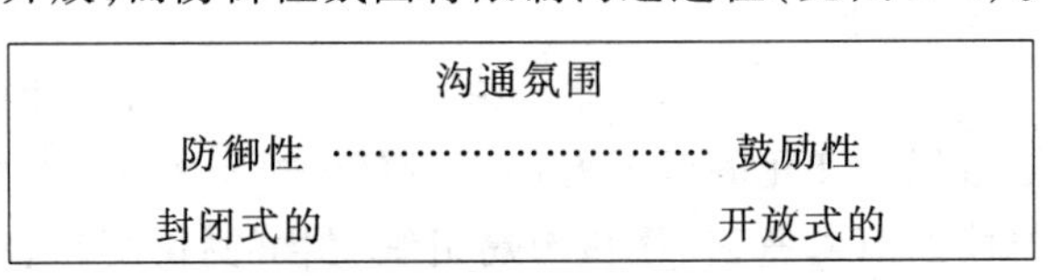


**图1-4 沟通的连续体**

在防御性氛围下,人们变得谨慎和退缩,因为发言者使听者感受到威胁。在这种环境下,听众会摆出反攻的姿态,致力于证实自己是正确的,因此防御性的听众很少听清信息并且常常歪曲信息发送者的价值观和动机。防御性氛围会削弱人们的精力,因为在遇到威胁的情况下,个体会为了自保而退缩,而人们会致力于发现环境中各个方面的危险以及不为人知的危机:语言、手势、声调、细微差异、偶然的评论或者物理上的距离。由于一直处于这样的环境中,人们认为无法避免他们所意识到的危险。在防御性氛围下,威胁被认为是不可避免的,它们甚至来源于最不可能的方面。

在氛围连续体的末端,与防御性氛围相对的是鼓励性氛围,鼓励性氛围使人们能够广泛地进行沟通。人们在陈述自己的观点时(本质上来说,是在表现自己时)感到非常安全,确信自己是有价值的,并会被当做人来对待。在鼓励性氛围下,人们能够去尝试新的事物、提出问题或讨论一些不确定的事件。当他们犯错误时,他们觉得自己在学习并有所提高。鼓励性氛围有助于在组织内部释放能量,因为人们大可不必像在防御性氛围中那样,为了保护自己不受内部的危险而花费过多的精力。

鼓励性氛围可以来源于任何一个参与者,尽管有些人可以比其他人施加更多的影响。首先,鼓励性氛围主要取决于为工作安排定基调的管理者。其次,鼓励性氛围取决于其小组成员对自己语言模式将会对他人产生何种影响的认知。最后,高层管理者能够影响整个组织的沟通氛围。

防御性氛围与鼓励性氛围构成了一个连续体，而并非是二者取一或完全对立。一个组织可能很大程度上是鼓励性氛围，或者说鼓励程度较小，也就是说更接近于连续体的中间。然而沟通氛围一定程度上取决于组织内部成员的意识，意识通常包含所认知的事物，因而组织内的成员有时会觉得将自己的感受用语言表达出来是件十分困难的事。

**小阅读**

**防御性沟通**

1. 老板走进办公室对我说："今天必须加班，你有问题吗？"

"没有。"

"一会儿来我办公室汇报工作。"

"好的。"

2. 老板走进办公室对我说："今天必须加班，你有问题吗？"

"我手头的活儿已经做完了。"

"让你加班就加班。"老板转身离开，留下一脸不情愿的我。

防御性沟通实际上是一种不完全的沟通方式，在无效管理中常会碰到，表现为谨慎和退缩，具体有两种反应：一种是沉默以自保，一种是反攻，致力于证明自己正确。这两种反应都会影响沟通的效果。

**鼓励性沟通**

老板走进办公室对我说："今天下午突然来了一单订货，你今天晚上有安排吗？"

"今天约了人吃饭。"

"我恐怕你得推推了，有问题吗？"

"没问题，工作排第一嘛！"

鼓励性沟通的前提是尊重，这种沟通方式中双方都主动将自己的情况说出来。在管理实践中，这种沟通形式最有利于信息的传递，双方不会因为个人恩怨影响工作，是管理者应该学习的管理技能之一。

虽然员工可以自由地把一个特定的沟通行为视为防御性的或鼓励性的，但二者并非界限分明的。在一种沟通氛围下，当许多其他的沟通行为明显地表现为另一种沟通氛围时，将非常难以分清沟通氛围究竟属于哪一类。表1-6归纳了沟通的各种模式，这些模式或者会产生鼓励性沟通，或者会产生防御性沟通。

表 1-6 防御性与鼓励性沟通模式

| 防御性 | 鼓励性 |
| --- | --- |
| **评价性**<br>“这项工程已经比计划时间延迟了，你准备在什么时候赶上?”<br>“你把整个顺序都搞乱了，我不知道怎样重新组合。” | **描述性**<br>“这项工程现在进行得怎么样了?”（说话的语气可以含有指责/评价的意思，而不是不了解信息的询问语气）<br>“我们需要整理整个顺序，你认为有什么方式可以最快地处理?” |
| **控制性**<br>“按这种方式做!”<br>“我说的就是这样，我是这里的老板!” | **问题导向**<br>“我们的目的是什么?”<br>“我们怎样可以做得更好?” |
| **中立性**<br>“如果你原来计划做得好点，你现在就已经准备好了。”<br>“快点，我得走了。” | **理解性**<br>“我明白你的工作负担已经很重了，看我们怎样一起来解决这一问题。” |
| **战略性**<br>“我已经和你上司谈论过你的这个请求了，明天早上你就会知道答案。”<br>“你认为明天早上 9 点开始是不是太晚了?” | **自发性**<br>“你的上司正在考虑你的建议，看它是否有利于达到我们的目标。”<br>“我希望每个人都能参加明天早上 8 点开始的关于具体的预算方案的会议，请大家尽量参加。” |
| **优越感**<br>“明天是交报告的最后期限，请保证不要拖延。”<br>“你还没有发现问题?” | **平等性**<br>“我们正等着那份报告，你有没有什么问题?”<br>“看起来我们这里有问题，我们可以采取什么措施?” |
| **确定性**<br>“我经历过最难克服的障碍，我知道它会是什么情况。”<br>“这是我们一直采用的方法。” | **临时性**<br>“我虽然经历过许多事，但我仍然不可能知道每件事。”<br>“你也许有许多我从来没有想到过的想法，让我知道你是怎么想的。” |

## 五、管理职能与防御性沟通

防御性氛围与鼓励性氛围的区别存在于各种形式的沟通中，当我们回忆管理的传统职能时，它表现得更加明显。一般说来，管理的传统要素等同于连续体中的防御性一面，这阻碍了鼓励性沟通。

管理者必须超越要求立即完成任务，看这些任务是怎样适合于更宽广的框架（组织目标）的。管理者必须根据一系列连续的计划（每周、每月、每年或每五年等）平衡短期目标与长期目标。如果上下级之间的沟通出现这样一种面向机器而非个人的倾向，就会造成人为的操纵，导致防御性氛围。因此，计

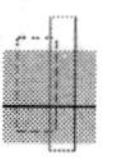


划就成为管理中不可或缺的部分。

从最早的法约尔理论到最近彼得·德鲁克所探讨的理论,可以看出,指挥链或阶层是管理原则的基础。由于他们的作用和地位,管理者在组织中充当监督者角色。在管理者演讲之前,其所处的位置就已经产生了防御性作用。而在管理中这种情况非常普遍,优越感也许是最难克服的。

在任何组织中,规则、规章制度、部门运作守则和指挥对大多数行为都起到领导作用。管理指挥的各种形式在指导如何进行工作时都体现出确定性,这些广泛存在的指挥阻碍了各种可能的临时性和适应性。而面对比自己更了解工作的下属,对自己不相信、感到不自在的管理者会依赖确定性的方法来保证他们的地位和权力,这促进了防御性沟通环境的形成。

"控制"一词既描述了管理的传统职能,又描述了一种防御性沟通模式。因为监督者要对他们下属的业绩负责,控制成为鼓励性的另一个主要障碍。

系统理论强调了对连续性反馈的需要和对运作的分析,以确保所采取的行动能实现预期目标。这样一些评估关注于整个部门客观上的生产行动和个体主观上的行动。这种情况所需的管理职能可能会使各种沟通状态变得封闭,产生防御性模式。

客观公正是科学方法的基础。当社会变得更加复杂,管理致力于向"硬科学"靠拢时,管理者倾向于变成数字导向型的。而且,过多地关注企业利润、关注快速获得利润会导致把员工视为生产的工具而未视其为个体的人。科学、公正与肤浅地关注利润的动机相结合产生了中立氛围,降低了组织中人的因素的重要作用。

管理控制倾向于注入一种根深蒂固的观念,这样的观念包括防御性沟通氛围的所有六个方面,如表1-7所示。为了克服防御性氛围,管理者必须抛弃传统的培训,打开沟通的大门。这样做将有可能使员工更加满意、更受到激励。有效的管理者必须超越管理理论,创造一种鼓励性的沟通氛围,这就是有效的管理。

**表1-7 管理原则与沟通氛围**

| 管理职能 | 防御性沟通 | 鼓励性沟通 |
|---|---|---|
| 计划 | 战略性 | 自发性 |
| 组织 | 优越感 | 平等态度 |
| 领导 | 确定性、中立态度 | 临时性、理解态度 |
| 控制 | 控制、评价 | 问题导向、描述 |

**思考·讨论·分析**

1. 观察你的大学班级中的沟通氛围。确定反映出的防御性或鼓励性语言模式。把你的评价与同班的其他同学的评价进行比较。

2. 具体描述你与家庭成员或与重要人员的一次争执。确定双方争吵中易于加深争执的话语,然后确定这些话反映了防御性沟通中的哪一些要素。

3. 在一个规模较大的会议上,记录下每位讲演者的沟通模式,确定其沟通模式。

## 本章小结

1. 管理是管理者在特定的环境和条件下,以人为中心,对组织所拥有的资源进行有效的计划、组织、领导和控制,以便达到既定组织目标的过程。这个定义中包含了管理的载体(组织)、管理的对象(拥有的资源)、管理的职能(计划、组织、领导和控制)、管理的使命(目标)以及管理的本质(过程)。

2. 不同层级的管理者在各项管理职能上花费的时间不同,越往高层走,管理者在计划和控制职能上所用的时间越多;而到了基层,管理者更多的时候是从事领导或者督导工作。管理者在组织中扮演着十种角色,这十种角色又可进一步归纳为人际角色、信息角色和决策角色三大类。

3. 管理需要沟通。沟通是组织的生命线,传递着组织的发展方向、期望、过程、产物和态度;组织是一个系统,组织中任何部分的变化或变动都会对整个系统产生连带影响;信息是指被组织理解的信息,而非发出的信息。

4. 沟通是管理者有效履行管理职能的润滑剂。管理的核心是沟通。

5. 管理和沟通有着密切的联系,它们是两种存在大量重叠的人类行为过程。但是两者有着明显的不同,可以从侧重点、目的、内涵和外延以及针对的范围等方面加以区别。

6. 良好的沟通在很大程度上影响着管理者的成功。管理者对组织内的沟通氛围有着重要的影响。

7. 沟通氛围是一个从防御性到鼓励性的连续体,鼓励性氛围将促进开放,而防御性氛围将限制沟通过程。通过沟通的不同模式,或者会产生鼓励性沟通,或者会产生防御性沟通。有效的管理者必须超越管理理论,创造一种鼓励性沟通氛围。

**管理沟通的启示**

## 营造沟通氛围的一些做法

1. 每周一次公司范围内的沟通

让员工知道公司这一周的销售情况、重要交易、经营业绩和重大事项，可以使员工及时了解公司情况，尤其是那些振奋人心的合同、业绩、人物和事件，能够很大程度上鼓励和刺激员工，激发大家的荣誉感和归属感。

建议可以由总经理办公室或者总裁办公室以总经理的名义下发通知。如果是大中型企业，可以通过局域网或电子邮件的形式；如果是小型企业，则可以在每周的例会上就上述问题进行传达。

早在20年前，迪士尼公司就开始召开公司范围内的员工协调会议，每月举行一次，公司管理人员和员工一起开诚布公地讨论彼此关心的问题，甚至是很尖锐的问题，高层管理者必须马上做出解答。员工协调会议是标准的双向意见沟通系统，虽然有些复杂，但是却可以在短时间内增进高层管理者与员工的沟通，解决一些棘手问题，提高高层管理者的威信，并可以大大提高管理的透明度和员工的满意度，对管理者来说，是一个巨大的挑战。

2. 每周一次的上下级沟通

每周一次的沟通不仅可以及时发现工作中的问题，而且可以增进双方的感情和关系。沟通并非“独角戏”，而是“交际舞”，需要双方密切配合。良好的沟通一方面要求主管能够循循善诱，让员工打开心扉，畅谈工作中和思想上的问题及建议；另一方面，也要求员工能够开诚布公、畅所欲言。

很多跨国公司都非常重视企业内部上下级之间的沟通。在摩托罗拉公司，每个季度第一个月的1日至21日，中层管理者都要与自己的下属进行一次关于职业发展的对话，类似于“你在过去三个月里受到尊重了吗”之类的6个问题。这种对话是一对一和随时随地的。摩托罗拉公司的管理者们还为每一个下层的被管理者预备了11条开放式表达意见和发泄抑怨的途径，其中包括总经理信箱、内刊、局域网、热线电话等。

3. “导师”制度

对于新进员工来说，熟悉企业的各项制度、掌握工作方法和认同企业文化的速度，主要取决于老员工对新成员的接纳程度。

我们建议对新进员工采取“导师”制度，由一名老员工带一名新员工。这样做一方面可以使新员工尽快地熟悉岗位职责和技能要求，另一方面也是对老员工的一种工作激励。因为从心理学的角度来说，人都有帮助别人的愿望和要求，让老员工做新员工的“导师”，反映了企业对老员工的重视和尊敬，让老员工在心理上有一种满足感和荣誉感。

4. 让员工制订弹性的工作计划

传统目标管理的办法是自上而下进行的，优点是可以将公司目标进行层层分解，落实到部门和岗位，缺点是缺乏灵活性，因为目标相对是固定的，但外界环境的变化导致目标不可行或者无法完成时，会引起考核者与被考核者的矛盾。

为了解决这样的矛盾，管理者要充分授权，给予员工更大的权利和自主空间，可以让员工制订弹性的工作计划，自己来安排达成目标的时间和方式，并可以在一定程度内进行目标调整，从而充分调动员工的积极性，激发员工的工作热情和创造性。

5. 建立员工兴趣小组

可以由公司组建各种兴趣小组或俱乐部，比如书画小组、棋牌小组、文艺小组等，并组织大家定期举行活动，公司给予一定的经费支持，这样的兴趣小组能很好地增进各部门之间员工的交流，提高组织的和谐度和凝聚力。

丰田公司为了增进员工之间的交流，就成立了各种形式的兴趣小组。员工可以根据自己的兴趣选择参加不同的团体聚会。通过参加这些聚会，既开展了社交活动，又有了互相交流的机会。为了这种聚会，公司建造了体育馆、集会大厅、会议室、小房间等设施，供员工自由使用。公司对聚会活动不插手，也不限制。员工用个人的会费成立这种团体，领导人是互选的，并且采取轮换制。所以每一个人都有当一次领导人来“发挥能力”的机会。这些聚会都有一个共同的条件，就是把这些聚会作为会员相互之间沟通、自我启发、有效地利用业余时间、与不同职务的会员进行交流的场所。

6. 组织大家进行休闲娱乐活动

公司可定期举行各种比赛，如篮球赛、排球赛、乒乓球赛等，不要以为只有大公司可以举办这样的活动，小企业也可以在周末举办这样的比赛，或者跟自己的客户一同举办，这样不仅可以提高员工之间的交流与合作，还可以增进与客户的关系。

另外，由部门组织的郊游、聚餐，不仅可以增进沟通、激励员工士气、提高员工满意度，而且可以培养团队精神，塑造团队文化。所以公司应该有一定的预算，鼓励员工结队出行。

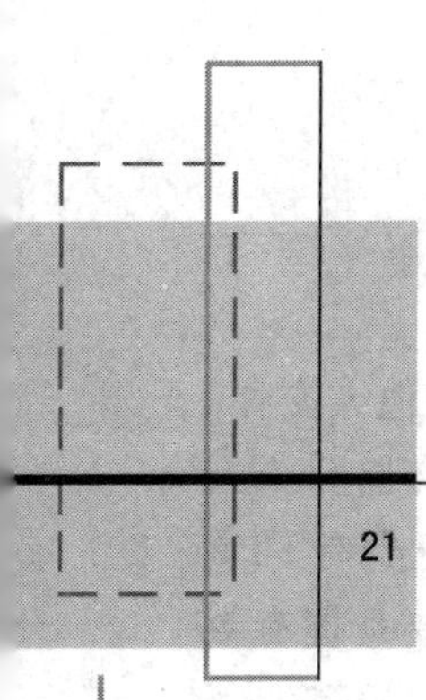

# 第二章 管理沟通概论



通过本章的学习，你将了解：

1. 沟通的能力对于你——一位日理万机的管理者——到底意味着什么。
2. 沟通不畅或沟通失效的症结在哪里。
3. 管理沟通的内在含义及其常见模式有哪些。
4. 影响管理沟通的环境因素有哪些。
5. 管理沟通的原则和方法是什么。

你将能够：

1. 分析管理沟通失效的症结。
2. 选择管理沟通的策略。
3. 运用各种管理沟通的方法。

## 第一节 沟通与沟通障碍

### ◆ 引例

**沙赫特·斯坦利实验**

美国心理学家沙赫特·斯坦利曾经做了一个实验：他以每小时 15 美元的酬金聘人待在一个小房间里，这个小房间与世隔绝，没有报纸，没有电话，不准写信，也不让其他人进入。

实验结果是：一个人在小房间里只待了两个小时就出来了，另一个人待了八天。这个待了八天的人出来以后说："如果让我在里面再多待一分钟，我就要发疯了。”

（资料来源：http://blog.sina.com.cn/s/blog_7316f3a10100oswg.html。）

通过美国心理学家的这个实验我们发现：“每一个人都必须与他人交往、沟通，不可能孤立地存在。”你不是一座孤岛！据一项调查表明：我们每个人除了睡眠时间以外，清醒时间中的70%都在沟通，而管理者们则至少有80%的清醒时间花在与各种工作关系的口头沟通上。因此，管理者需要掌握有效的沟通技巧。当然，这并不是说仅拥有好的沟通技巧就能成为成功的管理者，但是我们可以说，低效的沟通技巧会使管理者陷入无穷的问题与困境之中。既然管理沟通是如此重要，那么，到底什么是沟通呢？

## 一、沟通的定义和内涵

沟通（Communication）是指意义的传递和理解。这一定义强调意义的传递。如果信息或想法没有被传送到，则意味着沟通没有发生。比如，说话者没有听众，或者写作者没有读者，这些就都不能构成沟通。不过，要使沟通成功，意义不仅要得到传递，还需要被理解。如果写给某人的一封信却使用其一窍不通的葡萄牙语，那么不经翻译就无法称之为沟通。完美的沟通，如果存在的话，应是经过传递之后被接收者感知到的信息与发送者发出的信息完全一致。

**知识链接：未来的沟通**

众多学者指出，在未来社会沟通的能力更加重要。在预测21世纪的新型管理者时，他们指出，与他人沟通的能力将始终是一项至关重要的管理能力。美国著名未来学家约翰·奈斯比特曾说：“未来竞争将是管理的竞争，竞争的焦点在于每个社会组织内部成员之间及其与外部组织的有效沟通。”麻省技术协会对20世纪80年代美国企业的调查表明，美国许多公司内存在的等级制度和官僚作风阻碍了沟通的进行。这次调查还表明，管理者应当通过广泛的沟通使职员成为一个公司事务的全面参与者。那些能够成功地进行结构优化的公司正是通过管理者和职员密切沟通而做出的富有合作远见的创造性行为来完成的。

（资料来源：改编自申明、姜利民、杨万强，《管理沟通》，企业管理出版社，1997。）

另外需要注意的是，良好的沟通常常被错误地解释为沟通双方达成协议，而不是准确理解信息的意义。如果有人与我们的意见不同，不少人就认为此人未能完全领会我们的看法，换句话说，很多人认为良好的沟通是使别人接受自己的观点。但是，我可以非常明白你的意思，却不见得同意你的看法。如果一场争论持续了相当长的时间，旁观者往往就会断言这是由于缺乏沟通导致的，然而详尽的调查常常表明，此时争论者正进行着大量的有效沟通，每个人都充分理解了对方的观点和见解，问题是人们把有效的沟通与意见一致混为一谈了。

**小阅读：沟通≠同意**

一些到日本去谈判的美国商务代表团，常碰到这样尴尬的事情：直到他们要打道回府，才知道贸易业务遇到了障碍，没有达成协议的希望。因为在谈判时，就价格的确定，双方没有统一。谈判要告一段落时，美方在价格上稍微做了点让步，这时，日本方面的回答是："嘿。"结束后，美方就如释重负地准备打道回府。但结果其实并非如此，因为日本人说"嘿"（日语的"是"），意味着"是，我理解你的意思（但我并不一定要认同你的意见）"。

（资料来源：http://www.doc88.com/p-651275031159.html。）

## 二、沟通的过程

沟通发生之前，必须存在一个意图，我们称之为要被传递的信息，它在信息源（发送者）与接收者之间传送。信息首先被转化为信号形式（编码），然后通过媒介（通道）传送至接收者，由接收者将收到的信号转译回来（解码）。这样，信息的意义就从一个人传给了另一个人。图 2-1 描述了沟通过程（Communication Process），它包括七个部分：信息源、信息、编码、媒介、解码、接收者以及反馈。

此外，整个过程易受到噪声的影响。这里的噪声指的是给信息的传送、接收或反馈造成干扰的因素。典型的噪声包括难以辨认的字迹、电话中的静电干扰、接收者的疏忽大意以及生产现场中设备或同事的背景噪声。可以说，所有对理解造成干扰的因素都是噪声。

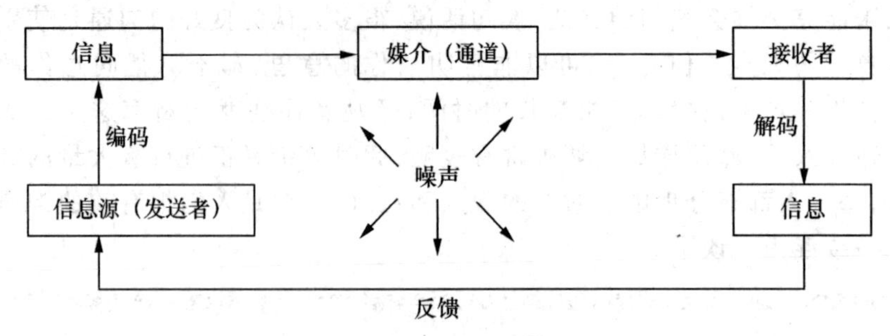


图 2-1 沟通过程

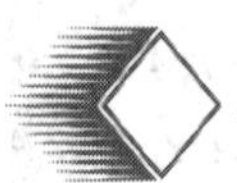

**知识链接:沟通传递的不仅仅是信息**

没有信息传递的活动不能称为沟通,但是,沟通传递的又不仅仅是信息。在有效沟通的过程中,我们必须理解一些谈话的规则,比如,在交谈中书面语言的运用与否。

下面这句话在语法上绝对正确,但过于书面化:"和张丽谈话的那个男人是谁?"如果你在交谈中这么说话,你很可能被认为过于骄傲、死板甚至书呆子气。其实我们大多数人是这样说的:"谁在和张丽谈话?"这种说法才适用于我们日常进行的非正式的交谈,但是我们中有许多人可能发现很难设想我们使用这句话的日常会话场景,从而放弃了使用第二种非正式的文体。

这样的结果就是造成了信息传递效果不佳。虽然以上的谈话也可以称为沟通,但是绝对不是一种高水平的沟通。这是因为,沟通除了传递基本的常规的信息和思想以外,也是传递说话者或者信息发送者个人素质、涵养、礼仪等信息的重要过程和手段。

## 三、沟通的内涵

沟通是一个涉及个体、组织和外部社会多个层面的过程。沟通过程的复杂性部分来自它的多层面:在一个特定社会中不同组织内的不同个体。个体同时从属于不同的组织,每个人有着不同的关系,起着不同的作用,表 2-1 确定了不同层面上一些主要的沟通方面。该表只是指出了个体、组织和社会层面的划分,后续会对它做详细讨论。

表 2-1 沟通层面及方面

| 层面 | 方面 | 主要划分 |
| --- | --- | --- |
| 个体 | 认知 | 结构型,非结构型,无意识的 |
| | 交替的自我 | 公开的,隐蔽的,盲点,未知的 |
| 组织 | 对话式 | 组织内同事之间,上司与下属之间,供应者与顾客之间 |
| | 小群体 | 小组内同事之间,领导对小组成员,小组成员对领导 |
| | 大群体 | 内部直接沟通,内部间接沟通 |
| 社会 | 聚集式 | 集体的,选举,全体代表 |

然而,在这诸多层面中最关键的是要牢记这么一个事实:所有的沟通都发生于个体,只有在组织中或社会中的个体才会察觉、理解和影响他人。

## 四、沟通的障碍

虽然沟通是管理者的一项重要工作内容,时时刻刻都在发生,但并不是所有的沟通都是成功的、有效的,这是因为沟通过程中的"噪声"可能会在沟通过程的每一个环节中产生干扰,造成信息丢失或被曲解,使信息传递并不能发挥应有的作用。

### 互动话题:秀才买柴

话说大唐末年,正值兵荒马乱之时,物资奇缺。隆冬时节,有一个秀才去买柴。他对卖柴的人说:"荷薪者过来!"卖柴的人虽然听不懂"荷薪者"(担柴的人)三个字,但是听得懂"过来"两个字,于是把柴担到秀才前面。

秀才开口便问:"其价如何?"卖柴的人听不太懂这句话,但是听得懂"价"这个字,于是就告诉秀才价钱。秀才接着说:"外实而内虚,烟多而焰少,请损之。"(你的木材外表是干的,里头却是湿的,燃烧起来,会浓烟多而火焰小,请降点儿价吧。)

卖柴的人愣了半天,还是听不懂秀才的话,于是担着柴就走了。

寒风中等柴烧的秀才也是好不郁闷啊。

(资料来源:http://wenku.baidu.com/view/735584e7524de518964b7d90.html。)

问题

1. 为什么卖柴人听不懂秀才的话?
2. 听不懂秀才的话是卖柴人一个人的问题吗?

显然,是不是一个高水平的沟通者,并不是看用的词有多华丽,说的话有多文雅,而是看其能否准确快速地传达信息。管理者平时最好用简单易懂的语言,而且对于说话的对象、时机要有所掌握,有时过分的修饰反而达不到预期的目的。

1. 沟通失效的原因

(1) 缺乏明确的目标。这导致信息内容的不确定,发送者不知该说些什么、怎么去说,也不知道接收者想听些什么、能听懂多少。在沟通过程中,受到我们自己在某一具体问题上所掌握的知识范围的限制,有些我们自己无法了解的东西是无法传递的。比如,教师缺乏对专业知识的了解,则很难把知识准确地传递给学生。成功的沟通应具备听、说、读、写以及逻辑推理等基本技能。因此,如果说发送者应该擅长于写或说,那么接收者应擅长于读或听,一个人的知识水平不仅影响着他传送信息的能力,也同样影响着他的接收能力。同样,个体的态度也影响着行为,比如,当一个人对某一电影的态度不同时,其对该电影传递出的信息就有不同的理解。

(2) 信息传导错误。发送者知道该说什么,可是选择了错误的渠道和媒介。管理者需要认识到,特定的通道对传递某些信息是更有效的。很明显,如果大厦着火,使用备忘录方式传递这一信息显然极不合适!又如传送一个私人的信息时,打个电话或是登门造访就比书面的方式更恰当、更有效、更符合人情世故。再有,传送者说话太快、太慢或滥用术语往往也同样会导致沟通失败。

(3) 信息传递的环节太多。如果我们在沟通过程中没有进行反馈(反馈是把信息返回给发送者,并对信息是否被理解进行核实),那么,很可能一传十、十传百,简单的信息也会变得面目全非。

**小阅读:哈雷彗星的故事**

据说,美军1910年的一次命令传递是这样的。

营长对值班军官:明晚8点钟左右,哈雷彗星将可能在这个地区看到,这种彗星每隔76年才能看见一次。命令所有士兵身着野战服在操场上集合,我将向他们解释这一罕见的现象。如果下雨的话,就在礼堂集合,我将为他们放一部有关彗星的影片。

值班军官对连长:根据营长的命令,明晚8点,哈雷彗星将在操场上空出现。如果下雨的话,就让士兵穿着野战服列队前往礼堂,这一罕见的现象将在那里出现。

连长对排长:根据营长的命令,明晚8点,非凡的哈雷彗星将身穿野战服在礼堂中出现。如果操场上下雨,营长将下达另一个命令,这种命令每隔76年才会出现一次。

排长对班长:明晚8点,营长将带着哈雷彗星在礼堂中出现,这是每隔76年才有的事。如果下雨的话,营长将命令彗星穿上野战服到操场上去。

班长对士兵:在明晚8点下雨的时候,著名的76岁的哈雷彗星将军将在营长的陪同下身着野战服,开着他那彗星牌汽车,经过操场前往礼堂。

(资料来源:http://www.xiao688.com/cms/article/id-17609.html。)

2. 有效沟通的障碍

(1) 过滤。过滤指故意操纵信息,使信息显得对接收者更为有利。比如,管理者所告诉上司的信息都是他想听到的东西,这位管理者就是在过滤信息。这种现象是否经常在组织中出现?答案是肯定的。当沿着组织层次向上传递信息时,为避免高层人员信息超载,发送者需要对信息加以浓缩和综合。而浓缩信息的过程受到信息发送者个人兴趣和对哪些信息更重要的认识的影响,因而也就造成了信息沟通中的过滤现象。表2-2列举了一些实例。

**表2-2 过滤的实例**

| 管理者 | 接收到的信息 |
|---|---|
| 董事长 | 管理和工资结构是非常出色的,福利和工作条件是好的,而且会更好。 |
| ↑ | |
| 副董事长 | 我们非常喜欢这种工资结构,希望新的福利计划和工作条件将会改善,我们非常喜欢这里的管理工作。 |
| ↑ | |
| 总经理 | 工资是好的,福利和工作条件还可以,明年还会进一步改善。 |
| ↑ | |
| 主管 | 工资是好的,福利和工作条件勉强可以接受,我们认为应该更好一些。 |
| ↑ | |
| 员工 | 我们感到工作条件不好,工作任务不明确,保险计划很糟糕,然而我们确实喜欢竞争性的工资结构,我们认为公司有能力解决这些问题。 |

过滤的程度与组织结构的层级数目和组织文化两个因素有关。首先,在组织中,纵向层次越多,过滤的可能性就越大。要是组织较少依赖刻板的层级安排,代之以更强调协作、合作的工作安排,那信息过滤的问题就会减弱。其次,组织中越来越多地使用电子邮件沟通方式,使沟通更加直接,避免了中间环节,从而也减少了过滤。最后,组织文化通过奖励系统,对这类过滤行为起到或鼓励或抑制的作用。组织中的奖励越注重形式和外表,管理者就越有意识按照对方的品位调整和改变信息。

(2) 选择性知觉。选择性知觉是指人们根据自己的兴趣、经验和态度而有选择地去解释所看到或所听到的信息。在沟通过程中,接收者会根据自己的需要、动机、经验、背景及其他个人特质有选择地去看或去听所传递给他的信息。解码的时候,接收者还会把自己的兴趣和期望带进信息之中。如果一名面试主考官持有"女性总是把家庭的位置放在事业之上"这种观点,则他就可能会在女性求职者中"看出"这种情况,无论求职者是否真有这种想法。

(3) 情绪。在接收信息时,接收者的情绪也会影响到他对信息的解释。不同的情绪感受会使个体对同一信息的理解截然不同。极端的情绪,如狂喜或抑郁,都可能阻碍有效的沟通。这种状态常常使我们无法进行客观而理性的思维活动,而代之以情绪性的判断。因此最好避免在很沮丧或狂喜的时候做决策,因为此时我们无法清楚地思考问题。

**小阅读**

从前有一个坏脾气的男孩,他父亲给了他一袋钉子,并且告诉他,每当他发脾气的时候就钉一个钉子在后院自家的围栏上。第一天,这个男孩钉下了37根钉子。慢慢地,每天钉的钉子少了,他发现控制自己的脾气要比钉钉子容易。终于有一天,这个男孩再也不会失去耐性、乱发脾气。他告诉父亲这件事情。父亲又说,现在开始每当他能控制自己脾气的时候,就拔出一根钉子。一天天过去了,最后男孩告诉他的父亲,他终于把所有的钉子都给拔出来了。父亲握着他的手,来到后院,对他说:"你做得很好,我的好孩子,但是看看那些围栏上的洞。这将永远不能恢复到从前的样子。你生气的时候说的话就像这些钉子一样留下了疤痕。如果你拿刀子捅别人一刀,不管你说了多少次对不起,

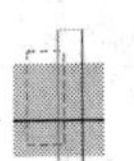

那个伤口都将永远存在。话语的伤痛就像真实的伤痛一样令人无法承受。”

（资料来源：http://www.tianya.cn/techforum/content/16/1/790551.shtml。）

(4) 信息超载。当一个人不能及时处理完他所接收到的所有信息时，超载现象就产生了。当今社会中，典型的经理人员常常抱怨信息超载。伴随着接收电子邮件、电话、传真以及参加会议和阅读有关专业资料的需要，形成了如此大量的数据，以至于人们无力处理和传送这些信息。当一个人所得到的信息超过了他能整理和使用的容量时，会出现什么情况呢？他们倾向于筛掉、轻视、忽略或遗忘某些信息，或者干脆放弃进一步处理的努力，权当超载问题已经得到了解决。不论何种情况，结果都是信息缺失和沟通效果受到影响。

(5) 防卫。当人们感到自己正受威胁时，他们通常会以一种防卫的方式做出反应，这降低了相互理解的可能性，这种防卫表现在对对方的言语攻击、讽刺挖苦、评头论足以及怀疑对方的动机等行为上。当一方将另一方的意思理解为具有威胁性时，他就经常会以有碍有效沟通的方式做出反应。

(6) 语言。同样的词汇，对不同的人来说，含义是不一样的。年龄、教育和文化背景是三个最明显的因素，它们影响着一个人的语言风格以及他对词汇的界定。比如，威廉·伯克莱是作家、记者，得雷博士是打击乐艺术家，两人都说英语，但各自的用词是截然不同的。在一个组织中，员工常常来自不同的背景，有不同的言语习惯。在同一组织不同部门中工作的人员，甚至还会有各自的行话——一组人员内部沟通中所用的专业术语或技术语言。

另外，你和我可能同说一种语言，但我们在语言的使用上却并不一致。信息发送者常常认为自己所用的词汇和短语在接收该信息的人心中也有同样的含义，这当然是错误的假设，常会造成沟通障碍。了解每个人使用的同一语言含义发生的变化，有助于减少沟通障碍。

(7) 民族文化。人际沟通在世界各地并不是以相同的方式进行的。比较强调个人主义价值的国家（如美国）与强调集体主义价值的国家（如日本）就可发现这一点。在美国等一些国家中，重视和强调个人，沟通风格也是个体取向的，并且直言不讳。比如，对于组织内部的协商，美国管理者习惯于使用备忘录、布告、文章以及其他正式的沟通手段表明自己的看法和观点。美国主管为了使自己获得晋升机会或使下属接受自己的决策和计划，常常保留机密信息。出于自我保护的目的,下级员工也同样如此行动。而在如日本这样的集体主义国家中,有更多相互间的互动关系,而且人际间的接触更多是非正式的。与美国不同,日本管理者在有关问题上更多的是先以口头协商方式与下属沟通,而后才以正式文件的形式说明已经达成的共识。日本人看重协商一致的决策,因而开放式的沟通是其工作环境氛围的一个内在构成要素。而且,他们更多地采用面对面的沟通。

文化差异会影响到管理者对沟通方式的选择。这些差异要是没有得到很好的认识和认真的考虑,那么就极有可能成为有效沟通的障碍。

**知识链接:信息沟通中的文化差异**

| 中国 | 西方 |
| --- | --- |
| • 要点反映在其他话题中 | • 直接提到要点 |
| • 以一种微妙的方式,通过暗示提及要求和所关心的问题 | • 坦率地讨论要求和所考虑的问题 |
| • 赞扬群体 | • 表扬个人,即使在公共场合 |
| • 说促进和谐的话,说人们爱听的话 | • 准确说出想说的事情 |
| • 未说出的也很重要 | • 所说的话很重要 |
| • 不说“不”,换个话题或给出很模糊的答案 | • 说“不” |
| • 最重要的最后表达 | • 最重要的最先表达 |
| • 首先是关系——在正事前先讨论个人问题 | • 先谈正事,这比私事更重要 |
| • 综合各种意见,努力达成一致,以包括各种想法 | • 使差异分化,使各种不同观点尽可能有差别,让最好的意见取胜 |
| • 人与意见是不可分的,不与长者或位置较高的人抵触,不因不赞同某人观点而冒犯他 | • 人与意见是可分的,可以与任何人的想法理论,所采纳的应是最好的想法 |
| • 沉默并不表示赞同 | • 沉默意味着赞同 |

(资料来源:张玉利,《管理学》(第二版),南开大学出版社,2004。)

## 五、克服有效沟通的障碍

对于这些沟通障碍,管理者应该如何克服它们?以下的建议将帮助你使沟通更为有效。

1. 运用反馈

很多沟通问题是直接由于误解或理解不准确造成的。如果管理者在沟通过程中使用反馈回路,则会减少这些问题的发生。

这里的反馈可以是言语的,也可以是非言语的。当管理者问接收者:“你明白我的话了吗?”所得到的答复就代表着反馈,但反馈不仅仅包括是或否的回答。为了核实信息是否按原有意图被接收,管理者可以询问有关该信息的一系列问题,但最好的办法是,让接收者用自己的话复述信息。如果管理者听到的复述正如本意,则可增强理解与精确性。反馈还包括比直接提问和对信息进行概括更精细的方法。综合评论可以使管理者了解接收者对信息的反应。

当然,反馈不必一定以言语的方式表达,行动比言语更为明确。比如,销售主管要求所有下属必须填好上月的销售报告,当有人未能按期上交此报告时,管理者就得到了反馈,这一反馈表明销售主管对自己的指令应该阐述得更清楚。同理,当你面对一群人演讲时,你总在观察他们的眼睛及其他非言语线索以了解他们是否在接收你的信息。

2. 简化语言

由于语言可能成为沟通障碍,因此管理者应该选择措辞,并注意表达的逻辑,使发送的信息清楚明确,易于接收者理解。管理者不仅需要简化语言,还要考虑到信息所指向的听众,以使所用的语言适合于接收者。记住,有效的沟通不仅需要信息被接收,而且需要信息被理解。通过简化语言并注意使用与听众一致的言语方式可以提高理解效果。比如,医院的管理者在沟通时应尽量使用清晰易懂的词汇,并且对医务人员传递信息时所用的语言应和对办公室工作人员不同。在所有人都理解其意义的群体内使用行话会使沟通十分便利,但在该群体之外使用行话则会造成诸多问题。

3. 积极倾听

在别人说话时,我们是听者。但很多情况下,我们并不是在倾听。倾听是对信息进行积极主动的搜寻,而单纯的听则是被动的。在倾听时,接收者和发送者双方都在思考。

我们中的不少人并不是好听众。为什么?因为做到这一点很困难,只有当个体有主动性时才会取得令人满意的效果。事实上,积极倾听是指不带入先入为主的判断或解释的对信息完整意义的接收,因此要求听者全神贯注。一般而言,人们说话的速度是平均每分钟 150 个词,而倾听的能力则是每分钟可接收将近 400 个词。二者之间的差值显然留给了大脑充足的时间,使其有机会神游四方。

提高积极倾听的效果，可采取的一种办法是发展与信息发送者的共情，也就是让自己处于发送者的位置。不同的发送者在态度、兴趣、需求和期望方面各有不同，因此共情使接收者更易于理解信息的真正内涵。一个共情的听者，并不急于对信息做出判定，而是先认真聆听他人所说的话。这使得接收者不至于因为过早不成熟的判断或解释而使听到的信息失真，从而提高了自己获得沟通信息完整意义的能力。积极倾听者可能表现出的具体行为如图 2-2 所示。

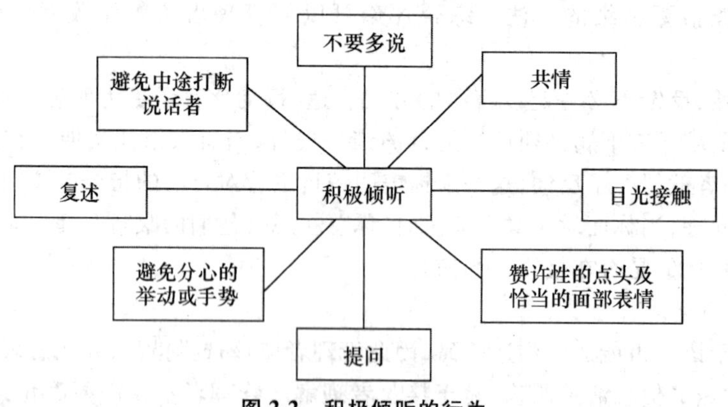


**图 2-2　积极倾听的行为**

4. 控制情绪

如果认为管理者总是以完全理性化的方式进行沟通，那就太天真了。我们知道，情绪能使信息的传递严重受阻或失真。当管理者对某件事十分失望时，很可能会对所接收的信息产生误解，并在表述自己信息时不够清晰和准确。那么管理者应该如何行事呢？最简单的办法是暂停进一步的沟通直至恢复平静。

5. 注意非语言提示

俗话说，行动胜于语言。因此，克服沟通障碍很重要的一点是注意自己的行动，确保它们和语言相匹配并起到强化语言的作用。有效的沟通者十分注意自己的非语言形式的沟通，保证它们也同样传达了他所期望的信息。

**团队练习**

让两个人模拟下面的“父子对话”，然后小组成员共同讨论，分析沟通失败的原因和改进措施。

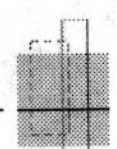


儿子放学回家，把书包往床上一扔，顺口说了一句："上学真是无聊透了！"

父："怎么回事？"

子："学的都是些不实用的东西。"

父："现在看不出好处来，我当年也有同样的想法。可是现在觉得那些知识还蛮有用的，你就忍耐一下吧！"

子："我已经耗了十年了，难道那些X加Y能让我学会修车吗？"

父："修车？别开玩笑了。"

子："我不是开玩笑，我的同学王明辍学学修车，现在月收入不少，这才有用啊！"

父："现在或许如此，以后他后悔就来不及了。你不会喜欢修车的。好好念书，将来不怕找不到更好的工作。"

子："我知道，可是王明现在很成功。"

父："你已经尽了全力了吗？这所高中是名校，应该差不到哪儿去。"

子："可是同学们都有同感。"

父："你知不知道，把你养到这么大，你妈妈与我牺牲了多少？已经读到高二了，不许你半途而废！"

子："我知道你们牺牲很大，可是不值得。"

父："你应该多读书，少看电视！"

子："爸，唉——算了，多说也无用。"

（资料来源：http://www.gycc.net/gongshangxi/html/272shixunzhidao.htm。）

**思考·讨论·分析**

1. 请描述沟通的一般过程模型，并结合自己的亲身经历，对该模型中的关键过程进行解释和说明。

2. 结合自己的实际情况，论述沟通中会出现哪些障碍，以及你是如何克服障碍的。

3. 当你意识到沟通障碍并试图去克服这些障碍时，发现最大的困难是什么？

4. 根据你的经验，你认为提高你沟通技能的最有效途径是什么？

# 第二节　沟通的类型

◆ 引例

### 沟通方式是关键所在

有三个岛屿，分别住着一群盲人、哑人和自由人。当他们同时面临被大海淹没的困境时，盲人并不知道自己面临危险；哑人虽然能够看到自己将被淹没但是却无能为力；整个解救任务都落在了自由人身上。由于盲人看不到营救的船只，哑人求救的语言又让人听不懂，自由人只能拉着盲人和哑人上船，才共同渡过了难关。

不难看出，在这个故事中，三方存在的最大困难就是沟通，找到一个能让三者都能接受的沟通方式是关键所在，此刻，行动成了他们唯一有效的沟通方式，也正是这种"沟通"，才让他们全部得救。

（资料来源：http://www.fm086.com/article/Article.asp?id=11105。）

引例中提到的盲人、哑人和自由人，就像企业中的成员一样，有各式各样的人存在，在正式场合的沟通方式不可能适合每一个人，不要简单地认为所有人和自己的认识、看法都是高度是一致的。对待不同的人，要采取不同的模式，要用听得懂的"语言"与别人沟通。那么，沟通有哪些模式呢？

## 一、沟通的分类

1. 根据信息载体的异同，沟通可分为语言沟通、非语言沟通

语言沟通和非语言沟通的形式如图 2-3 所示。

（1）语言沟通。语言沟通（Verbal Communication）是指以语词符号为载体实现的沟通。在沟通过程中，很多沟通都用来传递口头或书面的信号，如面对面沟通、电话沟通、小组会议、正式演讲、备忘录、传统信件、传真、员工通讯、告示板、公司其他出版物、录音带和录像带、热线、电子邮件、计算机会议、音频邮件、电话会议及可视会议等。语言沟通具有快速传递、即时反馈的特点，但同时沟通信息存在着巨大的失真的可能性。

同一对象在不同的环境里往往表现为不同的角色，彼此的关系也就跟着变化，这种变化往往通过语言表示出来，因此语言形式一定要符合自己转换的角色身份。

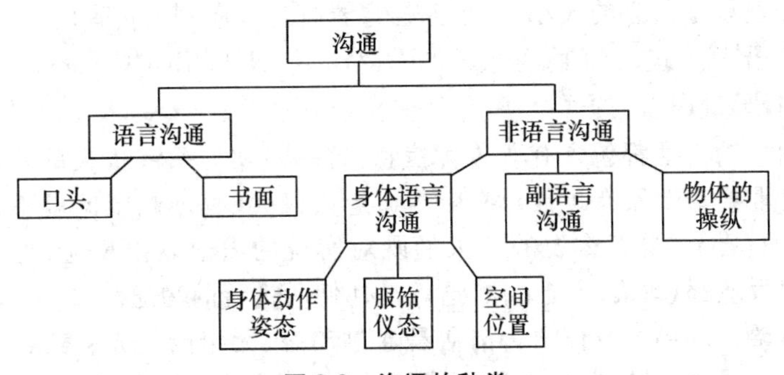


**图 2-3 沟通的种类**

**小阅读:沟通中的角色问题**

英国著名的维多利亚女王,与其丈夫相亲相爱,感情和谐。但是维多利亚女王乃是一国之王,整天忙于公务,出入于社交场合,而她的丈夫阿尔伯特却和她相反,对政治不太关心,对社交活动也没有多大的兴趣,因此两人有时也闹些别扭。有一天,维多利亚女王去参加社交活动,而阿尔伯特却没有去。已是深夜了,女王才回到寝宫,只见房门紧闭着。女王走上前去敲门。

房内,阿尔伯特问:"谁?"

女王回答:"我是女王。"

门没有开,女王再次敲门。

阿尔伯特问:"谁呀?"

女王回答:"维多利亚。"

门还是没开。女王徘徊了半晌,又上前敲门。

房内的阿尔伯特仍然是问:"谁呀?"

女王温柔地回答:"你的妻子。"

这时,门开了,丈夫阿尔伯特伸出热情的双手把女王拉了进去。

(资料来源:http://blog.sina.com.cn/s/blog_5fa341b70100crtr.html。)

(2) 非语言沟通。除语言沟通形式外,还有一些极有意义的沟通既非口头形式也非书面形式。比如,刺耳的警笛和十字路口的红灯都不是通过文字而告诉我们信息的。教师上课时,当看到学生们无精打采或者有人开始翻阅报纸时,无需言语说明,学生们就已经告诉他,他们厌倦了。同样,当纸张沙沙作响,笔记本纷纷合上时,所传达的信息也十分明确,即该下课了。一个人所用的办公室和办公桌的大小、一个人的穿着打扮都向别人传递着某种信息,这些都是非语言形式的沟通。所谓非语言沟通(Nonverbal Communication),就是不经由语言表达的沟通。

任何口头沟通都包含有非语言信息,这一事实应引起极大的重视。为什么?因为非语言要素有可能对有效沟通造成极大的影响。“问题不在于你说了什么,而在于你是怎么说的。”人们既对所说的内容做出反应,也对是怎么说的做出反应,管理者应当记住,这就是他们所进行的沟通。

**身体语言沟通** 身体语言沟通是通过动态、无声的目光、表情、手势语言等身体运动或者静态无声的身体姿势、空间距离及衣着打扮等形式来实现沟通。

**知识链接:常见的势态语**

头部:点头表示赞成或同意;顿首用来强调说话的力度;头部上扬表示惊奇或对某一事情突然明了;摇头是否定的信号;摆头表示怀疑;低头含有被压抑或屈从的意味;抬头是一种有意投入的动作。

肩部:肩部下垂向后,表明平静且灵敏;上提向前表明焦虑、惊慌;平举下垂表明沉着果断;向上突起表明愤怒或受到恐吓;耸肩表示不知道、无所谓或无可奈何;拍拍肩部表示亲切或庆贺。

手:竖起大拇指表示赞美;手掌往前摊表示拒绝;紧握拳头表示力量;张开双臂表示欢迎;高举双臂表示胜利;双手在胸前交叉抱住表示自信和进取。

**副语言沟通** 副语言沟通是通过非语词的声音,如重音、声调的变化、哭笑、停顿来实现的。心理学家称非语词的声音信号为副语言。比如一句简单的口头语——“真棒”,当音调较低、语气肯定时,表示由衷的赞赏;而当音调升高、语气抑扬时,则完全变成了刻薄的讥讽和幸灾乐祸。

**物体的操纵** 人们能够通过对物体的运用、环境布置等手段进行非语言沟通。下面是一个很自然地利用手头之物表明一个非语言的观点的例子:一位车间主任,他在和工长讲话的时候,心不在焉地拾起一小块碎砖。他刚一离开,工长就命令全体员工加班半小时,清理车间卫生。实际上车间主任并未提到任何关于清理卫生的字眼。

**思考·讨论·分析**

“静默语”即不知不觉向周围的人发出的信号,也就是形象。“在你开口以前,你已经把什么都说了。”你认为这是一种沟通吗?(　　)

A. 是,属于视觉沟通。

B. 不是,属于视觉印象,是领导形象研究的问题。

C. 是,属于非语言沟通。

D. 不是,因为这是别人的看法,而沟通应是主动的。

答案:C

2. 根据沟通者的数目,沟通可分为自我沟通、人际沟通和群体沟通

(1) 自我沟通。自我沟通中,信息的发送者和接收者的行为是由一个人来完成的,比如通过各种方式进行的自我肯定、自我反省等。

**小阅读:自我沟通,良好心境**

早年间,英国有位哲人,他单身时,和几个朋友一起住在一间只有七八平方米的小房子里,每天却总是乐呵呵的。别人问他:"那么多人挤在一起,还有什么值得开心的呢?"他说:"朋友们住在一起,随时可以交流思想、交流感情,难道不是值得高兴的事吗?"

过了一段时间,朋友们都成了家,先后搬了出去,屋内只剩下他一个人,但他每天仍非常快乐。又有人问:"一个人孤孤单单,有什么好高兴的?"他说:"我有这么大的空间,还有那么多的书可以看,悠然闲适,怎不令人高兴?"

数年后,经济条件好了起来,他搬进了楼房,住一楼,仍是每天乐呵呵的。有人说:"住一楼烦都不够烦的呢!"他却说:"一楼进门就是家,还可以在空地上养花、种草。这些乐趣多好呀!"

又过了一年,这位哲人把一楼让给一位家里有偏瘫老人的邻居,自己搬到了顶楼。朋友又问:"先生,住顶楼有哪些好处?"他说:"好处多了!每天上下楼几次,有利于身体健康;看书、写文章光线好;没有人在头顶上干扰,白天黑夜都安静。"

正如柏拉图所说:"决定一个人心情的,不在于环境,而在于心境。"这位哲人能够做到不论在何种环境中都乐观积极,保持良好的心境,就是自己保持良好自我沟通的结果。心里想的什么样子,看到的就是什么样子,这就是自我信息的传送。同时,正确的、积极的认识和信息的摄入又会通过自我反馈促进良好的心境的形成,最终形成自我沟通和心境的良性循环。

(资料来源:http://bbs.caska.cn/thread-14713-1-1.html。)

（2）人际沟通。人际沟通指在两个人之间的信息交流过程，其最大的特点是有意义的互动性，即人际沟通必须是两个人之间的，有信息的发送者及接收者，同时有传播信息的媒介，并且双方能达成理解上的一致。

（3）群体沟通。群体沟通又叫小组沟通或者团队沟通，是指在三个及以上的个体之间进行的沟通。个体和群体之间以及群体和群体之间的一对多、多对多的正式或非正式沟通，比如会议、演讲、谈判等都属于群体沟通。

**小阅读**

早期，管理学家 Coch 和 French 对男式服装生产企业 Harwood 公司做了关于群体沟通作用的调查。公司决定进行工艺流程改造和工艺重组，为了解决以往改革时工人反应强烈并产生敌对情绪等问题，特采取了三种不同策略：

第一种，与第一组工人采取沟通的方法，向其解释将要进行的改革的内容、意义、必要性等，然后待其反馈。

第二种，告诉第二组工人现在存在的各种问题，然后进行讨论并得出解决办法，最后派代表制定新的标准和流程。

第三种，要求第三组工人每人都讨论并参与设定、实施新标准和流程，要求团队合作。

结果，第一组工人的任务最简单，但是生产效率没有任何提高，并且敌对态度明显，40 天内有 17% 的工人离职；第二组工人在 14 天里恢复到原来的生产水平，后来生产效率进一步提高，无人离职；最后一组工人则在第二天就达到原来的生产水平，并在一个月里提高了 17%，对公司的忠诚度也很高，无人离职。

可见，群体沟通对管理而言具有很重要的作用，员工的信息共享、参与程度和工作绩效等都会因充分而有效的群体沟通而得到改善。

（资料来源：http://wenku.baidu.com/view/db391345b307e87101f6961c.html。）

3. 根据途径的异同，沟通可分为正式沟通和非正式沟通

所谓正式沟通（Formal Communication）是指按照规定的指挥链或者作为工作的一部分而进行的沟通，任何发生于组织中既定的工作安排场合的沟通，都可称为正式沟通。正式沟通具有约束力强、较严肃、权威性高、保密性强等特点，可以使公共关系保持权威性，但由于信息需要经过层层传递，缺乏灵活

性,效率较低。且正式沟通一般都是单向沟通,缺乏反馈机制,沟通效果难以保证。

非正式沟通(Informal Communication)指不按组织的层级结构规定进行的沟通,员工们聚餐、闲谈、打球等都属于非正式沟通。未经管理层批准并不意味着非正式沟通不存在。员工之间建立朋友关系后,会经常相互沟通。此种沟通具有传播时间快、范围广、效率高、可跨组织边界传播等特点,但是涉及的沟通主体较多,常会造成说风是雨、以讹传讹等不良后果,导致传播的信息失真等问题。尽管如此,组织中的非正式沟通还是发挥着两方面的作用:① 促进员工满足社会交往的需要;② 有利于改进组织的绩效,因为它提供了另一种更快速和有效的沟通渠道。

## 二、沟通信息的流向

组织中的沟通可以是向下的、向上的、横向的或斜向的。

1. 下行沟通

任何一种信息从管理者流向下属人员的沟通,都可称为下行沟通。下行沟通常用于通知、命令、协调和评估下属。当管理者将目标和任务分派给员工时,就运用了下行沟通。管理者也常用下行沟通来向下属提供职务说明,通知组织的政策和规定,指出需要注意的问题。尽管下行沟通带有命令性和权威性,有利于增强合作意识,有助于管理者的决策和控制,但是其沟通速度一般较慢,容易被曲解和贻误。

2. 上行沟通

管理者依靠下属来获取的信息、有关工作的进展和出现的问题等通常需要上报给管理者。上行沟通就是信息从下属人员流向管理者的沟通,它使管理者能了解下属人员对他们工作、同事和整个组织的看法。管理者也依靠上行沟通来获得关于改进工作的意见。如下属提交的工作绩效报告、合理化建议、员工意见调查表、投诉程序、上下级讨论和非正式的"牢骚会"等都是一些上行沟通的例子。在"牢骚会"上,员工有机会提出问题,与他们的上司甚至高层管理代表一起讨论。但是这种方式也非常容易造成信息的失真。

组织中使用上行沟通方式的程度与该组织的文化有关。如果管理者能够创造一个相互信任、相互尊重以及参与式决策和向员工授权的氛围,则组织中会有许多上行沟通,因为员工会在决策过程中提出许多意见。在一个高度刻板、专权的环境中,上行沟通仍然会发生,但是沟通风格和内容会受到很大限制。

3. 横向沟通

在任何层次上发生的同一水平层次上的人员之间的交流,都称为横向沟通,或者平行沟通。在当今市场动荡多变的环境中,为节省时间和促进协调,组织常需要横向沟通。例如,跨职能团队就急需通过这种沟通方式形成互动。平行沟通的主要目的是谋求相互之间的理解和工作中的配合,因此,它通常带有协商性。我们通过有效地加强平行沟通,可以增进相互之间的了解,克服本位主义。不过,要是员工不向管理者通报他们所做出的决策或采取的行动,则会造成冲突。

4. 斜向沟通

斜向沟通是发生在同时跨工作部门和组织权力层次的员工之间的沟通。当一个总部的财务主管直接与地区的销售经理进行沟通时,斜向沟通就发生了,因为沟通双方不仅属于组织中不同的部门,而且在级别上也差很多。从效率和速度来看,斜向沟通是有益的。电子邮件的普及使用更促进了斜向沟通。现在许多组织中,一个员工可以通过电子邮件与其他员工进行沟通,不论他们的工作部门和组织层次是否相同。然而,与横向沟通一样,要是员工不向他们的管理者通报,斜向沟通也有可能造成问题。

## 三、组织沟通的网络

组织沟通信息的纵向和横向流动集合而成的各种形态,称为沟通网络,如图 2-4 所示。

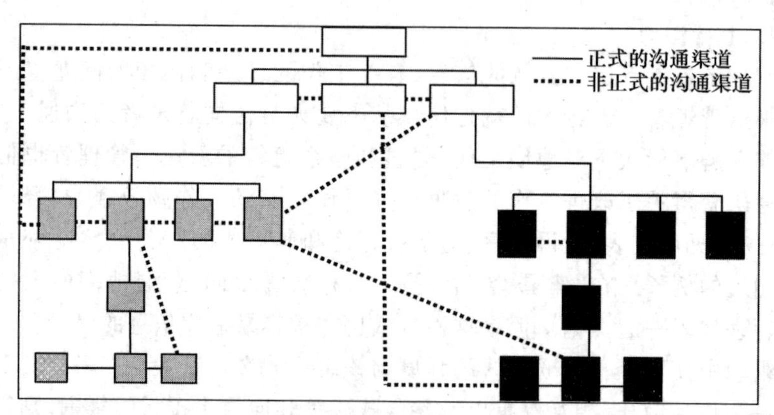


图 2-4　组织中的沟通网络

1. 正式沟通的网络类型

在链式网络中,沟通信息按照正式的指挥链流动,当然可以上行,也可以下行。在轮式网络中,沟通信息则是在明确认定的强有力的领导者与工作小组或团队成员之间的沟通。该领导者成为所有沟通信息通过的中心。在全通道式网络中,沟通信息会在工作团队所有成员中自由地流动。

作为一个管理者,你会选用哪种沟通网络?答案取决于你的沟通目标。表2-3概括出了各种沟通网络的效果,依据的标准是速度、准确性、领导者的产生和成员的满意度。从表中的评价结果一眼就可以看出,没有一个网络是在任何情况下都是最好的。如果你关注成员满意度,则全通道式最佳;如果你认为有一个强有力的领导人很重要,那么,轮式会更好;如果准确性对你来说最为重要,则链式和轮式更好。

**表2-3　三种常见的沟通网络类型及其沟通效果评价**

| 正式沟通的网络类型图 | 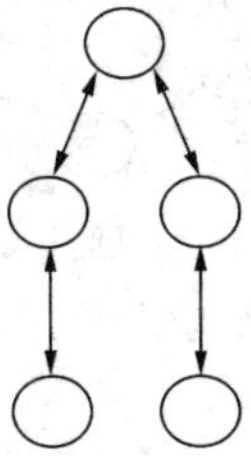 | 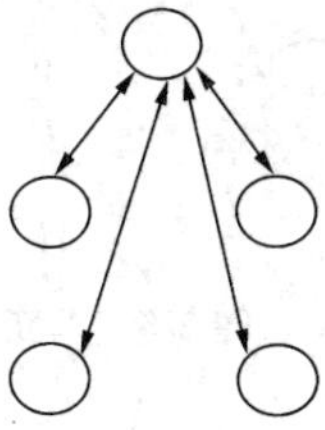 | 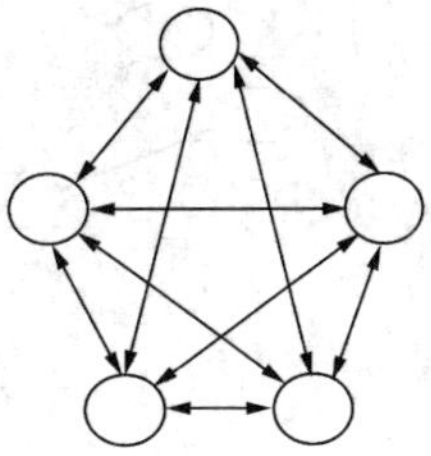 |
|---|---|---|---|
| 评价标准 | 链式 | 轮式 | 全通道式 |
| 速度 | 中 | 快 | 快 |
| 准确性 | 高 | 高 | 中 |
| 领导者的产生 | 中 | 高 | 无 |
| 成员的满意度 | 中 | 低 | 高 |

2. 非正式沟通的网络类型

信息的传播不仅通过正式沟通渠道进行,还通过非正式渠道传播。美国心理学家戴维斯曾在一家皮革制品公司专门对67名管理人员进行调查研究,发现非正式沟通有四种传播方式,如图2-5所示。

**单线式**:由非正式组织成员中的前一个人将小道消息传递给后一个人,后者再传递给另外一人。

**流言式**:有一个信息发送者,但同时有多个信息接收者。

**密集式**:一个人同时将信息传递给其他两三个人,这两三个人再分别对相同的信息接收者规模进行信息传递,结果一传十、十传百,最后所有的成员都获得了这种信息。

**随机式**:按随机的方式传播小道消息。

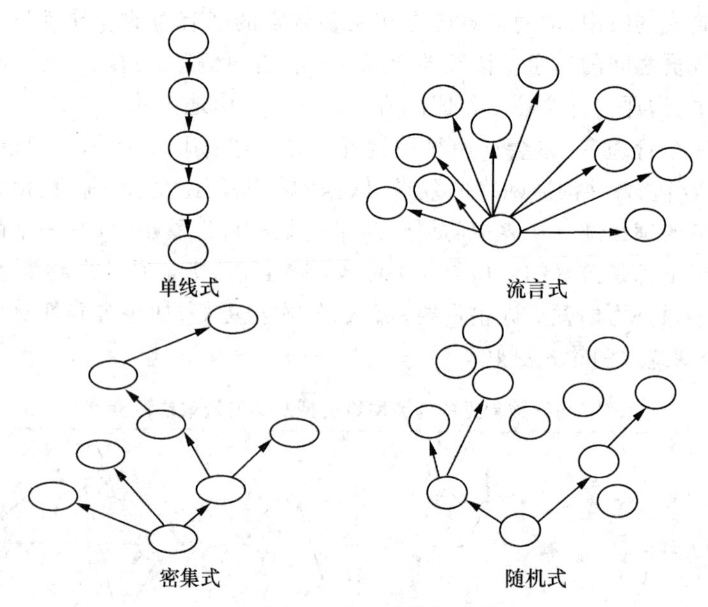


图 2-5 非正式沟通网络

3. 沟通的功能

在组织中,沟通主要有四种功能:控制、激励、情绪表达和信息传递。

(1) 控制:沟通可以控制员工的行为。员工们必须遵守组织中的权力等级和正式指导方针,比如,他们要与上级交流工作方面的困难,要按照工作程序工作,要遵守公司的政策法规等,通过沟通可以实现这种控制功能。另外,非正式沟通也控制着员工的行为,比如,当工作群体中的某个人工作十分勤奋,使其他人相形见绌时,其他人会通过非正式沟通的方式控制自己的行为。

(2) 激励:在沟通中明确告诉员工做什么、如何做、没有达到标准时应如何改进,可以激励员工努力工作。

(3) 情绪表达:对很多员工来说,工作群体是主要的社交场所,员工通过群体内的沟通来表达自己的挫折感和满足感。因此,沟通提供了一种释放情感的情绪表达机制,并满足了员工的社交需要。

(4) 信息传递:沟通的最后一个功能与决策角色有关,它为个体和群体提供决策所需要的信息,使决策者能够确定并评估各种备选方案。

这四种功能无主次之分。要使组织运行良好,就需要在一定程度上,控制员工、激励员工、提供情绪表达的手段并做出决策。可以认为,在组织中的每一次沟通都实现了这四项功能的一种或几种。

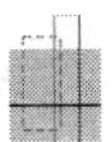

### 互动游戏：折纸

游戏规则：请大家拿出一张长方形的纸，然后根据教师的提示进行。操作过程中，第一组学生面对面，可以商量，也可以询问教师；其他六组学生背对背，不能相互商量，也不能询问教师，独立完成。

游戏过程共三个步骤。

1. 折一折：① 上下对折；② 左右对折；③ 在右上角撕掉一个等腰三角形；④ 左右对折；⑤ 上下对折；⑥ 在左下角撕掉一个等腰三角形。

2. 看一看：做完后，请将这张纸展开来看一下，它的形状是什么？比较第一组与其他六组学生撕的“作品”。

3. 议一议：为什么同样的材料、同样的指令，其他六组的学生撕出来的“作品”形状会如此千差万别？

### 互动话题：裁员风波

天讯公司是一家生产电子类产品的高科技民营企业。近几年，公司发展迅猛，然而，最近在公司出现了一些传闻。公司总经理邓强为了提高企业的竞争力，在“以人为本、创新变革”的战略思想指导下，制订了两个战略方案：一是引人换血计划，年底从公司外部引进一批高素质的专业人才和管理人才，给公司输入新鲜血液；二是内部人员大洗牌计划，年底通过绩效考核调整现有人员配置，内部选拔人才。邓强向秘书小杨谈了自己的想法，让他行文并打印。中午在公司附近的餐厅吃饭时，小杨碰到了副总经理张建波。小杨对他低声说道：“最新消息，公司内部人员将有一次大的变动，老员工可能要下岗，我们要有所准备啊。”这些话恰好又被财务处的会计小刘听到了。他又立即把这个消息告诉他的主管老王。老王听后，愤愤说道：“我真不敢相信公司会做这样的事情，换新人，辞旧人。”这个消息传来传去，两天后又传回邓强的耳朵里。公司上上下下都处于十分紧张的状态，唯恐自己被裁，根本无心工作，有的甚至还写了匿名信和恐吓信对这样的裁员决策表示极大的不满。

邓强经过全面了解，终于弄清了事情的真相。为了澄清传闻，他通过各部门的负责人把两个方案的内容发布给全体员工。他把所有员工召集在一起来讨论这两个方案，员工们各抒己见，但一半以上的员工赞同第二个方案。最后邓强说：“由于我的工作失误引起了大家的担心和恐慌，很抱歉，希望大家能原谅我。我制订这两个方案的目的就是想让大家来参与决策，一起为公司的人才战略出谋划策，其实前几天大家所说的裁员之类的消息完全是无稽之谈。大家的决心就是我的信心，我相信公司今后会发展得更好。谢谢！关于此次方案的具体内容，欢迎大家向我提问。”通过民主决议，该公司最终采取了第二个方案，由此，公司的人员配置率得到了大幅提高，公司的运作效率和经营效益也因此大幅增长。

（资料来源：张岩松、陈百君、周宏波，《现代管理学案例教程》，清华大学出版社，2009。）

问题

1. 上述案例中的沟通渠道或网络有哪些？请分别指出，并说出各自的特点。

2. 如果你是邓强，你从中应吸取什么样的经验和教训？

## 第三节 管理沟通的内涵

### ◆ 引例

**糟糕的沟通**

王杰是和老板一起创业的技术骨干，最早的时候，他和老板像兄弟一样一起吃饭、一起通宵加班干活，所以，即使王杰不善言语，老板对他的所做所为也了如指掌，对他十分器重。随着公司的壮大，管理机构和管理流程逐渐完善起来，老板的工作重心转移到公司的战略方面，王杰则依然埋头在技术项目之中。公司在继续成长，但他却感到工作氛围不如以前，得到的回报也不如以前，因此，在心理上对老板产生了更多的疏远感，而老板反而觉得王杰这人就是有技术人员的孤僻毛病。王杰的态度，开始时对老板是一个提醒，老板念旧功，想提拔王杰，但一时也不知道给他一个什么位置合适。过了好久，在一次聚会上，王杰喝醉了酒，对着老板发泄了他的不满，老板很不高兴，就听之任之了。

王杰先是不和老板沟通，后来用喝醉酒的方式发泄，却是糟糕的沟通。最后，王杰在公司的日益发展中，很郁闷地离开了。

（资料来源：http://bbs.chinaunix.net/thread-381437-1-1.html。）

在管理中，类似情况时有发生。哈佛大学曾对500名被解雇的男女做过调查，证实因人际沟通不良而导致工作不称职者占到82%；普林斯顿大学在分析一万份人事档案时亦发现:“智慧”、“专业技术”、“经验”只占成功因素的25%,其余的75%则取决于良好的沟通。那么,如何进行良好的管理沟通呢?

## 一、管理沟通的定义

我们把沟通者为了某一目的,运用一定的策略和手段,将某一信息(或意思)传递给客体或对象,以期取得客体相应的反应和反馈的整个过程称为管理沟通。它解决的是现实管理活动中发生的组织与组织之间、人与组织之间、人与人之间的沟通问题。

管理沟通相比于一般的沟通,有以下几个方面的特征。

1. 管理沟通是为了达成预定的管理目标

管理沟通不同于人们平常的“聊天”、“打招呼”,关键在于管理沟通是管理目标导向的,也就是沟通者希望通过沟通解决管理工作中的现实问题,如为了推进公司改革,组织一个会议传达改革精神;为了激励下属,安排一个面谈;为了建立公司的良好形象,召开一次新闻发布会。但是,我们走路时遇到一个熟人问声好,或者因为好长时间没有碰到了,见面交流一下工作近况,则不能算做管理沟通,最多只能称为人际沟通,因为这样的沟通的出发点不是解决管理问题。

2. 管理沟通是沟通双方的相互行为

所谓沟通双方的相互行为,是指沟通者不但要把信息传递给对方,还需要了解对方的反应,确认信息传递出去之后的效果。如果信息传递出去没有达到预期的效果,就说明本次沟通失败了,需要设计另一次沟通。这与我们平时听演唱会、看电视不一样,因为这样的沟通是单向的,而不是双向的。

3. 管理沟通需要有效的中介渠道

沟通首先要有“沟”,无“沟”不“通”,这个“沟”就是中介渠道。管理者为了达成信息的互通,必须要建设好流程通道,还需要设计好信息传递的载体,是口头沟通还是书面沟通,是正式沟通还是非正式沟通,等等。

4. 管理沟通需要设计有效的策略

管理沟通是一个复杂的过程,原因在于:

(1) 沟通内容的复杂性。包括信息沟通和情感、思想、观点及态度的交流,内在地表现为人际关系。

(2) 沟通心理的复杂性。信息发出者和接收者之间要考虑对方的动机和目的,需要考虑如何改变对方的行为。

(3) 沟通信息的复杂性。由于语言文字含义的复杂性、沟通心理的复杂性,对沟通信息的理解也具有复杂性,有可能出现信息失真,尤其是沟通双方在见解与爱好、背景与经历、政治与意识等方面的差异性,更加剧了信息理解的复杂性。正因为如此,才需要沟通双方(尤其是沟通者)制定沟通策略,以达到有效的结果。

## 二、管理沟通的要素

管理沟通过程是沟通主体向受众(客体)传递信息并获得对方反馈的过程,这个过程可用图 2-6 表示。

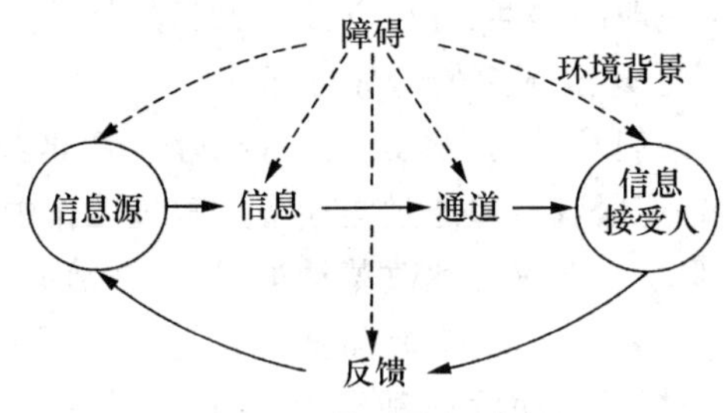


**图 2-6 管理沟通过程**

该过程是信息源、信息接收人(受众)、沟通目标、环境背景、信息、通道和反馈七大基本要素的系统整合。

(1) 信息源:分析是谁发起的这个沟通行为。

(2) 接收人(受众):在沟通过程中,光有绝妙的信息是不够的,只有当信息得到受众做出你期望的反应时才算成功。因此,受众的反应是最关键的,这也是管理沟通和其他类型沟通的本质区别。

(3) 沟通目标:分析整个沟通过程所要解决的最终问题。

(4) 环境背景:分析沟通的内部环境(包括文化、历史和竞争状况等)、外部环境(包括潜在顾客、代理机构状况、当地的或国家的有关媒体等)。

(5) 信息:分析有多少信息要沟通,会产生什么怀疑,谁是信息的受益者,如何组织信息才具有最好的说服力。

(6) 通道:口头、书面、电话、电子邮件、会议、传真、录像和记者招待会。

(7) 反馈:沟通是一个过程,而不是一个简单的行为或一个目标。由于不同的受众,有的是支持的,有的是漠不关心的,有的是反对的,因此在沟通过程中要尽可能地考虑可能出现的各种结果,并给予反馈。

**小阅读:什么妨碍了沟通**

方式一:“小刘,你接电话的方式真是太唐突了,你需要从现在开始接受职业化的训练。”

方式二:“小刘,我正在关注你在电话中与顾客的交谈方式,我想和你讨论一下。我注意到你讲话的速度相当快,因而,我担心对一些顾客来说,可能很难理解你所表达的内容,毕竟你比顾客更了解、更熟悉情况。”

要想知道是否进行了有效的管理沟通,可通过有效管理沟通的检核表进行初步检验:

- 你是否已经掌握并组织好沟通过程中所有相关的信息?
- 你是否了解或掌握好了有关个体和组织的背景资料及环境状况?
- 你是否明确要实现和能实现的目标?
- 你是否清楚听众的需要?
- 你是否清晰、生动和有说服力地表达了你的观点?
- 你是否选择了正确的沟通渠道?

## 三、管理沟通的策略框架

根据管理沟通的要素分析,管理者要实现有效的沟通,应该从管理沟通的七要素入手,系统全面地考虑管理沟通的策略。有关主体策略、沟通目标策略、客体策略将在后续章节中进行分析,在此简要地就信息策略、渠道选择策略和文化背景策略进行概述。

1. 沟通主体分析

沟通主体分析是指分析沟通者自身如何明确沟通目标,在目标的引导下,结合自身的身份地位、目标意愿、专业知识、外表形象和价值取向,选择相应的沟通策略。关键在于明确三个问题:第一,我是谁?第二,我在什么地方?第三,我能给受众什么?只有明确这三个问题,才能不断提高主体的沟通意识和沟通技能。

**小阅读**

有一把坚实的大锁挂在铁门上,一根铁杆费了九牛二虎之力,还是无法将它撬开。钥匙来了,它瘦小的身子钻进锁孔,只轻轻一转,那大锁就“啪”地一声打开了。铁杆奇怪地问:为什么我费了那么大力气也打不开,而你却轻而易举地就把它打开了呢?钥匙说:因为我最了解他的心。

(资料来源:http://home.51.com/89133621/diary/item/10052137.html。)

2. 沟通客体分析

沟通客体分析包括四个基本问题:第一,受众是谁?第二,他们了解什么?第三,他们感觉如何?第四,如何激发他们?这四个问题归结到一点,就是要明确受众需要什么,然后尽量给予他们。在弄清楚这四个问题之后,沟通者就可以采用相应的策略去实现与沟通客体的有效沟通。

3. 信息组织分析

信息组织分析是管理沟通过程的第三个重要环节,成功的沟通者在每次信息沟通发生之前,首先都要思考如何完善沟通信息的结构。因此,信息策略的制定关键在于解决好怎样强调信息、如何组织信息这两个问题。

以上三个关键环节,我们将在后面具体讨论,这里就不再展开了。

4. 沟通渠道

沟通渠道的选择是指对信息传播媒体的选择,包括口头、书面、传真、电子邮件、语音信箱、电话、电话会议、电子公告版、新闻小组等,这里简单讨论不同渠道与选择的影响因素。

(1) 书面沟通或口头沟通渠道。书面沟通一般在沟通信息需要记录和保存、处理大量细节问题、采用精确的用词或让受众更迅速地接收信息时采用;而口头沟通一般需要更为丰富的表达效果,在严格与持久性方面的要求较少、无须永久记录时采用。

(2) 正式或非正式沟通渠道。正式沟通渠道一般适用于法律问题的谈判或关键要点和事实的表达,具有精确、内敛、技术性与逻辑性强、内容集中、有条理、信息量大、概括性强、果断、着重于行动、重点突出、力度大等特点。非正式沟通渠道适用于获取新观念和新知识的场合,具有迅速、交互性强、直接反馈、有创造力、开放、直接流动性强、较灵活等特点,包括电子邮件、通知、个人之间的口头交流（面对面交流、语音信箱）等方式。

(3) 个体或群体沟通渠道。个体沟通渠道适用于个人关系的构造、获知他人的反应、获取属于隐私或机密的信息等情况。具体形式有当面交流、电话沟通、传真和电子邮件等。群体沟通则适用于团体形象和关系的构建，目的是取得团队反应，防止排除某人或确保团体中的每个成员都同时接收了你的信息，如各种会议形式。

5. 沟通文化

每一个沟通策略的制定，都要受到国家、地区、行业、组织、性别、人种、工作团体之间不同的文化内涵的影响，上面讨论过的沟通主体、沟通客体、信息组织和沟通渠道无一例外。

从沟通者策略看，文化的不同可能会影响到沟通者的沟通目标、沟通形式和沟通者的可信度。如在团队观念强的组织中，沟通者往往倾向于咨询性沟通策略，而在个人观念强的组织中，沟通者可能更倾向于指导性的沟通策略；独裁者喜欢指导性策略，而民主观念强的人喜欢以咨询性策略进行沟通。

从受众策略看，文化因素会影响受众策略的选择。根据文化取向中对地位、权威和组织形象的不同期望，可能对主要受众的选择有所不同。同样，不同的文化也会决定不同激励方式的有效性。如有些文化强调物质财富与“关系”，而另一些则注重工作关系、挑战性因素和个人地位：文化中团队关系和团队形象的相对重要性决定了个人关系和可信度的变化。

从信息策略看，文化差异导致对不同信息结构的选择。如喜好节奏缓慢、仪式性强的谈判方式的文化大多倾向于间接切入主题的结构；偏向于节奏快、高效率否定方式的文化则倾向于开门见山。

从渠道策略看，文化也可以影响沟通渠道的选择，如注重个人信用的文化选择口头沟涌和协议，而注重事实和效率的文化则倾向于书面沟通和协议。

### 互动话题

我们常常以为站在了对方的立场上，而事实证明很多时候我们并不是站在了对方的立场上。例如，有人要自杀，打电话来求助，你劝道：“你不要自杀，这个世界不是很好吗？人活得应该很愉快。”这句话看似站在对方的立场上，其实不然。想一想，一个要自杀的人怎么可能体会到这个世界的美好呢？如果体会得到，他就不会产生自杀的念头了。可见上一句中“这个世界很好”只是我们自己的立场而已。

有一位农夫用尽力气想把小牛赶进牛栏里，可是小牛的脚就好像是被钉牢在地上一样，丝毫不动。农夫的太太正好出来，她不慌不忙地把自己的食指放入小牛嘴里让它吮吸，很快就把小牛牵进牛栏里了。农夫的太太就是站在小牛的立场替它考虑的，她知道小牛当时需要什么。用这样的方法，即使是大象我们也可以使它移动。

站在对方的立场就要替他去解决他的问题，从他的角度去思考。比如你的职工要下岗了，你不要对他说："下岗的又不止你一个，不要难过。"而应该耐心地跟他说："下岗这件事情在公司是一个政策。不过，我们可以坐下来一起研究研究，你看我能帮什么忙？"更舒服更实际一点的，你可以跟他说："我先把我这个月的薪水拨四分之一给你。"他听后会抱着你哭。所以，安慰人的时候不要讲风凉话，要讲切乎实际的话，多站在对方的立场上来思考。

有一位学者说："为了让自己成为受人欢迎的人，我们必须培养一种'设身处地'的能力，也就是抛开自己的立场置身于对方立场的能力。"

汽车大王亨利·福特说："如果有所谓成功的秘诀，那必定就是指要能了解别人的立场。我们除了站在自己的立场上考虑之外，也必须要有站在别人的立场上考虑问题的处事能力。"

（资料来源：http://www.hsdcw.com/html/2009-7-31/207507_1.htm。）

问题

1. 从管理沟通的角度思考，你从以上案例中受到了什么启发？

2. 请描述管理沟通与其他沟通之间的关系，并结合自己生活中的实例对每一种沟通类型进行说明。

3. 为什么要进行管理沟通？管理沟通有哪些作用和目的？请以班级为例进行说明。

## 第四节　影响管理沟通的环境因素*

### ◆ 引例

**如此沟通**

一次，总经理宋文超交代综合办公室王主任一项任务：买草，买土，将厂区

---

* 对于本节内容，教师可根据教学需要选择。

的一片荒地绿化一下。过了很久,事情却迟迟没有办成,宋总心里不免恼火:"交代下去的事情,怎么这么难办?"王主任回答:"一是过了种草的季节,再则花费太大。"宋总不满地说:"我是领导,我要求做的事情,自然有我的道理。"王主任也振振有词:"我是具体办事的,该不该做、能不能做心里自然有数。"一时上下都怨气冲天,关系陷入僵局。

(资料来源:邹中棠,《要成功先沟通》,机械工业出版社,2010。)

显然,这是宋总与王主任的内部沟通出现了问题。我们知道,沟通活动所依存的环境内容非常丰富。如果以一个企业或组织的边界来界定,边界内部的沟通环境称为内环境,发生在组织内环境的沟通称为内部沟通;组织边界外部的环境称为外环境,发生在边界内部与外部之间的沟通称为外部沟通。

## 一、内部沟通环境的要素

组织内部因素包括有形和无形两个方面,有形环境如组织内部结构和组织有形环境(包括技术环境、物质环境和人力资源等);无形环境如组织文化和组织无形资源(包括价值观、思维方式和经营理念等)。具体地,组织内部的环境可以从组织结构、组织文化和技术环境三个方面来考察。

1. 组织结构

企业内部组织结构反映了组织成员的权力关系、信息沟通渠道和业务流程等,它在本质上反映的是组织内部人与人之间的关系和联结方式。为了更好地解决好权力关系,保证信息沟通的顺畅和业务流程的优化,就需要采取有效的沟通技能。可以说组织结构为管理沟通设定了必须遵守的规范和程序。

**小阅读**

**直线型组织的管理沟通**

在直线型组织中,存在着明确的正式沟通路线,所有人都明了组织关系与职责。其弱点是一旦组织的规模扩大并变得更为复杂,管理者就没有足够的时间、技能和方法进行管理沟通并提高管理效率。

**矩阵型组织的管理沟通**

矩阵型组织采用双重指令系统去运作复杂的项目或产品开发。它要求项目领导和部门领导要对共同管理的资源的使用做出调配,并对任务、目标的认识实现一致。因此,矩阵型组织对管理沟通提出了更高的要求。

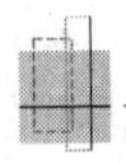


2. 组织文化

组织文化是组织内部全体员工共同遵守的行为规范、思维方式、意识形态、风俗习惯等,其本质是组织内部的价值观。由于每个组织及其子组织都有自身的文化或子文化,也需要结合不同组织内部文化环境的特点选择相应的沟通策略。

公司的文化环境形成了管理沟通的基本氛围。一方面,公司文化的建设推广离不开管理沟通与全员培训;另一方面,管理沟通的展开又与开明、积极向上的企业文化息息相关。要提升沟通的效果,需要树立公司成员都有能力进行学习与沟通的组织文化。

在全球经济一体化的环境中,在价值、理念与自尊不断面临挑战的世界里,如何强化跨文化沟通,进而创建学习型组织,使组织中不同国籍、不同阶层、不同价值观、不同信仰的成员既保持自己的个性与特长,同时又融入组织的文化中,为实现共同愿景而努力,是管理沟通面临的挑战。

**小阅读**

请阅读下面的一段对话。

美国老板:完成这份报告要花费多长时间?

希腊员工:我不知道完成这份报告需要多长时间。

美国老板:你是最有资格提出时间期限的人。

希腊员工:十天吧。

美国老板:你同意在15天内完成这份报告吗?

希腊员工:没有做声。(认为是命令)

**15天过后**

美国老板:你的报告呢?

希腊员工:明天完成。(实际上需要30天才能完成。)

美国老板:你可是同意今天完成报告的。

第二天,希腊员工递交了辞职书。

(资料来源:http://blog.renren.com/share/231589851/748839825。)

**启示**:在案例的对话中,美国老板问希腊员工完成报告的时间,实际上是在征求希腊员工的意见(这与美国管理的传统习惯有关),而希腊员工并非不知道完成报告所需要的时间,只是想让美国老板下命令

(希腊员工习惯于命令式的管理)。15天过后,美国老板要报告(要信守承诺),而希腊员工已经尽力把30天的工作用16天完成了(并且认为延迟些时间没有问题)。希腊员工认为美国老板找麻烦,因此不得已而辞职。

3. 技术环境

在技术环境(这里仅指狭义的生产管理工具和技术手段)方面,20世纪70年代末出现个人电脑以来,组织广泛应用计算机系统协助解决组织内部问题,在80年代中后期,组织出现了崭新的沟通方式——网介沟通(Computer-mediated Communication)。近年来,网介沟通迅猛发展,并有预言称,网介沟通在21世纪将成为组织最活跃的沟通模式。这一发展趋势一方面得益于组织内部、组织之间信息交换在空间上的不断扩展,使组织虚拟化生存成为可能和必然;另一方面,是由组织管理从刚性的制度、规则管理走向个性化、柔性化管理所致。有人把组织的这种管理变迁归结为组织从"社会人"走向"文化人"的过程。从这个意义上讲,网介沟通不能被简单地作为"新观念传播"或"新媒介"来看待,它所改变的可能是沟通的一块基石。事实上,随着企业对因特网、局域网的普遍采用,人的沟通模式正在从根本上发生着改变。

从组织内部角度上讲,上述对三个方面的考察,可以帮助我们采取针对性的沟通策略。从管理沟通的角度讲,由于沟通对象是非常明确的人,而人所存在的直接环境是组织,因此,在内部沟通技能上,重点在于解决不同组织环境及其文化环境下的沟通策略。

## 二、内部沟通环境的障碍

要寻求有效的内部沟通技能,首先要分析常见的内部沟通障碍。一般来讲,内部沟通环境中的障碍包括主观障碍、客观障碍和沟通方式障碍三个方面。

1. 主观障碍

主观障碍来自以下六个方面:

(1) 个人的性格、气质、态度、情绪、见解等的差别,使信息在沟通过程中受个人的主观心理因素的制约;

(2) 信息沟通中,如果双方在经验水平和知识结构上差距过大,就会产生沟通的障碍;

(3) 信息往往是依据组织系统分层次逐级传递的,而在按层次传达同一

条信息时,沟通双方往往会受到个人的记忆、思维能力、价值观等的影响,从而降低信息沟通的效率;

(4) 对信息的不同态度,使有些员工和主管人员往往会忽视对自己不重要的信息,不关心组织目标、管理决策等方面的信息,而只重视和关心与他们物质利益有关的信息,从而使沟通发生障碍;

(5) 主管人员和下级之间相互不信任,这主要是由于主管人员考虑不周,伤害了员工的自尊心,或决策错误所造成的,而相互不信任则会影响沟通的顺利进行;

(6) 下级人员的畏惧感也会造成沟通障碍,这主要是由主管人员管理严格、咄咄逼人和下级人员本身的素质所决定的。

**小阅读:第一印象**

先看下面这幅画,然后回答一个问题,你看到了老太婆还是少女?

这是哈佛大学流行的一幅画,用来说明过去历史对人们行为的影响。如果你在看这幅画之前,先看到了老太婆的画像的轮廓,那么当这幅画映入你眼帘时,你首先会想到老太婆。同样,如果你先看到了少女画像的轮廓,你会首先想到少女。实际上,这幅画既是老太婆又是少女,从不同的角度你会得出不同的结论。这里引用这幅画,不是要谈论历史对人们行为的影响,而是在此基础上要引申一下,那就是,在一个人固执地认为是老太婆,而另一个人固执地认为是少女时,结果会怎么样?我们都知道,那必然是沟通不畅。

其实,在工作和生活中,这种现象并不少见。由于思维方式的不同,基于同样的事物可能会有不同的结论,而为了证实各自的结论时,沟通就可能会不畅。很多时候沟通不畅往往并不是因为个人本来就有什么恩怨,而是由双方的思维不同、价值观不同、行为方式不同所造成的。当组织中存在太多沟通不畅时,就有可能形成个人恩怨。

对于主观障碍影响管理沟通质量的现象，表2-4提出了四个方面的识别建议。

**表2-4　如何识别主观障碍问题**

| 识别主观障碍问题 | 建议思路 |
| --- | --- |
| 员工能畅所欲言吗？ | 当你和员工交谈时，他们能畅所欲言。他们知道他们的意见能起作用，也能被重视。 |
| 你常与员工联系吗？ | 经常受到关注的员工能及时得知有关部门和全公司重大情况的信息。 |
| 你与员工有深层次的思想交流吗？ | 交流使员工积极承担而不是听从指挥。除非管理者努力设法和员工们交流思想，否则员工们能做的只是听从命令。员工们如果感觉不到自己和公司心灵相通，就不会竭尽全力。 |
| 你知道员工需要什么吗？ | 当你知道员工们需要什么时，正是你和他们有了联系时。只有公司和员工们相互了解，才能达到高质量、优质服务和丰厚的利润。只有员工才是质量、服务和利润的推动力。 |

2. 客观障碍

客观障碍主要包括以下两个方面：

(1) 信息的发送者和接收者如果空间距离太远、接触机会少，就会造成沟通障碍。社会文化背景不同、种族不同而形成的社会距离也会影响信息沟通。

(2) 组织机构过于庞大，中间层次太多，信息从最高决策层传递到下级基层单位，中间过程易使信息失真，而且还会浪费时间，影响其及时性。这是由组织机构不完善所带来的障碍。

3. 沟通方式障碍

沟通方式障碍可以概括为以下两个方面：

(1) 沟通方式选择不当，原则、方法使用不灵活所造成的障碍。沟通的形态和网络多种多样，且有各自的优缺点。如果不根据组织目标及其实现策略来选择，不灵活运用有关原则、方法，沟通就不可能畅通进行。在管理工作实践中，存在着信息的沟通，也就必然存在沟通障碍。主管人员的任务就在于正视这些障碍，采取一切可能的方法消除这些障碍，为有效的信息沟通创造条件。

(2) 语言系统所造成的障碍。语言是沟通的工具，人们通过语言、文字及其他符号将信息经过沟通渠道来传递。如果语言使用不当就会造成沟通障碍。这主要表现在三个方面：一是误解。这是由发送者在提供信息时表达不清楚，或者由接收者接收失误所造成的。二是歪曲。这是由对语言符号的记忆模糊所导致的信息失真。三是信息表达方式不当。这表现为措词不当、词不达意、丢字少句、空话连篇、文字松散、句子结构别扭、使用方言或土语、千篇一律等。这些都会增加沟通双方的心理负担,影响沟通的进行。

人际冲突在组织中是客观的、无处不在的。现实中,大量的企业都趋向于劳动力的多样化、全球化,合资企业大量涌现,因此,当来自不同组织和文化背景的管理者走到一起时,如何处理好内部沟通已日益成为一个重要的问题。任何一个内部存在过度不和谐因素的组织,都将在竞争的环境中处于难堪的境地(组织内的成员过于强调完全一致,以至于懒得去适应变化的外部环境,或者过于强调对上级的服从而没有看到要改进现状的需要,这些都属于不和谐的状态)。事实上,适度的冲突正是活跃的、有进取性的、有激励的组织的生命血液,它能够激发人的创造力,激发整个组织的创新精神。为此,管理者需要在正确看待内部沟通障碍的前提下,运用适当的策略做好内部沟通工作。

**小阅读:关注沟通的有效性**

沟通不仅仅限于语言的交流,还有很多种方式,其中行动就是最有效的方式之一。丰田公司前总裁晚年需要依靠轮椅代步,他与下属沟通的方式就很独特。他让人推着自己围绕办公室的空地转上几圈,虽然一句话也不说,但是下属却从近距离接触中,深深感受到了他内心深处不屈的进取精神和无穷的人格魅力,从而获得了无穷的前进动力。他正是靠着这种默默的行动沟通激励了一代代丰田人。

(资料来源:http://www.glzy8.com/show/185364.html。)

## 三、外部沟通环境的要素

组织的外部沟通环境分为两个层次:微观环境和宏观环境。外部环境的变化会影响组织内部的文化氛围和管理沟通形式。外部环境的最大特点是不确定性,不确定性包括两个变量,即环境的复杂性和环境的变化性。随着组织所面临的外部环境的复杂程度的增加,组织会设置更多的职位和部门来加强对外的联系与沟通,同时配备更多的管理者来协调组织内外部的工作。

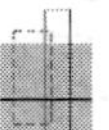

**小阅读:换个角度,享受生活**

有个小伙子每天早晨驾车去公司上班,路上要经过一个火车道,如果有火车过来,两旁的汽车和行人就要等待几分钟甚至十几分钟。他最怕的就是这个时刻,因为等待火车过去的时间里实在是无聊得让人抓狂。他每天早饭时总要祈祷,千万不要遇到火车。可每每事与愿违,几乎每天他都要遇到火车。远远地看到“有火车,危险”的警示牌以及听到火车要来临时的警示钟声,他就开始大声咒骂:“我真是倒霉,真讨厌,真可恶,我怎么就那么不幸运呢,讨厌死了。”

后来我问他:“同样一个盾牌,有人看到的是正面,有人看到的是反面,反应也不同,这是为什么?事物本身并没有变,为什么不学着换个角度看待问题?或许你能发现不少乐趣呢。”

他答应去尝试一下。第二天下午,他跑来告诉我:“果然不错哎。”我问他哪儿不错。他说:“今天早上又遇到火车了,但是我想,反正讨厌也是等待,高兴也是等待,那我何不高兴地等待呢?当我这样想的时候,奇迹发生了,我发现自己的心情平静下来了,而且能忍耐了。我开始把注意力转移到其他事物,而不是等待火车上面,比如我看到清晨的阳光无比温柔,照在原野上实在是太美了,路边的树上结着小红果子,很好看的样子。我还看到有一对情侣相拥着等待火车,非常幸福,受到他们的感染,我似乎也幸福起来了。总之,在等待火车的这段时间里,我一点也不觉得烦恼了。”

我哈哈大笑起来,称赞他很有悟性。

启示:你是否因为环境因素而烦恼或者焦虑不堪?你是否因为某件事而暴跳如雷?换个角度再去看,以享受生命的心态面对它,或许会有不一样的结果。试试看吧。

(资料来源:http://blog.sina.com.cn/s/blog_640c521c0102dszi.html。)

**思考·讨论·分析**

1. 请结合实际说明,组织能否控制和管理沟通环境?怎样控制和管理沟通环境?

2. 你认为创造一个良好的内部沟通环境有什么价值?

# 第五节　管理沟通的原则和方法*

## ◆ 引例

### 做我自己的事

丽塔为老板工作了11年。一天喝完咖啡后，她的朋友萨拉问她："为查理工作怎么样？"丽塔回答道："我觉得还可以，他经常不管我，我或多或少可以做些自己的事情。"然后，萨拉说，"哦，你在同一份工作上干了11年，你做得怎么样呢？你可能会被提升吗？如果你不介意的话，我想说我没有看到你做的事情与公司的运作有关。"丽塔回答道，"首先，我确实不知道我做得怎么样，查理从来没有告诉过我，但是我一直抱着没有消息就是好消息的态度。至于我做的是什么以及会对周围的运作有什么贡献，当我开始做些对公司运作很重要的工作的时候，查理会含糊不清地说一说，但是仅此而已，我们从来没有很好地交流过。"

（资料来源：http://wenku.baidu.com/view/58ea6d3e5727a5e9856a61a2.html。）

在本引例之中，丽塔与她的经理查理之间根本没有沟通，在工作中，他们只是各自做自己的事情，就像引例的题目一样：做我自己的事。经理查理从不过问丽塔的工作情况，对于她的工作表现没有一点评价，而且重要的工作也只是含糊地提一下；而丽塔在工作中对于经理查理的不闻不问只是抱着没消息就是好消息的态度，对于自己做的工作是否合格、是否有贡献毫不知情。这是管理沟通断裂造成的，那么，应该如何进行有效的管理沟通？管理沟通应遵循哪些原则呢？

## 一、管理沟通的十大原则

1．管理沟通的公开性原则

管理沟通的公开性原则，是指在同一个企业的管理沟通过程中，管理沟通的规则、方式、方法、渠道、沟通的内容要求必须公开。这里的公开是指应当对参与沟通的个人和团队、部门都全面公开，而不是对某些沟通成员公开，对另一些沟通人员不公开。只有所有的管理沟通成员都十分清楚地知道自己应该参与沟通的详细过程要求，沟通成员间才能遵循规则，才能产生正确完整的沟

---

* 对于本节内容，教师可根据教学需要选择。

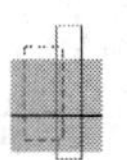


通行为。

公开性指的不是企业的所有信息都应该公开,而是指管理沟通的规则、方式、方法、渠道、内容要求必须公开,没有公开的管理沟通规则,正确的沟通行为过程就会失去方向和指引。管理沟通的公开性受损,将导致企业整体或局部的管理沟通系统产生沟通遮蔽或沟通盲点,致使某些应该参与沟通的企业成员或群体无法确认自己是否应该参与及怎样参与沟通,管理沟通也就无法正确实施。

2. 管理沟通的简捷性原则

管理沟通的简捷性原则包括两层意思。

第一层意思是指沟通的具体方式、方法设计应当尽量简单明了,以便于所有沟通成员掌握和运用。只要利用简单的沟通方式、方法能够沟通良好,并有效达到沟通的目标,就不应采用复杂、烦琐、迂回的沟通方式、方法。一两句话就完全能有效地达到沟通效果的沟通,更应该采取口头通知的方式,而不应闲聊一两个小时来沟通。这一层意思的简捷性,主要指的是具体的沟通方式、方法的简捷性。如果不注意具体沟通方式、方法的简捷性,将会降低管理沟通的效率。

第二层意思是指管理沟通应采用最短的沟通渠道或路径进行沟通。如果能面谈就无须叫人转告;可设立总经理信箱以取代基层员工将信息通过中层管理者向上层层传递的方式。渠道简捷性的目的在于提高信息传递速度,通过减少渠道环节降低信息损耗或变形的可能性。许多管理者都违反了这条沟通原则——他们在进行管理时,采用的不是最近的沟通渠道,沟通的最终效果虽然达到了,但浪费了更多的时间和精力。在沟通信息非常紧急的情形下,有可能延误时机,给企业造成巨大损失。

管理沟通的简捷性也包括沟通内容的编码简捷性及解码简捷性,防止将简单的管理信息人为地复杂化,致使沟通双方无法准确互相理解。总之,管理沟通的简捷性要求体现在管理沟通的各个方面,体现在管理沟通的整个沟通模式里面。因此,管理沟通的简捷性应该是企业管理沟通总体模式的简捷性。

3. 管理沟通的明确性原则

管理沟通的明确性是指管理沟通在公开性的基础上,必须将沟通的各项事宜,如渠道的结构,沟通的时间要求、地点要求、内容要求、频率要求,等等,进行明确、清晰的告示,尽量避免含糊不清。其目的在于使全体沟通成员准确理解企业所期望的管理沟通要求,明白他们在沟通中所担当的角色,即他们所应当履行的沟通职责和义务,从而最大限度地排除沟通成员对沟通要求的模糊和误解，保证管理沟通能够顺畅高效地进行，顺利达到管理沟通的预期目标。

明确性原则要求企业管理者与被管理者修炼和提高准确分辨、总结、表达、传递管理信息的能力。管理信息的沟通尽量做到言简意赅、深入浅出，便于信息接收者准确把握自己所传递信息的真实内在意义。如领导讲话，切忌夸夸其谈、空洞冗长、言之无物，或者说东道四，讲的内容没有重点、缺乏条理，沟通了半天，下属无法抓住其用意。又如向领导反映情况或对下属下达工作指令，不可反复、啰嗦，而应简明扼要、清晰明了。显然，如果管理沟通违反了明确性原则，沟通的效果就不能令人满意。

4. 管理沟通的适度性原则

管理沟通的适度性原则，是指管理沟通的渠道及沟通频率不能太多，也不能太少，而应当根据企业具体业务与管理的需要，适度、适当设置，以能达到管理目的为基准。管理者往往容易产生这样两种心理：不放心下属是在按照自己的要求工作，所以自己过于频繁地去现场查看或查问下属的工作进展情形，导致不必要的忧虑和管理资源浪费，这是管理沟通过于频繁的情形；或者过于相信下属会按照自己的指令开展工作，因此对下属的工作进展很少过问，造成管理失控，给企业带来损失，这是管理沟通过于稀少的情形。

而从被管理者的角度来讲，也容易存在相应的沟通毛病：一是沟通频率过高。为了讨取上级领导欣赏与信任，或让领导更多地了解自己的工作业绩，有事没事、有空没空，经常去领导办公室汇报工作，既影响了自己工作的开展，又给领导的正常工作造成干扰和低效率。二是沟通频率过低。很多下属以为自己干好自己的本职工作就行了，至于向不向领导汇报工作进展则根本不重要，理由是事实上不汇报我的工作也已经圆满完成了，由此造成了管理者对具体工作的开展失去必要的信息反馈。沟通过多或过少，渠道设置太多或太少，均会影响管理者进行管理沟通的效率、效益。太多时造成沟通成本太高，企业资源浪费；太少时又使得必要的管理沟通缺乏渠道和机会，信息交流受到人为限制，管理的质量和强度受到影响，严重时影响企业生存发展的大局。因此，适当地把握住适度性原则，对企业的经营管理有非常大的现实意义。

5. 管理沟通的针对性原则

管理沟通的针对性原则是指，所有管理沟通的活动与过程设计，都是为了解决企业管理中的某些具体问题，支持、维护企业正常高效运行而设置，每一项管理沟通活动都有其明确合理的针对性。虽然不同企业的管理与管理沟通具有一定的共性,但每个企业的内外部条件与管理传统等因素却是个别的、独特的,因此,每个具体企业的管理与管理沟通均应该具有自己的个性化特征。这就要求我们在设置企业管理沟通模式时,必须充分考虑到具体企业的实际情况;所设置和采用的管理沟通模式,必须切合该企业的管理实际需要,企业管理沟通模式的设置必须有针对性。

企业管理沟通模式里面的具体沟通渠道、方式、内容等的设计,也必须具有明确的针对性,即必须考虑到企业设计这一沟通渠道、沟通内容的目的是什么,是为了完成企业管理中的哪项工作,达到哪个目的。凡是无助于企业完成管理任务的沟通设计,无论其表面看来多好和多有吸引力,都应该毫不犹豫地抛弃;而对于那些明显有益于企业经营管理,少了就会产生不利影响的沟通设计,则应该将其融入企业的总体管理沟通模式。

6. 管理沟通的同步性原则

管理沟通的同步性原则是指,在管理沟通过程中,沟通的双方或多方应当全部进入沟通系统和沟通角色,沟通必须是双向的交流过程,而不是单向或其中一方信息处于封闭或半封闭状态。也就是说,成功的管理沟通必须是在沟通主体之间互动的,双方或多方处于平等交流地位的沟通,而不是一方强迫另一方接受自己的信息,或人为地拒绝接受对方的信息。沟通双方或多方均应当对沟通同时具有适当、及时、同步的反应,互相理解,充分把握住对方所传达信息的意义。

当管理沟通的双方或多方处于相距遥远的两个或多个地点,所进行沟通的信息发送与接收存在时间差异的时候,同步性就有可能会因为缺乏现场交流而受到严重威胁。而有时间差异的管理沟通行为是客观存在并且是必需的。那么如何来把握其沟通的同步性呢？由于现代网络技术的高速发展,可以在沟通过程中充分利用发达的网络来进行沟通交流,例如彼此进行视频(或电话)会议,使用腾讯 TM 系统传输文件等。只有通过各种手段和方式不断提高管理沟通在时间上的同步性,让沟通系统内部所有人员都清楚沟通的内容,才能够更好地进入自己的角色,明确自己的职责,才能够更加合理化和优化企业的抉择,有利于管理沟通圆满达到沟通目的。

**小阅读**

同步性原则告诫和提醒我们,管理沟通必须是一个互动的双向的同时行动的过程,哪怕是在等级森严的军队中也是如此。在战场上,当指挥官下达了冲锋命令时,士兵必须有反应,而指挥官更必须观察和分析士兵们的反应,以调整自己的指挥。哪怕士兵们当场没有说一句话,但士兵服从的举动本身就是一种沟通语言,它表明士兵同意、支持指挥官的指令。而一旦有士兵出现不冲锋的局面,指挥官就必须进行再管理沟通,迅速了解、分析士兵如此反应的动机、原因,找出答案后,再采取相应的管理措施。这一过程可能仅有两分钟,但一个士兵与指挥官之间已经完成了多次完整的管理沟通过程。

(资料来源:http://blog.sina.com.cn/s/blog_7290857colooqmo8.html。)

7. 管理沟通的完整性原则

同步性原则强调的是管理沟通的互动性,而完整性原则强调的是管理沟通过程的完整无缺。企业在设置管理沟通模式时,必须注意使每个管理沟通行为过程均要素齐全、环节齐全,尤其是不能缺少必要的反馈过程。只有管理沟通的过程完整无缺,管理信息的流动才能畅通无阻,管理沟通的职能才能够充分实现。管理沟通过程本身不完整,管理沟通必然受阻。

在企业管理实践中,管理沟通多多少少会出现一些过程不完整的情形:一是没有信息发送者,或信息发送者不明,信息没人发送,自然没有人能接收;二是没有传递的沟通渠道,信息发送者不知道有什么渠道可以向接收者发送信息;三是接收者不明,到底信息应该发给谁,没有明确方向;四是有渠道,有发送者,有接收者,但没有设定具体的沟通方式,如本来应该通过电话沟通的,却采用了信件沟通,原因是企业没有规定;五是其他一些情形。管理沟通过程不完整,就会使原本设想得很好的管理沟通受阻,对企业管理和管理沟通不利。

8. 管理沟通的连续性原则

管理沟通的连续性原则是指,大多数管理沟通过程,尤其是例行的日常管理沟通活动,并非一次沟通就可以一劳永逸地完成沟通任务,而是要通过反反复复多次沟通,才能较好地履行和完成管理沟通的工作职责。连续性是企业管理工作本身所具有的客观属性,作为管理的信息化表现,管理沟通自然也具有这一客观属性。

连续性原则要求企业在进行管理沟通时注意以下三大方面：一是管理沟通在时间上的连续性；二是管理沟通在方式、方法、渠道等，即沟通模式上的连续性；三是管理沟通在内容上的连续性。时间上的连续性要求企业的管理沟通行为要持续进行；沟通模式上的连续性则要求企业一方面要慎重选择适合企业管理沟通的高效简捷模式，另一方面要求企业在使用和改变企业管理沟通模式时考虑到人们的习惯，尽量使其具备操作上的连续性；内容上的连续性与模式上的连续性一样，是从提高管理沟通的熟练与效率角度出发考虑的。

9. 管理沟通的效率性原则

正如管理活动本身，管理沟通可以衡量而且应当追求其活动效率。管理沟通的效率体现在沟通的各个要素与环节上，如编码有编码的效率，发送有发送的效率，渠道有渠道的效率，接收有接收的效率，解码有解码的效率，就连噪声也有其效率：噪声高，必然阻碍沟通效率的提高；噪声低，在客观上有利于提高沟通效率。

**小阅读：沟通效率**

以远程正式书面沟通渠道效率为例。远程正式书面沟通在现代至少可以采用以下几种渠道：一是业务信件；二是业务传真；三是电子邮件。在正常情况下，电子邮件的沟通效率最高，传真次之，信件最差。而在业务信件中，又可以分成快件与平信，快件一至两天即到，而平信则需要更长时间才能被拆阅。

又如编码效率。有的人可以在一小时内完成一份业务文件的起草，而另一个人可能需要一两天才能完成。有的人具有很强的综合分析与语言组织、表达能力，很复杂的问题也只需要三五分钟就可以向大家说清楚，但有的人可能编码能力较差，花上再多时间还是没法说清。

所有这些管理沟通过程的要素与环节的效率，最后都反映到整个沟通活动上来，构成了企业管理沟通活动的总体效率。

（资料来源：http://blog.sina.com.cn/s/blog_7290857colooqmo8.html。）

10. 管理沟通的效益性原则

与管理一样，管理沟通是需要成本的，而且这些成本如文件纸张、人员、会议费用等，都是可以量化计算的，因此，管理沟通的成本是不难理解、不难把握的。还是同管理一样，管理沟通也是能产生或增减企业产出的。虽然有的管理沟通活动的产出较难量化处理,但仍有相当一部分管理沟通的产出可以量化。如企业采用电脑处理信息后,节约下来的管理沟通成本就是其为企业增加的产出。既然管理沟通有成本、有产出,自然也就应该衡量其效益——管理沟通的产出与成本的比例关系。

在实际企业管理中,企业时常会碰到下列一些情形:某些管理与管理沟通活动虽然有益于企业管理,但做起来相当烦琐,需要投入大量的人力、物力;或者企业要进行管理沟通,有几种模式可以选择,有的模式成本很高,效果也很好,有的模式成本较高,效果也较好,有的模式成本低,但效果一般,等等。以上问题迫使企业必须思考和重视管理沟通效益问题。企业在进行管理和管理沟通时,考察管理沟通效益是完全可能和必要的。在具体的沟通设置与企业总体沟通模式设计上,企业应该根据自身的发展战略和资源组合能力,对不同效益的沟通方式、模式进行选择和组合,确保整个企业的管理与管理沟通效果最好,效益最大化,防止盲目地追求管理与管理沟通的大而全或小而全抑或是沟通技术的先进性。

## 二、管理沟通的方法

### (一)多种多样的沟通方法

管理沟通的方法是多种多样的。管理沟通的方法运用要随机制宜,因人而定。

1. 指示

指示作为一种管理沟通方法,可理解为是上级的指令,具有强制性。它要求在一定的环境下执行任务或停止工作,并使指示内容和实现组织目标密切关联,以及明确上下级之间的关系是直线指挥的关系。管理中对指示方法的应用应考虑以下问题:

一般的还是具体的。取决于主管人员根据其对周围环境的预见能力以及下级的响应程度。对情况熟悉的管理人员应采用具体的指示,对环境不可预见的情况则多采用一般的指示。

书面的还是口头的。应考虑上下级之间关系的持久性、信任程度,以及避免指示的重复等。

正式的还是非正式的。采用非正式的方式来启发下级,采用正式的书面或口述的方式来命令下级。

2. 会议制度

开会是提供交流的场所的机会。会议可使人们了解共同的目标、自己的

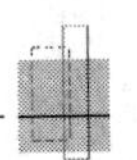

工作与他人工作的关系，从而更好地选择自己的工作目标，明确自己怎样为组织做出贡献；通过会议，人们能发现所未注意到的问题，并认真地考虑和研究；会议可集思广益，可以对每一位与会者产生一种约束力；会议中的信息交流能对人们的心理产生影响。

3. 个别交谈

个别交谈就是指管理者采取正式或非正式的形式，在组织内外，同下属或同级人员进行个别交谈，征询谈话对象对组织中存在问题和缺陷的看法，对别人或对别的上级，包括对主管人员的意见。

4. 企业内部沟通的其他方法

包括企业内部刊物、墙报、员工手册、意见箱、宣传资料、标语和公告、调查问卷、声像媒介、陈列和展览、健全的内部沟通制度（诸如职工建议制度、厂长经理接待来访制度、例会制度）等。

（二）合理选择沟通方法

选择沟通方法，需要考虑以下因素：

1. 沟通的性质

按照沟通任务的复杂性，按由简而繁的顺序，管理沟通可以分为：传达命令，给予或要求信息、资料，达成一致意见或决定。当沟通内容是依照规章或惯例行事时，大家视为当然；当沟通内容与法规或惯例有出入时，则会被认为不合法。按沟通所涉及资源的多少分类，愈是属于变通或弹性的处理性质，可能愈要求有正式和具体的根据。

2. 沟通人员的特点

所谓沟通人员，是指信息发出者、接收者、中间传达者（媒体）以及他们的上级主管人员。要考虑沟通人员的两个特点：① 目标手段导向。在这种导向下，可以变更或不顾规定及手续。目标导向的人一般比较愿意采取非正式和口头的沟通方式。如果媒介者不能正确了解和传送沟通信息，那么就要设法避开他，靠书面和口头并用加以补救。② 语文能力。沟通者的语文能力是选择沟通方法的重要因素。

3. 人际关系的协调程度

这是指沟通过程所涉及的人群间存在怎样的关系。人际关系的高度协调表示成员间接触频繁，关系密切，互助合作，在这种状况下，沟通常常采用口头而非正式的方法；反之，如果个人之间极少往来，互不相干，则沟通必须依赖正式及书面的方法进行。

4. 沟通渠道的性质

沟通渠道的性质主要有以下几项：

**速度** 一般认为，口头及非正式的沟通方法速度较快。

**反馈** 利用不同的沟通方法，所得到的反馈速度和正确性也都不同。

**选择性** 这是指对于信息的沟通，能否加以控制和选择及其程度。

**接收性** 同样的信息，却可能经由不同渠道，造成不同的被接收程度。

5. 成本

选用不同的渠道，也可能涉及不同的人力、物力、费用。

6. 责任建立

信息的沟通，常常也代表责任的付托。

### 互动话题：摩托罗拉公司的沟通机制

MOTO，不仅是促进你与世界沟通的口号，更是发动摩托罗拉公司内部员工沟通的原动力。摩托罗拉公司不但是沟通世界的桥梁，更是进行内部员工沟通的典范。摩托罗拉公司认为，良好的沟通是增强公司凝聚力、促进员工交流的最佳途径。摩托罗拉公司非常重视与员工的沟通，采取了开放的沟通政策。任何员工都可以根据个人情况，选择不同的沟通方式发表自己的意见。

“广直言之路”，摩托罗拉公司还设有多种制度化的正规渠道保证每一名员工能够直言不讳，从而保持高效良好的沟通。

**沟通渠道**

**Open Door**

Open Door 政策被众多全球500强公司采用，开放式的沟通氛围为每一家优秀的公司所推崇。在摩托罗拉公司，各级主管、经理办公室的门永远是敞开的，开放办公政策使得每位员工都可以直接找主管谈话，及时交换意见，也可以找直接主管的上级沟通。

**座谈会**

在摩托罗拉公司，员工还可以参加一系列的座谈会反映问题，如：总经理座谈会，肯定个人尊严对话会，业绩报告会，人事部经理座谈会，越级主管对话会。

各种各样的座谈会为员工的双向沟通提供了最佳途径，一对多或多对多的交流使得公司的管理层能够直接了解员工的想法与愿望，并及时采取切实的措施解决管理中所遇到的问题。

**内部媒体**

摩托罗拉公司办有各种各样的内部媒体,它们也成为员工反映问题、各抒己见的渠道。这些内部媒体包括《移动之声》杂志、“移动之声”电视台和《大家庭》报,还包括布告栏、每日信息等渠道,为公司内部员工之间的沟通服务。

如摩托罗拉公司天津工厂人力资源部主办的《大家庭》报,八开四版,半月一期。《大家庭》的四个版分别为:封面总裁时评,二版新闻快递,三版政策服务,四版文化广场。《大家庭》信息丰富,且与员工息息相关。报上有内部招聘信息(Internal Opportunity System)、各种培训机会以及餐厅就餐、医疗保险、体检、班车、员工文体活动等内容。《大家庭》报的义务就是提供公司和员工交流、员工和员工交流的平台,反映摩托罗拉公司“大家庭”的各种动态。

**员工意见调查**

员工意见调查是摩托罗拉公司管理层了解员工心声的重要途径。每年,摩托罗拉公司人力资源部都会开展一次员工意见调查,设计众多问题让员工回答,问题涉及摩托罗拉公司的工作环境、员工关系、下上级关系、酬劳、企业文化等方方面面。

**网上交流**

摩托罗拉公司的网站也是员工进行沟通的渠道之一。员工可以通过网上的“畅所欲言”和“我建议”等栏目,提出投诉或合理化建议,许多问题可以得到管理层的调查与跟踪解决。

**CEO 的电子邮件**

摩托罗拉公司 CEO 克里斯托夫 · 高尔文先生每周还会给全体员工发一封电子邮件,告诉员工他一周的工作和见闻,甚至包括他带孩子去钓鱼之类的生活琐事,提醒大家在努力工作的同时,注意多关心一下家人。企业领导人努力做到与员工平等相待,大家相处得如朋友,使每个员工都能感受到大家庭的温暖,这就是摩托罗拉公司的魅力所在。

**“肯定个人尊严”**

摩托罗拉公司充分尊重每一个员工的尊严,在全球实施一套名为“肯定个人尊严”的方案,每个季度每个员工都必须与其主管面谈,就六个问题进行探讨,对于每一次探讨中发现的问题,摩托罗拉公司将通过正常渠道快速解决。

这些沟通渠道大大改善了摩托罗拉公司内部的关系,帮助员工与企业共同营造了民主、公平、轻松的人性化工作环境。

“如果我们不能一对一、面对面地从根本上改变彼此间的行为方式,我们就永远不会成为首选雇主。”摩托罗拉公司CEO克里斯托夫·高尔文说。摩托罗拉公司从将员工看做重要的资源、巨大的财富，到“肯定个人尊严”，尊重员工，重视员工的发展，使得其成为全球最佳雇主之一，并依靠其全球杰出的人才团队，成为全球业界的领袖。

（资料来源：http://edu.sina.com.cn/l/2004-05-10/67771.html。）

问题

1. 摩托罗拉公司在管理沟通中体现了哪些沟通原则？

2. 摩托罗拉公司在管理沟通中采用了哪些沟通方法？

3. 结合自己的实际工作，谈谈你所在组织中管理沟通时主要采取什么样的方法，并陈述你采用的理由及收效。

## 本章小结

1. 沟通是指意义的传递和理解。沟通过程包括信息源、信息、编码、通道、解码、接收者以及反馈七个部分；沟通是一个涉及个体、组织和外部社会多个层面的过程。

2. 沟通失效主要是缺乏明确的目标、信息传导错误和信息传递的环节过多引起的，造成有效沟通的障碍有过滤、选择性知觉、情绪、信息超载、防卫、语言、民族文化等，可通过运用反馈、简化语言、积极倾听、控制情绪、注意非语言提示等来克服沟通障碍。

3. 沟通的类型。根据信息载体的异同，沟通可分为语言沟通、非语言沟通；根据沟通者的数目，沟通可以分为自我沟通、人际沟通和群体沟通；根据途径的异同，沟通可以分为正式沟通和非正式沟通。组织中的沟通可以是向下的、向上的、横向的或斜向的。正式沟通网络分为链式、轮式和全通道式三种；非正式沟通网络分为单线式、流言式、密集式和随机式四种。沟通主要有控制、激励、情绪表达和信息传递四种功能。

4. 管理沟通相较于一般的沟通，有以下几个方面的特征：管理沟通是为了达成预定的管理目标；是沟通双方的相互行为；需要有效的中介渠道；需要设计有效的策略。管理沟通的过程是信息源、接收人（受众）、沟通目标、环境背景、信息、通道和反馈七大基本要素的系统整合，可以从主体、沟通目标、客体、信息、渠道和文化背景等方面建立管理沟通的策略框架。

5. 影响管理沟通的环境因素主要有内部和外部两大方面。其中，组织内部因素包括有形和无形两个方面，有形因素如组织内部结构和组织有形环境

（包括技术环境、物质环境和人力资源等）；无形环境如组织文化和组织无形资源（包括价值观、思维方式和经营理念等）。公司的外部因素分为两个层次：微观环境和宏观环境。

6. 管理沟通的十大原则：公开性、简捷性、明确性、适度性、针对性、同步性、完整性、连续性、效率性和效益性。

## 情境模拟：电梯沟通

### 三分钟电梯体验沟通

**目的**

体验沟通

**情境**

假设你是个销售人员，找到了一个潜在的大客户，你打电话给他，费尽唇舌介绍自己的产品质量好、价格低。可是你苦于没有机会和他们的决策层接触。有一天，你去拜访别的客户，刚跨进电梯，忽然发觉该大客户采购部总经理就站在你身边。电梯会几停几开，总经理到他办公的楼层只要一分钟甚至半分钟时间，你是否有本事让他在出电梯之前说“你刚才说的这东西有点意思，这样，我给你十分钟，来我办公室坐坐”？这就是备受推崇的麦肯锡式“电梯测试”。

**实施**

（1）事先准备资料；

（2）给出大约15分钟时间让学生熟悉、总结资料；

（3）模拟情境，由大家评判是否能引起关注；

（4）分析讨论沟通的内涵。

## 技能训练：沟通画图

### 画　图

**目的**

比较分析沟通方式和沟通效果，理解不同沟通方式的差异性

**实施**

（1）事先准备两幅图；

（2）两人一组，面对面，由面对黑板的同学用语言描述其中的一幅图，另一个同学根据描述绘画，不能回答问题，不能使用手势比划，时间为六分钟；

(3) 每组同学交换位置,同样由面对黑板的同学用语言描述另一幅图,本次画图可以回答问题,但是不能使用手势比划,时间也为六分钟;

(4) 分别统计每次画对的小组个数;

(5) 组织同学讨论,请部分同学谈谈感想;

(6) 总结:沟通的障碍是什么,如何进行有效沟通?

## 团队练习:沙漠求生

### 沙漠求生小测试

**目的**

了解组织沟通的方式,体验组织沟通

**情境**

假设你是一名飞行员,但你驾驶的飞机在飞越非洲沙漠上空时突然失事,这时你们必须跳伞,与你们一起落在非洲沙漠中的有15样物品,你们必须为生存做出一些决定。

手电筒、迫降区的地图、每人一公升水、降落伞(红白相间)、每人一副太阳镜、指南针(罗盘)、手枪和六发子弹、一本书:《沙漠里能吃的动物》、塑料雨衣、每人一件外套、一升伏特加酒、急救箱、大砍刀、一瓶盐片(1 000 片)、化妆镜。

**实施**

(1) 小组由四位或八位成员组成,通过群体沟通的形式,尽可能得出统一的意见;15样物品的排序要尽量取得每位成员的认可。

(2) 注意事项:

- 无论是信息型沟通还是说服型沟通,逻辑是基础;
- 不要仅为了避免冲突而改变你的意见;
- 不要仅为了“少数服从多数”而改变决定。

(3) 在15样物品中,先以个人形式将15样物品按重要性排列,把答案写在工作表的第一栏。当大家都完成之后,进行小组讨论,以小组形式把15样物品重新按重要性排列,把答案写在工作表的第二栏,讨论时间为20分钟。

(4) 要求每组同学宣布讨论结果。

(5) 分析讨论结果,教师给出较专业的答案。

**管理沟通的启示**

## 信息技术对组织沟通的影响

当今的组织沟通已远非昔日可比，管理者既要使他们的组织稳定地运行下去，同时又要持续地改进组织的运营能力，并保证组织在其自身和环境都发生急剧变化时仍能保持应有的竞争力，这无疑是一个巨大的挑战。虽然技术变化是造成环境不确定性的一大原因，但是技术进步也对管理者协调员工的工作活动有重要的促进作用，并由此带来工作效率和效果的提高。现在，信息技术几乎影响到企业活动的每一个方面，因而对组织沟通产生了深刻的影响。

信息技术领域对组织沟通有重要影响的两大新发展是：计算机网络系统和无线通信技术。计算机网络系统在沟通中的应用，包括电子邮件、即时消息、音频邮件、传真、电子数据交换、电话会议、可视会议、内部互联网、外部互联网以及网上音频沟通等。无线通信则意味着组织成员不必登录计算机网络，就可发送和接收信息。

技术，尤其是信息技术，从根本上改变了组织沟通成员沟通、共享信息和开展工作的方式，组织间成员的沟通和信息交换已经不再受制于空间和时间。

## 沟通，从心开始

组织中的沟通是必需的，但是当沟通成为一种死板的公式时，组织沟通必然也同公式一样程序化。沟通的目的是要保持信息的通畅，而用心沟通不仅会很容易达到这一目的，很大程度上也可以让一线员工拥有良好的心态。如果管理者都希望自己的职工能够以真诚的态度感染顾客，那么，他首先要用真诚的态度去感染员工。

管理者应努力营造一个轻松的沟通环境。如果整个组织的沟通环境紧张、沉闷、压抑，员工的心情就很难阳光明媚，在面对顾客时，也很难表现出最佳状态，更别提尽心竭力、超值服务了。

此外，沟通时要注意细节。尊重员工是沟通细节的重中之重。一般情况下，一线员工在公司的职位不高，薪金水平较低，他们自己在心理上与管理者形成一种无形的落差，更希望被重视。如果管理者在沟通时与这些员工保持同样的高度，无疑会大大增加他们的自信心。凯悦饭店一直是全球酒店业的翘楚，其总裁不时会脱掉昂贵的西装，换上服务生的制服帮客人提行李。这种做法可以算是与员工无声的沟通，他向所有的员工传递了这样一个信息：我和你们是一样的，在凯悦饭店服务绝对无损于任何人的尊严！在沟通中，另外要特别注重的细节是赞扬。在员工表现良好或取得成绩时，千万不要吝惜你的赞扬，这通常是最有效的激励手段。管理者应在公开场合表扬员工，不必太隆重，只需在例会或早茶时间，在公共场合宣布他的事迹即可。赞扬能够激发员工的积极性，最大限度地挖掘员工心底的潜能。在沟通中，还要注意的细节便是给员工适当的压力，让员工明白不努力会有什么样的结果，抑制员工的散漫情绪，迫使其努力工作。要注意，这种压力要恰到好处，否则会适得其反，给员工造成沉重的精神负担。

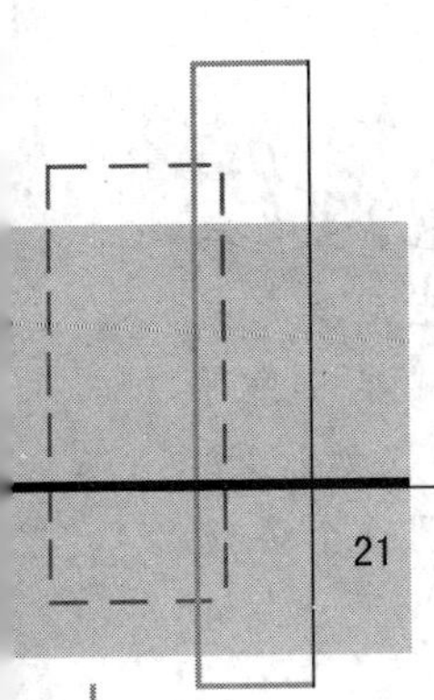

# 第三章 管理沟通策略



通过本章的学习,你将了解:

1. 管理沟通的主体与客体是什么,管理沟通的对象有哪些类型。
2. 怎样进行自我沟通。
3. 如何识别管理沟通对象。
4. 如何选择管理沟通信息策略。

你将能够:

1. 学会分析管理沟通的主体、客体。
2. 能够对沟通的信息进行合理组织。

## 第一节　管理沟通主体策略

### ◆ 引例

**美国人、法国人和犹太人的区别**

因为某种原因,一个美国人、一个法国人、一个犹太人要蹲三年的监狱,监狱长很同情他们,说:"三年不是一个短时间,这样吧,我尽量满足你们每人一个要求。"美国人先说了,给我雪茄吧;法国人说,我希望把我那漂亮的女朋友带来;犹太人说,我想要一部电话。监狱长想了想,全部满足了他们的要求。

三年到了,美国人首先冲了出来,鼻子、耳朵、嘴里全是雪茄,一边跑还一边嚷嚷:"给我火,给我火!"这家伙,原来光想着要烟,把火给忘了。然后是法国人慢悠悠地出来了,左手牵着一个孩子,右手抱着一个孩子,后面跟着他漂亮的女朋友,女朋友肚子里还怀着第三个。好家伙,三年的监狱生活没有白过。最后是犹太人,一边打着电话一边出来了,然后对监狱长说:"非常感谢你,因为你给我的电话,我人虽在监狱里,但生意一点都没耽误,不仅如此,还越做越大,生意翻了200%,为了感谢你,我想送你一辆劳斯莱斯。"这个监狱长做梦都没想到,当时发的善心竟然会获得一辆劳斯莱斯的报酬。

(资料来源:http://hmaml.blog.sohu.com/95024885.html。)

这个故事告诉我们,什么样的选择决定什么样的生活。思维的态度决定人生的高度,这是一个亘古不变的人生命题。所罗门说:"他的心怎样思量,他的为人就是怎样。"一个玻璃杯装了半杯水,积极的人说玻璃杯是半满的,而消极的人则说玻璃杯是半空的。皮科克说:"成功人士始终用最积极的思考,积极主动地认识自我,用最乐观的精神和最辉煌的经验支配和控制自己的人生。"

## 一、沟通主体角色分析

作为管理沟通的主体,管理者需要明确三个问题:第一,我是谁?第二,我在什么地方?第三,我能给受众什么?只有明确了这三个问题,才能不断提高主体的沟通意识和沟通技能。

### (一)我是谁

1. 何谓自我认知

沟通者分析"我是谁"的过程,就是自我认知的过程。"自我"首先指一个具备一定能力、性格、特征、本性等属性的个体本身,强调个体看得见、摸得着的物质身体。广义上的"自我"除了包括个体的躯体外,还包括个体的心理活动、生理活动以及个体占有的利益,如个人的事业、成就、名誉、地位、财产、权利等;狭义的"自我",仅指个体对自身心理活动的认识与控制。

美国心理学之父威廉·居姆斯把"我"分为主体的"我"(I)和客体的"我"(Me),自我认知即是主体的"我"对客体的"我"的意识,即人类个体对自身或部分相关事物的察觉与认知。比如,一个人对自己身高、外貌等生理状况的了解,对自己能力、性格、思想、感情、需要、欲望、动机、个性等心理状况的认识,以及对自己的行为表现、自己与他人相处的融洽程度、自己在他人眼中的地位的理解等。

自我认知是人际关系、社会互动的基础。自我认知可以激发人的自尊心、自信心以及荣誉感,有助于个体自觉认识他人,认识人际关系,增强自我控制和自我调节，改善沟通效果。

2. 如何自我认知

第一，认识到自己是世界上独一无二的。世界上找不到两片相同的树叶，更不可能找到两个相同的人，我们是世界上最伟大的自己。

第二，找出谁是你的"重要他人"。我们每个人身上或多或少都有其他人的影子，这很普遍。这些对我们很重要的人，心理学上称之为"重要他人"。

**小阅读**

朱莉娅小时候的日子很不好过，母亲酗酒，喝醉了经常打她、骂她，醒后又痛哭流涕，掮打自己，请求女儿原谅，并保证不再犯。朱莉娅知道母亲独自抚养自己生活的压力太大，因此并不恨她，但发誓以后不做像母亲那样的母亲。

从 16 岁开始，朱莉娅就离开家庭独自生活，后来也结婚生子。随着烦心事的增加，慢慢地朱莉娅发现喝点酒有助于调节神经。有一天孩子们打打闹闹的，烤箱里的鸡又焦了，丈夫和她吵了几句摔门出去了。朱莉娅气得双手发抖，发疯似地冲向酒柜，拿起一瓶酒，"咕咚咕咚"喝了大半瓶。孩子们吓坏了，最小的跑过来试图安慰她。朱莉娅大叫并甩开他的手，孩子摔在地板上，磕出了血。朱莉娅的酒一下子醒了。看着孩子们惊恐的表情，她仿佛回到了童年。朱莉娅发现自己像母亲当年一样暴躁，难以控制自己的情绪。为什么历史会重演？为什么努力避免的事还是发生了？朱莉娅痛苦极了。

（资料来源：http://www.doc88.com/p-287604234044.html。）

"重要他人"可能是与我们相处时间很长的，如父母；可能是对于我们而言很重要的人，如老师；也可能是我们所崇拜的人，如明星；还可能是我们的伙伴、亲友。我们常说一个孩子像他的父亲，除了天生的外貌上的相似外，还指他们举手投足甚至性格上的相似。人是社会的人，人的成长是社会化的过程，社会化的过程中趋同是种本能。被选择趋同的对象往往是对自己而言很重要的人物，父母或其他的抚养者是首选。这种细微的学习有时就像拷贝，在适当的时候不经意地就显现出来了。朱莉娅小时候发誓长大后不学母亲，但等她面临和母亲相似的压力时，她所熟悉的应付方式（虽然被抑制)还是暴露了出来。

家庭外也会有人被选为趋同的对象,如果出现这样一位或若干位被自我强烈认同的他人的话,会在很大程度上修正父母对自身的影响。

想知道你身上有哪些烙印吗?我们可以通过游戏得知。

**互动游戏:折纸**

准备一张大纸,中间位置写上“我”,以此为圆心画一个圈,大小视需要而定。这就是你的自我影响轮。在圆圈上标出各点,写上所有你记得的曾影响过你的人,如父亲、母亲、老师、朋友、某个团体,甚至书本、电视上的人物。然后写出每个人的三个特征,接着用粗细不等的“——”(正向影响)和“~~”(负向影响)连接各人物和“我”,粗细表示影响程度。最后,思考一下“我”的特征。有什么发现吗?

第三,通过内省和交往,走进自己的盲区。具体地说,了解自己有两个途径:内省和交往。

内省法,又称自我观察法,即个体通过直接观察自己的内心活动来认识和评价自我。内省法通常有两种形式:一是对自己正在进行的心理活动、心理状态进行观察和分析;二是对已有的心理经验进行回忆与反思。

通过交往,了解别人眼中的自己,对照自己眼中的自己,可以修正某些自我观念,交往越深、交往范围越大,获得的自我信息就越多、越全面;通过交往,可以审视自己的思想、言行,挖掘更深层的内容,了解自己的潜能。这样,不透明窗口和未知窗口就会越来越小,盲区也就小了,对自己的了解也就加深了。不过,走进盲区时要摘下有色眼镜,诸如“我挺优秀的,他们这么看我是因为他们误解我了”、“我确实很笨,他们是在安慰我呗”等,切不可带成见。

第四,接纳自己。如果你不能接纳自己,那么别人也很难接纳你。因为别人的关注反而让你放大了自己的短处,从而更加退缩。久而久之,别人会因为你的退缩而误以为你不喜欢他们,因此都疏远你。

**小阅读：怎样接纳自己**

给自己多一点包容。没有人是十全十美的。你周围快快乐乐生活的人大多数也不漂亮，有的满脸小雀斑，有的眼睛太小，有的太胖，有的又太瘦。美人儿毕竟很少。人们总会有这样那样的不足，既然无法改变，与其长期沉浸于痛苦之中，还不如尝试去接受它。虽然有不足，但我们还是能生活得很好，没必要背那么重的包袱。

感谢自己所拥有的。虽然生活中有许多不如意，但你真的愿意牺牲所拥有的去换取那些如意吗？很多人的答案是否定的。因为所拥有的远比所欠缺的宝贵。既然如此，感谢命运给予自己的一切，这是更重要的。

接纳自己不是自欺欺人地说："我脸上的皮肤光洁无瑕。"而是诚实地说："我脸上有块胎记，可是我不在乎。我同样富于情感、思维敏捷。别人一样喜欢我。没有胎记便不是我了。"

别人不会看不起你，除非你自己看不起自己。

第五，学会调节自己的情绪。人们在生存和发展中，情绪总是伴随和影响着自己的思维和行为。因此，如何控制和把握自己的情绪，是每个人都关心的重要问题。

**小阅读：有助于调节情绪的方法**

保持一个冷静的头脑。无论遇到什么事都要保持一个冷静的头脑，这是至关重要的。记得我年轻时，学习游泳时不小心滑入了深水区，当时喊都喊不出来，越紧张身子就越下沉，就在这紧要的关头，突然，我想起了曾经看过的游泳科技片中讲到自救时的一句话："首先要头脑冷静……"冷静的头脑可以使人理智地去思考问题，使情绪不至于造成过激行为。

要求自己想象一种愉快的心情，并想象一种愉快的情境，使紧张的情绪得到放松。

换位思考。就是从积极的角度重新认识引发不良情绪的事件，从而得出新的结论，使自己得到新的平衡。例如"就当交学费吧"、"遇坏运，好运正等着呢"。

学会自嘲。对自己的缺陷、无知或者狼狈的模样进行自嘲从而缓减精神上的压力，达到稳定情绪的目的。

拥有一种好的心境。追求快乐是人的天性。要有一个好的心境，拥有好心境的人才是最富有的人。要拥有好的心境，就要正确地评价自己，保持自我的本色。

第六，自我激励。自我激励就是树立目标，排除干扰，并努力去实现它。人本来就有人心的软弱，无论多么大的伟人都与常人一样有自己的缺点和错误，但不同的是，伟人善于战胜这种人心的软弱。人心软弱的一面是永远存在的，要生存和发展，就必须每天进行自我激励，从而战胜人心的软弱。

第七，建立自信。自信心是影响事情成功的重要因素。自信是一种力量，无论身处顺境还是逆境，都应该微笑着、平静地面对人生，有了自信，生活便有了希望。"天生我材必有用"，哪怕命运之神一次次地捉弄我们，只要拥有自信，拥有一颗自强不息、积极向上的心，成功迟早会属于我们。当然，自信也要有分寸，否则，过分自信就会变得狂妄自大、目中无人，则必然会导致失败。

**小阅读：小泽征尔的故事**

小泽征尔是世界著名的音乐指挥家。一次他去欧洲参加指挥大赛，决赛时，他被安排在最后。评委交给他一张乐谱，小泽征尔稍做准备便全神贯注地指挥起来。突然，他发现乐曲中出现了一点不和谐，开始时他以为是演奏错了，就指挥乐队停下来重奏，但仍觉得不自然，他感到乐谱确实有问题。可是，在场的作曲家和评委会中的权威人士都声明乐谱不会有问题，是他的错觉。面对几百名国际音乐界权威，他不免对自己的判断产生了动摇。但是，他考虑再三，还是坚信自己的判断是正确的。于是，他大声说："不！一定是乐谱错了！"他的声音刚落，评委席上的那些评委们立即站起来，向他报以热烈的掌声，祝贺他大赛夺魁。

原来，这是评委们精心设计的一个圈套，以试探指挥家们在发现错误而权威人士不承认的情况下，是否能够坚持自己的判断，因为，只有具备这种素质的人，才能真正称得上是世界一流的音乐指挥家，在三名选手中，只有小泽征尔相信自己而不附和权威们的意见，从而摘得了这次世界音乐指挥家大赛的桂冠。

（资料来源：http://www.pep.com.cn/sxpd/js/tbjx/ckzl/7x/201104/t20110401_1031301.htm。）

（二）我在什么地方

分析"我在什么地方"的过程就是自我定位的过程；自我定位与自我认知密切相关。自我认知的目的在于通过外部环境与自省来了解自身；而自我定位的目的在于根据外部情况，结合自我认知分析，确定对外反馈的态度基础。

沟通者自我背景测试的内容包括：你在组织中的地位，可获得的资源，组织传统和价值观，人际关系网络，领导者的利益和偏见，沟通渠道，竞争者的经营现状，文化环境，等等。在自我定位时，沟通者可参考表3-1所示的测试框架。

**表3-1 沟通者自我背景测试框架**

- 我的目标符合社会伦理、道德伦理吗？
- 在现有的内部竞争环境下，这些目标是否具有合理性？
- 我就这个问题做指导性或咨询性沟通的可信度如何？
- 是否有足够的资源（人、财、物、知识、信息）与条件（主观条件与客观条件）？
- 我的目标能否得到那些我所希望的合作者的支持？
- 我的现实目标是否会与其他同等重要或更重要的目标发生冲突？
- 目标实现的后果如何？能否保证我与组织得到比现在更好的结果？

（三）我能给受众什么

分析"我能给受众什么"的过程就是了解沟通者在受众心中的可信度的过程。

所谓可信度，就是你让对方感觉到自己是值得为大家所信任的，自己的主意、建议或者观点是值得大家去接受的。沟通者的可信度分析就是沟通者在制定策略时分析受众对自己的看法，从受众的需求角度对自己在对方心目中的可信度进行规划的过程。沟通者的可信度是影响沟通者与受众的沟通方式的重要因素。

沟通主体自身的可信度分为初始可信度和后天可信度。

初始可信度是指在沟通发生之前受众对沟通者的看法。作为沟通策略的一部分,沟通者可能需要向受众强调或提醒他们对自己的初始可信度。在那些你拥有很高可信度的场合下,你应该把它当做“可信度银行账户”。假如人们对你推崇备至,那么即使你的决策或建议不受欢迎,或者不能完全与他们的预期一致,他们仍可能对你充满信任。但是,应该意识到的一点是,就像使用你的银行账户取款后会减少储蓄一样,使用你的初始可信度也会降低你的可信度水平。因此,必须通过良好意愿和专业知识来不断提高你在“可信度银行账户”中的储蓄水平。

后天可信度是指沟通者在与受众沟通之后,受众对沟通者形成的看法。即使受众事先对你毫无了解,你的好主意或具有说服力的写作和演说技巧也可能有助于你赢得可信度。因此,获得可信度的最根本办法就是在整个沟通过程中表现出色。

根据福兰契(French)、莱文(Raven)和科特(Kotter)的观点,影响沟通者可信度的因素包括沟通者的身份地位、沟通者的良好意愿、沟通者的素质和知识能力、沟通者的外表形象、沟通者和沟通对象的共同价值(见表3-2)。

**表3-2　影响可信度的因素和技巧**

<table>
<tr><th>因素</th><th>建立基础</th><th>对初始可信度的强调</th><th>对后天可信度的加强</th></tr>
<tr><td>身份地位</td><td>等级权力</td><td>强调你的头衔或地位</td><td>将你与地位很高的某人联系起来(如共同署名或进行介绍)</td></tr>
<tr><td rowspan="2">良好意愿</td><td rowspan="2">个人关系、长期记录</td><td>涉及关系或长期记录</td><td>通过指出受众利益来建立良好意愿</td></tr>
<tr><td colspan="2">承认利益上的冲突,做出合理的评估</td></tr>
<tr><td>素质和知识能力</td><td>知识和能力</td><td>利用经历和简历</td><td>将自己与受众认为是专家的人联系起来,或引用他人的话语</td></tr>
<tr><td>外表形象</td><td>吸引力,受众具有喜欢你的欲望</td><td>强调受众认为有吸引力的特质</td><td>通过认同你的受众利益来建立你的形象;运用受众认为活泼的非语言表达方式及语言</td></tr>
<tr><td>共同价值</td><td>道德标准</td><td colspan="2">在沟通开始时就建立共同点和相似点,将信息与共同价值结合起来</td></tr>
</table>

身份地位分析时要明确自身的等级权力,有时为了增强沟通效果或达到沟通目的,可以强调你的头衔与地位,以增强自身的可信度;沟通者的良好意愿状况,可根据个人关系的长期记录来获得沟通对象的信赖;沟通者自身的素

质和知识能力,特别是知识能力,是形成沟通者可信度的内在要求;沟通者的外表形象,是产生吸引力的外在因素,当沟通者有良好的外表形象时,能强化受众喜欢你的欲望;沟通者和受众的共同价值包括道德观、行为标准等,是沟通双方良好的人际关系和持续沟通的本质要素,如果沟通双方在沟通开始时就建立共同点和相似点,将信息和共同价值联系起来,就可以迅速提升沟通者的可信度。

沟通者对自身的这五个因素进行了分析,就能够通过强调自身的初始可信度和提高后天可信度来增强沟通者在受众心目中的可信度。

## 二、沟通目标的确定

沟通主体策略,即沟通主体为了达到某一目标,通过对自身的特点、素质、身份、地位等的分析,采取的相应的策略。这种目标分为三个层次,即总体目标、行动目标和沟通目标。总体目标指沟通者期望实现的最根本结果;行动目标指沟通者走向总体目标的具体的、可度量的、有时限的步骤;沟通目标则指沟通者就受众对书面、口头沟通起何种反应的期望。表 3-3 给出了沟通目标的一些实例。

**表 3-3　沟通目标实例**

| 总体目标 | 行动目标 | 沟通目标 |
| --- | --- | --- |
| 沟通各部门工作情况 | 每隔一定时间报告 × 次 | 这次演讲后我的老板将了解我这个部门本月的绩效 |
| 加强顾客基础 | 每隔一定时间与 × 位的客户签订合同 | 读完此信客户将签订合同 |
| 建立良好的财务基础 | 保持不超过 × 的年债务与资产的比率 | 读完这份电子邮件后会计将为我的报告提供确切信息,这份报告的结果是董事会将同意我的建议 |
| 增加雇用的女工数 | 在某日之前雇用 × 名的女工 | 通过这次会议我们将构思一项策略以达到这一目标;通过这次演讲,至少有 × 名女性将报名参加我们公司的面试 |
| 保持市场份额 | 在某日之前达到 × 数量 | 通过这一备忘录,我的老板将同意我的市场计划;通过这次演讲,销售代表们将了解我们产品的发展 |

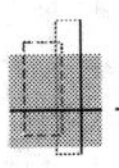

**互动话题**

某公司为了实现研究开发部门、制造部门和市场部门的有机协调，公司总经理要求这三个部门的负责人每月举行一次例会，共同讨论在研究开发、生产、市场三个部门之间如何高效协调的对策。

问题

作为总经理，你的总体目标、行为目标与沟通目标是什么？

## 三、沟通策略的选择

为了实现沟通目标，沟通者在沟通过程中，可根据自己对沟通内容的控制程度、受众的参与程度，采取不同的沟通形式，主要有告知、说服、征询和参与四种(见图3-1)。

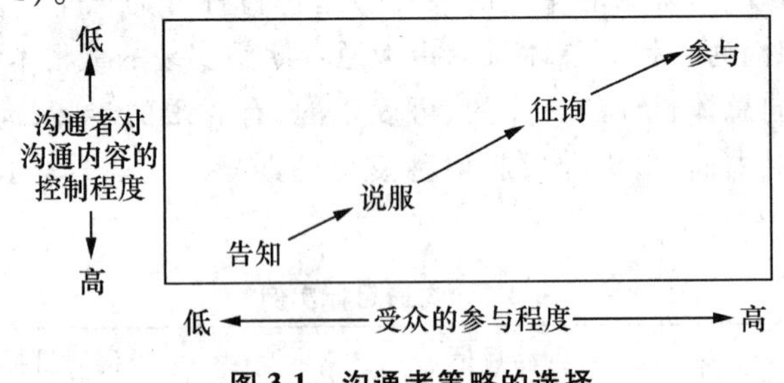


**图3-1 沟通者策略的选择**

1. 告知

当你完全握有必要的权威和信息时，使用“告知”的形式。告知策略一般用于沟通者在权威或信息掌握程度上处于完全控制地位的状况。在此类策略中，沟通者仅仅是进行指导或解释。沟通者向受众叙述或解说信息或者要求，希望对方理解沟通者已经理解的信息或接受沟通者的要求。比如，老板要下属知道或明白规定任务的完成，但不要他们参与发表意见。

2. 说服

当你握有一定的信息，但你的听众却握有最后决策权时，使用“说服”的形式。说服策略一般用于沟通者在权威或信息方面处于主导地位，但受众有最终决定权的状况。沟通者只向对方阐明做或不做的利弊，以供对方参考，目的在于让受众根据自己的建议实施行为。比如，销售人员向客户推销产品时，或技术部门主管向预算委员会提出增加研究经费的建议时，对方可以接受或者不接受其建议或预算，最终决策权还在受众。

3. 征询

当你们试图对某一行动步骤达成共识时，使用“征询”的形式。征询策略一般发生在沟通者希望就计划执行的行为得到受众的认同,或者沟通者希望通过商议来共同达到某个目的的状况。沟通者以协商的态度进行沟通,需要对方能够给出相应的想法,但是在某种程度上由沟通者控制互动局面。在此策略中,沟通双方都要付出,也都有收获。比如,沟通者希望说服同事支持他向高层管理者提出某个建议。

4. 参与

当你的观点是众多人的观点时,使用“参与”的形式。参与策略一般用于沟通者作为合作的一方,和受众共同就某一方面的问题进行探讨,为达成一致而共同工作的状况。参与策略具有最大限度的合作性。沟通者可能刚开始并没有形成最后的建议,需要通过共同讨论去发现解决问题的办法。比如,采用头脑风暴法,让与会者就某个创新性的问题提出新的思想。

在上述四个策略中,告知和说服策略统称为指导性策略,征询和参与策略统称为咨询性策略。一般来说,当沟通者认为沟通的目的在于通过为下属或他人提供建议、信息或制定标准来帮助他们提高工作技巧时,可采用指导性策略;当沟通者认为沟通的目的在于帮助他人或下属认识他们的思想感情和个性问题时,则更适合采用咨询性策略。总之,指导性策略重在能力,而咨询性策略重在态度。

不同的沟通目标对应的沟通形式如表 3-4 所示。

**表 3-4 目标与沟通形式实例**

| 沟通目标 | 沟通形式 |
| --- | --- |
| 通过阅读这一备忘录,员工们将了解公司现有的福利项目;<br>这次演讲后我的老板将了解我这个部门本月的绩效。 | 告知:在这种情形下,你是在指导或解释。你想让你的听众了解或理解。你不需要他们的意见。 |
| 读完这封信,我的客户将签署附在信中的合同;<br>通过这次演讲,委员会将同意我的预算建议。 | 说服:在这种情形下,你是在劝说。你想让你的听众做点什么。你需要一些听众的参与。 |
| 读完这份调查,员工们将通过回答调查表来做出反应;<br>这个答疑会的结果是让我的员工讲出他们对新政策的疑惑,并得到对这些疑惑的解释。 | 征询:在这种情形下,你是在协商。你需要同你的听众交换意见。你既需要得到他们的看法,又需要对互动有所控制。 |
| 通过阅读这一电子邮件提要,小组成员将来参加会议并准备就这一问题提出他们的想法;<br>通过这一头脑风暴会议,小组成员将找到这一问题的解决方法。 | 参与:在这种情形下,你是在合作。你和你的听众为达成一致而共同工作。 |

**小阅读**

昌华公司的总经理李总,考虑到近来业务繁忙,希望全体员工暂时停止"十一"的长假休息。他在考虑如何向他的员工提出这个要求,并让他们乐于接受。

如果你是李总,你会选择什么样的沟通策略？为什么？

李总可以采用以下的方式来向员工提出他的要求：

1. 直接下达文件,通知员工"十一"不能休假。

2. 召开员工大会,说明目前工作的紧急性和加班工作的报酬待遇,最后提出取消休假的安排。

3. 召集各部门的负责人开会,一方面说明自己的意愿,另一方面也征求各负责人的意见,以决定是否实施取消休假的计划。

(资料来源:http://wenku.baidu.com/view/d3171baddd3383c4bb4cd27c.html。)

**思考·讨论·分析**

这三种方式分别选择了什么样的沟通策略？将会造成什么影响？

## 第二节 自我沟通策略

### ◆ 引例

**哭婆变笑婆**

有一个老婆婆,不管天晴还是下雨都成天哭个不停,别人一打听才知道,她有两个女儿,大女儿卖布鞋,小女儿卖伞。下雨时,老婆婆担心大女儿的生意不好,所以哭;天晴时,担心小女儿的生意不好,又哭。天晴的日子,有人开导老婆婆说:"婆婆,今天天晴,大女儿的生意好,你应该高兴吧?"下雨的日子,又有人开导老婆婆说:"老婆婆,今天下雨,小女儿的生意好,你应该很高兴吧?"后来,无论天晴还是下雨,老婆婆都是笑逐颜开地,人送外号"笑婆"。

(资料来源:http://blog.sina.com.cn/s/blog_735f7b3801014rzm.html。)

下雨还是天晴,并不以个人的意志为转移,但是,老婆婆看待天气的角度变化后,其心情、态度和行为也就会发生巨大的转变。事实上,我们每个人在日常生活和工作中,都会遇到很多事。具有不同观念的人在面对类似的事情时,往往会有不同的态度和行为。要想成功,首先需学会自我沟通。

## 一、自我沟通是成功管理沟通的前提

在沟通主体自我分析的过程中,最根本的问题就是自我沟通。成功的自我沟通是成功管理沟通的前提,自我沟通的作用具体体现在两个方面。

1. 要说服他人,首先要说服自己

一般情况下,无论是从管理民主性,还是激励理论来看,每个个体的积极性都来自自身对工作的认同。管理者要指导、管理和激励下属去完成某一项任务,首先应该从内心认同工作的价值。管理者自身和下属共同认同工作价值的过程,实际上就是一个自我沟通前提下的人际沟通过程,是一个主体和客体认知趋同的过程。管理者要成功地实现管理的职能,本质上要求管理者自身意识到工作本身的价值,并由此产生对工作的兴趣。而在特殊情况下,实际工作和管理过程中存在服从原则,在必要时可以要求下属无条件地服从工作安排。但是为了使服从原则能得到执行,前提仍然是服从者说服自己从内心认为接受服从是必要的。如果管理者自己都认为服从是不必要的,却要求下属服从,就违背了管理沟通的表里一致原则,结果是下属仅仅因为你的权威和命令才去遵守这样的服从命令。所以,每个个体说服自己"服从"的过程,内在地,同样是一个自我沟通的过程。

2. 自我沟通技能的开发和提升是成功管理者的基本素质

自我沟通的目的在于在取得自我内在认同的基础上,更有效率、更有效益地解决现实问题。自我沟通是手段和过程的内在统一,而最终目标是解决外在的问题,因此自我沟通是内在与外在得到统一的联结点。没有自我沟通,自我认知和外界需求就成为各自孤立的分离体。

在管理中,沟通是一件很重要的事。不管是对上司、下属、同事还是客户,都需要良好的沟通技巧。然而,难免会碰到许多不如意的事情,也会遭遇挫折。这时我们就需要做自我沟通,自我调节心情,或者自我不断地激励。

**小阅读**

古时候,有一个妇人,特别喜欢为一些琐碎的小事生气。她也知道这样不好,便去求一位高僧为自己谈禅说道,开阔心胸。

高僧听了她的讲述,一言不发地把她领到一座禅房中,落锁而去。

妇人气得跳脚大骂,骂了许久,高僧也不理会。妇人又开始哀求,高僧仍置若罔闻。妇人终于沉默了。高僧来到门外,问她:"你还生气吗?"

妇人说:"我只为我自己生气,我怎么会到这地方来受这份罪。"

"连自己都不原谅的人怎么能心如止水?"高僧拂袖而去。

过了一会儿,高僧又问她:"还生气吗?"

"不生气了。"妇人说。

"为什么?"

"气也没有办法呀。"

"你的气并未消逝,还压在心里,爆发后将会更加剧烈。"高僧又离开了。

高僧第三次来到门前,妇人告诉他:"我不生气了,因为不值得气。"

"还知道值不值得,可见心中还有衡量,还是有气根。"高僧笑道。

当高僧的身影迎着夕阳立在门外时,妇人问高僧:"大师,什么是气?"

高僧将手中的茶水倾洒于地。妇人视之良久,顿悟。叩谢而去。

(资料来源:http://www.worlduc.com/blog2012.aspx?bid=8997791。)

## 二、自我沟通的过程和特征

1. 自我沟通的过程

通过对比自我沟通过程的各要素,可以发现自我沟通与管理沟通同样都存在着主(客)体策略、信息策略、媒体策略、沟通反馈等问题。自我沟通的过程如图 3-2 所示。

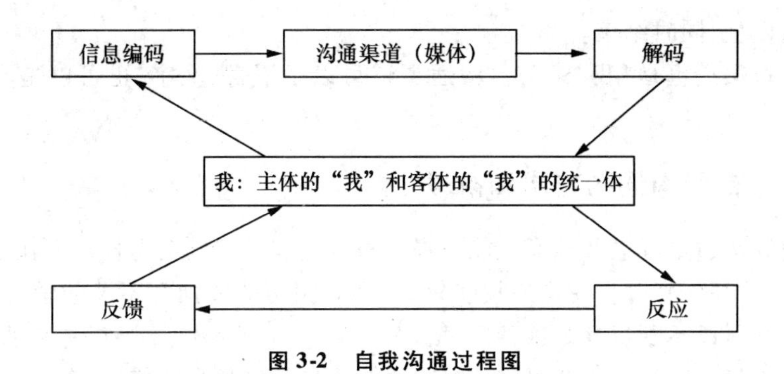


图 3-2 自我沟通过程图

对主(客)体策略的分析实质上就是前面提到的自我认知的过程。信息策略的制定就是如何通过学习,寻找各种依据和理由对自我进行说服,这种信息可能来自自身的思考,也可能来自他人的经验或书本知识。媒体策略则是每个个体根据自己的特点选择的相应的沟通渠道。如有的人习惯于通过写日记的方式表达自己的感情;有的人习惯于通过冥思苦想的方式来解脱自己;有的人则习惯于看书,借助书中的人物来抒解自己的郁闷情绪;如此等等都是不同个体对沟通渠道的选择和决策。自我沟通过程中的反馈表现为思想上的自我定位与现实期望之间冲突的发生和解决。基于自身长期的学习,人们会不断建立其具有个体特征的对问题进行鉴别、分析和处置的特有方式和价值观。因此,当人们面对某一事件时,首先会根据他们对客体(人、事物)的先验判断去制定相应的对策和措施,一旦自身的先验判断与外部的期望(如上级的要求)发生矛盾,冲突就出现了。这时,人们往往表现出烦躁不安、反感、恐慌甚至抵触的态度与行为,这些反应会冲击人们对客体的先验判断。为了使自身的心态恢复平衡,人们会不断地说服自己,调整自己的判断标准、价值观念和处理问题的方式。我们把这种自我的原本定位与现实之间的冲突的产生、发展、缓解和最终解决的过程,称为自我沟通的反馈。成功的自我沟通要求自我在面对问题时有良性的反馈,在面对冲突时有积极的反应。

2. 自我沟通的特征

自我沟通的目的在于说服自己,而不是说服他人。因此,自我沟通常在面临自我原有认知和现实外部需求出现冲突时发生。

沟通者和受众具有同一性。在自我沟通中,沟通的主体和客体都是“我”本身,主体的“我”承担信息编码功能;客体的“我”承担信息解码功能。

对沟通过程的反馈来自“我”本身——主我。由于信息输出、接收、反应和反馈几乎同时进行,因此,这些基本活动之间没有明显的时间分隔,它们几乎同时发生、同时结束。

沟通渠道也是“我”本身。沟通渠道可以是语言、文字,也可以是自我心理暗示。

## 三、自我沟通的艺术和阶段

自我沟通过程以及沟通技能的提升过程具有一定的动态性。人在成长的过程中,往往年轻时自我沟通技能较差,随着阅历的增加和不断的学习,自我沟通技能得以不断提升。这种通过自我不断学习和交流、不断思考和总结,使自身的沟通技能得到不断提高的过程称为沟通技能的自我修炼。自我沟通的技能既是天生的,也是后天修炼的。正如自我的发展是一个认识自我、提升自我、超越自我的过程一样,自我沟通技能的提高也是一个不断认识自我、提升自我和超越自我的“三阶段”过程。在这个过程的每个阶段,都要从不同角度去提升自我沟通的技能和意识(见图 3-3),但是“三阶段”的进化是螺旋式的,没有绝对的阶段划分。

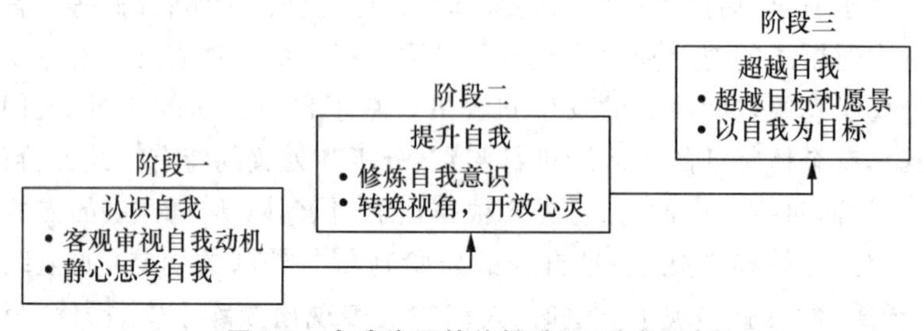


图 3-3　自我沟通技能提升“三阶段”过程

### (一) 认识自我

认识自我是自我沟通的第一步。只有真正认识了自我,才能够在此基础之上做出正确的判断,采取合适的行动。希腊德尔菲阿波罗神殿正面上的碑铭是短短的几个字——“认识你自己”。卢梭称这一碑铭“比伦理学家们的一切巨著更为重要,更为深奥”。认识自我包括认识自己的情感、气质、能力、水平、品德修养和处世方式,意味着一个人真正做到功过分明、实事求是,既不在别人的溢美之辞中忘乎所以,也不因他人一时的否定而自暴自弃。

#### 互动话题:浓雾中的灯塔

两艘正在演习的战舰在阴沉的天气中航行了数日。有一天傍晚,雾气浓重,能见度极差。舰长守在船桥上指挥一切。

入夜后不久,船桥一侧的瞭望员忽然报告:“右舷有灯光。”舰长询问灯光是正在逼近还是远离,瞭望员告知:“逼近。”舰长认为,这意味着对方有可能会撞上自己的战舰,后果将不堪设想。舰长命令信号兵通知对方:“我们正迎面驶来,建议你转向二十度。”对方答:“建议贵船转向二十度。”

舰长下令:“告诉他,我是舰长,转向二十度。”

对方说:“我是二等水手,贵船最好转向。”

这时舰长已勃然大怒,他大叫:“告诉他,这里是战舰。转向二十度。”

对方的信号传来:“这里是灯塔。”

结果,战舰改了航道。

(资料来源:http://www.gwtt.com/cn/2000/200002/2006_12_17_578.asp。)

问题

这一案例说明了什么?

1. 客观审视自我动机

正所谓“不识庐山真面目,只缘身在此山中”。认识自我的时候,一定要跳出自我的藩篱,跳出“庐山”,用真实、客观、诚恳的态度理性地分析和审视自我。在自我认识的过程中,尤其需要警惕别人的夸奖和赞许。现代心理学研究中将对别人赞美的偏爱称为自我肯定的需要,但是过分地执迷其中则会与认识自我产生冲突,让人辨不清自己的位置和方向。

**小阅读:爱因斯坦的拒绝**

一代巨匠爱因斯坦曾收到以色列当局的一封信函,信中极尽赞美之词,诚挚地邀请他去担任以色列总统一职。爱因斯坦作为犹太子民,倘若能够当上犹太国家的总统,在一般人看来,简直是三生有幸、光宗耀祖的好差事。但出乎所有人意料的是,爱因斯坦婉言谢绝了这份邀请。他说:“我整个一生都在同客观物质打交道,既缺乏天生的才智,也缺乏经验来处理行政事务以及公正地对待别人。所以,本人不适合如此高官重任。”

我们虽不必强求自己同爱因斯坦一样睿智,但却可以从他身上学得认识自己的那份清醒。

(资料来源:http://fschmd.blog.163.com/blog/static/6697595201252105321362/。)

从心理学的角度看,自我认知包括三要素:物质自我、社会自我、精神自我。物质自我是主体对自己的身体、仪表、家庭等方面的认知;社会自我是主体对自己在社会活动中的地位、名誉、财产以及与他人相互关系的认知;精神自我是主体对自己的智慧能力、道德水准等内在素质的认知。

管理者处于一个多变的环境,自身的内部动机时刻都可能与外部动机发生冲突,这就需要管理者经常性地从内部动机和外部动机两方面去审视物质的自我、社会的自我和精神的自我。如果内在动机和外部动机发生冲突,就要修正自身的动机,因为,只有内部动机和外部动机得到了统一,才能为沟通对象所接受,并提升自身的形象。

**小阅读:你要怎么做?**

无论是遇到快乐的事,还是面临悲伤的事;无论是处于积极的环境,还是处于消极的环境;无论是生活上的挫折,还是心理上的挫折;只有我们自己才能把自己从不安、忧虑或困惑中解脱出来。

你所要做的,只是接受这个现实,适应这个现实,或者在一定的努力下,或多或少地改变这个现实。试着在与自己的对话中激励自己。

2. 静心思考自我

自我反思与审视往往是一个痛苦的过程,在这个过程中,必须要保证静心。只有排除外来干扰、静下心来,才能清醒、理智、客观地进行自我剖析。为了能够静心地思考自我,要善于给自己创造真正属于自己的独立时间与空间,把自己从烦琐的事务中解脱出来,从他人的干扰中解脱出来。

有效的管理者应该做自己时间的主人。管理者需要思考、处理的问题往往比一般人多许多。管理者的时间几乎都被他人占据,这也是由管理者的工作性质决定的。为了有效地管理下属,实现组织目标,管理者要花很多精力去分析下属和上司的需要,去安排、指导并监督工作的完成,对于工作中出现的种种问题,要进行决策和处理。当然,这些都是管理者应该做的,但是管理者一定不要变成自身工作的奴隶。在繁忙中,务必要给自己留出一些思考自我的时间,这种时间可以是休假,休假不仅能起到放松的作用,也是一个绝好的沉淀自我、审视自我的机会,利用好休假往往能使管理者以新的面貌更好地投入工作。自我思考也可以是晚上睡觉前的冥思,对一天中的自我表现进行总结与评价。时间如海绵里的水,只要用力地去挤,总是有的,关键是要养成自我思考与反省的习惯。我们可以通过表3-5进行自我检查。

**表3-5　自我检核题**

- 在很忙的时候,我有没有专门寻找一段时间去思考问题?
- 在一年中我有没有安排专门的时间到清净的地方去放松自己?
- 我有没有与那些有智慧、有较深洞察力的朋友定期或不定期地交流一些看法?
- 我是不是常因感到没有自我而苦恼?

除了时间上的保证,管理者还要善于为自己创造安静的、独处的空间,营造与自然、人类和自我共鸣的环境。这样的空间,可以是在办公室,可以是在自己的家里,可以是在自然环境里,也可以在其他的地方。某集团的总裁曾这样说:"每当我出差时,我会把车里看做自己的空间;回家后,我把书房作为独享的空间;外出参加会议时,别人到风景区游玩,我就把宾馆作为我自己的空间。"可见,这样的空间无处不在,关键在于自身是否有意识地去发现这样的空间并利用这样的空间。

**小阅读:智者的"四句话"**

一位青年人拜访年长的智者,青年问:"我怎样才能成为一个自己愉快也能使别人快乐的人呢?"智者说:"我送你四句话。第一句是:把自己当成别人,即当你感到痛苦、忧伤时,就把自己当做别人,这样痛苦自然就减轻了;当你欣喜若狂时,把自己当做别人,那些狂喜也会变得平和些。第二句话是:把别人当做自己。这样就可以真正同情别人的不幸,理解别人的需要,在别人需要帮助的时候给予恰当的帮助。第三句话是:把别人当成别人。要充分尊重每个人的独立性,在任何情况下都不能侵犯他人的核心领地。第四句话是:把自己当做自己。"青年问:"如何理解把自己当做自己,如何将四句话统一起来?"智者说:"用一生的时间、用心去理解。"

(资料来源:http://wenku.baidu.com/view/3897e86c25c52cc58bd6bef5.html。)

(二)提升自我

管理者通过修炼达到态度与行为的改变,提升是结果,但态度与行为的改变是以基本素质的改变为基础的。要想有效地与他人进行沟通,从管理者自我沟通的角度来看,也必须从基本素质与态度、行为两方面来不断修炼自我。

至于态度与行为的改变,则要求管理者通过不断地自我学习与自我否定来转换视角、开放心灵,达到提升的目的。

1. 修炼自我意识

自我意识的核心包括自我价值定位、面临变革的态度、人际需要判断以及认知风格确立四个方面。其中自我价值定位在于确定自身的价值标准和道德评判的差异性与一致性;面临变革的态度在于分析自身的适应能力和反应能力;人际需要判断在于分析不同沟通对象的价值偏好和相互影响方式;认知风格确立在于明确信息的获取方式和对信息的评价态度。

修炼自我意识就是从四个核心要素出发,不断提升自我的价值观、面临变革的态度、对人际需要的洞察力和认知风格的确立。

2. 转化视角,开放心灵

**打破心智模式** 从他人的角度思考问题,要从封闭的自我约束中解放自我,通过转换自己传统的思维方式,跳出习惯思维的约束,以退一步海阔天空的视角分析问题。

**内心尊重他人** 开放心灵和尊重他人是紧密相关的美德。把自己封闭在自我的世界里,紧闭心灵的窗户,就看不到外面的阳光;拒绝他人的接近,就把自己置于自我的"山巅"上。于是,他人万物皆在俯视之下,不知不觉中,与他人的距离就会越来越远。只有开放心灵,才能让外面新鲜的空气、温暖的阳光、和煦的春风吹进你的心灵。

**转变认识理念** 要从"己所欲,施于人"转为"人所欲,施于人"、"己所不欲,勿施于人"。要根据沟通对象的特点来组织信息的内容和编码方式,把问题的解决和人际关系的正强化有机地结合起来。

**要积极意识到自己的成见** 具体而言就是:意识到与你的信念、态度、想法和价值观相矛盾的信息并不都是对你的威胁、侮辱或抵触;不要一味地以自己的价值观去看待他人;不要因为他人的外观而排斥他们的想法;不要过早地对讲话者的人格、主要观点和你自己的反应下结论。

**小阅读:"皮鞋"的由来**

很久很久以前,人类都还赤着双脚走路。有一个国王到某个偏远的乡间旅行,因为路面崎岖不平,有很多碎石头,刺得他的脚又痛又麻。到王宫后,他下了一道命令,要将国内所有的道路都铺上一层牛皮。他认为这样做,不只是为自己,还可造福他的子民,让大家走路时不再受刺痛之苦。但即使杀尽国内所有的牛,也筹措不到足够的皮革,而所花费的金钱、动用的人力更不计其数。虽然根本做不到,甚至还相当愚蠢,但因为是国王的命令,大家也只能摇头叹息。

一位聪明的仆人大胆向国王进言:“国王啊!为什么您要劳师动众、牺牲那么多头牛、花费那么多金钱呢?您何不只用两小片牛皮包住您的脚呢?”国王听了很惊讶,但也顿时领悟了,于是立刻收回成命,采用这个建议。据说,这就是“皮鞋”的由来。

想改变世界,很难;要改变自己,则较为容易。

与其改变全世界,不如先改变自己——“将自己的双脚包起来”。改变自己的某些观念和做法,以抵御外来的侵袭。

当自己改变后,眼中的世界自然也就跟着改变了。

如果你希望看到世界改变,那么第一个必须改变的就是自己。

(资料来源:胡建宏、刘雪梅,《管理学原理与实务》,清华大学出版社,2011。)

(三)超越自我

超越自我是学习修炼的高级境界。认识自我和修炼自我是超越自我的必要条件,是对“原我”的突破。没有自我的认识,也就无所谓超越的目标;没有修炼的过程,也不可能超越自我。超越自我是每一个人都希望达到的境界,但又不是每个人在任何时候都能实现的。在自我发展的过程中,我们要努力跨越超越自我的障碍,把握超越自我的关键所在,有意识地实施超越自我的心理练习。

1. 超越目标和愿景

拥有超越自我理念的人在为人处事上总有一个追求的目标和目标引导下的愿景。所谓“愿景”是指期望的景象,它是个体所追求的理想目标(在彼得·圣吉的《第五项修炼》中把这种目标称为“上层目标”)的具体化。如一个100米的短跑运动员的上层目标可能是挑战极限,而他的愿景则可能是打破世界纪录。显然,上层目标属于方向性的,比较广泛。愿景则是一个特定的结果、一种期望的未来景象或意象。上层目标是抽象的,愿景则是具体的。但是,上层目标和愿景又是相辅相成的。愿景如果有了背后的上层目标,就更有意义和方向感,而且能持续,进而更上一层楼;而上层目标若是有了愿景,就更易于落实、具体,容易衡量、描绘与沟通。如果欠缺“上层目标”的概念,就无法了解真正的愿景。

2. 以自我为目标

上面,我们谈到目标和愿景是一个自我定位的过程,那么,这个目标如何设定呢?在自我沟通中,应建立"以自我为目标"的理念,也就是要从纵向的、历史的角度去设定目标和愿景,去评判自我、超越自我,而不是一味做横向比较。

"以自我为目标"强调的是自我精神追求的不断提高,是一种不断设定内心目标、持续自我激励的过程。而超越他人,则会由于过分关心外在目标,有可能产生副作用,特别是在外界目标消失时,如自己就是最成功者,或者外界目标似乎是可望而不可即时,可能会使超越他人失去现实激励意义。比如,长跑运动员在比赛时,不是以自我的极限为目标,而是以他人(比赛者)为目标,那么,当这位运动员遥遥领先时,他就会失去目标,"反正第一是我的,歇口气也不要紧",于是,这位运动员可能就会松懈自己的斗志,失去了更高的追求目标,如果这样的状态不改变,在平时的训练中,就会没有动力,到下一次比赛时,就可能被他人超越。从这个意义上讲,"以自我为目标"更多地要求自律,这也是超越自我的内在要求。

**小阅读**

《都市快报》报道:某日一辆从望江门至翠苑的××路公交车行驶至中间某地,突然一乘客发现自己的钱包被盗,由于窃贼可能仍在车上,驾驶员决定把车直接开到派出所。这时,汽车里有一妇人骂开了:"人家钱丢了关我什么事,我家里还有很多事呢。"便要求驾驶员到站停车。过了一会儿,传来另一乘客的话语:"司机,别理她,去派出所!如果钱是她自家丢的话,她还会这么说吗?"

(资料来源:http://www.doc88.com/p-897110156361.html。)

**思考·讨论·分析**

1. 从这件小事,概括出一句最简单的心得。

2. 请结合自己的生活、工作经历,谈谈自我沟通的重要性。

3. 请描述自己在工作过程中沟通失败的经历和原因,谈谈自我沟通的意义和作用。

# 第三节 管理沟通客体策略

## ◆ 引例

**谁是小李的沟通对象?**

小李是一家著名的广告公司的财务经理助理。一天,他的老板让他起草一份关于客户新推出的一个产品的市场营销策划书。为了成功完成任务,小李对他要服务和沟通的客体进行了深入分析。你认为谁是他的沟通对象?

沟通客体即沟通对象。在上述引例中,这份策划书的主要接收者是客户公司的执行部门,因为他们是是否采用小李的策划书的决策者。其次是次要接收者,也就是客户公司的市场营销人员,他们能够给出很多建议,这在一定程度上也会影响策划书的效果。其他次要的沟通客体还包括广告策划艺术人员、文案写作者以及发布广告的新闻媒体,这些人会在方案获得批准后负责细节的落实。在小李的策划书交给客户公司之前,还必须首先得到老板的批准,所以他的上司既是最初的沟通客体,又是中间的联络人。可见,对沟通对象进行分析,首先就要解决"他们是谁"的问题。

## 一、沟通客体角色分析

### (一) 受众是谁

对沟通对象的特点进行分析,首先要解决"受众是谁"的问题。分析这个问题的目的在于解决"以谁为中心进行沟通"。要解决这一问题,具体可以从两个方面入手。

1. 哪些人属于受众范畴

在很多沟通场合中,沟通者可能拥有或考虑到会拥有多个不同的受众(群)。当受众超过一人时,就应当根据其中对沟通目标影响最大的人或团体调整沟通内容。一般来说,沟通中的受众包括六类:

第一类为最初对象。他们最先收到信息,有时这些文件就是这些最初对象要求你提供的。

第二类是守门人,即沟通者和最终受众之间的"桥梁受众",他们有权阻止你的信息传递给其他对象,因而他们也有权决定你的信息是否能够传递给主要对象。有时让你起草文件的就是守门人;有时守门人在公司的更高层;有时守门人来自企业外部。守门人分析在于分析是否必须通过这些人来传达信息。如果是，则分析他们是否会因为某些理由而改变信息或封锁信息？

第三类是主要受众，又称直接受众，即那些直接自沟通者处获得口头或书面信息的人或团体。他们可以决定是否接受你的提议，是否按照你的提议行动。各种信息只有传递给主要对象才能达到预期的目的。

第四类是次要受众，又称间接受众，即那些间接获得信息，或通过道听途说，或受到信息波及的人或团体。他们可能会对你的提议发表意见，或在你的提议得到批准后负责具体实施。

第五类是意见领袖，即受众中有强大影响力的、非正式的人或团体。他们可能没有权力阻止传递信息，但他们可能因为拥有政治、社会地位和经济实力，而对你信息的实施产生巨大影响。

第六类是关键决策者，即最后且可能是最重要的，可以影响整个沟通结果的关键决策者。如果这一关键决策者存在，则要依据他们的判断标准调整信息内容。

要说明的是，上面的六类受众中的某几类可以是一个人充当，如负责人常常既是最初对象又是守门人；有时最初对象既是主要对象，又要负责对文件的提议付诸实施。

2. 怎样了解受众

一旦确定了受众的范畴，就应仔细地对之进行分析。有时可以借助于市场调研或其他已有的数据，但大多数情况下，对受众的分析是相当客观的，即要站在他们的立场上，想象自己是他们中的一员，再向所信任的人征询意见。

- 对受众做个体分析。可以对受众成员逐一进行分析，考虑他们的教育层次、专业培训、年龄、性别以及兴趣爱好，找出他们的意见、喜好、期望和态度各是什么。

- 对受众做整体分析。通过分组的方式对受众进行框架式分析，如受众的群体特征是什么？立场如何？他们的共同规范、传统、标准准则与价值观怎样？

**小阅读：销售部的员工手册**

下文摘录于某公司销售部的员工手册。

(1) 客户的拒绝有三种：第一是拒绝销售人员；第二是客户本身有问题；第三是对公司或者公司产品没有信心。拒绝是客户的习惯性工作反射，但正是客户的拒绝，才使我们开始了解客户真正的想法。

(2) 拒绝处理是导入成交的最好时机。拒绝处理的技术要从分析中国人的个性着手。

(3) 中国人记性奇好,所以,对客户的承诺一定要兑现,否则,成交机会永远不会青睐你。

(4) 中国人爱美,所以,销售人员给人的第一印象很重要。

(5) 中国人喜欢谈交情,所以,你也要和你的客户谈交情。

(6) 中国人习惯于看脸色,表情都写在脸上,所以,你要注意察言观色。

(7) 中国人爱面子,所以,你要给足你客户面子。

(8) 中国人不轻易相信别人,但是,对于已经相信的人却深信不疑,所以,销售最重要的是获得客户的信任。

(9) 中国人不爱“马上”,怕做第一,知而不行,所以,你要在合适的时机给你的客户做决定。

(10) 中国人不会赞美别人,但喜欢被赞美,所以,你要学会永远赞美别人。

以上十条或许并不完全适合所有的客户,但至少传递了这样一个信息:了解客户的心理是销售成功的前提。这或许可以算是与客户沟通的技巧之所在。

(资料来源:http://www.docin.com/p-400001132.html。)

(二) 他们了解什么

通过上述分析,可以明确受众的类型,应进一步分析的是:“在特定的沟通过程中,受众已经了解,但仍需了解的是什么?”其中,特别需要解决以下三个问题。

(1) 受众对背景资料的了解情况,即分析有多少背景资料是受众需要了解的;对沟通的主题他们已经了解了多少,有多少专门术语是他们能够理解的。若受众对了解背景资料的需求较低,就不需要在无谓的背景资料介绍上花费太多时间;若受众对了解背景资料的需求较高,则应该准确地定义陌生的术语和行话,将新的信息和他们已经掌握的信息结合起来,并给出非常清晰的结构。

**小阅读：应万变的能力**

鸟儿们聚在一起推举他们的国王。孔雀说它最漂亮，应该由它当。这一提议立刻得到大多数鸟儿的赞成，只有穴鸟不以为然地说："当你统治鸟国的时候，如果老鹰来追赶我们，你如何救我们？"孔雀哑口无言。

这个故事说明，沟通之前，要做好充分的准备，想到任何对方可能提出的问题，并制定应对策略，否则很难说服他人接受自己的观点。

（资料来源：http://www.docin.com/p-379115157.html。）

（2）受众对新信息的需求，即分析对于沟通的主题，受众需要了解什么新的信息；他们还需要多少细节和例证。对于新信息需求高的受众，应提供足够的例证、统计资料、数据及其他材料。对于新信息需求低的受众，如有的受众倾向于依赖专家意见，把做出判断的权力交给沟通者，则应主要向这些受众提供决策的建议。概括而言，沟通者应考虑受众实际需要什么信息，而不要只考虑能为他们提供什么信息。

（3）受众的期望和偏好，即分析在沟通风格和渠道方面，受众更偏向于哪一种。在风格偏好上，要分析受众在文化、组织和个人的风格上是否有偏好，如正式或非正式、直接或婉转、互动性或非互动性交流形式。在分析渠道偏好时，则要分析受众在渠道选择上的偏好，如书面还是口头、纸面报告还是电子邮件、小组讨论还是个人交谈。

**小阅读：老板的习惯**

某公司董事长有一个习惯就是轻易不接受下属的直接口头汇报工作，而要求用书面的方式提交报告。董事长审阅递交的报告后，认为有必要找报告人面谈，再约一个固定的时间；不需要自己面谈的，就转交给相关部门的经办人去办理即可。该董事长的体会是，只有这样，工作时间才是自己的。如果你的上司是这样的一种管理风格，显然，书面沟通才是有效的沟通渠道；而且，从这个上司的管理风格看，他的时间管理意识很强，因此，即使在提交书面报告时，你也应该"长话短说"，简明扼要地表述你的想法，以尽可能少的笔墨让你的上司对你的建议感兴趣。

（资料来源：张炳达、成婧、杨慧，《商务与管理沟通》，上海财经大学出版社，2010。）

（三）他们感觉如何

分析受众的感觉，就是要掌握受众会如何想。为使沟通者对其与受众的沟通过程中可能产生的情感反应有一定了解，需要解决以下问题。

1．受众对你的信息感兴趣程度如何

沟通者必须要分析受众对沟通主题及结果的关注程度，或者他们认真阅读或聆听信息的可能性大小，为自己制定沟通策略提供依据。对受众来说，沟通的信息如果对他们的财务状况、组织地位、价值体系、人生目标产生较大影响，他们就会对信息有较大的兴趣。对这些问题，受众可能出现三种意见倾向：正面，负面，中立。

若估计受众会表现出正面或中立的意见倾向，沟通者只需强调信息中的利益部分以加强他们的信念。

当估计受众会出现反面意见时，可以运用以下技巧：

• 将预期的反对意见在开始时就提出来，并做出反应，如列出反对意见加以驳斥，这要比受众自己提出反对意见更有说服力。

• 先列出受众可能同意的几个观点。若他们赞成其中的两三个关键之处，那么他们接受沟通者整体思想的可能性就比较大。

• 首先令他们承认问题确实存在，然后解决该问题。

2．你所要求的行动对受众来说是否容易做到

即考虑你预期的行动对于受众来说，完成的难易程度如何，他们是否会感到过于耗时、过于复杂或过于艰难。若你估计所要求的行动对受众来说比较难，则一定要强化你所希望的行动对于受众的利益和信念；若过于艰难，则要采取下述对策：

• 将行动细化为更小的要求，积跬步以致千里。

• 尽可能简化步骤，如设计便于填写的问题列表。

• 提供可供遵循的程序清单和问题检核单。

（四）激发受众的兴趣

激发受众的兴趣可以通过三种方式实现。

1．以明确的受众利益激发受众

上述对受众背景的分析，最直接的动机是明确受众的利益期望，创造出高效的受众受益处。受众的利益期望包括他们在接受你的产品、服务和信息后，或者根据你的建议执行相关的活动过程中所能够得到的好处和收益。

总体来说，受众的利益有两类。第一类是具体好处，即强调某一事物的价值或重要性（但不要夸张，否则会适得其反）。第二类是事业发展和完成任务

过程中的利益。包括:向受众展示沟通者所表达的信息对于他们目前的工作有所裨益;任务本身的驱动,如受众往往会更乐于接受具有挑战性的任务或者共同处理艰巨的工作;对个人事业的发展或声望有帮助,如表明你的沟通内容将有效地帮助他们得到组织或上级的重视,有利于他们获得声誉和建立交际网络。

比如,在说明性公文中,强调读者的受益可以用来解释为何要执行你宣布的政策,说明该政策是好的;在劝说性沟通中,向受众强调为什么实施你的建议后有助于他们实现自己的目标,从而克服对方的抵触情绪。

简单地说,以明确受众利益激发受众,就是解决"什么能打动他们"的问题。为了更好地通过明确并传递受众利益激发他们的兴趣,必须注意两点:① 要明确受众的利益;② 传递恰当的信息给受众以利益。对于不同的受众以及他们所期望的不同的利益,要采取不同的措施,如有的利益是直接的,因而沟通者比较容易识别,沟通时能够明白地告知;有的利益是只可意会而不可言传的,沟通者就需要深入去了解和发掘。深入发掘受众期望的利益可以使用下面的技巧:

- 了解能引起受众需求动机的感受、恐惧和欲望;
- 找出自己产品的客观性能或将推行的政策对受众的影响;
- 说明受众怎样利用介绍的产品和政策才能达到他们自身的需求。

洛克认为,分析受众的感受、恐惧和欲望可以从马斯洛的需求层次理论分析入手。以某一产品为例,通常企业所提供的产品能同时满足几个不同层次的需求,在信息沟通过程中,应重点强调与受众最相关的内容,如薪水已经很高的经理整日忧心忡忡,那么,其原因可能是夫人刚刚失业,而他们得同时抚养孩子上大学和赡养老人。由此,在沟通时就要针对受众的具体需求动机提供相应的沟通信息。

寻找针对受众具体需求的沟通信息,关键在于找出自己产品的客观性能或政策有助于实现这种感受(恐惧、欲望)的理由。比如,你想劝说人们到你的饭店消费,但是仅仅说明可以在这里解决饥饿问题显然是很难吸引顾客的,的确,每个人都要吃饭,但仅以此理由肯定不够充分,必须要根据顾客的要求安排不同的沟通信息。具体以表 3-6 为例说明。

表 3-6 满足不同就餐者的产品性能

| | |
|---|---|
| 在外打工族 | 快餐式中饭，适合同事聚会、客户洽谈的轻松场所 |
| 常常外出吃饭的人 | 富于变化的食品和装饰 |
| 特殊要求 | 低盐食品，低热食品，素食，清真食品 |
| 囊中羞涩者 | 经济食品（咖啡馆或快餐店） |
| 孩子尚小的家长 | 高坐椅，儿童餐，等着上菜时供孩子们嬉戏的娱乐设施 |
| 以外出用餐作为晚间消遣的人 | 音乐伴奏，歌舞表演，幽雅环境，餐后观看表演的订座服务，看完表演后仍可就餐的晚间服务 |

说明受众如何利用介绍的产品或政策才能达到他们自身的要求，仅强调特色未必能引起受众的购买欲望，把特色同受众的利益相结合，提供必要的细节，才会使受众受益生动感人，所以在许多时候，对受众受益的描述一定要具体。现引用洛克的一个例子来说明这个问题。

**简单化**：我们店备有拼图猜谜游戏。

**具体化**：您可以边等比萨饼，边让孩子们玩拼图猜谜游戏。如果他们没能猜出谜底食物就来了（因为食物上得很快），可以把谜语带回家或下次来时再继续。

2. 通过可信度激发受众

受众对主题的涉及和关注程度越小，沟通者就越应该以可信度作为驱动因素。具体策略有：

通过确立"共同价值观"的可信度激发受众。以"共同价值观"的可信度驱动，就是构建与受众的"共同出发点"。如果在一开始就能和受众达成一致，在以后的沟通中就更容易改变他们的观点。从共同点出发，即使讨论的是完全不相关的话题，也能增强你在沟通主题上的说服力。比如先谈及与受众在最终目标上的一致性，而后表明为达到目标在方式上存在的不同意见。

以传递良好意愿与"互惠"技巧激发受众，遵循"投桃报李、礼尚往来"的原则，通过给予利益而得到自己的利益，通过己方让步换得对方的让步。

运用地位可信度与惩罚技巧激发受众。地位可信度的一种极端驱动方式就是恐吓与惩罚，如斥责、减薪、降职乃至解职。但这种方式只有在你能确保对方的顺从且确信能消除不良行为的产生时才能奏效。

3. 通过信息结构激发受众

通过信息结构激发受众，即利用信息内容的开场白、主体和结尾等结构的合理安排来激发受众。

通过开场白激发受众，就是从开头就吸引受众的注意力，如一开始就列举受众可能得到的利益；先列举存在的问题，采用“提出问题—解决问题”的模式；先讨论并明确话题和受众之间的关系，激发受众兴趣。

通过沟通内容的主体激发受众，就是通过适当的内容安排在沟通过程中增强说服力，找出自己产品的客观性能或将推行的政策对受众的影响。具体技巧有：

- “灌输”技巧，即通过先列举系列反对意见并立即加以驳斥，或直接向受众“灌输”自己对可能引起的反对意见的不予认可；
- “循序渐进”技巧，即将行动细化为可能的最小要求，然后逐步得到更大的满足；
- “开门见山”技巧，即先提出一个过分的且极可能遭到拒绝的要求，然后再提出一个较适度的要求，因而后者更可能被接受；
- “双向”技巧，即将受众可能提出的反对意见和自己注重的观点加以比较进行阐述，并表现得更为中立与合情合理。

通过信息结尾安排激发受众，就是通过简化受众对目标的实现步骤以激发兴趣。如列出便于填写的问题表或易于遵循的检核清单，或列出下一步骤或下一行动的具体内容。

**小阅读：张曼玉的业务**

在一部电影中，张曼玉扮演一位保险业务员，专门负责推销儿童保险业务，好不容易见到目标客户后，对方却给了她一枚硬币，说是给她回家的路费。当时她很生气，在她扭头要走的一瞬间，她看到客户的办公室里挂了一幅小孩的头像，于是她对头像深鞠一躬说：“对不起，我帮不了你了。”客户大为惊讶，忙问究竟。于是头一单生意就这样谈成了。原来这个客户最爱护他的儿子，所以把儿子的照片挂在办公室天天看。

说明：沟通的切入点很重要，这需要我们收集到足够多的信息，找准对方关心的事情，消除其抗拒心理，从而调动对方的参与程度，提高成功沟通的概率。

（资料来源：http://www.cqvip.com/QK/87943X/201010/35669205.html。）

## 二、以客体为导向的沟通的内涵

以客体为导向的沟通是指在沟通的全过程中，沟通目标、策略、形式都必须以客体为导向,它是在分析了沟通对象的背景、兴趣、偏好、态度和目的的基础上来确定相应的沟通策略,从而与客体进行有效的沟通。以客体为导向的沟通考虑的是"他"而不是"我",这是与以主体为导向的沟通的根本区别。

以客体为导向的沟通强调了两点:

(1) 在沟通主体与沟通客体沟通之前,要尽可能多地收集关于沟通客体的翔实的资料,以充分了解沟通客体。这种资料主要是关于两方面:一是沟通客体的背景资料,如家庭情况、收入结构、技能特长、身份地位以及文化背景等。收集此类资料,可以帮助沟通主体了解沟通客体所处的环境,从而制定合适的沟通策略。二是影响沟通客体思维的一些因素,如心理特征、个性、气质、以往的决策模式等。收集此类资料,可以使沟通主体了解沟通客体思考问题的方式。

(2) 通过对以上两类资料的分析,沟通主体能够模拟沟通客体的思维方式,并思考沟通客体在其所处的环境中所面临的问题及其态度、反应等,据此可以预先设计相应的对策,做到"知己知彼,百战不殆"。

**小阅读**

前段时间,因为公务我频繁去N市出差。第一次来到这座城市,我住进了一家宾馆。当我退房时,服务台小姐程式化地说:"你先在这里等一下,我们要检查一下房间,看看有没有东西损坏或丢失。"接着又好像刻意似的冷冰冰地说道:"几天前,有个客人偷走了浴室的毛巾,还有个客人把床单烧了个洞……"我一听这话,脸有点儿挂不住了,怎么寻思都觉得小姐是在含沙射影地鄙夷我,简直是在侮辱我的人格,于是,我表示抗议。可小姐不愿买账,声称她只是在照章办事,并没有侮辱我的意思。不用说,之后我再也没住过这家宾馆了。

相反,我在另一家宾馆却感受到了截然不同的待遇。退房时,服务台小姐微笑着说:"先生,请您稍等,我们去看看您是否有东西落在房间里了。"我边等待边琢磨,忽然恍悟,这位小姐表达的意思与上次那位小姐所表达的不正是一样的吗?——都是检查房间有无东西损坏或丢失。但显然,后面这位小姐的说话技巧要高明许多。这便是沟通的魅力。此后,每次来N城,我都住进这家宾馆。

通过比较，我们不难发现，前面那位服务台小姐谈话的利益出发点始终在围绕自身，没有顾及对方的感受，这在人际交往中是很愚蠢的。相对而言，后面那位小姐的话语就好多了，她能站在对方的角度来思考，从对方的心态出发，同样的目的，但让对方听来顺耳、舒畅，既达到了自己的目的，又巧妙地维护了对方的自尊，让人乐于接受。

（资料来源：http://xzn.2000y.com/mb/1/readnews.asp?newsid=126376。）

## 三、以客体为导向的沟通的意义

1. 有效沟通的基础

沟通双方存在分歧是沟通产生的主要原因。导致这种分歧产生的原因无外乎两种：一是沟通双方的信息不对称，二是沟通双方存在认知上的差距。对于信息不对称这一问题的解决比较简单，沟通主体只要及时提供给沟通客体充足的信息，并保持沟通渠道的畅通，就可以消除双方的信息不对称。而对于沟通双方认知上的差距，情况就比较复杂了。认知上的差距会导致沟通双方对同一决策或问题产生不同的看法，使沟通内容不能被正确理解，这样自然就无法形成有效的沟通。比如，一位销售经理准备派一名下属到新区域去开拓市场，而下属因为家庭、现有的成绩等原因并不愿意接受这个任务。如果销售经理利用职权强迫下属接受，可能会使下属产生抵触情绪，以一种消极的态度去对待该任务，这对下属本人和公司的利益都是不利的。要解决这种由认知上的差距产生的分歧，必须建立以客体为导向的沟通思维，并让其贯穿在整个沟通过程中；应站在对方的角度和立场思考问题，寻求双方都能接受的解决方法。

2. 为思考创造性沟通策略提供广阔空间

高效的沟通技巧是解决很多沟通问题必不可少的条件。然而，高效的技巧往往没有定势可循，很多时候都需要沟通主体在领悟了一些沟通原理的基础上，根据具体情况，发挥自身的想象力，去思考、制定一些富有创造性的策略。思考范围与最后得到的最佳策略的满意程度往往是成正比的，思考范围越大，思路就越广，得到更满意的结果的可能性就越大。以客体为导向的沟通将思考范围扩大到沟通客体和主体之间，为沟通主体思考创造性的沟通策略提供了更为广阔的思维空间。

3. 提高沟通效率

沟通不仅要追求效果,还要讲究效率。人们总是期望能在达到沟通目标的基础上取得最好的沟通效果。比如,在经理心情不好或很忙的时候,送去计划书以期望得到经理的建议,结果可能只是经理的寥寥数语;但是如果在充分分析了经理的个性、时间规律、思维方式等因素之后,选择经理空闲或心情好的时候送去,得到的帮助就会大得多。

## 四、沟通客体分析策略

沟通客体分析策略,是指根据受众的需求和利益期望组织沟通信息、调整沟通方式的有关技巧。

在实际沟通中,沟通主体往往关注自己的价值取向,而忽略了对方的关注点、背景、经历、地位、知识结构等,结果,出现了在沟通过程中把自己的观点强加给别人,或者沟通者希望传递的信息与接收者理解的信息出现了偏差等问题,最后影响了管理效果。成功的管理沟通的本质在于,沟通者能够站在对方的立场上思考问题,根据客体的需要和特点组织信息、传递信息,实现以客体为导向的沟通。

以客体为导向的沟通最根本的前提是要了解沟通对象是谁,分析他们的特点,了解他们的动机,学会和他们接触。

1. 受众类型分析

沟通对象由于心理需求、性格、气质、沟通风格等的不同,可以分为各种不同的类型:

按照心理学的观点,根据人心理需求的不同,可以分为成就需要型、交往需要型和权力需要型三类;

根据信息处理方式的不同,卡尔·荣格把人分为思考型、感觉型、直觉型和知觉型四类;

根据个体气质的不同,可以分为分析型、规则型、实干型和同情型四类。

2. 心理需求和沟通策略

针对不同类型的人,在沟通过程中,应采取不同的策略。以下将对不同分类法下的个体特点及相应的策略做分析,其中重点讨论不同类型个体的管理风格下的沟通策略。

不同的个体由于心理需求的不同可分为成就需要型、交往需要型和权力需要型三类。承认不同个体的需要特点,在沟通时朝着满足他人需要的目标努力,既有助于问题的解决,又有助于建立良好的人际关系,以实现管理沟通。

（1）成就需要型。成就需要型的人通常为自己建立具体的、可以衡量的目标或标准，并且在工作中朝着目标努力，直到实现他们的目标。他们总想做得更好，或比他们过去做得更好，或是比其他人做得更好，或是要突破现行的标准。

**【策略】**

要充分认同这类人对自己工作的责任感，沟通过程中不要输出"你们要认真负责，要把事情做好"之类的信息，而应给予他们大量的反馈信息，要对他们表示肯定的态度，如告诉他们"你们的工作做得很好"。对于这类人，对于下一次挑战，他们从来不会"干不了"，他们的满足感来自已经实现的目标。

（2）交往需要型。交往需要型的人，更看重友情和真诚的工作关系，令他们愉快的是能有一种和谐的、既有付出又有收获的、轻松的工作氛围。交往的需要驱使他们写很多信，打很多电话，花费很多时间与同事沟通。

**【策略】**

以交朋友的姿态和口气与他们交流，设法与他们建立良好的人际关系。从理念上应该始终坚持平等相待的原则。在具体沟通过程中，可以先询问他们的家庭情况、生活情况（如聊聊周末的计划安排），了解他们的兴趣爱好，甚至可以在参加活动的过程中以轻松的氛围与他们交流些看法和感受。

（3）权力需要型。权力需要型的人，热衷于对工作负责，具有很强的权力欲。他们瞄准权力，以便使自己能够事事做主，决定自己和他人的命运。他们渴望一种权威作为他们权力的象征。交流中他们果断行事，而且在大多数的交流场合能够影响他人。

**【策略】**

应采用咨询和建议的方式，尽量不要以命令和指导的方式。要认同他们在工作中的职责，在沟通时要对他们的职责给予肯定。在倾听过程中，对于对方的影响力要特别表现出你的兴趣。

3. 信息处理风格和沟通策略

根据不同个体在捕捉和处理信息上的方式不同，可以分为思考型、感觉型、直觉型和知觉型四类。大多数人偏好这四类中的某一种，如果需要，有时也会运用其他方式，但总体来说，人只有一种偏向性的捕捉、处理信息的风格。以下通过对不同类型的分析以寻求沟通的策略。

（1）思考型。思考型的人思路非常清晰，富有逻辑。他们富有条理，善于分析和领会事物的本质，也善于运用事实和数据进行系统的分析和研究。

【策略】

当我们与思考型的人沟通时，首先，应为思考者提供机会，让他概括地描述自己想表达的理论和概念。要虚心，以谦虚的态度，以在理论和逻辑思维方面寻求帮助的态度与他们沟通。其次，给予他们充分的信息，使之通过逻辑推理得出结论。最后，不掺杂任何个人观点，客观地对待事物，并保持始终如一。

(2) 感觉型。感觉型的人基于他们个人的价值观和判断能力来对待事物，而不是在充分权衡利弊的基础上对问题表示赞成或反对。他们温和、开朗、善交际，能与人友好交往。他们在团队中善于处理公共关系、商谈事情、做出决策。

【策略】

与感觉型的人沟通时，要明确表达自己的价值观念，以便使他们能够了解你。在沟通信息的组织上要突出对他们的支持，要让他们感觉到你是支持他们的，而不要让他们感觉到有威胁。

(3) 直觉型。直觉型的人具有丰富的想象力，并且能够提供具有创造性的想法。他们凭直觉、预感和可能性做事，对他们的第一感觉有很强的自信心。他们善于做长期计划、进行创造性的写作和产生思想。

【策略】

与直觉型的对象沟通时，要充分利用和发挥他们的想象力，不要轻易给他们问题的答案。否则，他们会觉得没有发挥自己的价值。同时，不要轻易否定或批驳他们的观点，要告诉他们你的想法、你的观察和最终目的，让他们的创造性思维帮助你达到目的。

(4) 知觉型。知觉型(或理智型)的人是实事求是的人。他们精力充沛、富有实践，他们善于行动而不善于言辞。他们处理问题当机立断，他们善于发起一个活动，签订协议，调节纠纷，将理想转化为行动。

【策略】

与知觉型的人沟通，不要对事物添加太多的细节和幻想的结论，而要清晰地交流，抓住要点，在实践中获得结果。

4. 气质类型和沟通策略

(1) 分析型。在我们周围,分析型人的创造性思维是非常有价值的。他们对待事物严肃认真,不断战胜自我,常常为了工作置婚姻于不顾,工作是他们生命中很大的一部分。他们擅长于推理,善于逻辑思维,他们独自工作时效果更佳。

**【策略】**

与分析型的人沟通时只需要告诉他们想要的,并且给予他们机会展开计划,给予他们评价的标准,而不要提供太多细节、常规行为和实际事情干扰他们。当需要建设性意见时,可以与他们沟通以询问他们的建议。

(2) 规划型。规划型的人守信用、认真、忠诚、负责任,他们稳重、谨慎、实际,给人以安全感,不善变化。他们善于做具体的工作,在有计划和有组织的条件下工作效果更好。

**【策略】**

与规则型的人沟通时,首先,沟通的主要目的在于告诉他们行为的规则、组织形式等。平时要为他们提供有组织的训练,在沟通过程中要让他们理解并相信他们的工作系统和组织是可以得到保证的,使他们能够按规则和标准做事。其次,要为他们提供完成任务的详细资料,对于他们的贡献和努力要予以充分肯定。对待他们要守信,不要怀疑他们。最后,如事情发生变化,要耐心、详细地向他们解释,以免他们抵制变化。

(3) 实干型。实干型的人善于做技术性的、循序渐进的工作。他们富于实践,适应性强,善于调节纠纷。他们的工作富有成效,具有一种自发的推动力和活力,并爱好刺激。他们开朗、宽容、灵活且善于处理变化。

**【策略】**

与实干型的人沟通时,应给予他们循序渐进的训练,帮助他们自我调节,并加强时间管理,给予他们大量的自由和工作多样化,帮助他们从机械的工作中走出来。沟通者应帮助他们完善工作技巧,提高危机意识,要乐于与他们为伴。

(4) 同情型。这类人善于帮助、支持和鼓励他人。他们性情温和、有灵性、善于交流,善于创造和谐的工作环境。

**【策略】**

与同情型的人沟通时,应给予指导和鼓励,使他们认识到他们的重要性,赞赏他们的贡献。如果必须给予他们否定的反馈，则要谨慎，不要使他们感觉到这是个人攻击。要给予他们自治权和学习机会，不要让细节成为负担。

在上面四类中，实干型和规则型的人较多，大约占70%—80%；分析型和同情型的人约占20%—30%。但不管属于何种类型的气质，人本身没有好坏之分，他们只是以各自的方式展示出各自的价值。一个有效的管理者就是要通过不同的沟通技巧，发挥每一位下属的工作积极性，使他们积极配合，把问题解决好。

**小阅读**

在美国南卡罗来纳州沃特镇，有一家寂寂无闻的咖啡馆，突然贵宾光临——计算机大亨比尔·盖茨和国家广播公司NBC著名主播布罗考飘然而至。两人要了咖啡，谈论一阵旋即离去。在场的服务人员个个兴奋不已，竟然忘了两人并未付账。

虽然这家名为"Past Times"的咖啡馆老板娘对此并不在意，可消息还是不胫而走。数日后，从《华盛顿邮报》到远至英国的科技杂志 *The Register* 都竞相刊登世界头号富翁和新闻界权威饮霸王咖啡的消息。

由于事情令人尴尬，咖啡馆很快接到比尔·盖茨办公室的电话，询问比尔·盖茨先生是否欠了咖啡钱。老板娘康妮受宠若惊，连称两人喝的泡沫咖啡每杯只需3美元，算是咖啡馆请客。

不过，从事传媒工作的布罗考则更了解事态的严重性，他当机立断送来两张20美元的钞票，并附上便条一张，指未付账就离开咖啡馆的事可以令他们被外界盯死，因此其中一张20美元的钞票是买咖啡的，而另一张则是送给康妮的，让她钉在墙上作为纪念。

其实事发当天，比尔·盖茨到咖啡馆是接受布罗考访问，谈论比尔·盖茨基金捐款2.5亿美元为美国乡村购买计算机的善事。

（资料来源：http://www.doc88.com/p-891572206576.html。）

**思考·讨论·分析**

1. 案例中的沟通主体是谁？主体有什么特点？
2. 沟通客体是谁？客体有什么特点？
3. 如何评价案例中的沟通行为？

# 第四节 管理沟通信息策略

## ◆ 引例

### 观光电梯

你知道现在著名的“观光电梯”的创意是怎么来的吗？据说是这样的：

美国的摩天大厦因为游客的增多终于出现了令人困扰的拥堵问题。为了解决这个问题，工程师决定再修一部电梯。电梯工程师和建筑师做好一切勘查准备，在进行穿凿作业前，工程师与每天在这里工作的清洁工攀谈起来。

“你们要把各层地板都凿开？”

“是啊！不然没办法安装。”

“那大厦岂不是要停业好久？”

“是啊！但是没有别的办法。如果再不安装一台电梯，情况比这更糟。”

“要是我，就把新电梯安装在大厦外！”清洁工不以为然地说。

就这样，这个“不以为然”的草根智慧，成就了“观光电梯”的盛况。

不过是闲聊，成功者却在几分钟内获取了新的想法，极大地帮助了自己的工作。

（资料来源：http://home.51.com/guoaiqing888/diary。）

优秀的沟通者从来都是带着“脑子”与别人沟通的。要时刻做个有心人，尽可能获取更多信息，尽可能多联想，以期沟通的效应最大化。沟通者在每次沟通之前，可能会收集很多素材和信息，这些素材和信息中有好的有坏的，有完整的有零碎的，有论据性的有结论性的……如何组织好这些信息是沟通者制定沟通策略的关键。

## 一、沟通信息的组织

优秀的沟通者在实施管理沟通前，要思考如何合理组织沟通信息，以达到沟通的预期效果。沟通信息的组织包括确定目标、明确观点、组织信息内容和逻辑结构三个方面。

### （一）确定目标

每位沟通者在沟通之前都必须要有一个明确的目标。正如在许多管理现状中,管理者的管理行为总会预设一个目标一样,沟通目标可以是解决某一个问题,或使你的建议被采纳,或赢得下属(同事或上司)的尊重。比如,对于指导性策略,沟通者的目标往往是要求受众接受沟通者的观点或产生所预期的行为或结果;对于咨询性策略,沟通者的目标则可能是为了获取某种信息、得到某个结论或者得到对方的支持。因此,指导性策略下的目标设定较为简单,因为这种沟通的确定性较大,但对于咨询性策略,事先对结果甚至对过程都没有很大的把握,尽管总体目标是确定的——为了找到某一问题的对策,或者是征询意见——但在具体的行动目标和沟通目标上,往往要随着沟通过程的进行做适当的调整。

为此,在管理沟通目标的设定上,要注意以下三方面的策略。

首先,要明确沟通的主导目标。主导目标属于刚性目标。当你面临复杂的管理环境时,你应该列举出你所希望实现的全部目标,然后,界定好其中一两个你认为最重要的目标;接着,考虑对方的目标以及他们可能的反应。在主导目标的规范下,通过对对方目标的分析和整理,把自己的目标与对方的目标进行整合,确定最终的行动目标和沟通目标。

在这个整合过程中,应考虑以下几点:

- 哪个目标是最紧迫的?
- 哪些目标是兼容的、相互统一的?
- 哪些目标是与你的主导目标紧密相关,是你必须解决的?
- 哪些目标是你可以授权由他人解决,而不需要在当次沟通中就解决的?

其次,要注意适度灵活原则。对行动目标和沟通目标的设定要兼顾刚性和弹性,如果预先设定的目标刚性过强,就会出现“自我中心主义”的现象,阻碍你去获得自己所需要的信息,阻碍你去展望更为广阔的未来,形成概念壁垒。因此,在沟通前要分析各种可能出现的结果,要尽可能地了解各种背景材料。一个好的沟通者应该知道何时要坚持自己的主导目标,何时又应该适当地增加目标弹性。

最后,要界定好总体目标、战略、策略和任务之间的关系。总体目标是沟通的中心思想,是必须要达到的结果。沟通者不能把这个目标与战略、策略和任务混淆起来。

**小阅读**

如果你是市场营销部门的经理，你与本部门的下属员工进行沟通，可以这样理清目标、战略、策略和任务之间的关系：

**目标**

提高产品销量。这是你真正的现实沟通目标。

**战略**

让下属意识到，这次沟通的战略意图是为了实现更高的持续性和发展前景。

**策略**

获取部门发展新的出路。比如，通过群策群力的方式，要大家来讨论如何提高广告预算、如何获得更大的公司资源投入等问题。

**任务**

明确总体沟通目标规范下的一系列辅助目标和具体沟通目标。比如，向高层领导提出预算建议；通过沟通让下属考虑雇用更多的销售代表去开发有潜力的渠道；在公司计划会议上提交建议；开发广告和公关计划。

（资料来源：http://www.doc88.com/p-73371483551.html。）

（二）明确观点

沟通中最困难的问题是说服你的反对方最后赞成你的观点。为了明确观点，沟通者要把自己的观点融入行动中，因此要注意以下几个提出观点的基本要求：

- 明确自己的立场，并分析反对方的立场；
- 就评价一种状态提出发现和建议所蕴涵的愿景；
- 提供可靠的信息；
- 提供不同的（常常是冲突的）价值观和利益；
- 其他观察者和参与者的意见；
- 要着眼于事实、价值、意见，不能采取中立的态度。

## 互动话题

机械行业某企业的生产部门主管和技术改造部门主管，在一次公司例会上就技术改造的投入策略展开了争论：生产部门经理A认为，公司的当务之急是降低成本，不要在效益不好的情况下加大技术改造的力度，他认为这样做是“找死”;而技术改造部门经理B认为,如果现在再不加大技术改造投入力度,将会阻碍资本扩张、延迟新技术的采用,这无疑是在“等死”。于是,对于公司是否需要在技术改造上投入资金,A与B出现了分歧。A与B应采取什么策略去说服对方呢?

针对上述两个人的观点,双方要达成共同的认识,不需要从公司高度来寻找共同的目标,再从共同目标出发去寻求说服对方的理由。比如,如果A经理要说服B经理,就应强调降低成本比延迟新技术的采用更重要,而不是以后也不搞技术改造;而B经理应阐明,从长远看,新技术的采用是有利于成本下降的,技术改造并不与A经理的观点相矛盾。由此可以看出,双方在沟通中,有可能在行动目标上先实现统一,最终才在总体目标上达到一致。

(三)组织信息内容和逻辑结构

信息内容的组织有两个基本原则:一是信息的有效强调原则,就是以最简单的语言告知你的目标,让他人理解并能与你沟通;二是受众导向原则,“沟通是你被理解了什么而不是说了什么”,即要求沟通者根据不同的对象修正沟通的信息表达方式和内容的结构安排。

在信息结构的安排上,要注意内容、论证和结构的统一。具体来说,是要通过对信息的论证分析,提出具有说服力的论据(如事实和数据、共同知识、普遍认同的例子和权威观点等),并对信息结构进行合理安排。

**小阅读**

假设你将在一个较忙的时候去休假,在休假前,你要向领导请示,并向同事和下属交代一些事情。那么,在不同的对象面前,你可能会以以下不同的方式进行沟通。

**对领导**:我已经向同事们安排好了工作,而且在休假后,我可以投入更多的时间和更大的精力,以保持最佳的工作状态。

**对同事**:为了这个假期,工作计划和日程我已经重新安排好了,我感谢你们在我休假期间对我工作的关照。

**对下属**:经过反复考虑后,我个人认为在这个时候休假是一个较合适的时间段,且其他人也给予了相似的看法,希望你们按计划组织开展好工作。

(资料来源:魏江、严进,《管理沟通——成功管理的基石》,机械工业出版社,2006。)

另外，为了强调信息而做的逻辑结构安排也会有助于沟通目标的实现。

根据记忆曲线的研究，信息的开头和结尾部分最易为受众记住，因此在信息的组织上，可以采用以下两种策略：

（1）开头策略。在开头就阐述重点，即直接切入主题。若采用这种策略，沟通者先将最后的结论放在开头。这种策略有三个优点：一是增进对全部信息的掌握。受众一开始就了解结论，有助于人们吸收和理解全文的内容。二是以受众为导向。直接切入主题强调了分析的结果或最终的做法，使得整个沟通面向受众，而不是以沟通者自我为中心。三是有利于节省时间。由于直接切入主题的结构能更快、更容易地被接受，因此在商务场合中应尽可能多地采用。这种策略主要适合在以下场合使用：对无感情倾向的不敏感信息的处理；对受众具有正面倾向的敏感内容的处理；在受众更为关注结论时对敏感信息的处理；沟通者可信度特别高时对敏感信息的处理。

（2）结尾策略。在结尾说明重点，即间接切入主题。该策略指在记忆曲线末端才列出结论，包括先列举各类论证后以结论或总结收尾。这种策略的优点在于：循序渐进，以理服人；缓和因观点不同可能引起的冲突；以逐步转变受众的态度，步步推进，达到"推销"自己观点和主张的目的。这种策略可以在以下情况下采用：信息中含有敏感内容（含主观情感成分）；信息内容对受众有负面影响；受众很注重分析过程；沟通者的可信度较低。

**小阅读**

小李将设计好的营销策划书交给张总看，等待张总的意见反馈，张总看后觉得不可行。

**（直接切入法）**"你设计的策划书不可行。第一，成本太高；第二，时间安排得不合理；第三，不能突出公司的产品特色……"

**（间接切入法）**"从你的策划书可以看出你付出了许多劳动，但是因为你的策划书：第一，成本太高；第二，时间安排得不合理；第三，不能突出公司的产品特色……所以我认为你设计的策划书不可行！"

## 二、沟通信息组织的原则

（一）全面对称

1．所传递的信息是完全的

沟通中之所以会出现不完全的信息，是因为信息发送者和接收者之间存在背景、观点、需要、经历、态度、地位以及心理上的差别，信息发送者如果没有向接收者发出完全的信息，那么信息接收者就不能完全理解信息发送者所发出信息的含义，就会产生信息失真或信息不对称。

在沟通过程中需要注意三个问题：

沟通中是否提供了全部的必要信息。必要信息的含义是指要向沟通对象提供5W、1H，即谁（Who）、什么时候（When）、什么（What）、为什么（Why）、哪里（Where）和如何做（How）六个方面的信息。在提供全面信息的同时，沟通者还要分析所提供信息的精确性，如分析数据是否足够、信息解释是否正确、关键因素是什么等。

沟通中是否回答了咨询的全部问题。信息的完全性要求沟通者回答全部问题，以诚实、真诚取信于人。

沟通中是否在需要时提供了额外信息。也就是是否根据沟通对象的要求，结合沟通的具体策略向沟通对象提供了原来信息中不具有的信息或补充了不完全信息。

2．所传递的信息是精确对称的

沟通信息的精确性要求沟通者根据沟通环境和对象的不同，采取相应的语言表达方式，并采用正确的数据资料，让沟通对象精确领会全部信息。

沟通信息不精确的主要原因有：

沟通双方传递和接收信息的不对称。许多研究认为沟通过程中的信息在传播和接收过程中基本不改变或不偏离原意，是有效沟通的基本要求。

沟通双方在文化和语言上的不对称。来自不同国家或地区的沟通者，由于语言含义的不对称而导致沟通信息出现偏差的事例比比皆是。比如，从语言方面看，中国的语言语意比较含蓄，美国则比较直白。从文化方面看，美国商务人员非常讲究效率，谈判过程往往不吃午饭，连续作战；但阿拉伯民族的商务人员则喜欢轻松的环境，不太讲究效率，所以，美国人的行为在亚洲文化背景中常被视为粗鲁、无教养。随着信息技术的不断发展，信息传播的精确性（包括信息的清晰度和准确性）有了很大的进步。未来的商业决策和竞争优势几乎都将依赖于这种现代沟通手段的精确性。

信息发送者提供的原始数据的可靠性与接收者所理解的数据可靠性之间的不对称。在我国，由于统计部门在制度上的不规范，以及数据采集上的巨大工作量，不得不在数据采集时大量依赖于最基层提供的原始数据，事实上，这样的数据可靠性是很小的。由此导致的数据真实性的不对称，也严重影响了沟通的精确性。

为实现沟通信息的精确性，要求沟通者：

采用正确的语言层次，根据沟通对象和沟通场合的不同，选择相应的沟通信息编码方式。沟通的语言层次可以分为正式语言、非正式语言和非规范语言三个层次。以书面沟通为例，正式语言一般出现在学术论文、法律文件、政府文件中；非正式语言则更多地出现在商业活动中，如外贸函电、一般信件等；非规范语言在书面沟通中一般不出现，但在口头沟通中出现得较多，如口语化的语言。

注意信息内容的正确性，检查图表、事实和语言是否正确使用。例如在市场分析报告、学术论文中，要正确表明每一个数据的来源，并采用正确的表述方式进行信息编码。

采用能为信息接收者接受的写作方式。同样是严格规范的学术性文章，在同行专家之间进行交流时，可用严格的术语表达，但在与非专业受众交流时，就要避免学术味太浓的语言风格，要把这种语言转化为大家可以接受的语言，但这种语言风格仍然需要是逻辑严密的。

（二）简明清晰

所谓简明，就是在沟通时要用尽可能少的语言提高沟通的效率。实现沟通信息的简明，既能节约双方的时间，又表现出对对方的尊重。沟通者要善于从受众的角度去思考信息的组织方式，要考虑到受众在付出时间听取你所提供的信息后所能获得的实际效用，尊重他人的时间。

为达到语言简明，可以从三个方面考虑：① 避免冗长乏味的语言表达；② 避免不必要的重复；③ 组织的信息中只包括相关的有用信息。

清晰原则要求沟通者认真准备沟通的信息，包括清晰的思考和清晰的表达两个方面。贯彻清晰原则要求：选择精确、具体、熟悉的词语，避免深奥、晦涩的语言；构筑有效的语句和段落，包括长度、统一度、内在逻辑关系、重点四个要素。长度要求一个句子不能太长；统一度就是一个句子只能是一个意思；强调逻辑关系，就是要运用演绎推理和归纳等语言学技巧，增强语言的说服力；强调重点，就是在组织信息时要突出重点，在表达时也要突出重点。

小阅读

上司：上次交代你的事情办得怎样了？

员工：还没有办好，我前几天感冒发烧。

上司：什么？你还没有去那家公司见刘总？

员工：我没去，但我后来托小李去办了。

上司：有什么结果呢？

员工：他刚好有事外出。

上司：那就是说，他也没去见刘总？

员工：不，后来我强撑病体去见了刘总。

上司：那快说呀，结果如何？

员工：他还是不愿接受我们的交易条件。

上司：啊？

员工：但是……

上司：滚出去！

（资料来源：http://202.114.90.71/bkkjjijin/ppt/07.6.8glgt.ppt。）

（三）具体生动

具体生动强调语言的具体、生动、活泼。在沟通过程中，应该运用风趣幽默的语言，而不要用模糊的、一般性的说法。在具体的沟通信息组织上，可以运用以下三个方式：

（1）用具体的事实和数据、图表，并运用对比的方法加强语言的感染力。如今年同期销售额比去年有大幅度的增长，去年同期为300万，今年为358万，增长近20%。

（2）强调句子中的动词，或突出关键词，这样会给人以明确、简洁等感觉。

（3）选择活泼的、有想象力的词语，如海尔的张瑞敏提出的“有了思路才有出路，没有思路只有死路”、“人才，人才，人人是才”。

（四）注重礼节

注重礼节包含两方面的含义，一方面要求沟通主体在传递信息时，考虑对方的情感因素，做到真诚、有礼貌；另一方面要求沟通者在信息内容的组织上，能站在对方的立场来传递信息，在理念上能够全面周到。

注重礼节，首先要求沟通者不但要意识到受众的观点和期望，还应考虑到受众的感情。沟通者应做到：真诚、机智、全面周到、感人；以尊重人的语气表达沟通的信息;选择非歧视性的表达方式;尤其是在对待下级时,要坚持平等、信任并有平常心的原则;从信息接收者的角度去准备每一个沟通的信息,设法站在受众的立场去思考问题,充分关注受众的背景和需要,尽可能向受众提供全面系统的信息,也即以全面周到的理念去传递信息。为此,提出以下三方面的建议:

理念上要着重于"你"而不是"我"、"我们"。这也就是要求沟通者站在对方的立场去考虑问题,但在表达时,有时用"我们"表现出客体导向,用"你"则显示排斥情绪。因此,在思想上永远是"你",而言行上是"我们"。要恰当地处理和运用好"你"、"我"的关系。

关注并告知受众的兴趣和利益。这是着重于"你"的最本质的特征,语言是表面的,而利益是内在的。

运用肯定的、令人愉悦的陈述。要学会肯定对方,善于从对方的语言中提炼出正确的思想,肯定对方是对对方的尊重,不要显示自己高人一等,好为人师。同时一定要根据不同的沟通对象选择合适的陈述方式。

**思考·讨论·分析**

1. 为什么在沟通中会出现不完全信息?(提示:背景、观点、态度、地位、经历等方面的差距)

2. 请结合身边的案例或你听说的事件,谈谈如何在信息沟通中找到有用的信息。

## 本章小结

1. 作为管理沟通的主体,关键在于明确三个问题:第一,我是谁?第二,我在什么地方?第三,我能给受众什么?只有明确这三个问题,才能不断提高主体的沟通意识和沟通技能。

2. 自我沟通是成功管理沟通的前提,其目的在于说服自己;自我沟通技能的提高经历认识自我、提升自我和超越自我三个阶段,在这个过程的每个阶段,都要从不同角度去提升自我沟通的技能和意识,但是三阶段的进化是螺旋式的,没有绝对的阶段划分。

3. 对沟通对象的特点进行分析,首先,要解决"受众是谁"的问题,其次,要分析受众了解什么,最后,要知道受众的感觉如何。

4. 激发受众的兴趣可以通过以下方式实现:(1) 以明确的受众利益激发受众;(2) 通过可信度激发受众;(3) 通过信息结构激发受众。

5. 以客体为导向的沟通的意义：是有效沟通的基础；为思考创造性沟通策略提供广阔空间；提高沟通效率。

6. 沟通对象由于心理需求、性格、气质、沟通风格等的不同，可以分为不同的类型；针对不同类型的人，在沟通过程中应采用不同的策略。

7. 沟通信息的组织包括确定目标、明确观点、组织信息内容和逻辑结构三个方面。

8. 信息组织的原则包括全面对称、简明清晰、具体生动、注重礼节四个方面。

## 自我沟通技能测试

**评价标准**

| | |
|---|---|
| 非常不同意/非常不符合(1 分) | 不同意/不符合(2 分) |
| 比较不同意/比较不符合(3 分) | 比较同意/比较符合(4 分) |
| 同意/符合(5 分) | 非常同意/非常符合(6 分) |

**测试问题**

1. 我经常与他人交流以获取关于自己优缺点的信息，来促使自我提高。

2. 当别人给我提反面意见时，我不会感到生气或沮丧。

3. 我非常乐意向他人开放自我，与他人共享我的感受。

4. 我很清楚自己在收集信息和做决定时的个人风格。

5. 在与他人建立人际关系时，我很清楚自己的人际需要。

6. 在处理不明确或不确定的问题时，我有较好的直觉。

7. 我有一套指导和约束自己行为的个人准则和原则。

8. 无论遇到好事还是坏事，我总能很好地对这些事负责。

9. 在没有弄清楚原因之前，我极少会生气、沮丧或是焦虑。

10. 我清楚自己与他人交往时最可能出现的冲突和摩擦的原因。

11. 我至少有一个以上能够与我共享信息、分享情感的亲密朋友。

12. 只有当我自己认为做某件事是有价值的时，我才会要求别人这样去做。

13. 我在较全面地分析做某件事可能给自己和他人带来的结果后再做决定。

14. 我坚持一周有一个只属于自己的时间和空间去思考问题。

15. 我定期或不定期地与知心朋友随意就一些问题交流看法。

16. 在每次沟通时，我总是听主要的看法和事实。

17. 我总是把注意力集中在主题上并领悟讲话者所表达的思想。

18. 在听的同时,我努力深入地思考讲话者所说内容的逻辑和理性。

19. 即使我认为所听到的内容有错误,仍能克制自己继续听下去。

20. 我在评论、回答或不同意他人观点之前,总是尽量做到用心思考。

**自我评价**

将你的得分与三个标准进行比较:(1) 比较你的得分与最大可能得分(120)。(2) 比较你的得分与班里其他同学的得分。(3) 比较你的得分与由500名管理学院和商学院学生组成的标准群体的得分。

在与标准群体比较时,如果你的得分是:

100 或更高　你位于最高的四分之一群体中,具有优秀的沟通技能;

92—99　你位于次高的四分之一群体中,具有良好的沟通技能;

85—91　你的沟通技能较好,但有较多地方需要提高;

84 或更少　你需要严格地训练自己以提升沟通技能。

选择得分最低的6项,作为本部分技能学习提高的重点。

## 情境模拟

**情境**

朵朵童装公司是鑫鑫集团的一家全资子公司,今年年底集团公司的领导班子要进行调整。

**人物1**

小王,公司营销部经理,大学毕业进公司,已工作十年有余,深得领导赏识,渴望继续深造,在职攻读MBA,已连续三年报考,由于工作忙,均未能参加考试。今年考试的时间又临近了,如果再错过,以后可能就不会再考了。

**人物2**

刘总,集团常务副总的有力竞争者。

**小王的矛盾**

想请假备考,又不好开口,因为是在刘总的提携下一路成长起来的,今年是刘总发展的关键年,这时候离开显得不够仗义,不提出又觉得不甘心。

**模拟**

如果你是小王,你将如何与刘总沟通?

**管理沟通的启示**

## 管理沟通的原则

一、问题导向定位:对事不对人原则

所谓问题导向,指的是沟通关注的是问题本身,关注的是如何处理和解决好问题。人们在沟通过程中常会出现的导向有两种:问题导向和人身导向。人身导向的沟通关注的是个人品质而不是问题本身,沟通者以给他人的人身做评判的方式进行沟通。管理沟通的对事不对人原则就是要求沟通双方不要搞人身攻击,不要轻易给人下结论,要学会克制自己,从解决问题的角度考虑沟通策略。即使在进行以行为和事件为中心的人事评估时,问题导向的沟通也还是有用的,如果以人身导向的沟通方式发出信息,则永远也解决不了问题。

人身导向一般着眼于对方的动机而忽视问题本身。人身导向沟通的结果是,人们能改变他们的行为,却很少能改变他们的个性,因为人身导向沟通通常没有什么具体措施,这种方式往往导致人际关系的恶化而不是解决问题,例如,你对下属说“你是一个不合格的经理,一个懒惰的人或一个感觉迟钝的办事员”,结果是引起下属的反感和防卫心理,因为大多数人对自身是认可的,即使沟通所表达的意思是正向的,如“你是个出色的人”,若它没有与行为或成就联系在一起,也可能被认为是虚言。可以说,没有具体指向的人身评判是人身导向沟通的最大弱点。

问题导向的沟通,关注的是问题的发生、发展和解决,以事实说话,借以表达沟通者的思想。“我不参与决策”、“我们并不那么认为”这样的语言,往往是从描述问题出发的,常常是问题导向沟通的表达方式。问题导向着眼于描述外部行为,为实现问题导向的沟通原则,沟通者应与普遍接受的标准或期望结合起来,而不应是专注于个人观点。通过与行为、外部标准比较得出的陈述能够给人以信服感。

当然,有效的建设性沟通者也没有必要完全避讳讲出从他人态度或行为得出的个人印象或感觉。只不过在必须这么做的时候,应当关注其他管理沟通的原则。

二、责任导向定位:自我显性原则

所谓责任导向原则,即自我显性原则,是指在沟通中,承认思想源泉属于个人而非他人或集体,承担个人评论的责任,是在沟通过程中,使用第一人称“我”、“我的”,以表明自我显性的沟通。如果采用第三人称或第一人称复数,如“我们想”、“他们说”或“有人说”，则是自我隐性的沟通。自我隐性的沟通将信息归之于不为人知的第三者、群体或外部环境，这样沟通者就逃避了对信息承担责任，因而也就逃避进入真正的交流。自我隐性的沟通给对方这样一个信息：沟通者很淡漠，或对对方漠不关心，或对所说的话没有足够的自信以承担责任。而自我显性的沟通表明希望建立联系，希望彼此成为伙伴或互相帮助。

当下属采用自我隐性的沟通方式时，既要使下属拥有自己说话的权利，同时又要通过要求对方举例的方式，引导下属走向自我显性的沟通。

三、事实导向定位：描述性原则

描述性沟通尽量避免给人做评价和下结论，并避免相互防卫的倾向。

1. 描述性沟通的步骤

描述性沟通的过程可分为三步：

(1) 描述需要做修改的事情或行为。这种描述应指明能为他人承认的行为要素，而且这种要修正的行为应与被接受的标准做比较，而不要以个人好恶为取向，要避免对他人的动机做主观判断。与评价一个行为相反，描述一个行为是相对中性的，只要管理者的态度与要传播的信息是一致的。

(2) 描述对行为或结果的反应。这种描述的核心集中于行为所产生的反应或结果，要求沟通者能明确界定好自己应有的反应，并描述出来。比如，“我很关心我们的生产率”，“你的这个工作成绩使我感到灰心”。这种描述着重于结果及自我的感受，其效果是可以减少防卫心理的产生，因为问题被限定在沟通者的感觉或客观结论之中，而不是针对个人的态度。如果感受或结论的描述不是以一种苛刻责备的方式出现，沟通者就会考虑怎么集中精力解决问题，而不是先为自己构筑心理防线。

(3) 建议一种更可接受的替代方式。把行为主体和行为分开来，能帮助行为主体保住面子，并感到自身是有价值的，因为行为主体觉得自己的自尊已得到了维护，需要改进的仅仅是行为。此时，沟通者就应强调去寻找一种大家都能接受的解决方案，而不要去关注谁对谁错或谁应该谁不应该等无关主旨的问题。如沟通者可以提出，“我建议让我们定期会面来帮助你完成本月新增的六个计划”或“我愿意帮你分析妨碍你取得更好业绩的原因”。

要说明的是，在现实中，并不是要每个人都通过描述性沟通的这三个步骤，达到改变对方所有行为的目的。描述性沟通常常达到的是双方都满意的中间状态，如某人对一些敌意行为能更加容忍，某人对工作变得比以前努力了。

2. 评价性沟通的原则

如果沟通时必须要做评价性的描述，则要注意以下三个方面的原则：

- 评价应以一些已建立的规则为基础，如“你的行为并不符合公司现有规定的要求，会在同事中留下不好的印象”；
- 以可能的结果为基础，如“你的行为继续下去会导致更糟的结果”；
- 与同一人先前的行为做比较，如“你做得没以前好”。

上述三个方面的原则，目的都在于要避免引起对方的不信任和激起防卫心理。

3. 针对性沟通

在沟通中要坚持客观描述性原则，一个有效的策略就是沟通的信息具有针对性，沟通主体能针对具体问题与对方交流自己的看法。总的来说，沟通语言越有针对性，就越能起到良好的沟通效果。先比较下面的两种说法：①“你不会利用时间。”②“你今天花了一小时安排会议，这可以由秘书去干的。”这两种说法中，前一种就太泛了，作用不大，对方不会认可，甚至很可能会反驳这种说法。后一种说法就很有针对性，能帮助对方认识自己的行为，并对以后工作的开展提供启示。

针对性沟通要求采用特定的陈述方式，如“这次活动，你60%的时间都用于评价性议论，而描述仅占10%”。就具体问题做特定的描述，远比非特定性的“你需要提高沟通技巧”这种说法有效得多。特定的陈述可以避免走极端和绝对化，相反，极端的陈述将会导致防卫心理，使对方难以接受。

针对性沟通还要求避免绝对化的选择句式，例如“你要么照我说的去做，要么辞职”。这种极端化和选择性的陈述否认了任何其他可能性，使得沟通接收者可能的答复受到限制，如果对方反对或否认，则又往往会导致防卫性争论。

建设性沟通是特定而非一般的陈述，因为它们关注行为事件本身，对解决问题非常有用。在下面的几组例子中，如果采用针对性的表述，结果就会大不一样。

第一组　A：“你昨天做的决定没有征求我的意见。”

　　　　B：“是的。尽管我通常征求你们的意见，但我原以为这件事不重要。”

第二组　A：“你给我们的答复带着讽刺，让我觉得你不太考虑我们的感受。”

　　　　B：“真对不起！我也知道自己常常讽刺他人而不顾其感受。”

第三组 A:“按时完工的压力影响了我工作的质量。”

B:“按时完工是我们工作的一部分,让我们想想办法来减轻压力。”

在沟通过程中,要达到既解决问题又强化良性人际关系的目的,很重要的一点就是要学会尊重他人。沟通过程中主张尊重他人,就要做到表里一致、认同对方、双向沟通。

四、表里一致原则

优秀的人际沟通和人际关系的基础是沟通双方在所传达的和所思考的之间具有一致性,也就是说,语言和非语言的交流应与个人的所思所感一致。

表里不一致主要表现为以下三种情形:

(1) 沟通双方处事的态度与他们所意识到的态度不一致。一个专注于自我的人可能不会意识到他的语言和方式正构成对别人的威胁,而对方已经感到非常难堪,比如一个事业有成的人向一个不很熟悉的、同时工作遇到不顺心的人大谈自己如何富裕,无意识中会使得对方心里难以接受。

(2) 个人的感觉与所表达的不一致。例如,个人可能感到愤怒但又拒绝承认自己的心态。

(3) 所说的内容与举止、口气不一致。如果想表达对某件事物的真实看法,但用一种含糊、嘲讽或者玩世不恭的口气说出这种想法,对方就会对你想法的真实性表示怀疑,尤其是沟通双方的关系在历史上曾有过不良记录时,更会出现这样的情况。

有研究者认为,沟通的一致性处于人际关系的中心位置。沟通者的实际状况、感受和语言越一致,与沟通对象所形成的关系越可能产生相互一致性倾向,双方就越能够共同正确理解对方的心理倾向,提高双方的心理适应性,并不断提高和强化对相互关系的满意度。相反地,实际情况与感觉状况越不一致,所形成的关系越可能会影响到沟通的质量,导致相互之间的适应性下降,对双方之间关系的不满意度提高。

当然,致力于表里一致性并不意味着要压制自己的一切不良情绪,也不是强调一致性原则至上论。在实际沟通过程中,所有的管理沟通原则要综合起来考虑,不能为了追求一致性原则而抛弃其他原则,否则往往会得不偿失。如在交换意见时,有时过于直截了当的说法会让对方下不来台,或者自己在“真实地回答”和“冒犯对方”之间难以取得平衡,此时还是应该考虑其他管理沟通的原则。

五、认同性原则

当我们去观察他人甚至是自己的沟通时,会发现人们对别人的话总是不愿花时间去听、去理解,而经常会打断他人的谈话,或者对他人的谈话漠不关心;但自己在讲的时候,往往说话啰嗦、不连贯、不诚实或教条化。如果你的下属不注意听你讲话,你就会认为这样的下属没有积极性和上进心。那么,为什么会有这样的心态呢?从管理沟通的角度看,就是在沟通过程中没有遵循认同性原则,使沟通对方在心理上产生排斥情绪。

认同性的沟通使对方感到自己被认可、被承认、被接受和有价值;而排斥性沟通常会使对方在自我价值、认知能力和人际关系处理能力上产生消极情绪,这种沟通实际上否认了他人的存在,否认了他人的独特性和重要性。

排斥性沟通最突出的表现是沟通者的自我优越感、冷漠、严厉和冥顽不化。

(1) 优越感导向的沟通给人的一个印象就是谈话一方是博学、合格、胜任而有力的,另一方却是无知、不合理、不胜任而无力的,这在双方间造成了障碍。优越感导向的沟通,主要表现形式有:① 奚落。这样使沟通者显得很棒,而对方却显得很糟;或表现为救世主的姿态,在别人的敌意中抬高自己。② 自夸。如"如果你懂得像我一样多,就不会这样了"。③ 事后诸葛亮。如"如果你早跟我说,我就会告诉你这计划是通不过的"。

以行话、惯用语、术语等形式将圈外人排除在外,会形成关系障碍。医生、律师、政府工作人员,还有其他许多职业人士都是以使用行话、缩语来排斥他人抬高自己而闻名。在不懂外语的人面前讲外语也给人一种高高在上的印象。要记住,在大多数场合,用听者不懂的词或语言是不礼貌的,因为你在排斥他人。

(2) 过于严厉的沟通,表现为绝对不容怀疑、不容质问,对其他观点不加考虑。在独断的气氛中,排斥性沟通会降低对他人成绩的认可,甚至会使他人对自我价值产生怀疑。除了独断态度外,还有下面一些态度也会导致沟通过于严厉:根据自己的意愿和观点去重新解释他人的观点;从不说"我不知道",对每一件事都要表现出自己在行而提供答案;不愿忍受批评或接受其他观点;复杂问题简单化,在他人面前要显示出自己"非凡"的洞察力,总是设法给复杂的事情下简单的定义或加以归纳;喜欢在讨论之后做总结性发言,并设法在他人心目中制造一种该总结是结论性的、完全的和绝对的印象。

(3) 冷漠,一般发生在他人的存在或重要性未被承认的情况下。人也许会表现出沉默,不做语言回答,不做眼睛接触或无任何面部表情,经常打断他人,用非指称性词汇(用“人不应该”而不是“你不应该”),或在交谈中干别的无关的事。信息传达表现为对他人不关心,给人以对他人情感或愿望漠不关心的印象。

漠不关心意味着信息传达者不承认他人的感情或观点。他人或被贴上非法的标签——“你不该那样认为”或“你的看法是错的”,或被贴上天真的标签——“你不懂”“你被误导了”或“你的观点是误导性的(更糟)”。

与排斥性相对应的,管理沟通应强调认同性原则。认同性原则要求在沟通过程中做到尊重对方、灵活开放、双向沟通。

(1) 尊重对方,就是不管与谁沟通,都要设法克服自己的优越感,尤其在管理者给下属做指导或提建议时,如果自我感觉与下属有明显的等级差距,下属就很容易感到被排斥。相反,沟通者在尊重人的基础上,通过平等交流的方式,能够使下属意识到双方是在讨论问题,而不是被简单地下达指令;而上级凭借自身的修养、知识和洞察力,树立在下属中的威信,使下属意识到存在的问题,从而设法提高自身解决问题的能力。

(2) 灵活开放。管理者如果将下属看做是有价值的、能胜任的、有洞察力的问题解决者,就会从理念上强调合作解决问题,而不是高高在上。要做到这一点,有效的沟通者应采用灵活开放的沟通方法和用语。沟通中的灵活就是沟通者要从内心里承认,除了自己已经想到的解决问题的可能办法外,还可能存在别的方式和方法,承认他人也能为解决问题和建立良好的关系做出贡献。这是一种真正的谦虚,是一种对新观点的开放态度。如本杰明所说的“认识到无知是走向有知的第一步”。沟通中的开放,是打破自我的心智模式,不要以自我为中心,沟通的目的在于双方达成良好的合作解决问题的意愿,而不是要控制他人或自视为师长和传教士,不要把自己的观点或假设当做真理来宣布,而应该认识到自身由于知识、资料和信息的有限性,应该从他人处获得更多的信息支持。

(3) 双向沟通是尊重对方和灵活开放的自然结果。当沟通双方都给予自由表达观点的机会,并参与到问题解决的过程中来时,他们的价值就得到了认同。为了达到双向沟通的目的,可以采取以下沟通策略:在沟通时先提炼出对方的主要观点,而后是其他零碎的看法;先指出沟通双方的一致之处,后讨论不同之处;先肯定下属观点和行为中的优点,后对缺点提出批评;先提出下一步解决问题时可采取的正确做法,后指出以前的错误;先帮助下属确立他们的自我价值与自信,使他们实现自我激励,然后让他们考虑如何提高工作业绩。

六、积极倾听原则

建设性倾听是有效领导者的第一素质。建设性倾听既是解决问题的有效方式,也是提升自我意识的有效工具。每个人在形成对某种事物和观念的正确判断之前,往往只有一些模糊的、朴素的认识,这些认识往往是混沌和秩序、随机和准则、自由和约束、感性和理性等矛盾的概念按照某种特定的方式组合在一起的。在矛盾交杂的心境下,依靠自己的思考往往很难找出“到底是什么”的答案。在这种状况下,有效的倾听有助于从他人的理念、思维模式和思考途径中探寻适合自身的结果。这种写照反映在积极倾听过程中,就是自我思想和他人思想的交融过程,一方面可以不断理清自己的思路,另一方面,思想的交叉是产生灵感的最有效途径,一旦沟通对象的思想撞击你原来的观念,就产生了新的思想,这就是创造性思维活动。

要积极倾听,必须做到:

(1) 从内在认识到倾听的重要性。

(2) 从肯定对方的立场去倾听。积极倾听的态度是:“从个人来讲,我对你很感兴趣,我认为你的感觉很重要;我尊重你的想法,即便我不赞同,我也知道这些想法是符合你的立场的;我相信你是有理由这么做的,我认为你的想法值得听听,并希望你能知道我是愿意听的那一类人。”

(3) 有正确的心态,克服先验意识。当管理者有强烈的先验判断,或当他们对沟通者或信息原本就持否定态度时,就会阻碍有效的倾听。另外,不要为了面子,或者因为担心自己的权威或地位受到挑战,而不能接受与自己的观点相左的思想,要以“有容乃大”的气度去倾听他人的建议。

(4) 学会给对方以及时的、合适的反应。建设性倾听者的标志是能对他人的话做出合适的反应,通过反应来加强人际关系。大多数人不管在任何场合,都习惯于用一两种方式做回答,而且大多数人首先采用的是评价性或判断性的反应,也就是说,在听别人陈述时,大多数人倾向于做同意或不同意的判断,但建设性倾听要避免简单地做评价与判断之类的第一反应,相反,应该采取灵活的反应方式,使之与环境相适应。

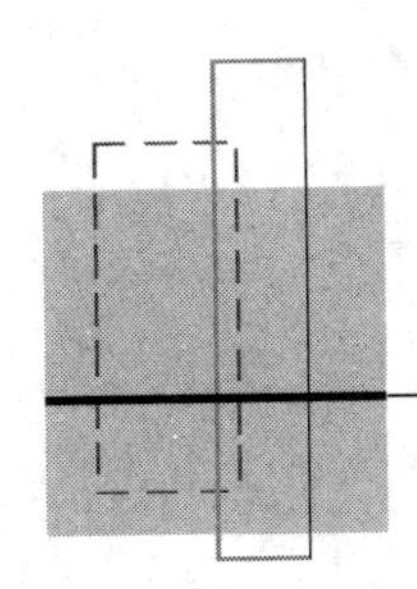

# 第二篇

# 人际沟通技能

假如人际沟通能力也是同糖或咖啡一样的商品的话，我愿意付出比太阳底下任何东西都珍贵的价格来购买这种能力。

——标准石油创始人洛克菲勒

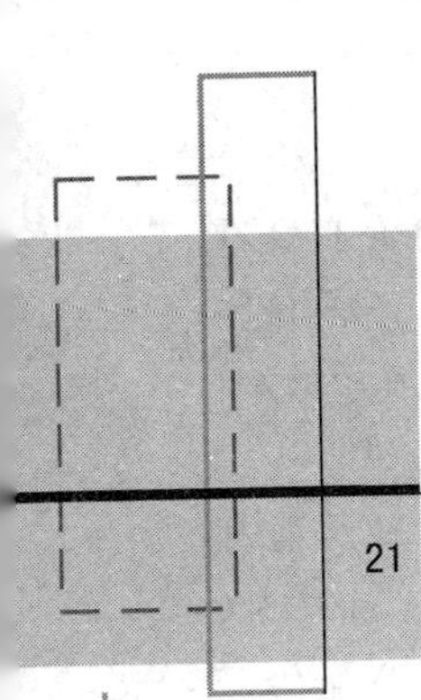

# 第四章 语言沟通



通过本章的学习，你将了解：

1. 如何提高我们的口语表达能力。
2. 如何进行有效的交谈。
3. 演讲时应注意的事项包括哪些。
4. 求职和打电话的技巧有哪些。

你将能够：

1. 掌握有效交谈的技巧。
2. 运用演讲的技巧。
3. 运用求职和接打电话的口语表达技巧。

## 第一节 口语表达

### ◆ 引例

#### 空 难

1990年1月25日晚上7点40分，阿维安卡52航班飞行在南新泽西海岸上空112777米处的高空。飞机上的油量可以维持近2个小时的航程，在正常情况下，飞机降落至纽约肯尼迪机场仅需不到半个小时的时间，看上去飞机正常降落没有问题。然而，飞机却出现了一系列的耽搁。首先，晚上8点整，肯尼迪机场管理人员通知52航班由于出现了严重的交通问题，他们必须在机场上空盘旋待命。晚上8点45分，52航班的副驾驶员向肯尼迪机场报告他们的燃料快用完了。管理员收到了这一信息,但在晚上 9 点 24 分之前没有批准飞机降落。遗憾的是,阿维安卡机组成员再也没有向肯尼迪机场传递任何情况十分危急的信息,但飞机座舱中的机组成员却相互紧张地通知他们的燃料供给出现了危机。

晚上 9 点 24 分,52 航班第一次试降失败。由于飞机高度太低以及能见度太差,无法保证安全着陆。当肯尼迪机场指示 52 航班进行第二次试降时,机组成员再次提到他们的燃料将要用尽,但飞行员却告诉管理员新分配的飞行跑道“可行”。晚上 9 点 32 分,飞机的两个引擎失灵,1 分钟后,另外两个引擎也停止了工作,耗尽燃料的飞机于晚上 9 点 34 分坠毁于长岛,机上 73 名人员全部遇难。

(资料来源:邹中棠,《要成功 先沟通》,机械工业出版社,2010。)

事故发生后,调查人员考察了飞机上的黑匣子并与当班的管理员交谈,他们发现导致这场悲剧的原因主要在沟通上。正是没有沟通到位、没有表达清楚,导致了 73 条人命全部遇难的巨大悲剧。为什么一个简单的信息既未被清楚地传递又未被充分地接收呢? 有三个方面的原因。

第一,表达信息不精准。飞行员一直说“燃料不足”,管理员则认为这是飞行员们经常使用的一句话。当降落被延误时,每架飞机都存在燃料问题。但是,如果飞行员发出“燃料危急”的呼声,按照规定,管理员就有义务优先为其导航,并尽可能迅速地允许其着陆。一位管理员指出,如果飞行员表明“情况十分危急”,那么所有的规则都可以不顾,他们会尽可能以最快的速度引导其降落。遗憾的是,52 航班的飞行员从未说过“情况紧急”,所以肯尼迪机场的管理员一直未能理解飞行员所面对的真正困境。

第二,危险性塑造不够。52 航班飞行员的语调也并未向管理员传递燃料紧急的严重信息,“没有告诉我们油量最多可以维持 2 个小时”,管理员接受过专门训练,可以在这种情景下捕捉到飞行员声音中极细微的语调变化。尽管 52 航班的机组成员相互之间表现出对燃料问题的极大忧虑,遗憾的是,他们表达的危险信息没有被管理员接收到。

第三,害怕承担责任。飞行员的文化和传统以及机场的职权也使 52 航班的飞行员不愿声明情况紧急,没有估计到问题的严重性。正式报告紧急情况之后,飞行员需要写出大量的书面汇报。另外,如果发现飞行员在计算飞行过程需要多少油量方面疏忽大意,联邦飞行管理局就会吊销其驾驶执照。因此,飞行员不愿意发出紧急呼救。于是,为了名誉,因为怕吊销执照,一场悲剧就发生了。

这是一个凄惨的真实故事，因为一句话没有沟通到位，因为没有掌握沟通技能，未能确认沟通信息是否让对方收到和正确解码，于是造成了无法挽回的损失。由此可见，虽然航空公司的管理比较精细化，但是也依然存在沟通问题。沟通不到位拉响了管理的警报。

## 一、口语表达的概念及特点

口语表达是指在特定的语境中，为了成功完成交际任务，凭借语音表达思想感情的一种行为及其结果，也就是外部有声语言。口语表达有其区别于书面语言的特点：

**有语音**　这是口语表达区别于书面语言的主要标志。

**速度快**　话一出口就是最终形式，不能修改。

**灵活性**　用语灵活，短句多，省略成分多，语序自由。

## 二、影响口语表达的因素

### （一）思维

口语表达其实就是将人们的思想借助于语言表达出来的一个过程。因此，可以说思维是口语表达的核心与灵魂。一般来说，一个人的思维清晰，那么他的口语表达就清楚准确；一个人的思维灵活，那么他的口语表达就新鲜独到。要提高口语表达能力，就必须提高思维的敏捷性和灵活性。

#### 1. 观察力

观察力简单地说就是一个人准确察看客观对象的能力。观察力是思维的基础。

训练要求：观察要和实践相结合，从实际出发，真实地反映客观现实；要把注意力有意识地集中在观察对象上，排除其他外界的一切干扰；要抓住事物的特征，不要眉毛胡子一把抓；要把自己的生活经验、认知结构及思维活动都渗入到观察过程中。

**团队练习**

请大家用1—2分钟描述班上的一位同学，可以从人物的容貌、衣着、神态、习惯等进行观察，揭示人物的精神面貌和性格特征，然后请大家说出这位同学的姓名。

#### 2. 概括能力

这里说的概括能力，是把事物的共同属性，通过分析、综合、鉴别、比较归结在一起，从而把握事物的本质。概括能力的高低决定着整个思维水平的高低。

训练要求：概括要以原材料为依据进行分析、综合、概括；概括是要找出此类事物的本质特征，做出带有规律性的结论。

**团队练习**

请用一句话概括下面这段话的观点：

对人要有春风般的温暖，这是交友的真谛。在才能和智慧不相上下的人群中，你拥有更高的热情，你就能获得更多的朋友，成功便在更大程度上属于你。热情友好可用言语和微笑来表达。对人微笑，就意味着友好和信赖，礼貌亲切的言语则体现着美好的心灵。实践证明，甜甜的微笑加上热情的言语，是人际关系的温暖剂和融合剂。

参考答案：这段话的观点可概括为“热情友好是交友的真谛”。

（资料来源：承钢，《口才训练教程》，山西师范大学基础教学科研部内部教材。）

3．语脉

语脉的训练就是思维条理性的训练。表现在口语表达中，就是说话的思路是否连贯。因此，在说话前不要着急，先想好说什么，确定中心，再安排层次。

**团队练习**

下面是一位同学到林场参观写下的有关核桃树用途的材料。请按核桃仁的用途、核桃壳的用途、树皮的用途三项，帮他把材料分一下类，并向同学们介绍。

（1）用核桃壳烧成的炭叫“活性炭”，是一种药材，国防工业可以用它来制造防毒面具。

（2）核桃油是一种高级食用油，在工业上也很有用，可以用来配制油漆。

（3）核桃木是一种珍贵木材。它纹理细密，坚韧耐磨，富有弹性，不易伸缩开裂。

（4）核桃仁味道特别好，营养丰富。

（5）核桃树皮可以做咖啡色染料。树皮里所含的单宁物质，又是鞣质皮鞋必需的材料。

（6）核桃仁含脂肪特别多，每一百斤核桃仁可以榨出六十九斤油。

（7）核桃木是制造车厢、船舶、飞机、军械尤其是枪托的优良木材，国防价值很高。

(8) 核桃仁是一味中药，可以治气喘咳嗽、消化不良，有着养血润肺的功效。

（资料来源：承钢，《口才训练教程》，山西师范大学基础教学科研部内部教材。）

4. 思维灵活性的训练

人们在交际中，如果拘泥于某一种思维方法，往往会使交际陷入僵局，而换一个角度去思考，换一个说法，就会豁然开朗。如英国数学家麦克斯伟，幼年时父亲让他对插满菊花的花瓶写生，但他画出的却是一连串的几何图形：花瓶是梯形的，花朵是圆形的，叶子是三角形的。父亲看了这幅奇特的画，不但没有责怪他，反而笑了。因为父亲从中发现了儿子的数学天赋。

**团队练习**

**限时想象练习**

在10分钟内把下列词语连缀成篇，可以虚构情节及补充语句。

雾　无限辽阔　全貌　角落　隐约　轮廓

（二）语境

语境是指能对口语表达和理解产生影响的主客观因素所构成的言语环境。历史条件、社会环境、自然情景以及听说双方的身份、年龄、职业、经历、思想、观点、性格、心情、处境等都可视为语境。

1. 口语表达要受社会环境的制约

俗话说"什么时代说什么话"，意思是说，从口语表达思想内容的选择到语言形式的采用，都要受到社会环境的制约。在封建社会，人们交谈有很多禁忌，如不能说帝王的名讳，同时，也有很多现在已淘汰的特定的词语，如"朕"、"哀家"、"寡人"等；在革命动乱的年代，人们说话同样也受特定的社会环境的制约，这就是我们感到当时的一批文学家的作品言辞晦涩、艰深难懂的原因；同样，我们今天说话也受到当今社会环境的制约，如果我们今天仍用一些已淘汰的言语，如"横扫一切牛鬼蛇神"等，就与今天的社会格格不入了。

2. 口语表达要受交际场合的制约

由于交际场合的不同，语言表达形式也不一样，否则就不能达到交际目的。

**小阅读**

某法院开庭审理一起盗窃案。被告对做案时间交代不清。为了核实,庭长决定让被告之妻出庭做证。由于过分着急,庭长脱口而出:"把老婆带上来!"

法庭顿时哗然,严肃的气氛被冲淡了。

(资料来源:约翰·格罗斯著,王怡宁译,《牛津格言集》,汉语大词典出版社,1991。)

这位庭长由于用日常用语取代了法庭用语,不适合法庭这一严肃的场合,因而很不得体。正确的说法是"传证人×××到庭"。

3. 口语表达要看交际对象

口语表达要看交际对象,也就是要受听者的身份、年龄、职业、文化水平、性格等因素的制约,也即我们平时说的"对什么人,说什么话"。从听者的身份来看,是长辈,需要讲礼貌;是平辈,就应亲切自然;是晚辈,则应关心爱抚。从听者的知识水平及理解能力来看,对文化水平高、理解力强的人,可言简意赅;对文化水平低、理解力差的人,就应深入浅出,多打些比方、举些实例。

## 三、有效的口语表达

有效表达的要点有:选择一个恰当的时间和地点;考虑听众的情绪;使用听众熟悉的语言。

有效表达的方式有:

1. 先跟后带法

先跟后带法是指先附和对方的观点,然后再带领他去你想去的地方。先跟后带法有三种情况。

取同:把焦点放在对方观点中与你一致的部分。

取异:把焦点放在对方观点中与你不同的部分。

全部:先接受对方全部的观点。

例,A:我认为吃早餐的习惯对健康很重要,所以我每天早上都吃两只鸡蛋。

B:鸡蛋的胆固醇含量太高,我的早餐绝不吃鸡蛋。

取同:噢,原来你也有吃早餐的习惯,你是不是也觉得吃了早餐对一天的工作有很大的帮助呢?

取异：你觉得鸡蛋的胆固醇对身体不好，当然就不会以它做早餐了，那么，你早餐吃什么？

全部：不单是你这么说，我以前也是这么理解的，直到去年我看到一篇科普文章，才发现原来胆固醇也有好坏之分，而且鸡蛋里的胆固醇对人体而言是益处更大，有一些营养更是其他食物中很少能提供的呢！你有兴趣看看这篇文章吗？

2. 特性/事实 + 好处 + 提问

例如：你正在接待一位顾客，这位顾客正考虑购买一张新的老板桌。

“这张桌子长 2 米，宽 1.2 米（特性），你坐在后面会很神气的（好处）。你每星期在这个桌子前要开几次会？（提问）”

再如：“新发型呀（事实），小李，你真漂亮（好处）。你是在哪家做的头发呢？（提问）”

**思考·讨论·分析**

请用不同声调说出“这不完全是我的错”并思考其潜在含义：

1. 可能有其他的事是我的错。
2. 只有部分是我的错。
3. 我没有过错，该怪罪的是别人。
4. 虽然我应分担小小的责任，但你不能责怪我。

## 第二节　演讲技能

### ◆ 引例

**戴高乐的广播演讲**

1940 年 5 月，纳粹德国用“闪电战”突袭欧洲拥有 300 万大军、号称欧洲最大陆军强国的法国，使其在短短的 30 天中溃败。6 月 17 日，法国最高军事统帅贝当元帅命令法军投降，他说：“为了减轻法国人民的忧愁，除向德国放下武器外，别无选择。”贝当的演讲作为历史上臭名昭著“投降元帅”的演讲永远钉在历史的耻辱柱上。在贝当投降的当天，法国国防部长戴高乐将军突然出走英国伦敦，贝当投降政府为此宣判戴高乐死刑。几乎与此同时，伦敦的 BBC 广播电台向全世界播放了戴高乐在伦敦发表的演讲：

“……我是戴高乐将军，我现在在伦敦，我向目前在英国土地上和将来可能来到英国土地上的军火工厂的一切工程师和技术工人发出号召,请你们和我取得联系。无论发生了什么事,法国抵抗的火焰不能熄灭,也绝不会熄灭。戴高乐永远和你们在一起,自由独立的法兰西万岁!”

在法国人民处于屈辱、痛苦和危难的时刻,法兰西升起一颗灿烂的政治、军事明星。戴高乐的演讲有力地鼓舞了法国抵抗运动的战士和人民,也使他成为法国人民和第二次世界大战的反法西斯英雄,与罗斯福、丘吉尔、斯大林齐名,永垂青史。

(资料来源:http://hi.baidu.com/cuiheyuan228/item/310ce04ea39a5ae31381da14。)

尽管你不是政治家、演员、演说家或知名人士,但在信息交流不断增加、知识量呈指数增长的时代,人们都需要通过沟通交流来获取自己所需要的知识和信息。同时,随着组织越来越意识到对每个人技能培养的重要性,以及面对面交流的优势,邀请你对较大规模群体讲话的机会日益增加,因此,不断提高每个人的演讲技能已经显得越来越重要。

## 一、演讲的概念

演讲,是以广大听众为对象,以有声语言为主要表达手段,借助态势语言直接发表意见、抒发感情的一种表达艺术,是口语表达的最高形式。一般来说,演讲包括信息、演讲者、听众三个要素。信息是指演讲者与听众共同分享的内容,主要是语言信息;演讲者是信息的发源地(主体),演讲者主要以语言传递信息,还借助动作、表情、姿态等非语言符号来传递信息。听众是信息的接收者(受众)。

## 二、演讲的特点

根据演讲者希望得到的效果,可以把演讲的目的归纳为教育、鼓励、说服、报告情况和娱乐五类。教育性演讲是传授特定的技巧或知识,对他人进行技能培训和开发;报告性演讲是向对方提供资料(如产品、服务、制度等),并说明情况;鼓励性演讲是唤起听众起来行动的自然欲望和热忱,激发工作积极性;说服性演讲是说服听众接受你的观点或建议,从而采取相应的行动;娱乐性演讲是影响听众的态度和行为,创造轻松愉快的气氛。但不论是哪一类演讲,都具备如下特点:

**综合性** 演讲以讲为主,以演为辅,运用有声语言,加上“无声”的动作、体态、表情,两者相辅相成,巧妙结合,融为一体。要“讲”得好,必须要有逻辑、修辞、音韵、朗读等方面的知识和修养。成功的演讲应当字正腔圆、抑扬顿挫、悦耳动听。

**艺术性** 演讲是优于一切现实的口语表现形式,它要求演讲者去除一般讲话中的杂乱、松散、平板的因素,以一种集中、凝练、富有创造色彩的面貌出现,这就是演讲的艺术性。

**社会性** 演讲活动发生在社会成员之间,它是一个社会成员对其他社会成员进行宣传鼓动的口语表达形式。因此,演讲不只是个体行为,还具有很强的社会性。

**针对性** 演讲要针对某个特定的主题来阐述观点、抒发感情,还要注意听众的年龄、身份、文化程度等,这就是演讲的针对性。

**鼓动性** 演讲者要有鲜明的观点、独到的见解和看法以及深刻的思想,要善于用流畅生动、深刻风趣的语言和恰当的修辞来打动听众,这就是演讲的鼓动性。

## 三、演讲稿的撰写

成功的演讲要做哪些准备呢？最少包括三个方面:拟定题目,撰写讲稿;熟记讲稿,自我练习;增加自信和勇气,克服怯场心理。

1. 确定主题

主题要正确,不可以宣扬错误的甚至是反动的主题;主题要鲜明,要明确演讲意图,有的放矢;主题要具有时代感,也就是要切合实际,符合自己所处的时代和自己的身份。

2. 选择材料

材料要真实,如果材料失真,哪怕只有少许的伪造,也会失去其说服力;材料要典型,要选择最有代表的、最能说明问题的材料;材料要新颖,能引人入胜,如果材料陈旧,演讲就不能吸引人、打动人;材料要感人,要具有强烈的说服力,能够打动人心。

3. 演讲稿的结构

(1) 开头:演讲的开头是演讲者与听众建立初步印象的关键,写好开头,能给听众留下良好的第一印象,唤起听众的兴趣,因此演讲的开头要引人入胜,不落俗套。

演讲稿的开头方式有以下几种:

**提问式开头** 先提一个人们普遍关注或发人深省的问题,紧接着加以回答。

**叙事式开头** 叙述一件事情,引起人们的兴趣或思考。

**明旨式开头** 直接点明主题。

(2) 主体:这是演讲稿的主要内容所在,它紧承开头,围绕中心展开论述。由于这部分篇幅较长,要安排好内部结构,做到条理清晰、重点突出。

(3) 结尾:演讲稿的结尾和开头一样,在文章中具有重要的作用。好的结尾要简洁有力,意尽言止,不拖泥带水。

**总结归纳式结尾** 篇末概括总结全文,或以极简短的言辞照应开头,使听众对整个演讲有一个清晰明确的完整形象。

**感召式结尾** 这种结尾或提出希望,或发出号召,引导人们按照演讲提出的希望和要求去积极行动。

## 四、演讲的技能

1. 口语表态的技能

演讲是一种以口头语为主要表态手段的社会实践活动,因此,口语表态的优劣直接关系到演讲的质量和成败。

**语音** 演讲者要吐字清楚,发音规范,送音有力,做到字正腔圆、流利自然。

**语速** 演讲时的速度要适当,根据感情变化选择适当的速度,如表现激动、愤恨、兴奋的心情,或叙述急剧变化的事情时,可用快速;表现沉重、沮丧、悲痛的心情,或叙述平静庄重的情况时,可用慢速;一般的说明、交代和过渡用中速即可。

**小练习:**

用很慢的速度说"3 万元",再用很快的速度说"3 000 万元"。

**语调** 人们在说某句话时,整个句子常有抑扬顿挫的调子,这就是"语调"。不同的语调是由句子的意思和说话人的感情、态度决定的,它同声音的高低、强弱、长短、快慢都有关系。升调表示疑问、反问、号召、惊异,平直调表示庄重、严肃和一般性的说明。

**停顿** 停顿是演讲的灵魂。在演讲中,只有恰当的停顿才有利于准确表述。一般来说,停顿时间的长短按顿号、逗号、分号、句号的次序递增,有时,在对上下文特别强调时,也常常使用停顿。

2. 态势语言表达的技巧

演讲不仅需要运用有声语言,而且还需要用到态势语言,也就是眼神、表情、手势、姿态等。

**眼神** 眼睛是心灵的窗户,演讲者要学会用眼睛说话,用眼神表达真情实感。演讲时应该有节奏、有周期地环视全场,并不断与听众的目光接触,使每个听众都感到“他是在向我演讲”,从而调动听众的注意力。

**表情** 演讲者在运用面部表情时,一定要考虑特定的演讲内容和演讲场合。当讲到欢快的事情,或在喜庆的场合演讲时,演讲者就应该和颜悦色、满面春风;当讲到悲痛的事情,或在悲哀的场合时,演讲者应呈现肃穆、伤感的表情。

**手势** 演讲中,手势的运用要自然、协调,和声音、表情等配合使用,协调一致。运用手势的原则是简练,不要太多,否则会影响演讲的效果。

**姿态** 姿态是指演讲者的身体姿态,良好的演讲姿态应是演讲内容和情感的体现,只要做到自然大方,符合自己的身份、个性,让听众感到舒服即可。

3. 控场技巧

在演讲过程中,由于各种原因,听众的情绪、注意力及场上的气氛、秩序都有可能发生变化,演讲者要有效地调节和控制这些变化。

**亮相得体** 上场时,要充满自信,大方自然,可先环视一下全场,接着开始演讲。切不可忸怩作态。

**遇乱不惊** 一旦出现意外情况,如忘词或听众注意力减退等,要冷静沉着,积极应变。如根据现场情况临时改变演讲稿,切不可紧张慌乱,不知所措。

**小阅读**

**我有一个梦想**

马丁·路德·金

100年前,一位伟大的美国人签署了解放黑奴宣言,今天我们就是在他的雕像前集会。这一庄严宣言犹如灯塔的光芒,给千百万在那摧残生命的不义之火中受煎熬的黑奴带来了希望。它的到来犹如欢乐的黎明,结束了束缚黑人的漫漫长夜。

然而100年后的今天,我们必须正视黑人还没有得到自由这一悲惨的事实。100年后的今天,在种族隔离的镣铐和种族歧视的枷锁下,黑人的生活备受压榨。100年后的今天,黑人仍生活在物质充裕的海洋中一个穷困的孤岛上。100年后的今天,黑人仍然萎缩在美国社会的角落里,并且意识到自己是故土家园中的流亡者。今天我们在这里集会,就是要把这种骇人听闻的情况公之于众。

就某种意义而言,今天我们是为了要求兑现诺言而汇集到我们国家的首都来的。我们共和国的缔造者在草拟宪法和独立宣言的气壮山河的词句时,曾向每一个美国人许下了诺言,他们承诺给予所有的人以生存、自由和追求幸福的不可剥夺的权利。

就有色公民而论,美国显然没有实践她的诺言。美国没有履行这项神圣的义务,只是给黑人开了一张空头支票,支票上盖了"资金不足"的戳子后便退了回来。但是我们不相信正义的银行已经破产,我们不相信,在这个国家巨大的机会之库里已没有足够的储备。因此,今天我们要求将支票兑现——这张支票将给予我们宝贵的自由和正义的保障。

我们来到这个圣地也是为了提醒美国,现在是非常急迫的时刻。现在决非侈谈冷静下来或服用渐进主义的镇静剂的时候,现在是实现民主的诺言的时候,现在是从种族隔离的荒凉阴暗的深谷攀登种族平等的光明大道的时候,现在是向上帝所有的儿女开放机会之门的时候,现在是把我们的国家从种族不平等的流沙中拯救出来,置于兄弟情谊的磐石上的时候。如果美国忽视时间的迫切性和低估黑人的决心,那么,这对美国来说将是致命伤。自由和平等的爽朗秋天如不到来,黑人义愤填膺的酷暑就不会过去。1963 年并不意味着斗争的结束,而是开始。有人希望,黑人只要撒撒气就会满足;如果国家安之若素,毫无反应,这些人必会大失所望的。黑人得不到公民的权利,美国就不可能有安宁或平静,正义的光明的一天不到来,叛乱的旋风就将继续动摇这个国家的基础。

但是对于等候在正义之宫门口的心急如焚的人们,有些话我是必须说的。在争取合法地位的过程中,我们不要采取错误的做法。我们不要为了满足对自由的渴望而抱着敌对和仇恨之杯痛饮。我们斗争时必须永远举止得体,纪律严明。我们不能容许我们具有崭新内容的抗议蜕变为暴力行动。我们要不断地升华到以精神力量对付物质力量的崇高境界中去。现在黑人社会充满着了不起的新的战斗精神,但是不能因此而不信任所有的白人。因为我们的许多白人兄弟已经认识到,他们的命运与我们的命运是紧密相连的,他们今天参加游行集会就是明证。他们的自由与我们的自由是息息相关的。我们不能单独行动。

当我们行动时,我们必须保证向前进。我们不能倒退。现在有人问热心民权运动的人:"你们什么时候才能满足?"

只要黑人仍然遭受警察难以形容的野蛮迫害,我们就绝不会满足。

只要我们在外奔波而疲乏的身躯不能在公路旁的汽车旅馆和城里的旅馆找到住宿之所,我们就绝不会满足。

只要黑人的基本活动范围只是从少数民族聚居的小贫民区转移到大贫民区,我们就绝不会满足。

只要密西西比仍然有一个黑人不能参加选举,只要纽约有一个黑人认为他投票无济于事,我们就绝不会满足。

不!我们现在并不满足,我们将来也不满足,除非正义和公正犹如江海之波涛,汹涌澎湃,滚滚而来。

我并非没有注意到,参加今天集会的人中,有些受尽苦难和折磨,有些刚刚走出窄小的牢房,有些由于寻求自由,曾在居住地惨遭疯狂迫害的打击,并在警察暴行的旋风中摇摇欲坠。你们是人为痛苦的长期受难者。坚持下去吧,要坚决相信,忍受不应得的痛苦是一种赎罪。

让我们回到密西西比去,回到亚拉巴马去,回到南卡罗来纳去,回到佐治亚去,回到路易斯安那去,回到我们北方城市中的贫民区和少数民族居住区去,我们要心中有数,这种状况是能够也必将改变的。我们不要陷入绝望而不可自拔。

朋友们,今天我对你们说,在此时此刻,我们虽然遭受种种困难和挫折,我仍然有一个梦想,这个梦想是深深扎根于美国的梦想中的。

我梦想有一天,这个国家会站立起来,真正实现其信条的真谛:“我们认为这些真理是不言而喻的,人人生而平等。”

我梦想有一天,在佐治亚的红山上,昔日奴隶的儿子将能够和昔日奴隶主的儿子坐在一起,共叙兄弟情谊。

我梦想有一天,甚至连密西西比州这个正义匿迹、压迫成风、如同沙漠般的地方,也将变成自由和正义的绿洲。

我梦想有一天,我的四个孩子将在一个不是以他们的肤色,而是以他们的品格优劣来评价他们的国度里生活。

我今天有一个梦想。我梦想有一天,亚拉巴马州能够有所转变,尽管该州州长现在仍然满口异议,反对联邦法令,但有朝一日,那里的黑人男孩和女孩将能与白人男孩和女孩情同手足,携手并进。

我今天有一个梦想。

我梦想有一天，幽谷上升，高山下降；坎坷曲折之路成坦途，圣光披露，满照人间。

这就是我们的希望。我怀着这种信念回到南方。有了这个信念，我们将能从绝望之岭劈出一块希望之石。有了这个信念，我们将能把这个国家刺耳的争吵声，改变成为一支洋溢手足之情的优美交响曲。

有了这个信念，我们将能一起工作，一起祈祷，一起斗争，一起坐牢，一起维护自由；因为我们知道，终有一天，我们是会自由的。

在自由到来的那一天，上帝的所有儿女们将以新的含义高唱这支歌："我的祖国，美丽的自由之乡，我为您歌唱。您是父辈逝去的地方，您是最初移民的骄傲，让自由之声响彻每个山岗。"

如果美国要成为一个伟大的国家，这个梦想必须实现。让自由之声从新罕布什尔州的巍峨的崇山峻岭响起来！让自由之声从纽约州的崇山峻岭响起来！

让自由之声从科罗拉多州冰雪覆盖的落基山响起来！让自由之声从加利福尼亚州蜿蜒的群峰响起来！不仅如此，还要让自由之声从佐治亚州的石岭响起来！让自由之声从田纳西州的了望山响起来！

让自由之声从密西西比的每一座丘陵响起来！让自由之声从每一片山坡响起来。

当我们让自由之声响起来，让自由之声从每一个大小村庄、每一个州和每一个城市响起来时，我们将能够加速这一天的到来，那时，上帝的所有儿女，黑人和白人，犹太教徒和非犹太教徒，耶稣教徒和天主教徒，都将手携手，合唱一首古老的黑人灵歌："终于自由啦！终于自由啦！感谢全能的上帝，我们终于自由啦！"

注：《我有一个梦想》(I Have a Dream)是马丁·路德·金于1963年8月23日在华盛顿林肯纪念堂发表的著名演讲。

**思考·讨论·分析**

1. 全班同学每人任意选择四个不相关联的事物（相互之间"跳跃性"越大越好），将其名称分别以间隔号相连，此即为表述话题。每人出一题，交给教师编号，由学生抽签后，登台发表该话题的演讲。

2. 以自己的经历或身边的事来谈谈在演讲过程中怎样才能控制好自己的情绪。

# 第三节　求职面试*

## ◆ 引例

李同学面试中信集团总部时,面试官问他对中信了解多少。他想了半分钟然后说道:“我接到面试时还没来得及查看中信的资料,所以不太了解。”面试官对他说:“我们招人自然希望他能了解中信。你还是回去再多了解了解吧。”

赵同学在面试人民银行时,面试官问他为什么想来人民银行。赵同学心里想到:还不是因为你人民银行权力大。但是碍于不方便直白地说这样的话,他一时没了主意。吭哧吭哧中,他和人民银行说了再见。

(资料来源:http://info.china.alibaba.com/news/detail/v0-d1035829061.html。)

这是两个失败的求职案例,李同学和赵同学对用人单位缺乏了解,回答不出面试的常规问题。求职应聘,是一个了解自己、了解用人单位,向用人单位展示自己能力与素质的面对面接触的机会。只有做好了充分的准备,知己知彼,才能用特色和真才实学为自己铺就成功之路。

## 一、面试前的准备

在求职过程中,不仅需要一些求职方面的技巧,同时也要有良好的素质、稳定的心理、合理的目标,需要很好地认识自我、认识自己的专业,了解人才市场的需要,从而从容面对求职应聘。

1. 材料准备

准备用人单位需要求职者出示的一些材料,如毕业证、英语等级证书等;同时还要对用人单位做一个了解,了解它是一个什么样的单位、招聘岗位需要什么样的人等。

2. 心理准备

求职者要树立正确的择业观,要正确地认识自我,客观冷静地做一些自我分析,清楚自己的优势与特长、劣势与不足,对自己有一个全面、客观、正确的评价。同时要调整就业期望值,这不是要你降低职业理想,而是说在迈出择业的第一步时,不要过于追求职业声望,不要对职业条件要求太高,不

* 对于本节内容,教师可根据教学需要选择。

能过于讲工作条件和物质生活待遇，而是应该在职业理想的引导下，立足于现实的社会需要，在现实可能的条件下积极就业，在实践中开拓事业，增长才干。

## 二、面试时的技巧

在面试时，求职者首先要注意自己的着装和仪表，穿着整洁干净，举止文明自信，同时注意在整个面试过程中都面带微笑，兴致勃勃，表现出对所求职位的兴趣。

1. 在面试中可能遇到的问题

面试因单位和岗位的不同而有很大差别，没有固定的形式、问题和答案，这里所列的只是常见的一些问题和回答的要点（以应届大学毕业生为例），仅供参考。

（1）关于个人方面的问题。① 请介绍一下你自己。在面试前用人单位大多都看过了求职者的自荐材料，对一些基本情况都有所了解，所以在自我介绍时要简洁，突出你应聘该单位的动机和具备什么样的素质可以满足对方的要求。② 你有什么优缺点。充分介绍你的优点，但最好少用形容词，而用能够反映你优点的事实说话。介绍缺点时可以从大学生普遍存在的弱点方面介绍，例如缺少社会经验等。但如果有不可隐瞒的缺陷，也不应该回避，比如曾经受过处分，应如实介绍，同时可以多谈一些现在的认识和后来的改正情况。

（2）关于学业、经历方面的问题。① 你如何评价你的大学生活。大学期间是职业生涯的准备期，可以强调你的学习、工作、生活态度和取得的成绩，以及大学生活对你的影响，也可以简要提一些努力不够的地方。② 你担任过什么职务或参加过什么活动。可以介绍一下你的实习、社会调查、社团活动、勤工俭学等方面的情况以及取得的成绩。最好还能介绍你在这些活动中取得的实际工作经验对你今后工作的重要性，它能说明你是一个善于学习的人。

（3）关于单位方面的问题。① 你了解我们单位吗？只要毕业生提前做些准备，从多种途径收集用人单位的信息，这样的问题就比较容易回答。如果答非所问或张口结舌，场面可能会很尴尬。② 你了解我们所招聘的岗位吗？毕业生针对这样的问题可以从岗位职责和对应聘者的要求两个方面谈起，很多毕业生在这样的问题面前手足无措，其实只要详细阅读单位的招聘信息就可以了。③ 你为什么应聘我们单位？毕业生可以从该单位在行业中的地位，自己的兴趣、能力和日后的发展前景等角度回答此问题。

(4) 关于职业方面的问题。① 你找工作最重要的考虑因素是什么？可以结合你正在应聘的工作，侧重于你的兴趣、你对于取得事业上成就的渴望、施展你的才能的可能性、未来的发展前景等方面。② 你认为你适合什么样的工作？结合你的长处或者专业背景来回答，也许单位是结合未来的工作安排来提问，也许只是一般性地了解你对自己的评价，不要说不知道，也不要说什么都行。③ 你如何规划你个人的职业生涯？毕业生在求职前一定要对这样的问题有所考虑，并不仅仅是因为面试时可能被问到，还在于对这个问题的思考有助于为个人树立目标。

2. 面试时的注意事项

要记住沉着应对面试者的问题，有时候招聘单位可能并不仅想听你的答案，同时也在考察你的态度、应变能力，一定要将自己的长处和优点展示出来，同时，表现出自己对应聘岗位的兴趣。另外，适当向面试者提问更能显示自己的能力，有时候面试者会主动问你有什么问题需要问。要注意，有的毕业生愿意就“你们在我们学校招几个人”、“你们单位对毕业生有哪些要求”、“什么时候给我们最终的答复”这样的问题进行提问，实际上很多单位在自己的招聘信息中已经对这些问题进行了详细的说明，提这些问题只能表示你对招聘信息关注不够，可以就如果被公司录用可能会接受的培训、工作的主要职责等问题进行提问。

## 三、面试后

面试的结束并不意味着真正的结束，仍然有很多后续工作需要落实，以帮助提高受聘的可能性。在每次面试后都花些时间做一些笔记，回忆一下面试中都讨论了些什么问题，记下见过的所有面试官的名字，最好是能够在面试结束的时候向他们索取名片。刚刚面试过后的记忆是最鲜活、最完整的，这可以帮助你准备将来类似的面试，并有利于在面临选择时判断这到底是不是一份自己心仪的工作。

在总结面试经验的时候，不要忘记给自己的表现打一个分，想想哪些地方自己表现得不错，而哪些地方还需要进一步改进，在以后准备面试的时候对这些地方进行有针对性的强化训练。没有任何面试是失败的面试，因为在每一次面试中，无论结果如何，都可以学到一些东西，有所长进。真正的失败在于不好好学习总结，吸取经验教训。

此外，在每一次面试结束以后，还要记得尽快给面试官甚至是秘书或接待人员发一封感谢信,可以通过电子邮件、传真,或者邮寄。如果你对自己的字迹有信心,也可以亲笔写在精致的信纸上以示诚意。

不要小看这些小事情,如果你真的很想要这份工作的话,就要花一定的时间和精力去做这些后续的工作。当面试官抱着观望态度,在几个求职者之间犹豫不决的时候,一封再简单不过的感谢信会使你凸显出来,让面试官觉得你就是他想要招的。

**思考·讨论·分析**

1. 列出你认为招聘单位可能问到的问题。
2. 如果遇到上述列出的问题该如何回答。

## 第四节 电话沟通

### ◆ 引例

**董事长在吗?**

秘书:"你好,董事长办公室。"

汤姆:"你好。我是汤姆·贝柯。请问比吉米·西佛董事长在吗?"

(在这里注意:汤姆在开场白中说出了董事长的名字,这让人觉得汤姆跟吉米认识,他们是朋友。如果秘书真是这么想,那她一定把电话转接给吉米。这样,汤姆希望和吉米通话的目的就达到了。不过,秘书没有这么想。)

秘书:"西佛先生认识你吗?"

汤姆:"请告诉他,我是温斯特公司的汤姆·贝柯。请问他在吗?"

(秘书的问题让汤姆很为难,他并不认识吉米。他只好不停地问董事长在不在,这样就使秘书不得不对这个询问做适当的答复。汤姆也希望秘书小姐不再问问题。)

秘书:"他在。请问你找他有什么事?"

汤姆:"我是温斯特公司的汤姆·贝柯。请教你的大名?"

(汤姆没有正面回答秘书的问题,他不能告诉秘书他是来推销的,否则秘书肯定不会给他接通。汤姆只是重复说着自己和公司的名称。他还问了秘书小姐的名字,一方面记住方便日后再通话,另一方面能拉近彼此的距离。)

秘书:"我是比莉·威尔逊。"

汤姆:"威尔逊小姐,我能和董事长通话吗?"

（称呼秘书的名字，给对方一种亲切感。）

秘书："贝柯先生，请问你找董事长有什么事？"

汤姆："威尔逊小姐，我很了解你做秘书的处境，也知道西佛先生很忙，不能随便接电话，不过，你放心，我绝不占用董事长太多的时间，我相信董事长会觉得这是一次有价值的谈话，绝不浪费时间。请你代转好吗？"

汤姆确实遇到了困难，但他不气馁，仍再接再厉，试图突破困境。他坚持一个原则——不向秘书小姐说出自己的真正目的，因为他担心，一旦向秘书小姐说出自己的目的，再经由秘书小姐转达，难免会产生误解。

汤姆的坚持终于有了效果，秘书说："请等一下。"她把汤姆的电话转给了董事长。汤姆终于能够跟董事长直接通话了。

（资料来源：丁慧中，《我就是营销高手》，蓝天出版社，2005。）

这是一个成功的电话沟通案例。在这次电话沟通中，秘书小姐给了汤姆很大的阻力，但是他没有气馁，经过一再努力，终于说服了秘书。在这个过程中，他始终没有告诉秘书小姐他的真正目的，因为一旦说出，他想跟董事长通话的目的就会化为泡影。我们再来看一个失败的案例：

销售员："请转采购部！"

总机人员："你找哪一位？"

销售员："采购部经理。"

总机人员："你是做什么的？"

销售员："我是××公司的，我们公司主要是从事××业务的……"

总机人员："我们暂时不需要，谢谢，再见！"

销售员："……"

这是我们常见的电话沟通形式，但实际上这种沟通什么作用都起不到。

在现代社会里，电话已经成为我们日常沟通中常用的工具之一，它因方便快捷而被人们青睐，但电话沟通也有其自身的缺陷——在双方面谈时，我们除了借助有声语言沟通外，我们的肢体、表情占谈话效果的55%，而电话交谈时，却是只闻其声、不见其人，只能借助有声语音、语调沟通。

在学习本部分内容前，请对照表4-1回想一下自己在这些电话沟通时常见的情境中是如何做的。

表 4-1 电话沟通时常见的情境

| 问题情境 | 不良表现 | 你的实际表现 |
| --- | --- | --- |
| 接听电话时 | 1. 电话铃响得不耐烦了才拿起听筒。<br>2. 对着话筒大声地说:“喂,找谁呀?”<br>3. 一边和同事说笑一边接电话。<br>4. 需要记录某些重要数据时,总是手忙脚乱地找纸和笔。 | |
| 拨打电话时 | 1. 抓起话筒却不知从何说起,语无伦次。<br>2. 挂完电话才发现还有问题没说到。<br>3. 抓起电话粗声粗气地对对方说:“喂,找一下××。” | |
| 转达电话时 | 1. 抓起电话向着整个办公室吆喝:“小王,你的电话。”<br>2. 态度冷淡地说:“陈科长不在!”就顺手挂断了电话。<br>3. 答应替对方转达某事却未告诉对方你的姓名。 | |
| 遇到突发事件时 | 1. 对对方说:“这事儿不归我管。”就挂断电话。<br>2. 接到打错了的电话很不高兴地说:“打错了!”然后就粗暴地挂断电话。<br>3. 电话受噪声干扰时,大声地说:“喂,喂,喂……”然后挂断电话。 | |

## 一、接听、拨打电话的基本技巧

(1) 电话机旁应备记事本和笔。

知识链接

即使是人们用心去记住的事,经过9个小时,遗忘率也会高达70%,日常琐事忘得更快。记住:好记性不如烂笔头。

(2) 先整理电话内容,后拨打电话。给别人打电话时,如果想到什么就讲什么,往往会丢三落四,因此,要事先把想讲的内容逐条逐项地整理记录下来,然后再拨电话。另外,要尽可能在3分钟内结束通话,实际上,3分钟可以讲1 000个字,完全可以表达清楚要讲的主要事项。

(3) 态度友好。电话沟通虽然只是通过声音这个媒介,但双方的情感实际上都包含在声音中,因此,打电话时也应微笑着讲话。

(4) 注意自己的语速和语调。急性子的人听慢话,会觉得断断续续;慢吞吞的人听快语，会感到焦躁心烦。因此，讲话的速度并无定论，因人而异。同时，打电话时，适当地提高声调能显得富有朝气，给对方留下良好的印象。

(5) 不要使用简略语、专用语。简略语、专用语往往都是企业、行业内部使用的词语，普通人往往不一定知道，因此，使用简略语、专用语有时并不能正确表达自己的思想，甚至会产生误会。

(6) 养成复述的习惯。为了防止听错电话，一定要当场复述，特别是一些重要的日期、时间表、电话号码等内容，要立刻复述、予以确认。

## 二、接听电话的程序

一般来说，我们应该在听到铃声响两次后拿起话筒，然后自报公司及科室名称，接下来确认对方姓名(及单位)，经过简单的寒暄问候，双方进入实质性交谈，商谈有关事项，确认注意事项，最后，礼貌道别，轻轻放好话筒，如图 4-1 所示。

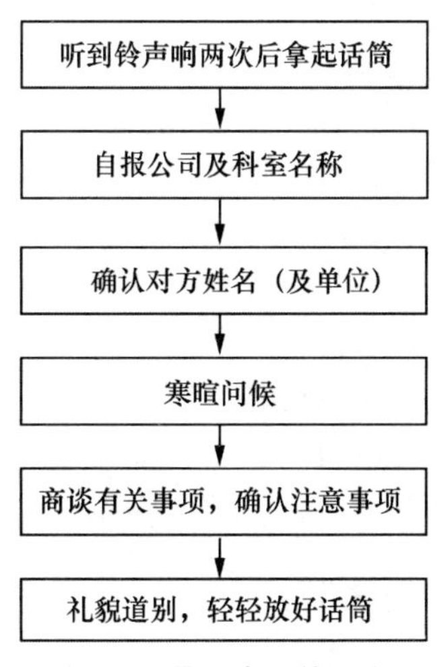


图 4-1　接听电话的程序

## 三、拨打电话的程序

拨打电话前，我们应按重要程度整理谈话内容并记录，拨通电话后，首先确认对方的工作单位、姓名及电话，其次自报公司名称及本人姓名，接下去再商谈有关事项，确认注意事项，最后道别，如图 4-2 所示。

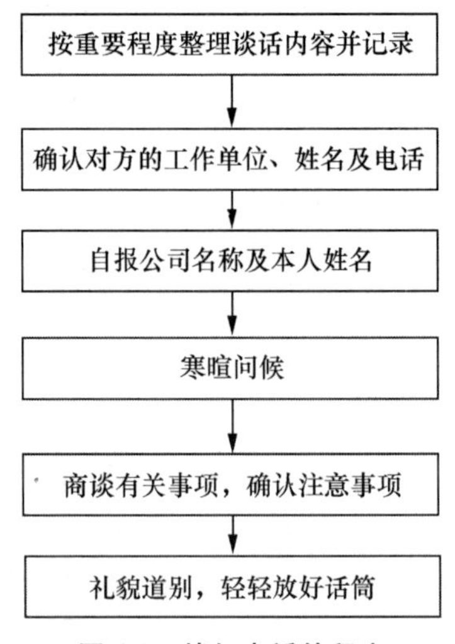


图 4-2 拨打电话的程序

## 四、转达电话时的技巧

(1) 听清楚关键字句。转达电话时,要告知来电者的姓名、单位名称、电话、打电话的时间及告知事项,同时,要注意,与来电者通话结束时应道别:“我叫×××,如果×××回来,定会立刻转告。”自报姓名,目的是让对方感到自己很有责任感,使对方放心。

(2) 慎重选择理由。通常,被指定接电话的人不在时,原因很多。这时,代接电话的你,应学会应付各种情况,在告知对方×××不在办公室时,应注意不让对方产生不必要的联想,特别是有时不能让对方觉察一些商业秘密。

## 五、应对特殊事件的技巧

(1) 听不清对方的话语。当对方讲话听不清楚时,进行反问并不失礼,但必须方法得当。可以客气地反问:“对不起,刚才没有听清楚,请再说一遍好吗?”

(2) 接到打错了的电话。接到打错了的电话,切不可冷冰冰地说“打错了”然后就挂断电话,最好能告诉他:“这是×××公司,你找哪儿?”如果知道对方所找公司的电话不妨告诉他,即使不知道,你热情友好地处理打错的电话也会使对方对公司留下好的印象。

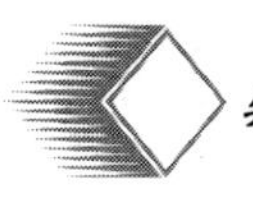

### 知识链接:良好沟通必备的八个黄金委婉表达句型

1. 句型:我们好像碰到了一些情况。

妙处:以最婉约的方式传递不好的消息。

2. 句型:我马上去做。

妙处:上司会因此觉得你是名有效率的员工。

3. 句型:某某的方法真不错。

妙处:体现出团队精神。

4. 句型:这个报告缺了你就不行了。

妙处:说服同事帮你忙。

5. 句型:让我再仔细地想一想,四点半以前给你答复怎么样?

妙处:巧妙避开你没把握或不愿意参与的事。

6. 句型:我很想知道你对某个方案的见解。

妙处:不露痕迹地讨好。

7. 句型:是我一时没能明察,好在……

妙处:承认疏失又避免上司明显不满。

8. 句型:谢谢你告诉我,我会认真参考你的建议。

妙处:对待他人的批评表现出冷静。

(资料来源:http://www.ccw.com.cn/work2/law/zhinan/htm2008/20080611_443775.htm。)

**思考·讨论·分析**

假设你是某家公司的秘书,一位客户给你打来电话要求对已商定的下周会议议程做调整,但理由是不合情理的,你认真接听并耐心解释,但他固执己见,喋喋不休,这时,有其他客户来访需要你来接待,这时,你该怎么办?

## 本章小结

1. 口语表达是指在特定的语境中,为了成功完成交际任务,凭借语音表达思想感情的一种行为及其结果,也就是外部有声语言。口语表达与书面语言的不同在于它有语音、速度快、非常灵活。

2. 影响口语表达的主要有思维和语境两个因素,特别要注意的是口语表达受社会环境、交际场合和交际对象的制约。

3. 有效表达的要点是要选择一个恰当的时间和地点,考虑听众的情绪,使用听众熟悉的语言。可以采用先跟后带的方法或用特性/事实+好处+提问的结构。

4. 演讲,是以广大听众为对象,以有声语言为主要表达手段,借助态势语言直接发表意见、抒发感情的一种表达艺术,是口语表达的最高形式。它具有综合性、艺术性、社会性、针对性、鼓动性的特点。一次成功的演讲必须要有一篇好的演讲稿,在演讲时,要注意语音、语速及眼神、表情、手势等态势语表达的技巧,同时还要掌握一定的控场技巧。

5. 求职面试前要做好材料和心理两方面的准备,面试时要沉着应对面试者的问题,将自己的长处和优点展示出来,面试结束后要做好经验总结,同时还要记得尽快给面试官甚至是秘书或接待人员发一封感谢信,表达自己的诚意。

6. 电话接听的程序是:听到铃声响两次后拿起话筒—自报公司及科室名称—确认对方姓名(及单位)—寒暄问候—商谈有关事项,确认注意事项—礼貌道别,轻轻放好话筒。拨打电话的程序是:按重要程度整理谈话内容并记录—确认对方的工作单位、姓名及电话—自报公司名称及本人姓名—寒暄问候—商谈有关事项,确认注意事项—礼貌道别,轻轻放好话筒。

## 演说技能自我评估调查表

**步骤**

步骤1:在阅读本章内容之前,请你对下列陈述根据度量标准进行评分,并在右栏先估出分值(预估)。你的回答应该反映你现在的态度和行为,而不要有意根据你所希望的结果去评价,要诚实。采用这种方式是为了帮助你发现自己在演讲技能方面的能力处于何种水平。通过自我评价,你可以根据需要调整你的学习方向。

步骤2:完成本章的学习后,尽可能把所学的知识和技能与实际结合起来,根据自己工作的体会,结合平时的工作反思,不断修正自身的沟通技能,然后盖起你第一次的答案,重新回答下列测试题。当你完成这次调查后,检测你的进步,如果你在某一技能领域成绩依然较低,说明在这些方面你还得不断加强理论和实践的结合。

**评价标准**

非常不同意/不符合(1分)　不同意/不符合(2分)　比较不同意/不符合(3分)　比较同意/符合(4分)　同意/符合(5分)　非常同意/符合(6分)

**测试问题**

| | 总是 | …… | …… | …… | 从不 |
|---|---|---|---|---|---|
| 1. 我在整个演讲过程中眼睛同听众保持接触。 | 5 | 4 | 3 | 2 | 1 |
| 2. 我的身体姿态很自然,没有因为紧张而做作。 | 5 | 4 | 3 | 2 | 1 |
| 3. 我能运用基本的手势来强调我的要点。 | 5 | 4 | 3 | 2 | 1 |
| 4. 我运用停顿、重复和总结强调我的观点。 | 5 | 4 | 3 | 2 | 1 |
| 5. 我每次演讲前都会确定具体的目标。 | 5 | 4 | 3 | 2 | 1 |
| 6. 我会对听众的需求、忧虑、态度和立场进行分析。 | 5 | 4 | 3 | 2 | 1 |
| 7. 在组织思路时我会先写下几个主要的论点。 | 5 | 4 | 3 | 2 | 1 |
| 8. 我会特意准备一个颇具吸引力的开场白。 | 5 | 4 | 3 | 2 | 1 |
| 9. 我演讲的结尾会呼应开头,且必要时能要求听众采取行动。 | 5 | 4 | 3 | 2 | 1 |
| 10. 我制作的投影片简明扼要,有助于达到演讲目标。 | 5 | 4 | 3 | 2 | 1 |
| 11. 我的论点、论据之间有内在的逻辑联系,有助于支持我的主张。 | 5 | 4 | 3 | 2 | 1 |
| 12. 我会把紧张、焦虑转换为热情和动力。 | 5 | 4 | 3 | 2 | 1 |
| 13. 我会清楚地叙述我的观点对听众的好处与利益。 | 5 | 4 | 3 | 2 | 1 |
| 14. 我会热切、强烈地讲述我的观点。 | 5 | 4 | 3 | 2 | 1 |
| 15. 我会事先演练,以免过分地依赖讲稿,而集中注意于听众的反应。 | 5 | 4 | 3 | 2 | 1 |
| 16. 我的演讲稿只写关键词,以免照本宣科。 | 5 | 4 | 3 | 2 | 1 |
| 17. 我会预测听众可能会提的问题,并且准备相应的回答。 | 5 | 4 | 3 | 2 | 1 |

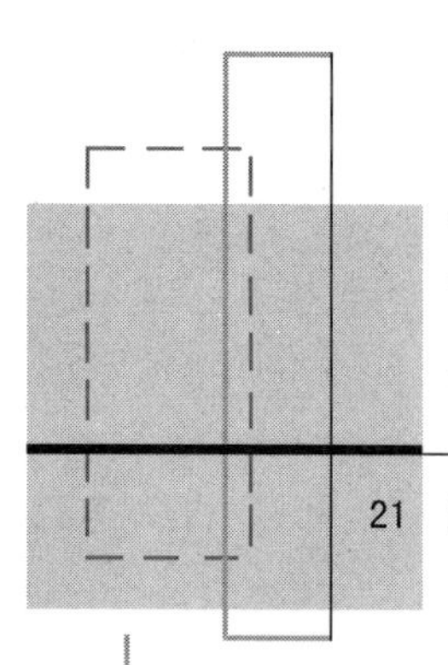

# 第五章 书面沟通



通过本章的学习,你将了解:

1. 书面沟通的类型、特点及其优缺点。
2. 建立受众导向的沟通思路与信息组织原则。
3. 如何提高我们的书面沟通能力。
4. 如何写求职信。

你将能够:

1. 了解书面沟通的过程。
2. 学会写求职信。

## 第一节 书面沟通的类型和作用

### ◆ 引例

**父女对话**

长期以来,人们习惯了有话在饭桌上面对面交谈,尤其是一家人。然而,有位慈祥的父亲不仅和女儿口头交流,还别出心裁地采用书面交流方式,收到了意想不到的效果。以下是这位父亲的自述。

“小女儿读三年级时,开始学习写作文。我决定和她进行‘父女对话’。所谓‘父女对话’,就是我和孩子共用一个小本子,在上面轮流写上彼此想说的话,有话则长,无话则短,以书面语言的形式进行心灵的交流和沟通。到现在,我和小女儿的‘父女对话’已经坚持了两个年头了,对话写了满满两大本。

今年家里买了电脑,暑假里,我们把'父女对话'搬到了电脑上。前几天,我细细翻看本子上及电脑里我和小女儿的对话,仿佛看到了我和孩子在心灵世界里一路同行的一个个足迹。"

(资料来源:http://www.familydoctor.com.cn/zhengzhuang/child/200802/7123211044333.html。)

书面沟通作为一种传统的沟通形式,一直作为最可靠的沟通方式为大家采用,每一个管理者在工作中都不可避免地运用书面文字来沟通信息。正如现在的商业活动中,商务函件、协议、单据、申请报告等,都要以书面记录的方式加以认同,并成为约束大家行为的手段。"口说无凭,落笔为准"就充分说明了书面沟通在现实生活中的重要作用,而且文字作为表达方式,是最有效的整理思路、建构严密信息逻辑的手段。书面沟通与口头沟通相比,各自的优缺点如表 5-1 所示。

**表 5-1 书面沟通与口头沟通的比较**

| | 书面沟通 | 口头沟通 |
|---|---|---|
| 优点 | 适合传达复杂和困难的信息<br>在发送信息前可以进行细致的思考和检查<br>可以进行回顾<br>便于存档保管以便日后查证<br>易于复制和传播 | 适合表达感觉和感情<br>更加个性化<br>可以根据语言和非语言的反馈及时改正和调整 |
| 缺点 | 耗时<br>反馈有限且缓慢<br>有时人们不愿意阅读书面的东西<br>你无法了解你所写的内容是否被人阅读 | 说话时较难进行快速思考<br>话一出口就很难收回<br>有时难以控制时间<br>容易带有过多的个人感情色彩而影响信息的可靠性 |

## 一、书面沟通的概念与作用

书面沟通就是以书面文字为媒介,在人们之间进行信息传递与思想交流的一种沟通方式,主要有文件、报告、信件、书面合同等形式。

书面沟通有其自身的优点。它可以使写作人能够从容地表达自己的意思,仔细推敲措辞和用语,还可以不断修改,直到满意为止;它可以长期保存,有利于信息接收者对信息进行深度加工与思考;它可以复制,同时发送给许多人,传达相同的信息;它的可信度较高,可作为法律依据。但同时,相比于口头沟通来说,它也有其缺点,如耗时过长,不能及时进行信息传递;无法运用非语言要素,容易产生沟通障碍。

## 二、书面沟通的种类

书面沟通可根据不同的标准进行分类,如按照沟通目的可分为通知型、说服型、指导型、记录型,按照沟通渠道可分为纸张沟通、电子沟通,按照沟通用途可分为通用公文、事务文书、专用文书、涉外文书等。常见的分类是按照书面沟通所用的文体进行划分,见表5-2。

**表5-2　书面沟通的种类**

| 种类 | 举例 |
| --- | --- |
| 行政公文 | 命令、决定、公告、通告、通知、通报、议案、报告、请示、批复、函、意见、会议纪要等 |
| 计划类文书 | 工作计划、战略规划、工作方案、工作安排等 |
| 报告类文书 | 调查报告、经济活动分析报告、可行性研究报告、述职报告等 |
| 法律性文书 | 合同书、协议书、诉讼书、招标书等 |
| 新闻性文书 | 新闻、通讯、消息等 |
| 日常事务类文书 | 信函类:感谢信、慰问信、求职信、介绍信、邀请函等<br>条据类:请假条、留言条、收条、票据等 |

根据沟通渠道的不同,书面沟通可以分为纸张沟通(包括正式和非正式报告、信件、商务函件、备忘录等)、传真沟通、电子邮件沟通和电子会议系统沟通等,其中,前面两种方式以纸张为媒介,后面两种方式以机器网络为媒介。这四种沟通方式的特点如表5-3所示。

**表5-3　两类书面沟通渠道的比较**

| 纸张、传真 | 电子邮件、电子会议系统 |
| --- | --- |
| • 读者参与程度低,反应慢 | • 读者参与程度高,反应快 |
| • 对于信息的接收情况缺乏控制 | • 信息能立即接收到,且能自己控制 |
| • 难以隐姓埋名 | • 可以隐姓埋名 |
| • 更可能受到约束 | • 不太可能受到约束或显得保守 |
| • 较为保守,做得好可能更为清晰,做得不好则会过于死板 | • 做得好,富有创造力;做不好,也可能产生极大的破坏力 |
| • 要求更符合逻辑和语法规范 | • 语言不整洁,错误较多 |
| • 需要更多的时间准备 | • 比传统书面沟通花的准备时间少 |
| • 不太可能与组织中的各层次接触 | • 可能同组织中的各层次接触 |
| • 缺乏非语言沟通,没有口头沟通那么丰富 | • 可以使用情感符号来显示非语言性的信息传达 |
| • 机密性强 | • 可能比传统的书面沟通的机密性差 |
| • 传递速度慢 | • 比传统书面沟通传递得快 |

**小阅读：管理工作中书面沟通的必要性和重要性**

**案例一**

某天，我给新来的总经理助理曹小姐布置了一个任务，要求她向各个部门下发岗位职责空白表格，并要求各个部门在当天下午两点之前上交总经办。我问曹小姐是否明白我的意思，她说完全明白，于是就去执行。

结果到了下午，事情出来了：到了规定的时间，技术部没有按时上交。我问曹小姐：你向技术部怎么传达的？曹小姐说，完全按正确的意思传达的。我又问为什么技术部没上交？曹小姐说技术部就是没上交，不知道为什么。

我把曹小姐和技术部都召集到总经办会议室，问这个事情。技术部负责人回答说，当时他没有听到曹小姐传达关于上交时间的要求。而曹小姐说，自己确实传达了，否则为什么公司12个部门就技术部没听清楚。技术部负责人说，确实没有听到。

到底是曹小姐没传达，还是技术部没听到？没有书面的东西，说不清楚。

**启示**：办公人员在传达文件的时候，一定要严格按照文件管理标准的要求，一定要有传达的书面函件，该签字的要求签字，该署名的要求署名。否则，出现上述情况，既耽误了工作，又难以说清责任，同时还反映了管理水平的落后和管理方式的不足。

（资料来源：http://www.themanage.cn/200903/104486.html。）

**案例二**

某日，本公司外派维修的售后服务工程师陈某电话要求工厂售后服务部门为其在安徽芜湖的维修现场发送一个配件，按规定要求，陈某应当书面传真具体的规格型号然后发货，以保证准确性。结果陈某说自己干了三年多，都很熟，声称要节省传真费用，且客户很急，要求电话口头报告型号。售后服务部负责人员鉴于这种情况，就相信了陈某，按陈某说的型号发去了配件，结果发到现场后，型号错误，又要重发，造成运输费用等的增加，更重要的是影响了客户生产。

事后处理此事,陈某一口咬定自己当初报告的就是第二次发的正确型号;而售后服务负责人员则坚持陈某当初报告的就是第一次错误的型号。但是没有书面函件,该相信谁?最后因为双方都在明知公司规定的情况下,违反了书面沟通程序的规定,造成了损失,判定双方都有责任,分别进行了处理。

**启示**:处理不是目的,目的是保证正常的执行到位。光有相关书面沟通函件的要求还不行,关键是执行中要严格要求,如果不执行,结果还是会造成损失,耽误事情。最终不是双赢,而是双损。

(资料来源:http://www.themanage.cn/200903/104486.html。)

**思考·讨论·分析**

1. 书面沟通有什么优点和缺点?
2. 结合实际,谈谈管理工作中书面沟通的必要性和重要性。

## 第二节 有效书面沟通原则

### ◆ 引例

**一封信的美丽爱情**

曾有一位师范学院的学生,毕业前夕反复与女友交谈,希望她能跟他一块儿去贫苦偏僻的山村当老师。但他女友思考再三,婉言拒绝。在这个男孩执教的第一个冬天,山村下了一场大雪,男孩触景生情,忆起大学时与女友一起在雪中嬉戏的情景,不由自主地写下了一封长信,然后寄给了远方的女友。谁知女友读完信后心潮澎湃,毅然远离城市与这位男孩厮守一生。男孩说,是这封信改变了他的爱情。

(资料来源:http://www.wyfwgw.com/Article/4925.html。)

现今,由于通信技术的不断发展,生活节奏不断加快,人们对写信、写报告等书面沟通的技能越来越生疏了,很多人基本放弃了写信(更多的是发邮件),对写正式报告甚至非正式报告都常感到头疼,人们常用的是开会、非正式场合与人交谈等方式。因此,当我们必须拿起笔来完成一份报告时,往往无从下手。那么,如何达成有效的书面沟通呢?书面沟通要遵循哪些原则呢？

## 一、受众导向的文字组织原则

对受众的分析是书面沟通的重要前提。一般说来，受众导向的文字组织原则包括三个方面：一是受众对信息的第一反应是什么；二是受众到底需要多少信息；三是以何种方式编辑信息以激发受众兴趣。

1. 受众对信息的第一反应

这个报告是否值得看？如果受众认为这个报告对于自身事业的发展很有用，他们不但会认真地看，而且会积极采取行动。但如果受众在看到报告后，第一反应是似乎与自己没有关系，或者对报告不感兴趣，他们就会将其束之高阁。那么，如何才能让他们感兴趣呢？提供如下建议：

- 用主题句或第一段向受众昭示该信息的重要性以及与受众的相关性；
- 把应付诸实施的内容尽量简化；
- 为使信息内容得以实施，设定一个可行的截止日期；
- 信息越短越好。

在信息表达方式上要能引导受众产生对信息的好感，尽量避免用词傲慢、粗鲁、含敌意、冷漠或像家长一样的教训；通过强调积极面来减少对方原有的敌意；要充分表现出逻辑和对方能感受到的好处。

2. 受众到底需要多少信息

(1) 受众对于讨论的主题知道多少。根据洛克的观点，受众对主题的了解程度往往很容易被高估，组织以外的人们很可能不了解你从事的工作，即使是曾经在某部门工作过的人，现在也可能已经忘记了从前每天的工作细节，更不要说组织之外的人了。如果你所提供的信息完全是新的内容，则必须做到：

- 通过下定义、概念解释、举例子等方法将主题表达清楚；
- 将新的信息与受众已有的常识相联系；
- 通过分段或加小标题的方式使信息易于理解；
- 用文件草稿在传递对象的抽样人群中进行试读，看他们是否领会和运用你所写的内容。

(2) 受众对信息主题的常识来自平时的阅读还是个人经验。亲身体验直接掌握的知识往往比间接从书本中学到的知识更实际、更可信。尽管有些人会把这些经验视为例外、谬论或侥幸，我们自己则会视之为将来更好地开展工作的基础。要想改变受众对某一信息的认知，必须：

- 在表达的信息中先对受众的早期认知予以认可；

● 用理论、统计数据说明长期和短期效果之间的差别，或证明受众的经验在此不适用；

● 在不伤面子的前提下，提示受众情况已经发生变化，态度和方法也要做相应的变化。

（3）要受众支持你的观点，他们需要你提供哪些信息。为了弄清楚受众所需要借助的信息背景，要做好：

● 用“如你所知”或“正如你记得的那样”的字眼开始，提醒对方有关的信息，避免让对方觉得你认为他们根本就不懂你在说什么；

● 把已为大家接受的或显而易见的内容放在你的句子中；

● 需要提示的内容过长时，可以用加小标题、单独成段，或列入文件和备忘录的附录等形式表达。

3. 以何种方式编辑信息以激发受众兴趣

书面沟通过程中，如何减少受众的抵触情绪，消除受众的负面反馈可能给沟通带来的困难，是考虑如何激发受众兴趣的首要切入点，因为如何让消极受众转化为中立受众，甚至积极受众，是沟通中最困难的。

首先，要考虑到受众会有哪些反对意见，如已有主见的受众通常对变化很反感，为此，首先要站在受众的立场给他们提供积极信息。具体策略有：

● 把好消息放在第一段；

● 把受众可能得到的好处甚至放在好消息之前；

● 开头先讲你们之间的共同点和一致之处；

● 观点要清楚明确；

● 不要使用煽动性的言论；

● 减少说明或提出要求等内容的篇幅，若可能，在下次沟通时再提出此类内容；

● 说明你的建议是现有最好的解决办法，当然这也不是十全十美的。

其中，在讲双方之间的一致之处时，不妨向受众提供你们共同的经历、兴趣、目标和价值观，因为一致的感觉有时比文件的内容更能说服对方，具体在沟通相互之间的一致点时，建议：

● 采用生动、简短、有趣的故事谈论你们的共同之处，故事的情节应有趣、新颖，不要给人感觉像在做报告：

● 写作风格应尽量友善、非正式；

● 文章结束语和敬称等要让读者感觉到在这个正式或非正式群体中的归属感。

其次，在编辑信息时，要注意受众对文章的语言、结构和格式的偏好。具体在做法上，要考虑以下五个方面的问题：

- 受众喜欢何种写作风格，根据对受众的了解，选择不近不远、友善的风格；
- 避免使用激进或禁忌的词汇让受众产生反感；
- 了解受众所需信息的具体程度；
- 根据受众个性和文化背景的不同选择直接的或间接的信息结构；
- 根据受众对表达方式（包括长度、版式、脚注等）的偏好编辑文字。

**小阅读：受众导向的文字组织**

现在公司要你对总经理办公室管理人员的作用进行评价。你于是访问了总经理、公司职能部门、办公室人员。在起草你的报告时，你列出这样一个大纲：

第一部分，总体提出这份报告的目的；

第二部分，总经理对办公室管理人员的作用评述；

第三部分，各职能部门负责人对办公室人员的作用评价；

第四部分，办公室人员对自己作用的评述；

第五部分，结论和建议。

现在转换角度，假设你是总经理，看到了这份报告后，做何评价？如不满意，又如何修改？

（资料来源：http://hi.baidu.com/lusguo/item/05e49bcd4819bb0cac092fe1。）

现在，我们来看小阅读中这个例子的结构。在这份报告中，主要存在三个方面的问题。

第一，报告提纲中，第二、三、四部分，在具体写的过程中会出现同一问题的重复性讨论，比如，总经理会从办公室管理人员应该承担的“公司内部各个职能部门与总经理之间的桥梁作用”、“总经理的参谋机构”、“企业内部的服务机构”等各个作用层面来评价办公室的作用；各个部门经理、办公室人员也会从上述各个作用层面来做评价，这样，整个报告就会出现思路不清楚、表述混乱的问题，导致读者不能把握报告的核心观点。

第二，报告忘记了沟通内容确定的两个基本原则：简单清晰，受众导向。报告是给总经理看的，所以，应结合总经理的实际情况来安排结构。一般来说，总经理最关注的是问题分析的结果，由于时间、精力等的限制以及兴奋点的不同，他不太可能对长篇大论仔细阅读，在这种情况下，就应根据信息的重要程度考虑信息结构，重点突出你的结论、建议。

第三，对办公室管理人员作用的评价应该明确评价的标准、评价好坏的指标、评价过程的比较对象等基本内容，但这些并没有在报告中体现出来，导致大前提缺失，从而导致整个报告缺乏说服力。

## 二、语言组织的逻辑性

在本书第一篇的信息策略分析中已经谈到了如何确定信息的目的、观点和信息结构组织等方面的问题。这些内容无论是在书面沟通还是口头沟通中，都具有共性。这里不再讨论书面沟通的目的、观点和组织安排，而只就信息的内容、论证和结构做简单分析。

书面沟通的语言逻辑、整个文章或报告的组织、信息的结构安排要远比口头沟通考究得多。书面沟通的语言逻辑性表现在三个层次上。

(1) 最高层次：整个文章或报告的前后逻辑性要强，要融为一体，一气呵成。一个文章或报告的写作首先要确定所要解决的目标。为达到这个目标，要充分收集各方面具有说服力、与主题紧密相关的材料来佐证或论证你的观点，而且在论据的组织上要具有说服力。通过提出问题、分析问题、解决问题的逻辑思路，统筹把握整个文章或报告的结构。

(2) 中间层次：在整个论证展开过程中，每一个论点都要有其系统逻辑结构。当你提出一个论点时，就必须要对每个论点通过"论点—论据—论证"的结构组织信息。

(3) 基础层次：每个完整的句子，也都要有逻辑性。一个句子没有表达完整之前，不要轻易断开，一个段落内部不要前一句子和后一句子出现完全不同或不相关的意思。书面沟通要求强调连贯性。

为增强文章或报告的说服力，一种最有效的办法就是运用演绎、归纳等推理方式。一篇文章或报告的思维模式，直观地反映出了沟通者的思维方式和技巧。这里简要地以例子进一步探讨如何通过论点、论据和结构的有机结合，组织信息的内容。

**小阅读**

现A商场通过市场调查发现,最近的市场份额正在向B商场转移。分析后认为原因在于:

- B商场运用彩色的广告标牌;
- B商场重新布置商场以吸引新的顾客;
- B商场的媒体曝光度提高了20%;
- A商场在库存、采购和促销方面能力较差;
- A商场降低了广告预算;
- A商场在维持商场整洁和有序方面有不良的记录。

假设你是A商场的市场部主任,针对上述现实问题和所导致的结果,你应该提出解决问题的对策。

显然,上述这些观点可以为你的论证提供依据,当你准备你的沟通时,通过列举这些关键的依据,可以使你的论证有一定的说服力,但这些依据并不能充分地组织信息以支持你的观点,在识别出各种依据后,还得组织一个清晰的结构框架。

**主题和目的** 如果我们不改变现实,B商场将继续侵蚀我们的市场份额。(引入)

**假设(大前提)** B商场正在侵蚀我们商场的市场份额有两个原因。

- 商场的内部问题。在采购、库存、促销、整洁和组织方面缺乏控制,顾客在逐渐疏远,他们不能找到他们想要的东西。(主体)
- B商场先进的市场营销策略。当我们在减少广告预算的同时,B商场加大了在媒体上的投入,设计更好的广告,重新布置商场以吸引新的顾客。(主体)

**因为(小前提)** 尽管提高我们商场的功能一开始会提高成本,但从长期看,这些成本能更多地从长期收益中得到补偿。(主体)

**因此(结论)** 我们应该采取以下一些措施……

## 三、有效书面沟通的要点

书面沟通时首先要确定要沟通的信息主题,也就是说你想通过这份书面文件做什么,是传递信息还是下达指示,其次根据沟通的目的和主题选择最适当的用词、语气及修辞方式，前提是要确保你已掌握了运用这些方式的技巧。具体见图 5-1。

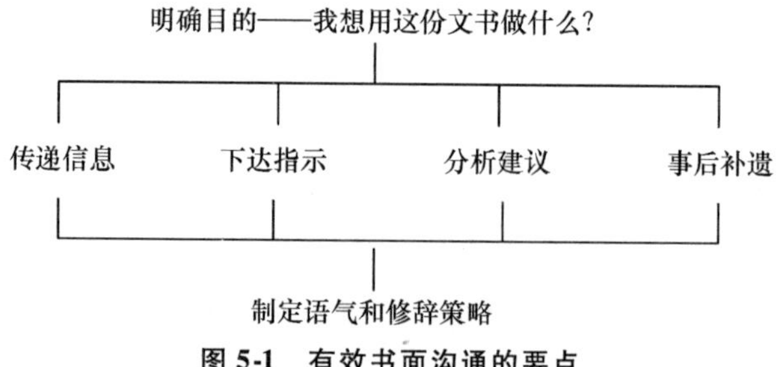


图 5-1　有效书面沟通的要点

书面沟通不同于口头沟通，它可以经过充分的考虑和修改最终成型，因此，在通过书面方式进行沟通时，首先，要注意沟通的目的要明确，清楚自己要干什么，列出在文书中要传达的信息。其次，在完成书面内容后，要认真检查，仔细修改，确认信息是否全面、措辞是否合适、格式是否规范，在确认无误后，再发出文书。

在具体的写作过程中，需要注意的事项如图 5-2 所示。

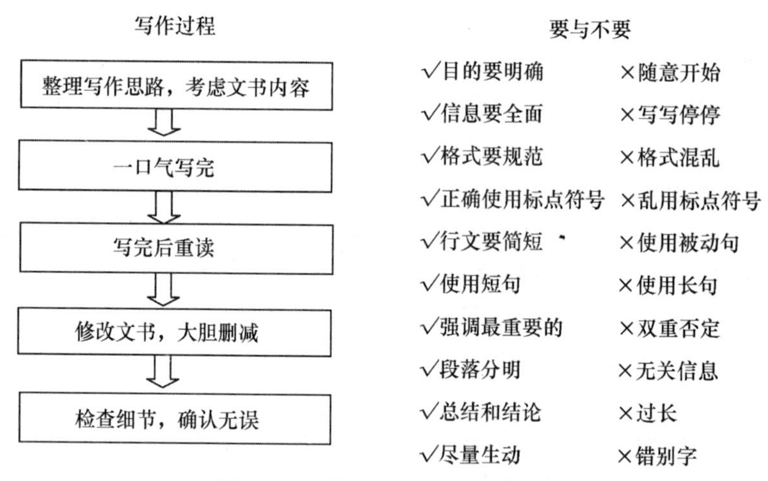


图 5-2　有效书面沟通的注意事项

**思考 · 讨论 · 分析**

书面沟通和口头沟通，你宁愿采取哪一种？在什么情况下采用？

# 第三节　如何写求职信*

## ◆ 引例

### 求职信

××领导：

您好！工作辛苦了！

教师是受人尊敬的职业。我是学企业管理的，跟教书挨不上什么关系，但将来何去何从，谁能说的准呢？教师是人类灵魂的工程师，是培养祖国栋梁的辛勤园丁。孔子、孟子就是影响了中华儿女数千年的好老师。孔子曰："三人行，必有我师焉。"孔子都那么虚心，我们又有什么理由不向别人学习呢？这是一个知识文化更新很快的时代，不互相学习就会固步自封，就会为时代所抛弃。我们的专业课程就体现了丰富多元的特点，除了政治经济学、企业管理等专业课外，还包括数学、外语等基础课。教书要教得好，不能不多学知识，开拓视野。有许多人觉得教师这个职业太没面子，那是传统封建思想的遗害。某些教师在教书育人的过程中可能存在这样那样的问题，那是他的个人原因，而不是教师整体的错。再说，人人都不做教师，都去做赚钱的行当，下一代由谁来教育？社会由谁来发展？尤其是在当今改革开放的大好形势下，我们更应当抓紧机遇，抓好教育。我的父亲是个党员，他小的时候很想读书，可是未能如愿，我想如果很多人都甘愿为教育事业奉献青春热血的话，这样的事情就会少一点。我有志于为祖国的教育大业奉献一切，也期盼着你们的回音。如果有意，请与××大学××系联系。有什么要求，需要什么任职资格，就请来信告诉我。另外，告诉你们一个好消息，明天校运会即将开幕，我将作为系主力参赛。我的体育成绩一向很好，其他各科成绩也还过得去。

最后，祝您

工作顺利！

×××

×年×月×日

（资料来源：http://topic.yingjiesheng.com/qiuzhixin/qiuzhixinzenmexie/041IS55H012.html。）

---

* 对于本节内容，教师可根据教学需要选择。

这封求职信层次混乱不堪，显然是信手拈来，随意挥就。语言的结构没有大毛病，但杂乱无章，透着一股对用人单位的轻蔑，这样的“才子”岂能要？

一封好的求职信是扣开就业之门的“敲门砖”，那么，求职信到底该如何写呢？

必须注意，求职信的格式要正确。如果格式不正确，那么求职信的内容再好，你的个人素质再高，也会给用人单位留下一个基本能力不过关的印象。

求职信一般包含七个部分：标题、称谓、问候语、正文、结束语、署名和日期。

求职信的标题即为“求职信”，切忌画蛇添足，添加其他的修饰语。标题下方另起一行顶格写称谓，一般的求职信可直接写“尊敬的领导”，单独占一行，后边加冒号。如果确实知道负责招聘的人员姓名和职位，也可写“尊敬的×××主任”。称谓的下一行要写“您好！”作为对对方的简单问候，也可写“工作辛苦了”等简单的话语。

问候语之后，就要写到正文，它是求职信的主要内容，也是招聘单位主要参考的内容，因此，正文的撰写要正式得体。正文一开始要首先感谢对方在百忙之中阅读你的求职信。其次写求职的原因。先简要介绍自己的自然情况，如姓名、年龄、性别等。再次要直截了当地说明从何渠道得到有关信息以及写此信的目的。要写出对所谋求的职位的看法以及对自己的能力做出客观公允的评价，这是求职的关键。在这一部分要着重介绍自己应聘的有利条件，要特别突出自己的优势和“闪光点”，以使对方信服。最后向受信者提出希望和要求。如：“希望您能为我安排一个与您见面的机会”或“盼望您的答复”或“敬候佳音”之类的语言。这一段主要是为了向招聘单位再次重申你对这项工作的兴趣以及你希望被录用的迫切心情。要注意，这一段属于信的内容的收尾阶段，要适可而止，不要啰唆。

在正文之后，为了表示尊敬、庄重，要有结束语，结束语可以写“此致”，另起一行写“敬礼”。也可写“祝”，然后另起一行写“工作顺利”等。结束语分两部分，前一部分另起一段，空两格写；后一部分必须另起一行，顶头写，不要空格，以示尊敬。

结束时，要在信的右下方署上你的姓名和日期，姓名前面可写“求职人：”。日期要注意写全年月日，以示正式。

**示例**

## 求　职　信

尊敬的领导：

您好！

感谢您在百忙之中阅读我的简历！我是××学校××专业的毕业生，毕业之际，特前来向您自荐，希望得到您的赏识和启用。

（大学×年转瞬即逝，我满怀希望走进社会这个更大的课堂。当今世界充满挑战，也充满了机遇。我希望能从贵公司得到一个机遇、一个舞台，用我所学去服务公司，服务社会。）

在校期间，我始终严格要求自己，并于××××年××月××日光荣加入了×××。学习上，我刻苦努力：在英语方面，我通过了××考试，具备了良好的听说读写能力；在计算机方面，我广泛学习计算机知识，能熟练地运用××××，并通过了国家计算机××级考试。

在课堂外，我注重对自己实际能力的培养，将专业知识与实践相结合，积极主动参加学校、班级组织的各项活动，如×××、×××等。在这些实践活动中，我不断增强自己的工作能力，为今后开展各项工作打下了坚实的基础。

（怀着自信，我向您推荐自己，如果有幸成为贵公司的一员，我愿从小事做起，从现在做起，尽职尽责，勤奋工作，发挥自己的专长，为公司的发展添一份光彩。）

最后，再次感谢您阅读此信，期待着您的早日答复。

此致

敬礼

自荐人：×××<br>×年×月×日

**思考·讨论·分析**

1. 为你的暑期兼职写一封求职信，并附上个人简历。
2. 用电子邮件求职时的注意事项有哪些？

# 本章小结

1. 书面沟通是一种传统的沟通形式，可以根据不同的标准分成不同的类别。

2. 书面沟通应遵循受众导向的文字组织原则,其语言组织的逻辑性表现在最高层次、中间层次和基础层次三个层次上,因此,在通过书面方式进行沟通时,首先,要注意沟通的目的要明确,其次,在完成书面内容后,要确认信息是否全面、措辞是否合适、格式是否规范,在确认无误后,再发出文书。

3. 求职信一般包含七个部分:标题、称谓、问候语、正文、结束语、署名和日期。

## 模拟招聘训练

模拟一次招聘会,由学校的教师担任评委,同学们同时扮演应聘者和招聘者的角色,结束后,每位同学谈一谈:

(1) 作为招聘者时,对应聘者的建议和意见;

(2) 作为应聘者时,自己的不足以及改进措施;

(3) 最后由评委教师做点评。

## 管理沟通的启示

### 书面沟通写作的基本原则

写作中,除了清楚地了解写作目的和读者之外,还要使用合适的写作风格。好的商务写作像其他有效的写作一样都有自己的特色,这对书面沟通很重要。如何选择材料和展示风格从而达到目的和满足读者的要求,有七个指导原则,可称为七个"C"原则,即清楚(Clarity)、简洁(Conciseness)、具体(Concreteness)、完整(Completeness)、客套(Courtesy)、体谅(Consideration)、正确(Correctness)。

一、清楚

要强调直接、简单的写作。有效的书面沟通给读者提供容易理解的清楚、具体的信息。清楚的表达包括:选择简单、非正式的词汇,句子正确,写简单结构的句子和段落。

- KISS 原则

KISS 在这里代表"Keep It Short and Simple",就是写作时要"短和简单"的意思。

也许书面沟通最重要的就是 KISS 原则了。商人们没有时间闲扯,他们想看的是要点,不看别的。KISS 原则也节省了秘书的时间甚至还可节省材料。

● 口语化的语言

通过适当的口语化的写作达到目的，但不要写成闲聊式的文字，而是说写作既要看起来专业化，也不要做作或过于正式，这里指避免使用术语或书面语。商业信息要看起来热情、友好、口语化——而不是生硬、过于正式。除了非常正式的商务报告，口语化的语言可以用在任何商务写作上。

二、简洁

简洁的沟通文字节省了信息发送者和接收者的时间及费用。简洁就是用最少的语言表达想法，但也不是要牺牲其他的写作原则。简洁重在强调：通过删掉不必要的词，把最重要的内容呈现给读者。

● 去掉啰嗦的表达方式：在不改变意思的情况下，能用一个词就不要用词组。要注意删掉老套的、不必要的表达方式。

● 只包括相关的信息：有效、简单的信息不仅应删掉不必要的啰唆的表达方式，还要删掉不相关的内容。

● 避免不必要的重复。有时为了强调可以重复。但是如果没有理由地说几遍同一件事，就显得啰唆、枯燥。

三、具体

只要可能就用一个具体的数字替代笼统的说法，这样就可以使写作更具体、生动。通常模糊、笼统的词汇是易产生歧义的词汇，作者和读者可能会有不同的理解。当然，有时这些词汇也是可以使用的，比如没有具体数字又不想说明时，或者想让读者自己猜测时。

四、完整

当我们无意间漏掉了事实时，我们会简单地说："啊，我忘掉了。"但是，结果可不是这么简单的。读者会再给我们写信，我们也必须再写回信。也许一件事不会造成太大问题，但如果一个公司发送的10%的信件都不完整的话，那么再次写信的成本就会增加。而这些额外的成本很可能使公司失去良好印象甚至客户。也许有时我们不能提供所有客户需要的信息，但是我们应该确信不是由于疏忽而漏掉了重要信息。把信息写完整的关键是在写之前组织材料。组织材料可以采用列表或提纲的形式。方法并不重要，重要的是通过这些方法，可以保证提供的信息完整。

五、客套

客套指在写信或写便函时要自然地使用客气的语句，如"感谢您"、"我很抱歉打扰您"，但不要过度使用。

六、体谅

● 以读者为中心的语气:在描述写作的时候,美国一位有名的作家说,要想写好就要满足读者的需要,也就是站在读者的角度考虑问题;要分析读者怎么理解信息,然后试图给读者提供他们所需要的东西;解决读者的问题,节省他们的费用,体谅他们的感受和处境。

● 用肯定的语气:肯定的语气表达肯定的信息,而否定的语气给人否定的信号。一些否定的词汇会有副作用,因为否定的语气给人一种否定的印象,或者还有指责读者的意思。

七、正确

我们必须确保所写的信件不仅要客气、清楚、具体,而且基本的语法要正确。为此,在最后发送信息之前,一定要检查、核对。

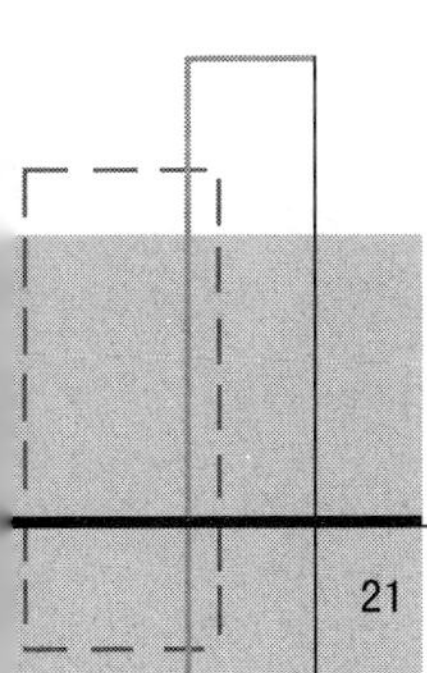

# 第六章 非语言沟通

21 世纪全国高职高专工商管理专业规划教材

通过本章的学习，你将了解：

1. 什么是非语言沟通，它有哪些特点。
2. 非语言沟通和语言沟通之间有什么关系。
3. 怎样才能更好地运用非语言沟通。

你将能够：

1. 运用非语言沟通表达个人意见和想法。
2. 通过合理使用语言沟通和非语言沟通增强沟通的有效性。
3. 初步掌握非语言沟通的技巧。

## 第一节　非语言沟通的含义及特点

### ◆ 引例

**总统的轿车**

据说，当罗斯福总统的专用定制轿车被送到白宫时，造车工人也有幸一起到达了白宫进行参观，并在开始被简单地介绍给了总统。总统因为专用车的完成感到很高兴，正当他兴高采烈地与前来参观的人寒暄之际，这位生性腼腆的造车工人却一直默默地站在一旁。时间过得很快，最后，当大家准备要离去时，总统却专门找到这位造车工人，并准确地叫出了他的名字，和他亲切握手并致以衷心的谢意。当然这位造车工人非常感动，并觉得无比荣幸，能够让总统记得自己的名字！这件事最后也成为罗斯福总统的一段美谈。

（资料来源：http://www.wyw.cn/news/301029.html。）

人际沟通时，谈话的内容固然很重要，然而在谈话时注意表示出对对方的关心，也是促进感情交流的方法之一。罗斯福总统叫出这位工人名字的同时，通过兴高采烈的表情、亲切的握手、热情的致谢打动了这位工人。这些非语言沟通传递了非常丰富的内容，这正是无声胜有声。

在当今这个发展迅猛的信息社会中，人与人之间的交流和沟通，并非仅仅局限于通过语言和文字这种单一的沟通方式来进行，而是更多地利用大量非语言文字的形式来进行信息文化之间的交流、沟通、传播，这就是非语言沟通。那么，什么是非语言沟通？它又具备哪些特点和性质呢？

## 一、什么是非语言沟通

所谓非语言沟通就是使用除语言以外的其他各种沟通方式来传递信息的过程。非语言沟通的形式有很多，包括身体语言、副语言、空间语言以及环境语言等，甚至没有表情的表情、没有动作的动作也都是非语言沟通的有效途径。非语言沟通在实际沟通中起着非常重要的作用，甚至比通过语言传递的信息更为重要。非语言沟通是人们经常应用并且不被人们注重的沟通表达方式，它比语言沟通更常见，也更富于表现力。关于非语言沟通在人际沟通中的重要性，美国口语学者雷蒙德·罗斯认为，在人际沟通中，人们所得到的信息总量，只有35%是语言符号传播的，其余的65%是非语言符号传达的，其中仅面部表情就传递了65%中的55%的信息。美国语言学家艾伯特·梅拉比安还提出了一个著名的沟通公式：

沟通的总效果＝语言（7%）＋声音（38%）＋语体（55%）

从这个公式不难看出，人与人之间的沟通只有7%（见图6-1）是通过语言实现的，高达93%的沟通都不是用嘴说出去，而是通过声音和语体表达出来的。所以，人们不只是单纯地从你说的话里判断是非，更能从你的肢体语言、

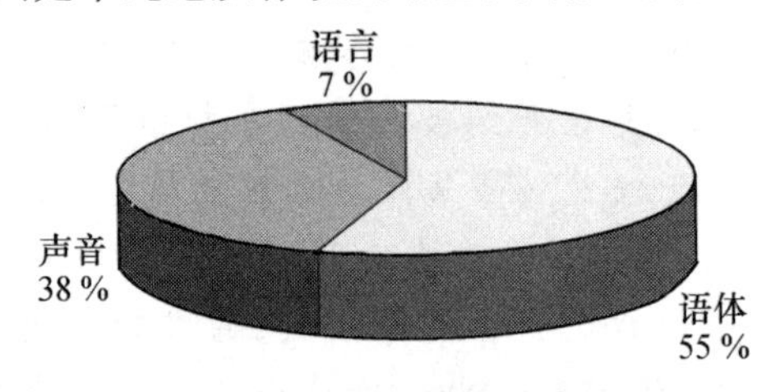


**图6-1　人际沟通公式**

眼神、表情、语气、语调里分析出其他含义来。

因此,研究非言语沟通的作用很有必要。人们在日常生活中利用身体动作、面部表情、空间距离、触摸行为、声音暗示、穿着打扮、实物标志、色彩、绘画、音乐、舞蹈、图像和装饰等来表达思想、情感、态度和意向,并且往往会发现,有时非语言沟通可以起到语言文字所不能替代的作用,一个人的手势、表情、眼神、笑声等都可以说话或传情。所以,非语言沟通不仅是利用语言进行信息交流的一种补充,而且是一种人与人之间的心理沟通,是人的情绪和情感、态度和爱好的相互交流与相互感应。

## 二、非语言沟通的特点

1. 非语言沟通隐藏着丰富的文化内涵

一般来说,人们的大多数非语言行为是在孩童时期学到的,是由其父母和其他相关群体传给的。因此,这些行为不可避免地要受到文化环境、风俗习惯、思维方式、价值观念以及宗教信仰的影响。在西方国家,那些有许多窗户和最好风景的办公室都是特意留给地位比较高的人的,而在日本却恰好相反,"坐在窗户旁边"暗示你已经从主要工作中被排除出来了,或者是已经被放在一边了。在德国,办公室是单独的、分开的,并且在紧闭的办公室门上写着主人的名字。德国人不愿在一个敞开的大办公室里工作,因为自己的谈话能被别人听到显然是一种缺乏隐私权的表现。而在日本,办公室一般是不分开的,公司经常会使用一个很大的、开放的并且很拥挤的办公室,包括老板在内的所有人都坐在这里,他们认为这样有助于消除那些阻碍非正式交流的隔阂。

2. 非语言沟通所包含的信息远远超出语言所提供的信息

有关研究表明,非语言沟通所显示的含义要比语言丰富得多,因为,语言有时会把所要表达的意思的大部分甚至是绝大部分隐藏起来。所以,要了解说话人的深层心理,即无意识领域,单凭语言是不够的,人的动作比语言更能表现出人的情感和欲望。人类语言传达的意思大多数属于理性层面,这种经过理性加工表达出来的语言往往不能真实地表露一个人的真正意向,甚至还会出现"口是心非"的现象。这就表明,当一个人在谈话时,他可能戴上某种面具,讲的话可能是虚假的,而其身体语言的掩饰就不会那么有效了。正如人们常说的"不仅要听你说什么,更重要的是看你怎么说"。由此可见,非语言沟通在沟通中所表现出的真实性和可靠性要比语言强得多,特别是在情感的表达、态度的显示、气质的表现等方面,非语言沟通更能显示出它所独有的特性和作用。所以,在人际沟通过程中,尤其在需要准确表达丰富的情感、增强表达效果、提供可靠的活动信息时,都必须运用准确的非语言表达方式。

3. 非语言沟通能够影响并调控语言沟通

在沟通过程中,非语言沟通不仅起着配合、辅助和加强语言沟通的作用,而且能够影响并调控语言沟通的方向和内容。例如,在交谈过程中,讲话者应把目光集中在交谈对象身上,尤其是其面部,意思是“我在跟你说话”。而交谈对象也应不时地注视一下讲话者,表示“我在听着呢”。讲话者在快讲完时,总是抬起眼望着对方,示意对方“该你讲了”。这时对方会接受这一信号,将目光移向别处,表示“我已经准备接话了”。然后,原来的听者转为讲话者,重复刚才的一幕,谈话继续进行。如果在讲话者喋喋不休时,听者东张西望,那就表示“够了,别讲了”,这时讲话者应及时做出调整。这种目光信号的交换伴随着整个谈话过程,调节着谈话的结构和内容。

不仅如此,非语言沟通还能验证和表达语言沟通所要传递的信息。例如,在一些娱乐节目中,我们会看到一种大众游戏,就是表演者不可以说话,但可以通过动作或者表情来表现一个成语或一句话,让另外的参与者来猜。有时表演者做得很传神,参与者便能准确回答;而有时表演者的表达不是很到位,参与者便会错误地理解表演者的意图而说出了毫不相干的意思,令观众忍俊不禁。这就说明非语言沟通在表达准确的时候可以真实地传递信息,而这个信息传递的过程又会受到动作、表情等众多因素的影响。

4. 非语言沟通能表明情感和态度

非语言沟通在很大程度上是无意识的,因而,它能更真实地表明人的情感和态度。当你与他人交谈后,你会很清楚地记得谈话的内容,因为,这些话是通过你的思考、选择有意识地表达出来的。但在谈话时你做了哪些动作、用过什么样的姿势却难以说清,因为,它们是自然而然的流露,你并没有刻意地去选择在说哪些话时采取哪些姿势。例如,我们会不自觉地接近自己喜欢的人,而与自己不喜欢的人谈话时则离得远些;当反对某些意见时,可能会把双臂交叉在胸前,而对某些话题感兴趣时,就会把身体向对方倾斜。面部表情、手势、形体动作和使用目光的方式,都向他人传递了我们的情感和情绪,别人能从我们的身体语言中发现愉快、悲哀、恐惧、愤怒和是否有兴趣。绝大多数人也能通过说话的速度、音调等准确地识别说话者的情绪。

**小阅读:手势语**

手势语(Sign Language)是非语言沟通的一种,它可以表达各种思想感情,并且不同的文化有着不同的含义。下面是一些常见的手势语在不同文化中的含义:

1. 翘大拇指。在中国,翘大拇指表示“好”,用来称赞对方干得不错、了不起、高明,这个意思在世界上许多国家都是一样的。英美人伸大拇指,向上,意为“It's good”或“It's ok”。伸大拇指,向下,意为“It's bad”或“I don't agree it”。但是在一些国家还有另外的意思。比如,在日本,它还表示“男人”、“你的父亲”、“最高”;在韩国,还表示“首领”、“自己的父亲”、“部长”和“队长”;在澳大利亚、墨西哥、荷兰等国,则表示“祈祷命运”;到了法国、印度,在拦路搭车时可以使用这一手势;在尼日利亚,它又表示对远方亲人的问候。此外,一些国家还用这一手势指责对方“胡扯”。

2. 将拇指和食指弯曲合成圆圈,手心向前。这个手势在美国表示“Ok”;在日本表示钱;在拉丁美洲则表示下流低级的动作。

3. 用食指点别人。这在欧美国家是很不礼貌的责骂人的动作。

4. 把大拇指和食指组成圆,其余三指伸直,英美人用这个表示“Excellent”。

5. 伸出食指。在美国表示让对方稍等;在法国表示请求对方回答问题;在缅甸表示请求、拜托;在新加坡表示最重要的;在澳大利亚则表示“请再来一杯啤酒”。

6. 伸出食指和中指做V字状。“V”是英文Victory和法文Victore(胜利)的第一个字母,故在英国、法国、捷克等国此手势含有“胜利”之意。但在塞尔维亚语中这一手势代表“英雄气概”,在荷兰语中则代表“自由”。

7. 将手掌向上伸开,不停地伸出手指。这个动作在英美国家是用来招呼人的,意即“Come here”。

8. 伸出小指。在日本表示女人、女孩子、恋人;在韩国表示妻子、女朋友;在菲律宾表示小个子、年轻或表示对方是小人物;在泰国、沙特阿拉伯表示朋友;在缅甸、印度表示要去厕所;在英国表示懦弱的男人;在美国、韩国、尼日利亚还可以表示打赌。

(资料来源:http://wenku.baidu.com/view/76e5374ce518964bcf847c0d.html。)

## 三、非语言沟通含有的特性

1. 普遍性

在沟通过程中,几乎每个人从小不知不觉地就学会了非语言沟通的能力。据考证,这种沟通能力的获得是人类有史以来就有的一种本能。人类产生以后,就开始了人与自然界及人与人之间的沟通活动,这种非语言沟通在语言符号产生之前就已经是最重要的沟通形式了。随着人们实践活动的发展、社会的进步和人际交往范围的扩大,人们的非语言沟通能力也不断得到丰富和发展。这种非语言沟通能力不仅中国人有,外国人也有。不过,由于各国文化的不同,这种非语言的表达方式也有所不同,但就一般意义上来讲,与各国各民族所用的语言比较起来,非语言沟通的信息共享更强一些。国际音乐节和舞蹈节邀请了许多国家的歌唱家、舞蹈家一起同台演出,有时并不需要说同样的语言。音乐和舞蹈可以跨越语言障碍进行人与人之间的非语言沟通与交流。

2. 民族性

不同的民族有不同的文化传统和风俗习惯,这种不同的文化传统和风俗习惯决定了其特有的非语言沟通符号。例如,在我国的侗族,假如不会唱侗族大歌就几乎被人视为残废。比较典型的人际沟通例子是人们通过握手、拥抱和亲吻来表达自己对他人的欢迎和喜爱。在欧洲一些国家,亲吻、贴面是一种礼节,是一种友好热情的表示,尤其是对女性而言;但中国人往往不太习惯,而更习惯于以握手的方式来表达同样的感情。

3. 社会性

人与人之间的关系是一种社会关系。人们的年龄、性别、文化程度、伦理道德、价值取向、生活环境、宗教信仰等社会因素都对非语言沟通产生了影响。社会中的不同职业角色、不同阶层都对非语言沟通有着较细微的规定,如有些年轻人喜欢以相互用手拍肩膀以示友好或表示“哥们儿”,然而,假如用同等方式去向父母或年龄较大的长辈表达友好就显得没有礼貌了。

4. 审美性

非语言沟通所表现的行为举止是一种美的体现。对此类行为的认同的基础是人们的审美观念。人们审美观念的形成与年龄、经历有着很大关系,例如人的仪表美就是一个有争论的话题。女人梳妆打扮、抹胭脂、搽口红、戴首饰等是一种美的表达,但也有可能给别人传达一种过分轻浮的信息。假如沟通的参与者意见不一致,对外在美所体现的心灵美看法不同,在一定程度上会影响人际沟通。

5. 规范性

这种规范性是指一个社会群体或一个民族受着特定文化传统的影响，长期以来对非语言沟通所产生的社会认同。每一种社会角色都有着被大家承认的行为举止准则，在运用非语言符号时，要考虑沟通对象的文化因素、民族因素、环境因素、年龄因素、心理因素、社会道德因素等。一旦忽略了某种非语言符号所特有的规范性，便会造成误解和沟通障碍。

6. 情境性

非语言沟通一般不能单独使用，不能脱离当时当地的条件、环境背景，必须与相应的语言情境配合。只有那些善于将非语言符号与真实环境背景联系起来的人，才能准确、适当地运用非语言符号。

**小阅读：早点摊的老板与空姐的对比**

早上去买油条，摊点的老板是三四十岁的北方汉子，距离摊点还有三米左右的距离时，老板就笑容满面地大声说："来啦！"那感觉像是多年不见的朋友突然重逢，让你心里热乎乎的，很是高兴，我想了半天才记起来好像一个月之前来过他的摊点。我现在明白为什么他的生意好了，虽然他给别人拿油条直接用手抓。

登机的时候，空姐站在舱门附近，一边和身边的同事聊天，一边机械地、面无表情地重复着"欢迎光临"，稍微好点的，会用尽全力把嘴角稍微上翘一点，挤出点皮笑肉不笑的笑容。下机的时候，空姐站在舱门附近，一边嘴里说着"慢走，再见"，一边打着哈欠，流露出厌倦的表情。

（资料来源：http://blog.cntv.cn/13448249-1396814.html。）

**思考·讨论·分析**

为什么早点摊的老板和美丽的空姐给人的感觉有这么大差异？从信息传递的方式和非语言沟通的角度来分析。

## 第二节 非语言沟通与语言沟通的关系

### ◆ 引例

**毛主席的挥手之间**

方纪的散文《挥手之间》，描述了在抗日战争时期，毛泽东去重庆谈判前与延安军民告别时的动作。“机场上人群静静地站立着，千百双眼睛随着主席高大的身影移动。”“人们不知道怎样表达自己的心情，只是拼命挥着手。”“这时，主席也举起手来，举起他那顶深灰色盔式帽，举得很慢，很慢，像是在举一件十分沉重的东西，一点一点地，一点一点地，等举过头顶，忽然用力一挥，便在空中一动不动了。”

（资料来源：http://wenku.baidu.com/view/93119ded998fcc22bcd10d3f.html。）

“举得很慢，很慢”，体现了毛泽东在革命重要关头对重大决策严肃认真的思考过程，同时，也反映了毛泽东和人民群众的密切关系和依依惜别之情。“忽然用力一挥”表现了毛泽东的英明果断和一往无前的英雄气概。毛泽东在这个欢送过程中一句话也没有讲，但他的手势动作却胜过千言万语。

非语言沟通代替有声语言在现实中的很多情况下尤其是舞台中的作用最为突出。在表演时，完全凭借手、脚、体形、姿势、表情等身体语言，就能够准确地传递特定的剧情信息。

需要指出的是，在管理工作中所采用的非语言沟通与舞台表演时的身体语言应当有所区别。在管理沟通中运用非语言沟通，要尽量生活化、自然化，与当时的环境、心情、气氛相协调，如果运用非语言沟通时过分夸张或矫揉造作，只会给别人造成虚情假意的印象，影响沟通的质量，甚至起到反作用。那么非语言沟通与语言沟通之间存在着哪些关系呢？

英国学者阿盖儿（Argylls）提出，非语言沟通有三个基本用途：一是处理、操纵直接的社会情境；二是辅助语言沟通；三是代替语言沟通。由此说明，语言沟通和非语言沟通各有其作用，它们相互作用、相互影响。有时语言沟通起主要作用，有时非语言沟通起主要作用。这就要求人们必须全面认识非语言沟通与语言沟通的关系，不能顾此失彼，不能因强调语言沟通而忽视非语言沟通的作用，也不能因强调非语言沟通而忽视语言沟通的作用。事实上，在沟通过程中，非语言沟通与语言沟通常常是伴随进行的。可以想象，脱离非语言沟通的配合，语言沟通往往难以达到应有的效果；同样，脱离语言沟通的语意环境，独立地理解某一非语言行为的含义也是很困难的。概括而言，非语言沟通与语言沟通的关系主要表现在以下几个方面：

## 一、非语言沟通能够强化语言沟通的信息

非语言行为在许多场合能起到强化语言信息的作用，如在表达"我们一定要实现这个目标"时，要有力地挥动拳头；在表达"我们的明天会更好"时，要提高语调，同时右手向前有力地伸展等。这些非语言行为大大增强了语言的分量，体现出决策者的郑重和决心。现实生活中，我们常用手势与语言相结合的方法来强调事物的重要性、紧迫性和真实性。例如，有时为了强调一个人、一件事物和某个地点，人们会一边指着一边说"就是他"、"就是这个"、"就是这儿"。人们在生气的时候常常提高声音强度，并以一些动作来表达自己十分生气，例如，一名顾客眉头紧锁、表情严肃地向经理诉说着自己的不满，并不时地挥舞双臂表示愤怒，或上司拍打着桌子对下属的失职表示愤怒等。上述这些都是利用非语言沟通来强化语言信息。

## 二、非语言沟通能够代替语言沟通的信息

非语言行为作为一种特定的形象语言，可以产生有声语言所不能达到的实际效果。许多用有声语言不能传递的信息，非语言行为却可以有效地传递。在日常工作中，人们都在自觉或不自觉地使用各种非语言行为来代替有声语言，进行信息的传递和交流。利用非语言行为进行沟通有时能够省去过多的"颇费言辞"的解释而达到"只可意会，不可言传"的效果。这正像人们所说的"此时无声胜有声"。例如，老师在课堂上提出问题，学生们举手表示"我想回答"；如果学生面对老师的提问一再摇头，虽然没有说"不知道"，但同样传递了"我不知道"或"我不会"的信息。

## 三、非语言沟通能够补充语言沟通的信息

非语言行为可以在语言信息之外增加信息。以"道别"为例，在多数情况下，非语言行为与语言二者并用，互为补充。例如，如果人们言谈甚欢，在一方站起身来说"我得走了"的时候，对方也会起身相送，双方告别时还会增加目光的接触，表示"我们的谈话很有趣，有机会我们再聊好吗"。但是，如果此前的谈话很不顺利，那双方的表情会显得很冷淡，尽管也会说"再见"，但非语言行为（如移开目光、坐着不起身相送等）却可能暗示着"再也不想和你谈了"、"天哪，总算完了"等不同的含义。

## 四、非语言沟通能够重复语言沟通的信息

在交流过程中,人们为了使语言所表达的信息更容易被理解和接受,往往在说话的同时还伴随着与意思相同的非语言行为。例如,当幼儿园老师叫小朋友们上课时要专心听讲,不可以跟同桌的小朋友说话的时候,会朝小朋友摇摇手,强调千万不可以。

## 五、非语言沟通能够否定语言沟通的信息

当人们对语言沟通所传递的信息表示不满或意见有分歧时,人们可以通过非语言行为给予否定或拒绝。例如,某人在争吵中处于劣势,却颤抖地说道:"我怕他?笑话!"事实上,从说话者颤抖的嘴唇上不难看出,他的确感到恐惧和害怕。这充分说明,当语言信息与非语言信息发生冲突时,最常被接受的是非语言信息的含义,或者说非语言信息揭露了真相。

## 六、非语言沟通能够验证语言沟通信息的真实性

非语言行为所包含的信息常常是在不知不觉中反映出来的,是人们内心情感的自然流露,它所传递的信息更具有真实性。正因为非语言行为具有这个特点,非语言行为所传递的信息常常可以印证有声语言所传递信息的真实与否。在实际交流过程中,常会出现"言行不一"的现象。正确判断一个人的真实思想和心理活动,要通过观察他的非语言行为,而不只是听他的有声语言,因为,有声语言往往会掩饰真实情况。例如,在日常工作中,同事之间的一个很小的助人动作,就能验证谁是你真心的朋友。再如,在商务谈判中,可以通过观察对方的言行举止,判断出对方的合作诚意和所关心的目标等。

**小阅读:手势与姿势**

轻轻地、缓慢地搓手;咬铅笔头或其他物品;身体前倾或直接面对演讲者;往椅子后背靠;手或手指放在嘴前;两臂在胸前交差;点头;深深地叹气;用手指指点点;拿着东西指指点点;耸肩。

**思考·讨论·分析**

说说以上手势或姿势在沟通时所隐含的意思。

# 第三节　非语言沟通的表现方式和运用技巧

## ◆ 引例

### 谁更适合

小张是一家公司人力资源部的主管。他所在的公司需要招聘一名文员，要求英语专业的女性。作为一家全国知名公司，招聘消息在网上发布后没多久，就接到了大量的求职信。

经过层层考核，留下了三个实力相当的应征者，小张让这三个人写一篇800字以内的中文作文，这样不仅可以考察她们的文字表达能力，更重要的是他要通过分析笔迹来判断谁最适合这个岗位。

A小姐：英语水准和中文表达能力都极其出色，而且由于她看过很多书，谈吐非常得体。在面试时，小张对她的印象很好，已经把她作为第一考虑人选。但通过仔细研究她的笔迹后小张发现，她的字非常大，棱角过于突出，经常有一些竖笔画划到下一行。而且文章通篇有一种不可一世、压倒一切的霸气。经过分析，小张认为她是个很有才气同时又很有野心的女孩，她不会安心于终日做一些琐碎日常的工作。而且由于她自信心极强，她字迹反映出的不可一世，让她也不可能很随和地与部门的人相处。经理也会非常难领导这样的下属。有这样字迹的女孩子更适合做行销、业务等能带来高度挑战感的工作。所以小张选择了放弃她。

B小姐：人长得非常漂亮，口齿伶俐，在面试时的一问一答都反应机灵而敏捷。她的英语口语非常出色。但小张在研究她的笔迹后发现，她的字非常小而黏连，弱弱娇娇，字没有一点儿骨架，有很强的讨好别人的谄媚之相。研究后小张强烈地感觉这是个心胸狭小、娇滴滴的、吃不了一点苦的而且还有极强虚荣心的人。

C小姐：表面看她没有任何优势，她是通过英语自学考试拿到的英语本科文凭，无法与其他人光鲜的大学背景相比。虽然通过考试发现她英语口语和写作都不错，但由于人长得非常不起眼，而且说话很少、声音很轻，面试时她没给小张留下什么印象。但恰恰是她的字让小张立刻注意到了她。她的字写得娟秀、清爽、整齐，笔画很轻，通篇干干净净，字的大小非常均匀，而且笔画中适度的棱角让字体很有个性，但这种棱角又没有咄咄逼人的压迫之气。从她的字可以判断出来她做事非常认真仔细，自律意识很强且安心做日常琐碎的工作。她有自己独立的见解但又不至于没有团队精神。

在笔迹分析的帮助下，小张选择了C小姐为部门文员。半年过去了，事实证实她的性格走向完全与小张当初的判断相符：她敬业且高效，严谨且认真，她将部门的日常工作处理得非常好。

（资料来源：http://wenku.baidu.com/view/5377b72fbd64783e09122bde.html。）

正如引例中所显示的那样，没有语言并不意味着没有沟通。字迹也可以成为一种非语言沟通的形式，传递更多、更加真实和客观的信号。

非语言沟通行为是生动的、持续的，它可以更直观形象地表达语言行为所表达的意思，比语言行为更接近事实。特定环境下的非语言行为具有特定的意义，它能够稳定对方的情绪，改善对方不良的心理状态，使交流的氛围更和谐，使对方得到关爱、体贴。由此可见，交流双方恰到好处地应用非语言沟通行为，能弥补某些状态下语言交流的不足，促进双方沟通，提高交流质量。那么，非语言沟通有哪些表现方式，在运用非语言沟通时又该注意哪些运用技巧呢？

## 一、身体动作

1. 肢体动作

肢体动作主要指四肢的动作，包括手部、头部、肩部以及腿部等。通过对肢体动作的分析，可以判断人的心理活动或心理状态。

（1）手的动作。手的动作是身体动作中最重要也最明显的部分之一。由于手部动作比较灵活，因此，运用起来更加自如，许多演员、政治家和演说家通常会通过训练使自己有意识地利用一些手势来加强语气。一般来说，手势都是无意识地运用的，由于个人的习惯不同，讲话的具体情况不同，沟通双方的情绪不同，手势动作也就不同。采用何种手势，因人、因物、因事而异。总的来说，不同的手势有不同的含义。

**手指** 双手插在上衣、裤子口袋里，露出两个拇指，是显示高傲态度的手势；将双臂交叉于胸前，双拇指翘向上方，这既显示防卫和敌对情绪，又显示十足的优越感，这种人极难接近；若在谈话中将拇指指向他人，是嘲弄和藐视的信号；若伸出食指，其余的指头紧握，指着对方，表示因不满对方的所做所为而要教训对方，带有很大的威胁性；如果将双手手指架成耸立的塔形，表示有发号施令和发表意见的欲望，如成水平的尖塔形则表示愿意听取别人的意见。

当我们把拇指和食指做成一个圆形时，它的意思是“好”；拇指与食指、中指相搓，则是一种“谈钱”的手势；当我们分开食指和中指做成V字形，并将手掌朝向他人时，则意味着“胜利”；把食指垂直放在嘴边意味着“嘘，不要出声”等。

**手掌** 判断一个人是否诚实，有效的途径之一就是观察他讲话时手掌的活动。一般认为，敞开手掌象征着坦率、真挚和诚恳。小孩子撒谎时，手掌藏在背后；成人撒谎时，往往将双手插在兜内，或双臂交叉，不露手掌。常见的手掌语言有两种——掌心向上和掌心向下。掌心向上，摊开双手，表示真诚、坦率，不带任何威胁性；而掌心向下，表明压抑、控制，带有强制性和支配性，容易使人产生抵触情绪。比如，当会议进行得很激烈时，有人为了使大家情绪稳定下来，做出两手掌心向下按的动作，意思是说“镇静下来，不要为一点儿小事争执了”。

**背手** 有地位的人都有背手的习惯，当他们站立或走路时，双臂背在背后并用一只手握住另一只手，表示的往往是一种优越感和自信。不仅如此，背手还可以起到镇定作用，双臂背在身后，表现出自己的胆略。学生背书，双手往后一背，的确能缓和紧张的情绪。但要注意的是，若双手背在身后，不是手握手，而是一手握另一手的腕、肘、臂，则成为一种表示沮丧、不安并竭力进行自我控制的动作语言，暗示了当事者心绪不宁的被动状态。而且，握的部位越高，沮丧的程度也越高。

**搓手** 冬天搓手掌，是防冷御寒。平时搓手掌，正如成语“摩拳擦掌”所形容的跃跃欲试的心态，是人们表示对某一事情的急切期待的心情。运动员起跑前搓搓手掌，表示期待胜利。国外的餐馆服务员在你桌前搓搓手掌，问：“先生，还要点什么？”这实际上是对小费的期待和对赞赏的期待。在商务谈判中这种手势可以告诉对方或对方告诉你他在期待着什么。

**双手搂头** 将双手交叉搂在脑后，这是有权威、占优势地位或对某事抱有信心的人经常使用的一种典型的表示高傲的动作。这也是一种暗示拥有权力的手势，表明当事者对某地、某物拥有所有权。如若双手支撑着脑袋，或是双手握拳支撑在太阳穴部位，双眼凝视，则是脑力劳动者惯用的一种帮助思考的手势。

**握手** 握手是现代社会习以为常的见面礼，然而握手的方式却千差万别。握手的力量、姿势和时间的长短都能传递不同的信息。根据握手的力量、姿势和时间的长短不同，可将握手分为以下几种类型：

第一，支配性与谦恭性握手。握手时手心向下，传递给对方的是支配性的态度。研究证明，地位显赫的人习惯于采用这种握手方式。掌心向上与人握手，传递着一种顺从性的态度，表示愿意接受对方的支配，谦虚恭敬。若握手双方都想处于支配地位，握手则是异常象征性的竞争，其结果是双方的手掌都处于垂直状态。研究表明，同事之间、朋友之间、社会地位相等的人之间往往采取这种形式的握手。

第二，直臂式握手。直臂式握手即握手时猛地伸出一条僵硬挺直的手臂，掌心向下。事实证明，这种形式的握手是最粗鲁、最放肆、最令人讨厌的握手形式之一，所以，在日常生活中应避免使用这种握手方式。

第三，死鱼式握手。一方伸出软弱迟钝的手，有气无力地让对方去握，像一条死鱼，给人一种很不情愿的感觉。这种握手方式使人感到无情无义、受到冷落，还不如不握。

第四，双握式握手。采用这种方式握手的人是想向对方传递友好的情感，常常是先用右手握住对方的右手，再用左手握住对方的手背，双手夹握，西方亦称之为“政客式握手”。这种握手包括两种形式：一种是“手握式握手”，即用两只手紧紧握住对方的一只手并上下用力摇动；另一种是用右手抓住别人的右手不放，左手同时做出各种“亲密”动作，例如，抓住别人的手腕或手臂或肩头等。左手触及别人身体的位置越高，就表示越热情、越亲密。

第五，折骨式握手。这是一种用力过猛的握手形式。握手时用拇指和食指紧紧抓住对方的四指关节处，像老虎钳一样夹住对方双手，让别人感到疼痛难忍。很显然，这种握手方式会让人感觉到畏惧和厌恶。

第六，蜻蜓点水式握手。这种握手方式不是满手张开去握住对方的整个手掌，而是轻轻地捏住对方的几个指尖，给人十分冷淡的感觉，用意是要与对方保持距离。女士同男士握手时往往会采用这种方式。

（2）头部动作。头部动作也是运用较多的身体语言，而且头部动作所表示的含义十分细腻，需根据头部动作的程度并结合具体的条件来对头部动作传递的信息进行判断。

**点头**　点头这一动作可以表示多种含义，有表示赞成、肯定的意思，有表示理解的意思，也有表示承认的意思，还可表示事先约好的特定暗号等。在某些场合，点头还表示礼貌、问候，是一种优雅的社交动作语言。

**摇头**　摇头一般表示拒绝、否定的意思。在一些特定背景条件下，轻微地摇头还带有沉思的含义和不可以、不行的暗示。

（3）肩的动作。耸肩膀这一动作外国人使用得较普遍。由于受到惊吓，一个人会紧张得耸肩膀，这是一种生理上的动作。另外，耸肩膀还表示“随你便”、无可奈何、放弃、不理解等含义。

（4）脚的动作。脚的动作虽然不易观察，但是能更直接地揭示对方的心理。抖脚可表示轻松、愉快，也可表示焦急不安；跺脚表明兴奋，但在愤怒时也会跺脚；脚步轻快表明心情舒畅；脚步沉重说明疲乏，心中有压力等；双脚呈僵硬的姿势，表示紧张、焦虑；脚尖点地表示轻松或无拘束；坐着时脚尖来回摆动表示轻松或悠闲。

2. 身体姿势

一个人的身体姿势能够表达出他是否有信心、是否精力充沛，具体可以通过一个人的走姿、站姿、坐姿表现出来。通常人们想象中精力充沛的姿势是：收腹、肩膀平而挺直、胸肌发达、下巴上提、面带微笑、眼神中透露出必胜的信心。

(1) 走姿。一个人的走姿最能体现他是否有信心。走路时，身体应当保持正直，不要过分摇摆，也不要左顾右盼，两眼应平视前方，两腿要有节奏地交替向前，步履轻捷不要拖拉，两臂应在身体两侧自然摆动。正确的走姿要做到轻、灵、巧。男士要稳定、矫健，女士要轻盈、优雅。

(2) 站姿。一个人的站姿体现了这个人的道德修养、文化水平以及与他人交往是否有诚意。站立时，身躯要正直，头、颈、腿要与地面垂直；眼要平视前方，挺胸收腹，整个姿态应显得庄重、平稳，切忌东倒西歪、耸肩驼背。站立交谈时，双方应随说话内容做一些手势，但动作不要过大，以免显得粗鲁。在正式场合站立时，不要将手插入裤袋里或交叉在胸前，更要避免一些下意识的小动作，如摆弄手中的笔、打火机和玩弄衣带、发辫等，这样不仅显得拘谨，给人一种缺乏自信、缺乏经验的感觉，而且也有失仪表的庄重。良好的站姿应该给人以挺、直、高的感觉，向松树一样舒展、挺拔、俊秀。

(3) 坐姿。坐姿要尽可能做到舒服地坐着，但不能降低自己的身份，影响正常的交流。如果笔直地坐在一张直靠背椅上，你的坐姿会显得僵硬。最好的方式是将身体的某一部位靠在靠背上，使身体稍微有些倾斜。当你听对面或旁边的人谈话时，可以摆出一种轻松的而不是紧张的坐姿。你在听别人讲话时，可以通过微笑、点头或者轻轻移动位置以便清楚地注意到对方的言词的方式，来表明你的兴趣与欣赏。当轮到你说话时，你可以先通过手势来吸引对方的注意力，强调你谈话内容的重要性，然后，身体前倾，变化语调，配合适当的手势来强调你想强调的论点。面试时，应聘者如果弓着背坐着，两臂僵硬地紧夹着上身，两腿和两只脚紧靠在一起，就等于对面试者说“我很紧张”。同样，如果应聘者懒散地、两脚撒开地坐着，表明他过分自信或随便，也会令人不舒服。

## 二、面部表情

面部表情语言就是通过面部器官(包括眼、嘴、舌、鼻、脸等)的动作、姿态所表示的信息。美国学者巴克经过研究发现,光是人的脸,就能够做出大约25万种不同的表情。在交际过程中,交际双方最易被观察的“区域”莫过于面部。由于脸上的神色是心灵的反映,面部表情是人的心理状态的体现,因此,人的基本情感及各种复杂的内心世界都能够从面部真实地表现出来。我们在日常生活中时时都在使用面部表情这一身体语言。求人办事、请人帮忙,无一不需注意对方的“晴雨表”——脸色。由此可见,面部表情对有效沟通起着重要作用。

知识链接:微笑的作用

- 微笑不需要太多的付出,可是却有很多的收获。
- 微笑令接收者蒙益,可是施予者也无损失。
- 微笑发生在那一刹那,可是给人的回忆却是永恒的。
- 微笑不会因为你有钱,你便不需要它,可是贫穷的人却因微笑而致富!
- 微笑是家庭中温馨的氛围。
- 微笑是生意场上制造好感的工具。
- 微笑是朋友间善意的招呼!
- 微笑使疲惫者有了休息。
- 微笑使失望者获得光明。
- 微笑使悲哀者迎向阳光。
- 微笑又使大自然解除了困扰!
- 微笑无处可买,无处可求,无法去借,更不能去偷……
- 微笑只有你真心地给予!

(资料来源:http://wenku.baidu.com/view/041da7926bec0975f465e263.html。)

这是著名广告人弗雷克·伊文在为考林公司所制作的广告中,提到的一首小诗——《圣诞节一笑的价值》。这首小诗揭示了人类最美好、最有价值的语言——微笑。在与陌生人交流时,由于陌生,我们常常一脸严肃、冷漠,甚至拒人于千里之外,那么,你能不能给他们一个微笑呢?

1. 眼睛

在面部的各器官中眼睛最富于表现力。眼神是内心世界,即修养、道德、情操的自然流露，是外部世界与个人内心世界的交汇点。一个人的眼神既可以表现他的喜、怒、哀、乐，也可以反映他心灵中蕴涵的一切内容。有经验的说话者都很注意恰当而巧妙地运用自己的眼神，借以充分发挥口才的作用。如果一名沟通者说话时不善于用眼神传情，总是呈现出一双无表情的眼睛，就会给听众一种呆滞麻木的感觉，无法引起听众的注意，有损于语言的表达。

（1）注视。行为科学家断言，只有在相互注视到对方的眼睛时，彼此的沟通才能建立。沟通中的目光接触非常重要，甚至有的民族对目光接触的重视程度远远超过对语言沟通的信赖。在阿拉伯国家，阿拉伯人告诫其同胞“永远不要与那些不敢和你正视的人做生意”。在美国，如果你应聘时忘记看着主考官的眼睛的话，就别想找到一份好工作。一般来讲，讲话者说话时，目光要朝向对方，适度地注视对方的眼和脸，不要仰视天上，也不要俯视地面，不要斜视对方，也不要不停地眨眼。

沟通中注视的方式和时间对双方交流的影响十分重要。具体来说：① 注视的方式。眨眼是人的一种注视方式。眨眼一般每分钟5—8次，若眨眼时间超过一秒钟就变成了闭眼。在一秒钟之内连眨几次眼，是神情活跃、对某事物感兴趣的表示；时间超过一秒钟的闭眼则表示厌恶、不感兴趣，或表示自己比对方优越，有蔑视或藐视的意思。② 注视的时间。有时，我们和有些人谈话感到舒服，有些人则令我们不自在，甚至看起来不值得信任，这主要与对方注视我们的时间长短有关。当一个人不诚实或企图撒谎时，他的目光与你的目光相接往往不足全部谈话时间的三分之一。如果某个人的目光与你的目光相接超过三分之二，可以说明两个问题：第一，对你或说话的内容感兴趣，这时他的瞳孔是放大的；第二，对你怀有敌意，向你表示无声的挑战，这时他的瞳孔会缩小。总的来说，若想和别人建立良好的关系，在整个谈话时间里，你和对方的目光相接累计应达到50%—70%的时间，只有这样才能得到对方的信赖和喜欢。

（2）扫视与侧视。扫视常用来表示好奇的态度，侧视则表示轻蔑的态度。在交际过程中过多地使用扫视，会让对方觉得你心不在焉，对讨论的问题不感兴趣；而过多地使用侧视会造成对方的敌意。

（3）闭眼。长时间的闭眼会给对方以孤傲自居的感觉。如果闭眼的同时，还伴有双臂交叉、仰头等动作，就会给对方以故意拉长脸、目中无人的感觉。

2. 眉毛

俗话说“眉目传情”，眉和目总是相连在一起来传递信息的，眉毛的运动可以帮助眼神的传递,可以传递像问候、惊讶、恐惧等信息。如果你眯起双眼,眉毛稍稍向下,可能表示你已陷入沉思当中;如果你眉毛扬起,可能是一种怀疑的表情,也可能是兴奋;如果紧锁眉头则表示焦虑等。一般来说,西方人比东方人更会运用眉毛来传递信息。据报道,西方人能用眉毛来传递28种不同的信息。

3. 鼻子

虽然鼻子很少表现,而且大都用来表现厌恶、戏谑之情,但若用得得当也能使话语更生动。比如,愤怒时,鼻孔张大、鼻翼翕动,感情会表达得更为强烈。在沟通活动中,当你内心对某事不满时,应理智地处理它,或委婉地说出来,千万不能向对方皱鼻子。

4. 嘴

嘴的动作也能从各方面反映人的内心。嘴的表情是通过口型变化来体现的:鄙视时嘴巴一撇;惊愕时张口结舌;忍耐时紧咬下唇;微笑时嘴角上翘;气急时嘴唇发抖等。当然,嘴还可以和身体的其他部位配合以表示不同的含义。

5. 微笑

微笑是没有国界的语言,对每一个人来说都是均等的。把微笑运用到日常工作中去,会给我们带来意想不到的成功。正是因为如此,不少企业,特别是服务行业的企业,开始对其员工进行微笑培训,让他们学会微笑。

善于交际的人在人际交往中的第一个行动就是面带微笑。一个友好、真诚的微笑会传递给别人许多信息。微笑能够使沟通在一个轻松的氛围中展开,可以消除由于陌生、紧张带来的障碍。同时,微笑也显示出你的自信心,表示你希望通过良好的沟通达到预定的目标。

## 三、服饰仪态

在现代生活中,人们的着装打扮已远远超越了最基本的遮羞避寒的功能,其更重要的功能是向别人传递属于个人风格的信息。服装、饰物及化妆等非语言方式都作为沟通的手段而发挥着重要的作用。

1. 服装

服装对非语言沟通极为重要。衣服的颜色、款式和风格等能够传递许多信息,不仅可以表示一个人的社会地位、身份和职业性质,而且能够反映人的心理特点和性格。服装能够透露人的感情信息,常常是如何感觉的就会如何穿着,而穿着如何又会影响着你的感觉。

(1) 服装的种类。一般来说,服装可以分为制服、职业装和休闲装几类。

制服是最专业化的服装形式，它表明穿着者属于一个特定的组织。最常见的制服是军装，军装告诉人们着装者在军队中所处的地位以及与他人的关系。职业装是企事业单位为员工提供的服装，它是企事业单位形象识别系统的组成部分，如公司为员工提供的职业装和学校为教职工提供的职业装等。休闲装是工作之余的穿着，这种服装的选择权在个人，所以休闲装能够表现人的个性。

（2）服装的颜色。服装的颜色非常值得注意。在西方，黑色是丧服的颜色，白色为婚庆礼服的颜色；但在东方，丧服往往用白色，婚庆用红色。在古代欧洲，紫色一般是权力的象征；而在古代中国，黄色才是不可侵犯的权贵颜色，皇帝的龙袍是黄色的，唐朝以后甚至规定非天子不得穿黄袍，不过紫色在古代中国也代表权贵。在正式的工作场合，最佳颜色为黑和白，其次是灰色、褐色系列。

**小阅读：黑色衣服更显野蛮**

康奈尔大学的两位心理学家的研究显示，身着黑色球衣使足球运动员或曲棍球队员在赛场上的表现看上去更为野蛮。1970—1986 年，28 个全国足球联盟队所受裁罚的记录表明，12 个受处罚最多的球队中，有 5 个队的制服以黑色为主色调。同样，这 17 年间 3 个受罚最多的全国曲棍球联盟队也身着黑色。上面的发现促使心理学家对黑色衣着进行了一系列实验：将两盘足球比赛的录像带放给由球迷和裁判组成的小组观看。一盘带子上，防卫者身穿黑色球衣；另一盘上，防卫者穿白色球衣。观众认为虽然动作相同，但身穿黑色球衣的比身穿白色球衣的更具"攻击性"，也较肮脏。

（资料来源：http://data. book. 163. com/book/section/0000PDWd/0000PDWd47. html。）

心理学家推测，由于穿黑色衣服的人往往给人以更具攻击性或更野蛮的感觉，这个穿黑色衣服的人也就变得更具攻击性。

（3）着装的要求。合适的着装有两个要求：

首先，着装要符合一个人的年龄、职业和身份。尤其是管理者的着装要体现自己的身份，并且要让自己的着装能给人留下美好的印象。服装的穿着能表明管理者大概是什么性格特点的人。在社交场合中，人们对新来者的第一印象就是看他的穿着如何，并根据第一印象对新来者做出某种初步判断。职业装最能显示一个人的工作性质以及他的从属关系。以某一饭店中的管理人员、各种性质的服务员着装为例。饭店员工的制服首先有一个整体的特点，以区别于其他饭店。在饭店内部，又以不同的样式、标志或颜色显示出各自不同的身份、职责范围。当顾客来到某一饭店时，一定希望接待自己的是一位穿着美观、整洁，态度和蔼的服务员，而不是衣着不整、无精打采的服务员。职业装明确表明了人们的身份，促使每一个人自觉维护集体的荣誉、热爱本职工作、增强责任心，同时树立起良好的企业形象，使人们产生信任感。

其次，着装要符合一个人的脸型、肤色和身材。人的个子有高有矮，体型有胖有瘦，肤色有深有浅，穿着应考虑到这些差异，扬长避短。一般来说，个子较高的人，上衣应适当加长，衣服颜色最好选择深色、单色或柔和的颜色；个子较矮的人，上衣应稍短一些，服装款式以简单直线为宜，上下颜色应保持一致，不宜穿大花图案或宽格条纹的服装，最好选择浅色套装。体型较胖的人，衣服款式应力求简洁，中腰略收，宜选择小花纹、直条纹的衣料，最好是冷色调，以达到显“瘦”的效果；体型较瘦的人应选择色彩鲜明、大花图案以及方格、横格的衣料，给人以宽阔、健壮的视觉效果。肤色较深的人穿浅色服装，会获得良好的色彩效果；肤色较白的人穿深色服装，更能显出皮肤的细洁柔嫩。每个人在决定自己的服饰穿戴上，要根据自己的具体情况而定，不必墨守成规。

2. 饰物

饰物在人的整体装饰中至关重要，一件用得适当的饰物好似画龙点睛，能使你气质出众。佩戴饰物有三点要求：与服装相协调；与人相协调；与环境相协调。不要在正式场合询问对方所佩戴饰物的新旧、价格及购自何方，更不能动手去触摸对方的饰物，这样会使对方感到恼火。

任何时候男士在室内都不得戴帽子、手套。女士的纱手套、帽子、披肩、短外套等，作为服装的一部分，则可在室内穿戴。在他人办公室或居室里，不要乱放自己的衣帽，当主人允许后，才可以按照要求放好。领带和领结被称为西装的灵魂，选择上应下一番工夫。在正式场合穿礼服时，可配以黑色或白色领结。蝴蝶结在运动场上或比较轻松的场合里大受欢迎，但打上蝴蝶结参加社交活动给人的感觉就不太严肃了。

男士的腰带分工作和休闲两大类。工作中应以黑色和棕色的皮革制品为佳，而配休闲服装的腰带，只要漂亮就可以。腰带的颜色和式样不宜太醒目。女士系腰带应考虑同服装相配套，还要注意体型问题，如是纤细柳腰，系上一条宽腰带会显得楚楚动人;如腰围太粗,可系一条环扣粗大的腰带,使腰带的环扣成为令人瞩目的焦点。

纽扣在服装上的作用也是很大的。女士服装上的纽扣式样可以千姿百态,而男士的纽扣则不宜追求新潮。西装上衣为双排扣的,穿着时一定要把扣子全系上。如果是单排扣的,还有两粒与三粒之分。前者应系上面那一粒纽扣,后者应系中间那一粒纽扣。

眼镜选配得好,可使人显得儒雅端庄。方脸的人要选大圆框、粗线条的镜框,圆脸的人宜选四方宽阔的镜框,而椭圆形脸的人最适合选框型宽阔的眼镜。在室内不要戴黑色等有色眼镜,如遇眼疾不得已而为之,应向主人说明缘由。

女士的手提包应套在手上,不要拎在手里,手提包的大小应与体型相匹配。男士在公务活动中携带的公文包应以黑色、棕色为佳。女士用的钱夹可以随手携带,或放在提包里。男士的皮夹只能放在西装的上衣内侧口袋里。

3. 化妆

化妆跟衣服一样,是皮肤的延伸。常见的化妆品有眉笔、胭脂、粉、唇膏、指甲油、香水等。化妆的目的在于重整面部焦点的特征,例如,单眼皮变双眼皮、细小的眼睛变大的眼睛、扁平的鼻子显得高耸、苍白的面色变得红润等。化妆是一种身体语言,一位女士精心打扮,除了令自己更好看,还表示对他人的尊重。

4. 仪态

在不同的场合,沟通者都要具有大方、得体的仪态,才能显示出自己的修养和交际技巧。

(1) 办公室。无论你是主人还是访客,在公务交际中最重要的是随时保持优雅、警觉以及有条不紊的态度。在接待访客时,如果没有接待人员引导访客到你的办公室,你应该亲自出去迎接,问候来客,并且带他到你的办公室;当接待人员将访客带到你的办公室时,你应马上站起来,快步走出,热情握手,寒暄问候,表现出你很高兴见到对方,并视他为一个重要访客。当由于一些突如其来的事情打乱了你的接待时间时,如果你必须让客人等待超过 10 分钟,则应抽出一两分钟,到办公室外面问候客人,表明你的歉意,安抚访客的情绪。约定的人到达时,如果你正在打电话,应该马上结束,并告诉对方处理完事情给对方回电话。等客人在安排好的座位上落座后,你再坐下,请客人喝茶,然后进入谈话的正题。当你较忙,工作安排得很紧凑,而来访的人逗留时间过久,或者下面另有一位重要客人来了,而你必须给予特别的接待时,你可以看着你的手表说“我很抱歉,下面还有一个重要的会议,几分钟前就开始了”。同时,给对方留一点时间说最后一两句话。

(2)商业拜访。在进行商业拜访时,应当按约定时间准时到达。在等待期间,尽量不要向接待人员提任何要求,避免干扰对方正常工作。如果等待时间较长,可向接待人员询问还需要等多久,但不要不停地问,抱怨你等了很久,要保持安静,有礼貌。当离开接待室时,应记得道谢。

(3)谈判。谈判一般是一种正式的活动,必须注重仪表,给人一种良好的印象。自我介绍时要自然、大方,不必过分拘泥礼节,一般应姓、名并提,讲清自己的单位、所担任的职务等。介绍他人时,社会地位较低的人总是被介绍给社会地位较高的人。在谈判过程中,讲话语气要平和、友好,不生硬,不咄咄逼人,不强加于对方。在对方发言时要仔细倾听,不能漫不经心,眼睛四下张望,流露出轻视对方的神情,可以用点头同意或简单的“嗯”、“对”、“我明白”等语言,鼓励对方继续讲下去,并以积极友好的手势或微笑做出反应。若谈判中出现分歧,双方也应平静地坐下来,找出观点相左之处,态度应诚恳、实事求是,即使谈判未成功,也不应记恨对方、挖苦对方,要保持双方的友谊。

(4)宴请。沟通者在餐桌上的仪态最能体现他的风度。在宴请时,如果你是客人,等主人示意你坐下时才能坐下;如果你是主人,则应以缓和的手势,示意客人落座。在客人开始用餐后,你才可以用餐,这个规矩对于每一道菜都适用。用餐时应把餐巾放在你的腿上,如果用餐途中你必须离开餐桌,则应把它放在你的坐椅上,千万不要放在桌上。唯有用餐完毕,大家都已站起来准备离去时,才可把餐巾放在桌上。用餐的坐姿应该是笔直、有精神的,一副懒洋洋、没精神的姿态,给人一种没活力、慵懒无力的印象,不利于良好的沟通。

## 四、副语言

心理学家研究发现,人与人之间的交流 58% 是通过视觉来实现的,35% 是通过听觉来实现的,只有 7% 是通过我们实际的语言来实现的。其中,35% 的听觉交流是通过“如何来表达语言”实现的,它包括音质、音调、音高、讲话的速度、语气以及停顿、叹息或嘟囔的声音等,这些都被称为副语言,也叫辅助语言。副语言虽然有声音但却是非语言的。例如,各种笑声、叹息、呻吟以及各种叫声。哈哈大笑、爽朗的笑、傻笑、苦笑、冷笑、假笑、讨好的笑、无可奈何的笑,诸如此类,都等于在说话,有时甚至胜似说话,不过它是不分音节的语言。

讲话的辅助语言特征提供了另一种理解他人感情的有效方式。我们可以将辅助语言看做沟通的声音,来观察一个人的声音在情绪低落的时候是如何变得生硬或低沉,在情绪高涨的时候又是如何流畅和激昂。虽然没有可视信息,但一个人应经常仔细地去倾听另一个人的声音。

1. 语速

人们说话的速度影响着听众对信息的接收和理解。人们说话的速度通常在每分钟 120—261 个音节之间。研究发现,当说话者使用较快的语速时,被视为是更有能力的表现。当然,如果说话速度太快,人们跟不上,其语言的清晰度也可能受到影响。

2. 音调

音调指声音的高低,它决定了一种声音是否悦耳。有些人认为,高音没有低音悦耳,然而研究音调的人发现,如果说话者使用较高且有变化的音调,则被视为更有能力;用低音说话的人似乎是底气不足,可能被认为对所说的话没有把握或者害羞。但是,也有研究证明,人们撒谎时会比平时的音调高。

3. 音量

音量即说话声音的高度。并不是不分场合地在任何时候都要使用很大的音量,如果合乎说话者的目的,柔和的声音往往具有同高音一样甚至更好的效果。

4. 声音补白

声音补白是在搜寻要用的词时,用于填充句子或做掩饰的声音。像"啊"、"呀"、"这个"、"你知道"等这样的短语,都是表明停顿以及正在搜寻正确词语的非语言方式。声音补白其实也是一种信号,事实上它能保护讲话者讲话的权利,因为,它有效地表明了"不要打断,我仍在讲话"。我们都在使用声音补白,但是如果不停地使用,或者它们已经分散听者的注意力了,那就会产生沟通问题。

5. 音质

一个人的音质是由其他所有声音的特点,即速度、节奏、发音特征等构成的。声音质量是非常重要的,因为研究人员发现,声音具有吸引力的人更容易被人们认为有影响力、有能力和更为诚实。许多人对自己说话的声音没有一个明确的概念,当有些人在录像中看到自己和听到自己的声音时,总是对自己听到的声音不甚满意。当然,声音是可以通过自己的努力和专业人员的帮助来改变的。

6. 暂停和沉默

暂停和沉默同讲话的速度一样值得注意。沉默可能有很广泛的含义。在一种极端的情况下，人们用沉默作为一种武器或者策略来结束沟通活动或寻求某种赞同。在谈话中暂停一下也是一种有价值的能力，这种能力给他人以时间来仔细考虑自己的想法和感受。

非语言沟通在人类社会的沟通中占有很重要的地位。当一个人具有良好的沟通能力时，他的非语言与语言一致地、合理地、可信地进行着变化。比如，低头、放下手或者眼睛凝视，可能象征着一种暂停，强调一种观点，或者表明一个人讲话中的疑问或讽刺。也许为了表明更大的思想转换，讲话者会改变他身体的整个姿态。总之，非语言行为是语言信息的标点符号。

## 五、环境沟通

环境也会对沟通造成一定的影响。人们周围有各种各样的环境，但不同的人从不同的环境中接收到的信息是不一样的，有些环境比较舒适诱人，有些则让人感到不自在。每一活动领域都传达着其使用者的信息。环境对沟通的影响主要表现在空间、距离和环境布置等方面。

1. 空间与距离

有关空间与距离的研究，也称为空间关系学，它涉及使用周围空间的方式及坐或站时与他人保持的距离。

(1) 空间位置。位置在沟通中所表示的最主要的信息就是身份。你去拜访一位客户，在他的办公室会谈，你坐在他办公桌的前面，表示他是主人，他拥有控制权，你是客人，你要照他的安排去做。在开会时，积极地坐在最显眼位置的人，表明他希望向其他人显示自己的存在和重要性。宴请的位置也很讲究主宾之分，东道主坐在正中，面对上菜方向，他右侧的第一个位置为最重要的客人，他左侧的第一个位置留给第二重要的客人，其他客人、陪同人员则以东道主为中心，按职务、辈分依次落座。由此可见，位置对沟通双方的心理影响是非常明显的。

(2) 距离。观察人们在自己与他人之间保持的距离，可以发现哪些人处于密切的关系中，哪些人处于更为正式的关系中。如果你走进总经理的办公室，他继续坐在自己的办公桌前，可以预见你们的谈话将是正式的；如果他请你在房间一角舒适的椅子上与他并肩而坐，他则安排了一种更为亲切的情境，那么谈话将会是非正式的。人际沟通一般有四个层次的距离：亲密距离、人际距离、社会距离和公共距离(见图6-2)。

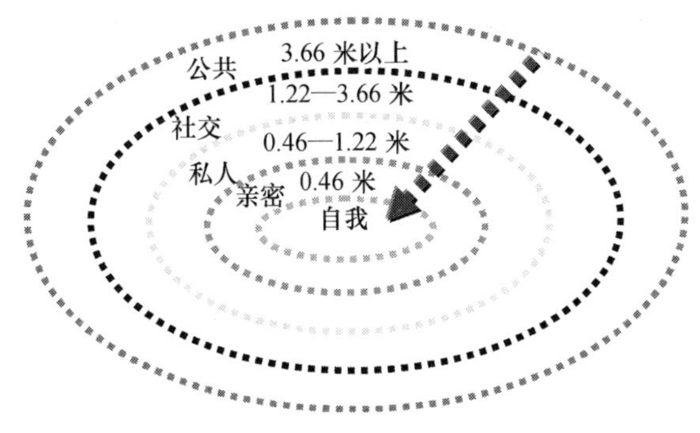


**图 6-2 人际沟通的层次**

**亲密距离** 亲密距离用于我们感觉非常亲近的人，这种空间始于身体接触，向外延伸约 0.46 米，用于情侣或挚友之间。在商务活动和工作场所则很少使用这种距离。虽然某些时候，一个人向另一个人耳语、握手、拥抱也很常见，但这样的接触通常在数秒内结束，当事人会立即回到人际距离或社会距离。

**人际距离** 相距 0.46—1.22 米，是人们在进行非正式的个人交谈时最经常保持的距离。这个距离近到足以看清对方的反应，远到足以不侵犯亲密距离。这一空间通常被说成是看不见的气泡，将每个人团团围住，它的大小可根据交流情形膨胀或缩小。

**社会距离** 当对别人不很熟悉时，最有可能保持 1.22—3.66 米的社会距离。非个人事务、社交性聚会和工作访谈等都是利用社会距离的例子。在一个有许多工作人员的大办公室里，办公桌是按社会距离摆放的，这种距离使每个人都可能把精力集中在自己的工作上。在一些重要人物的办公室里，办公桌也大到足以使来访者保持恰当的社会距离。

**公共距离** 公共距离由 3.66 米延伸至听觉距离，这一距离大多用于公众演讲中，因此，它不适合两个人之间的沟通。在公共距离下，人们说话声音更大，手势更夸张，同时人们相互影响的机会也更少。

(3) 影响空间和距离的因素。人们谈话时应保持什么样的距离，办公室应该多大及该如何装修，会议室应安放什么样的会议桌（圆形的、椭圆的或其他形状的），所有这些都与空间有关，而空间的构成则完全根据个人的地位及彼此间的关系不同而定。沟通者必须知道，在不同场合中什么样的空间行为是合适的，什么样的空间行为是不合适的，这些行为对沟通都有一定的影响。

**地位的影响** 对空间的利用通常表现出地位上的差异,只要看一看办公室的大小就能发现。比如,在美国以及一些亚洲国家,办公室越大,显示出主人在企业中所处的地位越高。当地位差距拉大时,人们之间的沟通距离通常也会随之增加。一些办公室安放着大办公桌,不仅看上去很气派,而且形成了缓冲带,即与来访者保持距离。许多企业在认识到距离因素扩大了地位所产生的影响时,就尽力去缩小它。例如,管理者开始主动迎接来到办公室的来访者,甚至主动到一线工人那里讨论某一问题的解决办法,进一步改善了上下级之间的沟通关系。

**个性的因素** 与性格内向的人相比,性格外向的人在与他人接触时能保持较近的沟通距离;与缺乏自信心的人相比,自信心强的人在与别人接触时,沟通距离也较近。

**人与人之间的亲密程度** 通常,人们总希望与自己熟悉的同伴或好朋友保持较近的距离,而尽量远离陌生人。因此,空间距离也成为亲密程度的一种标志。当与他人初次见面时,我们会保持社交甚至公共距离;只有在比较熟悉后,才会被允许进入他人的私人空间。当然,即使是亲密的朋友,如果在正式场合,也不能保持亲密距离,而应该保持社会距离或人际距离。

2. 办公室布置

人们常常受到设计和陈设的影响而浑然不知。我们应了解三个有关环境布置的因素:办公室空间的设计、房间颜色和桌椅摆设。

(1) 办公室空间的设计。当你凝视着某个写字楼或者正在施工的现代化建筑时,可能你没有想到,关于办公室空间设计的传统观点和开放式观点一直争论不休。

在美国,传统的办公室通常是具有四角的空间,在四周有若干办公室,中间是大厅。中间的公共部分被称做"牛栏"(Bullpen)。波斯纳(Posner)曾描述传统的办公室有如下特点:周边的大办公室供老板使用,有两扇窗户的办公室是资深主管的视力范围,而转角办公室,即两面墙上带有窗花的房间,通常是高级主管或合伙人的办公室。建筑物内侧的办公室属于资历较浅的主管,那里没有窗户,但有一扇门,是一个可以称为自己小天地的地方。而"牛栏"是属于底层职员和临时工的地方,这里就好像把你的桌子放在楼道里,没有隐私,要在那里咒骂或抱怨实在困难,因为,你被置于众目睽睽之下。

开放式办公室的概念源自德国,于 20 世纪 60 年代传到美国。开放式办公室包括自由形式的工作群。拥护者声称,开放式的观念创建了民主的气氛,增加了同事之间的沟通和弹性,甚至有研究认为,开放式的办公环境提高了员

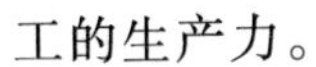

工的生产力。

开放式办公室的概念已获得大部分公司的青睐。20 世纪 90 年代,半数以上的美国公司都采用开放式这种大部分空间为员工而非经理所用的办公室。近年来,随着办公室功能的整合,办公室变得更为简单和方便,以符合不断进步的科技要求。流线型的办公桌吸引着员工,而且员工们越来越多地掌握着他们自己的工作场所,如办公桌下的暖气、小型的个人空气供应设备、个性化的工作灯和音乐等。

**小阅读:惠普公司的敞开式办公室**

美国惠普公司创造了一种独特的"周游式管理办法",鼓励部门负责人深入基层,直接接触广大职工。为此,惠普公司的办公室布局采用美国少见的"敞开式大房间",即全体人员都在一间敞厅中办公,各部门之间只有矮屏分隔,除少量会议室、会客室外,无论哪级领导都不设单独的办公室,同时不称头衔,即使对董事长也直呼其名。这样有利于上下左右通气,创造无拘束和合作的气氛。

(资料来源:http://mall.cnki.net/magazine/Article/ZHGN200305031.htm。)

看来单打独斗、个人英雄的闭门造车工作方式在现今社会是越来越不可取了,反而团队的分工合作方式正逐渐被各企业认同。管理中打破各级各部门之间无形的隔阂,促进相互之间融洽、协作的工作氛围是提高工作效率的良方。不要在工作中人为地设置屏障,敞开办公室的门,制造平等的气氛,同时也敞开了彼此合作与心灵沟通的门。对一个企业而言,最重要的一点是营造一个快乐、进步的环境:在管理的架构和同事之间,可以上下公开、自由自在、诚实地沟通。

(2) 房间的颜色。研究显示,办公环境的颜色影响着员工与顾客的心理和感情。颜色能被看见,也能被感受到。红色、橙色、黄色容易使人产生侵略性的激动和刺激。人们所处房间的地板、墙壁、天花板和家具如果是鲜艳的色彩,会使人血压增高,有较快的心跳,并增加脑部活动。在清凉的颜色中,人的生理功能会正常活动,如蓝色是冷色,它清晰而有尊严,具有镇静的效果,而淡绿色则使人安详、平和。

(3) 桌椅摆设。某些家具能决定你将在此停留的时间。比如,有一种专为餐馆老板设计的椅子,它设计成不舒服的样子,使坐在上面的人的后背能感觉到压力,使人不能坐得太久,从而“迫使”餐馆老板进行走动式管理。而高级轿车的座位设计则正好相反,按照驾驶人的背部曲线进行设计,甚至有腰部的特殊设计,以防止长途开车所导致的疲劳。

办公桌的大小、外形以及摆放位置,都在影响着主人给来访者的印象,而且能决定这个办公室开放性的沟通程度如何。

**小阅读**

小罗经过笔试、面试,终于进入世界知名品牌C.D代理店担任销售人员。今天她打扮入时,开开心心进入购物中心二楼大厅左侧的C.D店面内。衣架上的时装,件件吸引着女士们的眼球,不少人乘兴而来,满意而归。尽管这些时装价格不菲,但销路不错。在实习的两周中,她发现进店观赏的顾客中超过三成的女士都到了收银台,提着C.D的时装袋开心而去。

正式上班的第一天,直到下午四点,小罗仍然没有售出一件时装。她正在沉思着:自己曾热情地微笑着,不厌其烦地介绍和推介,但……突然,她发现一个中年女士已走近她柜台前,眼睛盯着她身边衣架上的时装。她知道,这几款套装有好多人试穿过了,只是有的腰或胸围不合适,也有的没说什么就走了。面前的这位女士要身材有身材,要三围有三围,皮肤白嫩,真叫小罗羡慕和嫉妒。于是她聚精会神,向这位女士介绍,请她随意试穿,同时赞扬着女士的身材和皮肤。

当女士换上这几款套装时,在场的003、008号服务员也围过来,发出惊羡的声音。那位女士似乎也很满意这几款套装,特别是米灰和草绿的两套,她穿在身上反复照着镜子,走过来转过去,舍不得脱下,每套衣服她都仔细查看,观察质地,看说明标牌。

小罗抓紧时机请她确认一套,那位女士却幽幽地说:“这套时装不适合我。”

小罗微笑着询问:“哪儿不合适呢?你看这几款,款款都那么漂亮,这两天来试过的人如果像你穿得这么合身早就买走了。你看,价格也不贵,只有4000元,如果有贵宾卡,还可以有9折优惠,今天我们就给你9.5折优惠,补给你一张贵宾卡。以后都可以打9折,一般购物5000元以上,我们才发卡的。”

女士看了看小罗,没有出声。在小罗的询问下,女士说:“让我看看还有没有适合我的。”就走向其他的衣架,仔细摸摸,试试手感,看看标牌,最后还是走了出去。

小罗又陷入了沉思,003号服务员叫道:“她那么好的身材给我就好了,我一定可以当上模特儿,哪用得着当这个售货员……”

(资料来源:http://book.ebusinessreview.cn/bookpartinfo-49786.html。)

**思考·讨论·分析**

1. 小罗在推销衣服的过程中运用了哪些非语言沟通?可以告诉我们什么样的信息?

2. 这么合适的时装,为什么没有成交?通过非语言沟通如何揣摩顾客的心思?

## 本章小结

1. 所谓非语言沟通就是使用除语言以外的其他各种沟通方式来传递信息的过程。非语言沟通的形式有很多,包括身体语言、副语言、空间语言以及环境语言等,甚至没有表情的表情、没有动作的动作都是非语言沟通的有效途径。

2. 人们在日常生活中利用身体动作、面部表情、空间距离、触摸行为、声音暗示、穿着打扮、实物标志、色彩、绘画、音乐、舞蹈、图像和装饰等来表达思想、情感、态度和意向。

3. 非语言沟通具有普遍性、民族性、社会性、审美性、规范性和情境性等特点。

4. 在沟通过程中,非语言沟通不仅起着配合、辅助和加强语言沟通的作用,而且能够影响并调控语言沟通的方向和内容。

5. 运用非语言沟通时应该注意身体动作、面部表情、服饰仪态、副语言以及环境沟通等的运用技巧。

6. 非语言沟通行为是生动的、持续的,它可以更直观形象地表达语言行为所表达的意思,比语言行为更接近事实。

7. 非语言沟通一般不能够单独使用,不能脱离当时当地的条件、环境背景,必须与相应的语言情境配合。只有那些善于将非语言符号与真实环境背景联系起来的人,才能使非语言符号运用得准确、适当。

8. 有三个有关环境布置的因素:办公室空间的设计、房间颜色和桌椅摆设。

## 团队练习:模拟任务

**目的**

让大家感受到非语言沟通的作用,并了解运用非语言沟通的技巧。

**实施**

(1) 以班级小组为单位,每位同学对班级同学或老师的习惯性动作进行模仿,并由其他小组成员进行解答。然后各小组进行讨论并得出结论:哪位同学模仿得最接近,模仿时应注意的技巧。

(2) 要求每组同学宣布讨论结果。

(3) 分析讨论结果。

## 管理沟通的启示

### 非语言沟通的改善

我们已经了解了非语言沟通在人际交往中的作用。然而,真正将非语言沟通有效地运用到人际交往中去却不是一件很容易的事。这需要我们做两件事情:一是理解别人的非语言沟通,二是恰当使用自己的非语言沟通。

1. 理解别人的非语言沟通

非语言沟通比语言沟通能够表达更多的信息,因此,理解别人的非语言沟通是理解别人的一个重要途径。从他人的目光、表情、身体运动与姿势以及彼此之间的空间距离中,我们都能够感知到对方的心理状态。了解了对方的喜怒哀乐,我们就能够有的放矢地调整我们的交往行为。但是,理解别人的非语言沟通必须注意以下几个问题:

同样的非语言沟通在不同性格的人身上意义可能不同。

同样的非语言沟通在不同情境中的意义也可能不同。

要站在别人的角度来考虑。

要培养自己的观察能力。

不要简单地下结论。

同样的非语言沟通在不同性格的人身上意义可能不同。一个活泼、开朗、乐于与人交往的女孩子,在与你交往时会运用很丰富的身体语言,不大在乎与你保持较近的距离，也时常带着甜蜜的表情与你谈话。但是，这可能并没有任何特殊的意义，因为她与其他人的交往也是这个样子。然而换成一个文静、内向的女孩子，上述的信息可能就意味着她已经开始喜欢你了。

相类似地，解释别人的非语言沟通还要考虑情境因素。同样是笑，有时候是表示好感，有时候是表示尴尬，而有时候又表示嘲讽，这都需要我们加以区分。

理解别人的非语言沟通，最重要的是要从别人的角度来考虑问题。要用心去体验别人的情感状态，也就是心理学上常讲的要注意“移情”。如果别人对你表情淡漠，很可能是由于对方遇到了不顺心的事，因此不要看到别人淡漠就觉得对方不重视你。事实上，这样的误解在年轻人中最容易出现，也最容易导致朋友、恋人之间的隔阂。站在别人的角度，替别人着想，才能使交往更富有人情味儿，使交往更深刻。

需要注意的是，要培养自己敏锐的观察力，善于从对方不自觉的姿势、目光中发现对方内心的真实状态。不要简单地下结论。比如，中国人喜欢客套，当来做客的人起身要走时，往往极力挽留，然而很多时候，这些挽留都并非出自诚意，我们从主人的姿势上是可以看出来的，口头上说“慢走”，却早已摆出了送客的架势。

2. 恰当使用自己的非语言沟通

恰当地使用自己的非语言沟通，要求我们做到以下几点：

经常自省自己的非语言沟通。

有意识地运用非语言沟通。

注意非语言沟通的使用情境。

注意自己的角色与非语言沟通相称。

注意言行一致。

改掉不良的非语言沟通习惯。

自省的目的是检验自己以往使用的非语言沟通是否有效，是否自然，是否使人产生过误解。了解了这些，有助于我们随时对自己的非语言沟通进行调节，使它有效地为我们的交往服务。不善于自省的人，要分析自己是否总是使人产生误解，如果是，则应注意检点自己的行为。如果不注意自省，则很可能出问题。

我们可能会注意到，那些比较著名的演说家、政治家，都很善于运用富有个人特色的身体语言。这些有特色的身体语言并不是与生俱来的，都是经常有意识地运用的结果。

非语言沟通的使用一定要注意与自己的角色以及生活情境相适应。北京某名牌大学的一个毕业生,到一家公司去求职。在面试时,这位自我感觉良好的大学生一进门就坐在沙发上,跷起二郎腿,还不时地摇动。如果在家里,这是个再平常不过的姿势,而在面试的情境中则很不合适。结果,负责面试的人连半个问题也没有问,只是客气地说:"回去等消息吧。"最终的结果可想而知,他失去了一个很好的工作机会。

改变不良的非语言沟通,是指消除无助于沟通反而使沟通效率下降的不良的身体语言习惯。有人在与人谈话时,常有梳理头发、打响指等习惯,有的人还有掏耳朵、挖鼻孔的小动作,这些都会给对方留下不好的印象,有时会让人觉得很不礼貌。同时,这些无意义的非语言沟通会分散对方的注意力,影响沟通的效果。

真诚是一种美德,而言行一致则是真诚的体现。口头语言与身体语言不一致,会使人觉得你很虚伪,就如嘴上说留客,而身体语言已经要送客了一样。

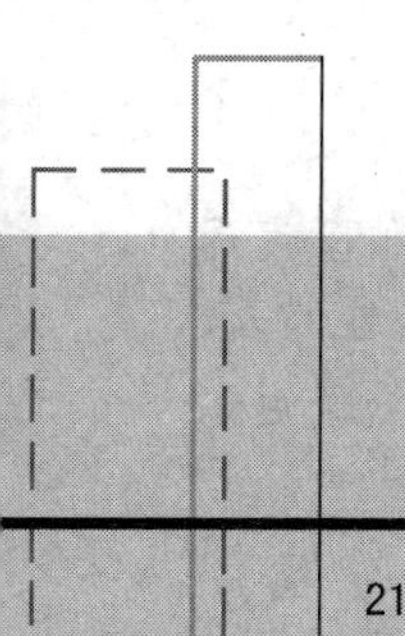

# 第七章 倾听技巧



通过本章的学习,你将了解:

1. 倾听的含义和作用。
2. 倾听会遇到哪些障碍并怎么解决。
3. 有效倾听的技巧。

你将能够:

1. 在倾听过程中获取更多有效的信息。
2. 合理解决倾听过程中遇到的障碍。
3. 初步掌握有效倾听的技巧。

## 第一节 倾听的含义和作用

### ◆ 引例

**细心的特工**

第二次世界大战后,一个罪大恶极的法西斯分子潜逃在外,一直未落入法网,缉捕工作很艰难,时间也持续了很久。一次,在一个小餐馆里,一位特工人员在等候用餐。对面坐了一个男子,一面静静地等候,一面用手指若无其事地轻轻敲点着桌面。礼帽下一副深茶色的眼镜,将他的目光隐隐遮住,样子很平和。

"笃笃,笃笃,笃笃笃,笃",那位特工听着听着,突然心里一动:那男人轻轻的敲点声,竟然如此令他仇恨、恐怖和难以忍受,而他对此又是那样地熟悉。

平时喜爱音乐此时帮了他的大忙，凭着那颗警惕的心和特殊的感觉，他断定那男子正在发自内心地默默唱着纳粹分子的军歌。这个有顽固残暴本性的人，肯定就是一直被追捕的纳粹分子！结果正如特工分析的一样。纳粹分子由于这点小小的极难被人察觉的疏忽而暴露了原形。

（资料来源：http://www.doc88.com/p-30356350608.html。）

语言能充分展示出人的职业、身份、知识水平。根据一个人每天的谈话，能判断出他每天的工作成绩、效率，更能了解他的情绪如何。张口谈话的人，就是在为自己画像。与他人成功地交谈，并没有什么神秘。专心地注意与你说话的人是非常重要的，再也没有比这么做效果更好的了。

纳粹分子虽然一言未发，但特工人员凭着职业警觉，用灵敏的耳朵、快速的反应，察知了对方隐蔽的深层次心理，分析、推断出了纳粹分子的非语言行为所传达的信息以及所表达的思想感情。这个事例告诉人们，在社会交往与活动的过程中，要做有心人，就必须带着目的去寻求、去搜集、去打听。不但要察其言色，还要观其行为，甚至度其心理。从倾听的技巧入手，从中发现自己需要的东西。那么倾听到底是什么？它的作用又体现在哪些方面呢？

人生来就爱听人讲话，你是否注意到，一个正咿呀学语的婴儿是多么专心地在听大人教他说话！但是随着年龄的增长，我们有些人开始厌倦听人讲话，总喜欢让他人听自己滔滔不绝地讲。听他人讲话，是我们每个人生活和工作中的一个至关重要的方面。对于任何一个组织来讲，都需要那些善于听取他人意见及解决问题的能手，而最不需要那些夸夸其谈却眼高手低的人，因为这样的人往往一事无成。一些职业专家的研究表明，大多数人只用了25%的潜能来听取和理解他人的谈话。他们建议应花60%—75%的时间来听取他人的意见，获得所需信息（见图7-1）。

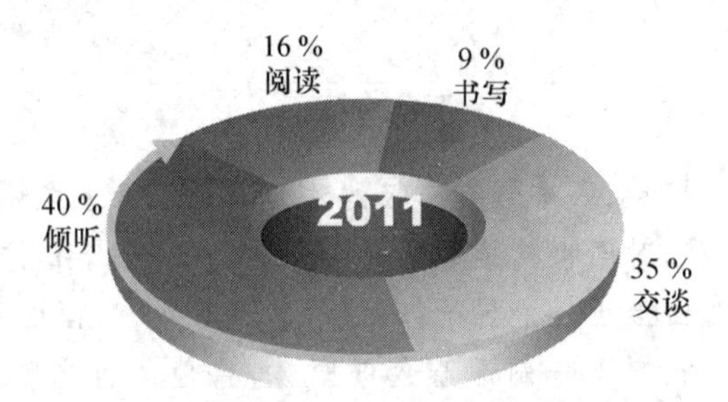


**图7-1 在各种沟通技巧上的时间百分比**

我们大多数人在阅读、写作、说话等方面都受过正规训练，然而很少有人学过如何去听人讲话。在信息交流的全过程中,听在一个人的一生中用得最多。研究人际交往的专家认为,人们听他人讲话的时间比自己阅读、写作和讲话的时间要多得多,约占一个人一生中46%的时间。但是,无论是在正规教育还是在非正规教育中,对这一技能却教得最少,或者根本没人教,致使许多人不善于听他人讲话。

事实上,良好的倾听的能力已成为大多数人进行个人交往和社会活动的重要因素。正确倾听他人讲话,应是语言交流的一个重要组成部分。在商务交往中,人们都希望他人听取自己所说的东西,因此,听他人讲话的能力将对一个人进行高层管理的潜能产生重大影响。你要对他人的讲话做出准确的回应,就必须听清事情的来龙去脉,理解他人所说的全部内容。

**小阅读:哪个最好**

曾经有个小国到中国来,进贡了三个一模一样的金人,金碧辉煌,把中国皇帝高兴坏了。可是这小国不厚道,同时出了一道题目:这三个金人哪个最有价值?

皇帝想了许多办法,请来珠宝匠检查,称重量,看做工,都是一模一样的。怎么办?使者还等着回去汇报呢。泱泱大国,不会连这件小事都做不到吧?

最后,有一位退位的老大臣说他有办法。

皇帝将使者请到大殿,老臣胸有成竹地拿着三根稻草,插入第一个金人的耳朵里,这稻草从另一边耳朵出来了。第二个金人的稻草从嘴巴里直接掉出来,而第三个金人,稻草进去后掉进了肚子,什么响动也没有。老臣说:第三个金人最有价值!使者默默无语,答案正确。

(资料来源:http://bbs.qzzn.org/read-htm-tid-13306971.html。)

这个故事也告诉我们,最有价值的人,不一定是最能说的人。善于倾听,才是成熟的人最基本的素质。

## 一、倾听的含义

苏格拉底提醒我们:“自然赋予人类一张嘴、两只耳朵,也就是要我们多听少说。”沟通也是从倾听开始的。

一般来说,在沟通过程中最常用到的能力是洗耳恭听的能力和能说会道的能力。洗耳恭听,就是在听的态度上要做到用耳朵去听、用头脑去思考、用心灵去感受,它强调的是倾听的能力。所谓能说会道,就是在沟通中要善于言辞、以理服人,它强调的是语言表达能力。但人们在实践中往往重视语言表达能力的训练而忽视倾听能力的提升,结果是说得多、听得少。其实站起来发言需要勇气,而坐下来倾听也需要勇气,沟通的最大困难不是如何把自己的意见、观点说出来,而在于如何听出别人的心声。因此,相对于语言表达能力而言,倾听的能力则更为关键。

有些人认为倾听能力是与生俱来的,不需要训练。所以,一谈到沟通人们往往想到的是如何说,而很少有人想到该如何倾听。其实恰恰相反,人们在沟通中产生的许多问题往往是由于不善于倾听所导致的,也就是说,不善于倾听所导致的失误要比不善于表达所产生的问题多得多。这也验证了俗话所说的"会说的不如会听的"。理论和实践都告诉我们,是否善于倾听是衡量一个人沟通水平高低的重要标志。

说到倾听,许多人常把听与倾听混为一谈。事实上,听与倾听是有根本区别的。听只是一个生理过程,它是听觉器官对声波的单纯感受,是一种无意识的行为。只要耳朵能够听到别人说话,就表明在听别人。而倾听虽然也以听到声音为前提,但更重要的是人们对声音必须有所反馈。也就是说,倾听不仅仅是生理意义上的听,更应该是一种积极的、有意识的听觉与心理活动。在倾听的过程中,必须要思考、接收、理解说话者传递的信息,并做出必要的反馈。倾听的对象不仅仅局限于声音,还包括更广泛的内容,如语言、声音、非语言等。可见,倾听不仅要接收、理解别人所说的话,而且也要接收、理解别人的手势、体态和面部表情,不仅要从中得到信息,而且还要抓住人的思想和感情。

概括地讲,所谓倾听就是在对方讲话的过程中,听者通过视觉和听觉的同时作用,接受和理解对方思想、信息及情感的过程。

依据这种理解,在倾听过程中,我们不仅要听到对方所说的话语,还要重视不同的重音、声调、音量、停顿等因素。例如,说话人适当的停顿,会给人一种谨慎、仔细的印象;过多的停顿会给人一种急躁不安、缺乏自信或不可靠的感觉。说话的音量不同也能让人区分说话者愤怒、吃惊、轻视或怀疑等不同的态度。

依据这种理解,视觉接收到的信息也属于倾听的内容。我们诉说的话往往由于不同的说话方式而具有不同的意义。例如,听见你的女友对你说:"讨厌",如果她神色娇羞,你应当欣喜若狂,切不可像傻瓜一样低头走开;如果她横眉冷目,你应当当真,切不可像白痴一样没有反应,赖着不走。

依据这种理解,就不是所有听觉完整的人都会倾听,例如,下面一些类型的人就是不会倾听的人。一种人,他用迟钝的目光看着你,一心一意地在想着他自己下面该说什么,他对你说的话一点也没有听进去,还在你讲话的过程中不断地打断你,说些与你刚才说的没有联系的话。一种人,他先前对你说:"如果你有任何问题的话,可随时找我帮忙解决。"但当你真的去找他时,他却把所有的时间用在谈论他自己的问题上。一种人抱怨每一次讲座,在讲座开始五分钟后就不听了,虽说没有睡觉,却总是在抱怨没意思和浪费时间。一种人,在某一个发言人刚说完坐下时,就对坐在他旁边的人说:"这个人对他自己所说的话其实并不懂,我不能容忍这种装腔作势的人!"倾听不同于听,它不是人的本能,只有通过后天的学习才能获得。上面几种人都必须通过学习才能掌握倾听的技巧。

**小阅读:成功人士说倾听**

保罗·赵说:"沟通首先是倾听的艺术。"

伏尔泰说:"耳朵是通向心灵的道路。"

米内说:"会倾听的人到处都受欢迎。"

松下幸之助把自己的全部经营秘诀归结为一句话:"首先细心倾听他人的意见。"

艾科卡说得更为动情:"作为一名管理者,使我最满足的莫过于看到某个企业内被公认为一般或平庸的人,因为管理者倾听了他遇到的问题而使他发挥了应有的作用。"他说得很直接:"我只盼望能找到一所能够教导人们怎样听别人说话的学院。假如你要能发动人们为你工作,你就一定要好好听别人讲话。"

美国著名的玛丽·凯化妆品公司创始人玛丽·凯·阿什说得更为风趣:"一位优秀的管理人员应当多听少讲。也许这就是上天为何赐予我们两只耳朵、一张嘴巴的缘故吧。"

(资料来源:http://read.360buy.com/1633/72432.html。)

## 二、倾听的过程

倾听是一个能动性的过程,是一个对感知到的信息经过加工处理后能动地反映自己思想的过程，这个过程大致可分为预言、感知、选择、组织、解释或理解五个阶段。这五个阶段相互影响，任何一个阶段出现问题，倾听都可能是无效的。

1. 预言

倾听在沟通的相互作用中起着承上启下的作用。我们可以凭借对将要与之沟通的人以往的了解，预测他可能做出的反应。例如，如果你做的一个项目失败了，上司批评你，你所能做的只能是认真倾听，而不是辩解。听者在实际倾听之前可以预言到将要发生什么。

2. 感知

对方发出信息，传到人们的耳膜中，产生刺激，成为人们所获得的信息。当人们只是听时，听到的是声音或词语说出的方式；而在倾听时，人们则要做出更多的反应。也就是说，听只是一种涉及听觉系统的生理过程，而倾听是涉及对他人整体的更加复杂的知觉过程，需要同时理解口头语言和非口头语言所传达出的信息。人们的语言信息来自听觉，但倾听效果却是各种因素的综合。假如听到有人叫你"滚开"，而你发现这话出自一位满脸怒气的壮汉之口，与此同时他还举着拳头向你扑来，这足以令你逃之夭夭了；反之，若你看到这话出自一个妙龄女子之口，而她说这话时脸含微笑，一副娇嗔的模样，你虽听到了"滚开"却是无论如何也不会走开半步的。

3. 选择

并不是任何信息都为人们所接受，人们总是对一部分信息表现出特别的关注和兴趣，同时又忽视另外一些信息。例如，在喧哗的场合，大家都在交谈，突然从背后传来叫你朋友名字的声音，这时你会回头去看，这就是人们接受信息的选择性。

4. 组织

在倾听过程中，当你决定注意某些信息时，接下来的步骤就是对信息进行组织加工，包括识别、记忆、赋予信息含义等一系列过程。人们把杂乱无章的信息分门别类，集中贮藏起来，把那些过于简略的信息加以扩充，把过于冗长的信息进行浓缩，使他们成为自己所拥有的知识和经验的一部分。虽然人们不可能记住所有的语言信息和非语言信息，但对于那些重要的信息，人们会想方设法将其存贮在自己的大脑中，而通常采取的方法之一就是记笔记。

5. 解释或理解

对于收集、过滤后的信息，人们会调动大脑贮存的知识和经验，通过判断、推理，获得正确的解释或理解。在这一阶段，人们会对信息进行评价，并用自己的知识和经验来衡量对方所说的话，或者质疑说话者的动机和观点。在理解说话者所表达的词语的同时，人们也赋予说话者的腔调、手势、表情一定的含义。

这五个过程是一次倾听活动的全部过程，说起来复杂，但人们都是本能地以惊人的速度完成的，其具体过程并非泾渭分明、按部就班，它们之间常常是互相重叠的。

## 三、倾听的作用

1. 倾听对他人是一种鼓励

倾听能激发对方的谈话欲。说话者感到自己的话有价值，他们会乐意说出更多有用的信息，好的倾听者能促使对方更加灵活敏捷，产生更深入的见解。这更深的见解会使双方都受益。这种鼓励也是相互的。当别人感觉你在以友好的方式听他讲话时，他们会全部或部分解除戒备心理，并会反过来更有效地听你的讲话，更好地理解你的意思。你有效地倾听也常常使对方成为认真的倾听者。

2. 倾听可以改善关系

认真倾听通常能改善人们的关系。这样能给说话者提供说出事实、想法和感情等心里话的机会。倾听的时候，你将更好地理解他们，而你对他们的讲话感兴趣会使他们感到愉快。这样，你们的关系会改善。人们大都与你一样，喜欢发表自己的意见。如果你愿意给他们一个机会，他们立即会觉得你和蔼可亲、值得信赖，这样，倾听就使你获得友谊和信任。仔细听他人讲话会给你一个线索，了解他们是如何想的，他们认为什么重要，他们为什么说他们现在正在说的话。你并不一定喜欢他们，更不一定会赞成他们，但理解会使你们相处得更好。认真倾听是给人留下良好印象的有效方式之一。

3. 倾听可使你获取重要信息，得到你需要的全部信息

通过倾听我们可了解对方要传达的消息，感受对方的感情，并据此推断对方的性格、目的和诚恳程度。倾听可使你能够适时和恰当地提出问题，澄清不明之处，或是启发对方提供更完整的资料。为了解决问题和更有效地做出决策，尽可能多地获取相关信息是十分必要的。倾听有助于你得到说话者拥有的全部信息。仔细倾听常常使他们继续讲下去并促使他们尽其所能举出实例。当你掌握了尽可能多的信息之后，就可以更准确地做出决策了。倾听是获取信息的重要方式。报刊文献及资料是了解信息的重要途径，但受时效限制。倾听可以得到最新信息。交谈中有很多有价值的信息，有时它们是说话人一时的灵感，甚至他自己都没有意识到，但对听者来说却有启发。这些信息

不认真倾听是抓不住的。所以有人说，一个随时都在认真倾别人讲话的人，可在闲谈之中成为一个信息的富翁，这可以说是对古语“听君一席话，胜读十年书”的一种新解。

**小阅读：大公司的做法**

芬兰诺基亚集团自1995年年初决定让250名员工参与战略审核以来，在蓬勃发展的电讯业中一直以70%的年增长率迅速发展。公司高层管理班子每月按照战略日程碰一次面，战略制定已从过去以年度为周期，变为经理人员日常工作的一部分，而且广泛吸纳了更多基层人员的智慧。

罗森勃路斯旅游公司不定期地寄给员工们一包东西，里面有建筑用纸和一盒彩笔，让他们画图描述公司在他们心目中的形象。许多员工设计出积极振奋的图，体现出对公司共同远景的理解，有时却反映出深深隐藏的心中不满。

柯达公司在创业初期便设立了建议箱，公司内任何人都可以对某方面或全局性的问题提出改进意见。公司指派一位副经理专职处理建议箱里的建议，收效甚大。第一个提建议并被采纳的是一位普通工人，他建议软片仓库应该常有人做清洁，以切实保证产品质量，公司为此奖励了他20美元，公司共为采纳这些建议付出了400万美元，但也因此获利2 000万美元。

（资料来源：http//www. 17k. com/chapter/47813/1715774. html。）

4. 倾听可锻炼自身能力，掩盖自身的弱点

通过仔细倾听，减少对方的防卫意识，增加认同感，产生同伴乃至知音的感觉。倾听者可以训练以己推人的心态，提高思考力、想象力、客观分析能力。俗话说“沉默是金”、“言多必失”。沉默可以帮助我们掩盖若干弱点。例如，如果你对别人所谈问题一无所知，或未曾考虑，或考虑不成熟，沉入倾听就可以掩盖你的无知，掩盖你的准备不充分，你就获得了一个喘息的时间。

5. 倾听可以调动人的积极性

善于倾听的人能及时发现他人的长处，并创造条件让其长处得以发挥作用。倾听本身也是一种鼓励方式，能提高对方的自信心，加深彼此的感情，激发对方的工作热情和负责精神。

**小阅读:懂得倾听**

美国最成功的企业界人士玛丽·凯·阿什是玛丽·凯化妆品公司的创始人。现在她的公司已拥有20万名职工。但她仍要求管理者记住倾听是最优先的事。而且,每个员工都可以直接向她陈述困难。她也抽出时间来聆听下属的讲述,并仔细做好记录。她还非常重视他们的意见和建议,在规定时间内给予答复,由此满足了他们的自尊心和一吐为快的愿望,调动了他们的积极性。

(资料来源:http://mall.cnki.net/magazine/Article/ZGG0200207067.html。)

6. 倾听使你善言和更有力地说服对方

只有善听才能善言。可以想象,如果在对方发言时你就急于要发表自己的观点,根本无心思考对方在说什么,甚至在对方还没有说完的时候就在心里盘算如何反驳,交谈是难以合拍的。只有善听才能更好地说服别人:你能从他的讲话中发现他的出发点和弱点,以及是什么让他坚持己见,从而找到说服对方的契机;你的认真倾听会让人感到你充分考虑了他的需要和见解,增加了他认同的可能性。

7. 倾听有助于解决问题

这有三层含义。第一,积极倾听可使管理者做出正确决策,尤其对于缺乏经验的管理者,倾听可以减少错误。例如,松下幸之助先生创业之初,公司只有3个人,因为他注意征询意见,随时改进产品,确立发展目标,才使松下电器达到今日的规模。玛丽·凯·阿什创业之初,公司只有9个人,也由于她善于倾听意见,按顾客的需要制作产品,所以企业的效益一直在同行中处于领先地位。第二,人们仔细地互听对方的讲话是解决异议和问题的最好办法。这并不意味着他们必须相互同意对方的观点,他们只需表明他们理解对方的观点。第三,仔细倾听也能为对方解决问题。很多人在生活中都会遇到不需要回答的问题,遇到一个认真的倾听者,就能在倾听中解决问题。例如,当你遇到一个在两份工作上难于做出选择的朋友时,你只需在他时而激昂、时而平静的两个职业利弊分析的陈述中静静地倾听,偶尔在关键的地方予以提示就会起到画龙点睛的作用。虽然也许你什么建议也没提供,但他会觉得你给了他宝贵的意见,帮他完成了艰难的选择。因为他什么都已想到了,你不会比他想得更多,他所需要的、你所能做的只是倾听而已。

**小阅读**

亚伯拉罕·林肯接手的第一个案子,是一名叫盖瑞森的年轻人被指控在1837年8月9日晚上的野营布道会上枪杀了克拉伍,目击证人是苏维恩。作为盖瑞森的辩护律师,林肯在法庭上一言不发,直到默默听完目击证人的证词,待到法庭已渐渐平静下来时,才缓缓开始提问。

林肯:"在看到枪击之前你与克拉伍曾在一起吗?"

证人:"是的。"

林肯:"你站得非常靠近他们吗?"

证人:"不,约有20米远。"

林肯稍微沉默了一会,继续问道:"不是10米吗?"

证人犹豫了一下,又接着说:"不,有20米或更远。"

林肯:"在宽阔的草地上?"

证人:"不,在林子里。"

林肯:"什么林子?"

证人:"榛木林。"

林肯:"在8月里,榛木林的叶子很密实吧?"

证人:"是的。"

林肯:"你认为这把手枪就是凶手当时用的那把吗?"

证人:"看起来很像。"

林肯:"你能看到被告开枪射击,那么能看到枪管的情形吗?"

证人:"是的。"

林肯:"这距离布道会的场地有多远?"

证人:"750米。"

林肯:"灯光在哪儿?"

证人:"在牧师的讲台上。"

林肯:"有750米远吗?"

证人:"是的。我已经回答你两遍了。"

林肯:"你是否看到克拉伍或者盖瑞森所在之处有烛光?"

证人:"没有,要烛光干吗?"

林肯:"那么,你是怎么看到这起枪击事件的呢?"

证人:“借着月光呀!”

林肯:“你在晚上十点钟看到枪击;在榛木林里;离灯光750米远;你看到了手枪枪管;看到那人开枪;你距离他有20米远。你看到的这一切都是借着月光?离营地的灯光几乎一里之外看到这些事情?”

证人:“是的,我之前都告诉你了。”

听完了证人说的最后一句话,林肯从大衣口袋里拿出了一本天文历,翻到其中的一页高声念道:“1837年8月9日晚上根本看不到月亮,月亮是在次日的凌晨一点才升起的。”

于是林肯帮盖瑞森彻底打赢了这场官司。

(资料来源:http://data.book.163.com/book/section/0000GHCQ/0000GHCQ28.html。)

**思考·讨论·分析**

林肯为什么能打赢这场官司?倾听有多么重要?如果你是目击证人,应该如何应对林肯的提问呢?

## 第二节　倾听的障碍与策略

### ◆ 引例

**血的教训**

1977年两架波音747飞机在特拉维夫机场地面相撞,两名飞行员其实都接收到了调度指示。KLM的飞行员接到的指令是:“滑行至跑道末端,掉转机头,然后等待起飞准许命令。”但飞行员并没把指令中“等待”一事当做必须执行的部分。另一架飞机Pan Am的飞行员被命令转到第三交叉口暂避,但他将“第三交叉口”理解为“第三畅通交叉口”,因而没将第一个被阻塞的交叉口计算在内。就在他停在主跑道上的时候,KLM飞机以186英里的速度与之相撞。飞机爆炸了,576人遇难。这起不幸的事故就是由飞行员对信息的误解造成的。

(资料来源:http://www.bwchinese.com/Chapter/1997.html。)

人们似乎更倾向于彼此进行语言交流,而不是彼此去倾听。在倾听过程中,由于受到环境、倾听者、说话者等众多因素的影响,倾听往往难以达到应有的效果。事实也表明,尽管倾听在沟通活动中所占时间的比例最大,但遗憾的是,许多人并不具备有效倾听的能力,其不良的倾听习惯会导致误解甚至曲解了说话人的意思。那么倾听有哪些障碍并应怎么去解决呢?

**互动游戏:传话**

游戏过程:十个人排成一列,老师在纸条上写一个15—20字的句子,由第一个人来领纸条,记住上面的话,然后**低声耳语**告诉第二个人;第二个人将听到的句子再**耳语**给第三个人。如此重复直至最后一个人,他将自己听到的话写出来。

1. 看一看:最后一个同学写的纸条和老师写的有哪些区别?

2. 议一议:为什么第一张纸条和最后一张往往有天壤之别?是怎么造成的?

## 一、倾听的障碍

一般来说,倾听的障碍主要表现在三个方面。

1. 环境因素引起的障碍

任何沟通都是在一定的环境中进行的,环境是影响倾听效果最重要的因素之一。环境因素不仅包括客观环境因素,如谈话场所、环境布置、噪声大小、光照强弱、温度高低、气候状况、座位安排等,而且包括主观环境因素,如交谈双方的心情、性格、衣着以及谈话人数、话题等。

环境因素主要从两个方面影响倾听的效果:一方面,干扰信息传递的过程,削减、歪曲信号;另一方面,影响沟通双方的心境。这正是人们为什么在沟通时很注重挑选环境的原因。比如,上级在会议室里向下属征询建议,下属会十分认真地发言,但若是换做在餐桌上,下级可能会随心所欲地谈自己的看法,甚至谈一些自认为不成熟的想法。出现这些差别是由于不同场合下人们的心理压力和情绪以及交谈氛围大不相同。另外,说话者和倾听者在人数上的差异也影响倾听的效果。在交谈中,是一个人说话一个人倾听,还是一个人说话多个人倾听,或者多个人说话多个人倾听,这种不同的对应关系也会产生不同的倾听效果。当一个人说话一个人倾听时(如两人促膝谈心),会使听者感到自己角色的重要性,注意力自然集中;当一个人说话多个人倾听时(如听课、听报告),会使听者感到压力较小,所以经常开小差;而当听者只有一位,发言者为数众多时(如多家记者向新闻发言人提问),那么听者将是全神贯注,丝毫不敢懈怠(见表7-1)。

**表7-1　常见的三种环境因素和主要障碍的来源**

| 环境类型 | 封闭情况 | 氛围 | 对应关系 | 主要障碍源 |
|---|---|---|---|---|
| 办公室 | 封闭 | 严肃 | 一对一,多对多 | 不平等造成的心理压力,紧张情绪,他人或电话铃声的干扰等 |
| 会议室 | 一般 | 严肃 | 一对多 | 对在场的其他与会者的顾虑,时间受限制 |
| 现场 | 开放 | 可松可紧 | 一对多 | 外界的干扰,准备不足 |
| 谈判 | 封闭 | 紧张 | 多对多 | 对抗心理,想说服对方的愿望太强烈 |
| 讨论会 | 封闭 | 轻松 | 多对多,一对多 | 很难把握信息要点 |
| 非正式场合 | 开放 | 轻松 | 多种对应关系 | 外界干扰,易跑题 |

2. 倾听者引起的障碍

倾听者在整个交流过程中具有举足轻重的作用。不仅倾听者本人的知识水平、文化素质、职业特点、理解信息的能力直接影响倾听效果,倾听者对说话者个人的态度也会影响倾听效果。所以,在尽量创造适宜沟通的环境条件后,倾听者要以最好的态度和精神状态面对说话者。一般来说,来自倾听者本身的障碍主要表现在以下方面:

(1) 理解能力。倾听者的知识水平、文化素质、职业特点及生活阅历往往与他本身的理解能力和接受能力紧密联系在一起,具有不同理解能力的倾听者必然会有不同的倾听效果。有效的沟通要求倾听者与讲话者在沟通的内容方面有相通之处,否则就是“对牛弹琴”了。

(2) 倾听习惯。在倾听过程中不同的人有不同的习惯,有些不良习惯会直接影响到倾听的效果。例如:

**急于发言**　人们大多都有喜欢发言的倾向,很容易在他人还没有说完的时候就迫不及待地打断对方,或者口里没说心里早已不耐烦了,这样往往不能把对方的意思听懂、听全。于是我们就经常会听到别人这样说:“你听我把话讲完好不好?”这正说明了急于发言并不利于双方的沟通。其实许多时候只要认真听完别人的讲话,就会发现心中的疑问也已经消除了,无须发言了。

**忙于记要点** 有的倾听者觉得应记下说话者所说的每一个字,于是在听的时候忙于记笔记。遗憾的是,在说话者说到第三点时,他才给第一点画上句号,以致忽略了完整的倾听。

**吹毛求疵** 有的倾听者并不关注讲话者所讲的内容,而是专门挑剔讲话者的毛病,如讲话者的口音、用字、主题、观点都可能成为倾听者挑剔的对象,倾听者甚至抓住某个细微错误而贬低说话者的风格和观点。这种个人的偏颇观念时常导致敌对情绪的产生,从而影响倾听。

**缺乏耐心** 有的倾听者过于心急,经常在说话者暂停或者喘口气时插话,帮助说话者结束句子,而往往忽略了说话者正要说的话题。

**以自我为中心** 有的倾听者表现出过于自我的心态,对说话人的每个话题他都有意无意地以自己生活中的事件回应。比如,他会说:"那让我想起,我……"这便打断了说话人的思路,甚至引开了话题。

**忙于私活** 有的倾听者从倾听开始就没有停下手中的事情。他可能在谈话中拆信、接电话或整理办公室,见此情景,说话者通常都会尽快结束谈话并离开。

(3) 感情过滤。人人都爱听奉承话,好听的话即使说得言过其实,也不会引起听者的反感,难听的话即使说得恰如其分,也不会让听者满足。每个人都是选择自己喜欢听的来听,当某人说到一些自己想听的话时,我们会"竖"起耳朵,接收所有的信息,不管是真理、部分真理,还是谎言和谬误;相反,遇到不想听到的内容时,我们会本能地排斥,也不管这些内容对自己是否有用。可以说,在倾听过程中,情感起到了听觉过滤器的作用,有时它会导致盲目,而有时它排除了所有倾听的障碍,如你会很满足地从别人口中证实自己的思想,并由此感到快乐。但要注意,运用感情过滤信息,可能无法正确地倾听并理解说话者所讲内容的含义。

(4) 心理定势。每个人都有自己的好恶,都有根深蒂固的心理定势和成见,所以与不喜欢或不信任的人交流时很难以客观、冷静的态度接受说话者的信息。比如,当一个自己讨厌的人在台上讲得手舞足蹈时,你会认为他太虚伪,是乱吹一气,因此不屑于听他讲话,甚至会东张西望,或用手不停地敲打桌面,向对方发出"你有完没完,我已经不想听了"的信号。再比如,当一个平时比较啰嗦的人要求与你谈话时,你会有心无心地听他讲,因为你会觉得他讲的许多都是废话,实际上这样也会错过一些有用的信息。

(5) 心智时间差。正常人大脑的运转速度极快,每分钟能处理 500 个字以上，而普通人的说话速度是每分钟150个字左右，这便产生了听者的心智时间差问题。也就是说，人们思考的速度比说话的速度快许多。为了填补这一段时间的空白，在听的同时，你的大脑很自然地会游走到其他的想法上去，但是当你回过神来时会发现，这段时间你走神走得太远了，遗漏了许多重要的内容。应该说，这是正常心理反应的结果，但为了更好地倾听，这一过程还是应该控制。

3．说话者引起的障碍

(1) 语言因素引起的障碍。语言因素引起的障碍包括四个层次：

**语言层次**　语言是说话者表达观点和想法所使用的基本工具。使用不同的语言工具以及不同的语言背景和习惯，都会影响倾听的效果。

**声音层次**　这是人们利用听觉器官接收说话者信号的层次，不同的音量、音调、语调等传递着不同的内容。

**语法层次**　不同的语言表达方式、表达习惯会使同样的语言产生不同的效果，甚至意思完全相反。

**语意层次**　即说话者所要表达的语意层次。语意表达不明会给倾听带来障碍。

(2) 身体语言障碍。身体语言是沟通的重要组成部分，恰当的身体语言有助于倾听者的理解。而身体语言运用不当则会给倾听带来障碍甚至误解，如有人说话不喜欢与人有目光接触，缺乏目光接触将不可避免地减少倾听者对说话人的注意力和兴趣。

另外，口头语言与身体语言不相符，也能给倾听者造成障碍。比如，当你说“3”时，却伸出了5个手指，如果倾听者注意到你的动作，必然会产生疑惑。

## 二、倾听的策略

倾听环境、倾听者、说话者这三个因素无疑是引发倾听障碍的主要因素，因此，克服倾听障碍也应该从这三个方面做起。

1．创造良好的倾听环境

倾听环境对倾听的质量和效果具有重要的影响，交谈双方如果能够选择或营造出一个良好的倾听环境，就能够在很大程度上改善倾听的效果。一般来说，良好的倾听环境包括以下内容：

(1) 适宜的时间。如果有可能，可根据沟通的需要，慎重选择有助于倾听的时间。某些人工作效率最高的时间是早晨，所以他们适合把重要的汇报安排在早晨。对多数人来说，一天当中心智最差的时间是在午餐后和下班前，因为在饱食后很容易疲倦,而在下班前不愿被过多地耽搁。因此,应尽量避免在这些时间里安排重要的倾听内容。另外,在时间长度上要尽量避免时间限制,如果你只有几分钟的时间,而这个谈话又很重要或很复杂,需要更多的时间,那么最好把它定在另一个时间段。这样做时你可向对方解释,说明你需要足够的时间深入地与他探讨,对方一般会很乐意与你重新确定谈话的时间表。

(2) 适当的地点。谈话地点的选择也很重要。地点的选择必须保证交谈时不受干扰或打扰,要尽量排除所有分心的事,告诉秘书代为接听你的所有电话,或者摘下电话听筒,或者在门上挂一块免扰牌。另外,还要适当安排办公室的家具及座位,要使家具安放的位置不至于妨碍谈话,坐椅的摆放能够使交谈双方直接看到对方的眼睛,这样不仅能够集中交谈双方的注意力,而且易于观察对方的非语言表现。

(3) 平等的氛围。要根据交谈内容来营造氛围。讨论工作上重要的事情时,应该营造一个严肃、庄重的氛围;而在联欢晚会上,则要营造一个轻松、愉快的气氛。要知道,同样的一句话在不同的氛围下传到听者耳朵里的效果是不同的。但不管哪种氛围的营造,都要遵循平等、信任、协调的原则,这样才能使谈话的氛围成为有利的条件,而不至于变成沟通的障碍。

(4) 尽量排除所有分心的事情。在进行谈话或倾听时,尽量不要想其他无关紧要的事,要排除所有分心的事情。

2. 提高倾听者的倾听技能

倾听者是倾听过程的主体,倾听者的知识水平、理解能力、倾听态度以及精神状态等直接影响倾听的效果。因此,克服倾听的障碍,关键在于提高倾听者的倾听技能。提高倾听技能应该从以下方面入手。

(1) 完整、准确地接收信息。在交谈中,倾听者仔细聆听讲话者说出的话是非常重要的,因为它告诉我们说话者在想什么。但是,好的倾听者不仅要听讲话者说出来的信息,还要能够听出言外之意,即不仅要听说出的事情,而且要听某事是如何说出来的。许多时候,人们的非语言行为透露了人们的真实意图,所以倾听时尤其要注意观察与语言表述相抵触的那些非语言行为,这样才能避免接受信息的偏颇和遗漏。

为了完整、准确地接收信息,倾听者应该做到以下三点:

**精心准备** 倾听者在谈话前列出自己要解决的问题,以便在谈话过程中注意倾听对方对这些问题的回答。

**摘录要点** 对于谈话中涉及的一些关键问题要一一记下来,可以适当重复对方的话来验证所获得的信息,也可以换个角度说明对方的信息,这既可以帮助你获得正确的事实，同时也是对说话者的一种反馈。

**会后确认**　在会谈接近尾声时，应与对方核实自己的理解是否正确，尤其是关于下一步该怎么做的安排，这有利于按照对方的要求正确地采取下一步的行动。

**小阅读："听"来的钢盔**

第二次世界大战期间，一位叫亚德里安的美国将军利用战斗的间隙到战地医院探望伤员。他毫不张扬地走进病房，静静地坐在病床边，倾听每一位伤员讲述自己"死里逃生"的经历。其中一位炊事员说：他听到炮弹呼啸而来，就不假思索地把一口锅扣在自己的头上，虽然弹片横飞，战友倒下了一大片，他却幸免一死。听到这里，亚德里安将军若有所悟地点了点头，走到这位炊事员床前同他握手，脸上露出赞赏的微笑。后来，他下了一道命令：让每个战士都戴上一口"铁锅"——于是，在人类战争史上，"钢盔"这个重要发明，就因为一位将军有耐心、有雅量倾听一个炊事员的"唠叨"而诞生了，它使七万余名美军在第二次世界大战中免于战死。

（资料来源：http://www.doc88.com/p-673405712371.html。）

（2）正确地理解信息。交谈双方文化水平、社会环境的差异常造成双方对同一事件的不同理解。产生误解的一大原因就是习惯思维。一个人在对问题的理解上总是先调动自己以往的经验，然后推测将来的发展趋势。因此，要防止误解的产生，倾听者要尽量做到以下几点：

一是从对方角度出发，考虑他的背景和经历，想想他为什么要这么说，他希望我听完之后有什么样的感受。倾听者要试着让自己掌握说话者的真正意图，而不是让说话者觉得谈话索然无味。

二是消除成见，克服思维定势的影响，客观地理解信息。一个人总会被自己的好恶感左右：喜欢某个人，只要那个人讲句话，不管对与错，都认为他讲的就是正确的；讨厌某个人，连见一面都觉得难受，更别说坐下来耐心听他讲话了。其实，这种倾听方式对双方的沟通会造成很大影响，容易使信息失真。

三是不要自作主张将自己认为不重要的信息忽略掉，最好与说话者核对一下，看看自己对信息的理解是否存在偏差。可以说，有相当多的沟通问题都是由于倾听者个人对信息随意理解而造成的。

（3）适时、适度地提问。作为一个倾听者，尽管其主要任务在于倾听他人所说，但是，如果倾听者能以开放的方式询问所听到的事，成为谈话的主动参与者，就会增进彼此间的交流和理解。可以说，提问既是对说话者的一种鼓励，即表明你在认真倾听，同时也是控制和引导谈论话题的重要途径。提问既有利于倾听者彻底掌握自己没有倾听到的或没有倾听清楚的事情，同时也有利于讲话者更加有重点地陈述、表达。但需要注意的是，提问必须做到适时和适度，要多听少问，如果倾听者满脑子考虑的是如何问问题，或提问像连珠炮似的，问起来没完没了，那么这种提问就失去了应有的价值，还会引起说话者的反感和不满。

（4）及时给予反馈。说话者会根据倾听者的反馈做出适当的调整，这样会更加有利于倾听者的倾听。因此，在倾听时对说话者的信息做出反馈是十分必要的。反馈可以是语言的，也可以是非语言的，但要注意反馈应清晰，易于为人所了解、接受。比如，问问题、查验信息或以其他的感觉和反应形式，都是较适当的反馈方式。当倾听者做出反馈时，说话者能根据倾听者的反应来检查自己行为的结果，从而知道自己所说的是否被准确接收和正确理解，并由此决定接下来如何说和做。非语言反馈是由身体姿态、动作、表情来传达的，当你站、坐、皱眉、微笑或者看起来心事重重时，都是在反馈给对方某些信息。

（5）防止分散注意力。注意力分散是有效倾听的最大障碍之一。在倾听时能使人分散注意力的因素有很多，如一定的生理疲劳会使人们感到厌倦，而其他的新异刺激也能将人们的注意力转移到其他人或事上。除了周围的噪声，演讲者的口音和方言也可能让倾听者分心。不感兴趣的主题或组织得不好的演讲，也会很快让倾听者失去热情而将注意力分散到其他事情上。但是，好的倾听者会排除干扰，并努力倾听说话者信息中的要点，采用良好的坐姿，使自己保持在清醒和兴奋状态，帮助自己在倾听时避免分心。另外，适当记笔记也是保持注意力集中的好方法。

3. 改善说话者的说话技巧

一切沟通技巧从本质上说只为两个目的服务：让别人懂得你以及让你懂得别人。如果你的谈话方式阻碍了其中任何一个目的的达到，你就步入了危险的沟通雷区。讲话者常犯的毛病主要有以下几个方面：

（1）说话速度太快。高频率的长篇大论只会给人以喋喋不休的感觉，听众没有时间完全理解讲话者要表达的东西。

（2）太注重细节。在说明一个问题的时候，总想把所有的细节都解释清楚,可是到了最后往往连自己也不知道要讲的中心问题是什么了。

(3) 过于紧张。有些人觉得在很多人面前发言是一件很可怕的事情,并且因为紧张连发言也莫名其妙地颠三倒四。

(4) 对人不对事。“每次和同事有争执的时候,我都会觉得脑袋里的血呼地一下就往上涌了,然后我说出来的话就不那么理智,有点儿意气用事的味道了。”这也是人们经常会遇到的问题。

讲话者这些毛病和缺点的存在,直接影响着倾听的质量和效果,因此,作为谈话中的引导者,讲话者应该克服这些毛病,吸引倾听者的兴趣,提高倾听效率。

**小阅读:从两次对话看出怎样倾听下属的话**

**对话一**

下属:嗨,老板,我刚听说又要更换颜色。我们刚持续生产了30分钟,又要把设备拆洗一遍,我和伙计们都不情愿。

老板:卡尔,你和你的伙计们最好别忘了谁在这儿说了算。该做什么就做什么,别再抱怨了!

下属:我们不会忘掉这事儿的!

**对话二**

下属:嗨,老板,我刚听说又要更换颜色。我们刚持续生产了30分钟,又要把设备拆洗一遍,我和伙计们都不情愿。

老板:你们真的为此感到不安吗,卡尔?

下属:是的,这样我们得多做许多不必要的工作。

老板:你们是觉得这类事情实在没必要经常做,是吗?

下属:唉,也许像我们这种一线部门没法儿避免临时性变动,有时我们不得不为某个特别顾客加班赶订单。

老板:对了。在现在的竞争形势下,我们不得不尽一切努力为顾客服务,这就是为何我们都有饭碗的原因。

下属:我想你是对的,老板。我们会照办的。

老板:谢谢,卡尔。

(资料来源:http://bbs.c-c.com/showtopic_4681.html。)

**思考·讨论·分析**

举身边的例子,谈谈什么是倾听障碍和如何克服倾听障碍。

## 第三节 有效倾听的技巧

### ◆ 引例

**我还要回来**

美国著名的主持人林克莱特在一期节目上访问了一位小朋友,问他:“你长大了想当什么呀?”小朋友天真地回答:“我要当飞机驾驶员!”林克莱特接着说:“如果有一天你的飞机飞到太平洋上空时,飞机所有的引擎都熄火了,你会怎么办?”小朋友想了想:“我先告诉飞机上所有的人绑好安全带,然后我系上降落伞,先跳下去。”

当现场的观众笑得东倒西歪时,林克莱特继续注视着孩子。没想到,孩子的两行热泪夺眶而出,于是林克莱特问他:“为什么要这么做?”他的回答透露出一个孩子真挚的想法:“我要去拿燃料,我还要回来!还要回来!”

(资料来源:http://media.people.com.cn/GB/22114/86916/86917/7462517.html。)

看到这里我们能发现主持人林克莱特的与众不同,他能够让孩子把话说完,并且在“现场的观众笑得东倒西歪时”仍保持着倾听者应具备的一份亲切、一份平和、一份耐心。

事实上,大概60%的人只能做到第一层次的倾听,30%的人能够做到第二层次的倾听,15%的人能够做到第三层次的倾听,达到第四层次水平上的倾听仅仅只有不多于5%的人能做到了。我们每个人都应该重视倾听,提高自身的倾听技巧,学会做一个优秀的倾听者。倾听不是被动地接受,而是一种主动行为。当你感觉到对方正在不着边际地说话时,可以用机智的提问来把话题引回到主题上来。倾听者不是机械地“竖起耳朵”,在听的过程中脑子要转,不但要跟上说话者的故事、思想内涵,还要跟得上对方的情感深度,在适当的时机提问、解释,使得会谈能够步步深入下去。那么倾听的技巧又有哪些呢?

## 一、倾听的技巧

1. 搞清前提

我们所谈的"倾听",是在相互交谈中的倾听。双方是在交流思想和观点、联系情感,而不是辩论。基于辩论的对话与基于联系的对话在很多基本点上有本质区别。例如,在辩论中,倾听是为了反驳、为了分清正误、为了压倒对手;在交流中,倾听是为了理解、为了求同存异、为了帮助对方。搞错了前提就难以进行正确的倾听。关于两者的区别如表 7-2 所示。

**表 7-2 辩论对话与交流对话的区别**

| 区别要点 | 辩论对话 | 交流对话 |
|---|---|---|
| 对"问题"的解释 | 将"问题"看做要求提供信息 | 视"问题"为维持对话顺畅进行的手段 |
| 下面的评论与刚才"最后发言者"的联系 | 不要求下面的话与刚才"最后发言者"的话有关,忽略前面的评论倒是控制辩论的一种战略 | 下面的评论与刚才"最后发言者"的话通常明确相关 |
| 对"挑衅"的看法 | 视"挑衅"为组织对话的一种方式 | 视"挑衅"为针对听众个人的、持否定态度的表现,往往对谈话者有破坏作用 |
| "主题"的界定和转换 | "主题"界定狭窄,转换突然,谈及他事被视为要转换主题 | "主题"的界定是缓慢的、循序渐进的,对旁事的提及被认为是对主题的规范、限制或扩充 |
| 对分担问题者的回应 | 提供劝告,解决办法 | 给予团结的友谊、安慰,用分担困难来建设共同归属感 |

2. 建立信任

信任是双方交流的基础。真诚的谈话可以唤起对方的兴趣,激发对方的积极性及参与的主动性,因此,在交谈过程中有意甚至无意的撒谎,都有可能使对方觉得你是在欺骗他而使交谈中断或效果不佳。

3. 积极投入

(1) 进入集中精力的精神状态。随时提醒自己交谈到底要解决什么问题。听话时应保持与谈话者的眼神接触,但对时间长短应适当把握,如果没有语言上的呼应,只是长时间盯着对方,那会使双方都感到局促不安。另外,要努力维持大脑的警觉,保持身体警觉则有助于使大脑处于兴奋状态,专心地倾听不仅要求健康的体质,而且要使躯干、四肢和头处于适当的位置,比如有的人习惯于把头稍偏一点认为这样有助于集中精神。全神贯注,意味着不仅用耳朵,而且用整个身体去听对方说话。

(2)采取开放式姿态。人的身体姿势会暗示出他对谈话的态度。自然开放的姿态,代表着接受、容纳、兴趣与信任。根据达尔文的观察,交叉双臂是日常生活中普遍的姿势之一,一般表现出优雅、富于感染力,自信十足。但这常常自然地转变为防卫姿势,当倾听意见的人采取这种姿势时,大多是持保留的态度。既然开放式姿态可以传达出接纳、信任与尊重的信息,而"倾听"的本意是"向前倾着听",也就是说,向前倾的姿势是集中注意力、愿意听倾诉的表现。所以二者是相容的。交叉双臂跷起二郎腿也许是很舒服的姿势,但往往让人感觉这是种封闭性的姿态,容易让人误以为不耐烦、抗拒或高傲。开放式态度还意味着控制自身偏见和情绪,克服心理定势,在开始谈话前培养自己对对方的感受和意见感兴趣,做好准备积极适应对方的思路,去理解对方的话,并给予及时的回应。倾听应是热诚的,不可抱着冷漠的优越感或批判的态度听人说话。热诚的倾听与口头敷衍有很大区别。"没必要那么担心,事情会好起来的"之类的话于事无益,甚至会使对方产生挫折感:原来自己的担心是没价值的。热诚的倾听则给人更多的关怀与启迪,并在必要时给予鼓励。

(3)采取开放的兴趣观与心态。"如果他们讲得没有兴趣,他们就不能指望我听!"这是在讲座或讲话之后常常听到的话。记住,听者同样有责任。要从中寻找可能与你、与你的工作、与你的兴趣有关的信息。任何信息都可能是有关的。要提出下面这样的问题:我可以利用他们说的哪些信息?我如何利用这些信息提供更好的服务、提高士气、提高效率、了解有关自己或他人的事?你要对讲话者表示出兴趣,毕竟没有人想对空墙讲话。把你放在讲话者的位置,想想你会感觉怎样。开放的心态是指要意识到自己的成见,或者意识到你会将不符合自己思想观念的信息加以调整。对与你的信念、态度、想法和价值观相矛盾的信息不要觉得是威胁、侮辱或者有抵触。开放的心态也意味着尽量不要注意讲话者的外表和举止。不要因为你不喜欢他们的外观就排斥他们的想法。如果你清楚自己的成见,你就更可能注意这点并加以控制。永远不要过早地对讲话者的人格、主要观点和你自己的反应下结论。你可能会出错,并且如果你过快地做出决定,你会错过听到真理的每一个机会。换句话说,慢做评论。

(4)明确倾听目的。你对你要倾听的目的越明确,就越能够掌握它。事先为谈话进行大量的准备,这样可以促使我们对谈话可能出现的问题或意外有个解决的思路;同时可以围绕主题进行讨论,你的记忆将会更加深刻,感受将会更加丰富。这就是目的越明确,效果越显著。

总而言之,积极投入就是要贯穿这样一个指导思想:处在倾听或者说是接收信息的过程中也不能是被动的,而应是主动的。光用耳朵不行,还要用心去理解;光理解还不行,还要做出各种反应,以合乎礼仪,调节谈话内容和洽谈气氛,促进谈话顺利进行。

4. 多加理解

(1) 全面倾听,建立理解的基础。全面倾听包括三个方面的内容:听取讲话的内容;注意语调和重音;注意语速的变化。只有三者结合才能完整领会说话者的意愿和情绪。

(2) 全面关注,提高理解的效率。首先,注意听清全部信息,不要听到一半就心不在焉,更不要匆忙下结论。很多单独无法理解的词句放到整体语境当中就容易领会了,而且听对方说完也是礼貌和尊重的表现。其次,注意整理出一些关键点和细节,并时时加以回顾。提一些问题,比如"它们都意义清楚吗?""这些观点有事实依据吗?"如果有疑点,应在听完以后提问。此外,还要听出对方的感情色彩。言语本身可能带有不同色彩,只有深刻体会说话者的潜在感情色彩,才能完全领悟其语之含意。

(3) 悟出言外之意,分析背景,避免误解。听出"言外之意"也十分重要。要透过对方话语的表象,发掘他真实的动机。一般来说对方隐瞒真情是出于以下"背景"因素:持有不同观点又不便直说;抱有不满情绪又不愿表达;因个性或面子不愿直说;由于特定环境而不能直说。分析"背景"因素是做出恰当回馈的关键。比如你的朋友向你表示他还无法下决心买下某套房子,真正的原因可能是他的职位岌岌可危,随时准备卷铺盖走人。若你不了解这个情况,很可能会就房子的构造、环境跟他讨论半天。很多推销员也深有体会,顾客挑剔商品的种种不是,其实很可能只是想压低价格而已。

(4) 克服习惯性思维。结合视觉辅助手段,"倾听"对方的身体语言,克服习惯性思维。人们习惯性地对听到的话用潜在的假设去评价,要取得突破性的倾听效果,必须打破这些习惯性思维的束缚。例如,当你听到某个提议时,不要立即开始思量自己是否喜欢或者应该怎么做。先问一些"条件反射"之外的问题,比如,"这项提议顾及了哪些东西?""它能带来什么好处?"新型思维往往会带来创造力。

**结合视觉辅助手段**　如果谈话对方提供了传单、讲义、小册子或提纲之类的辅助材料,最好充分利用。因为视觉、听觉刺激若结合起来,理解和记忆都可以得到加深。必要时也可以要求对方画图表予以说明。

**“倾听”对方的身体语言** 身体语言往往更加诚实可信,学会“倾听”身体语言是探测对方心灵的有力手段。倾听时注意识别对方的表情大有助益。

僵硬型表情:脸上肌肉麻木,面无表情,往往充满憎恶与敌意,他们试图以此种表情来掩盖自己的真实情绪。

厌烦型表情:主要包括叹气、伸懒腰、打呵欠、东张西望、看表、表情无奈等。

焦虑型表情:比如手指不断敲打桌面,双手互捏,小腿抖动,坐立难安等。若厌烦型表情没有得到理解,烦躁的情绪积累下去,很可能发展为焦虑。

兴奋型表情:表现为瞳孔放大,面颊泛红,搓手,轻松地跳跃等。

欺骗型表情:如果对方喋喋不休地诉说,语义却不连贯,尤其是他平时沉默寡言,那么他多半想隐瞒什么。另外,下意识地摸下巴、摆弄衣角或将手藏在背后,都是说谎的征兆。

高傲型表情:眼睛眯起,头向后仰,俯视对方,或者双手抱胸,斜视,手叉腰,歪着头等。这些都表示自负、盛气凌人,对你的话不屑一顾。

(5) 倾听主要观点。不良的听者倾向于只听事实。要学会区分事实和原理、观点和举例、证据和辩解。提炼主要观点的能力取决于你组织信息和传递语言的能力以及讲话者的重复。主要观点可能在讲话的开始、中间或结尾,所以你必须一直注意着,如果讲话者对讲话做了回顾或总结,那么你就要更加仔细地听。

(6) 用批判的态度听。你应当在无偏见的情况下,对讲话者使用的假设和辩解持评判的态度,并小心估量主要观点背后的证据和逻辑基础。

5. 加强记忆

既然人们平常对刚听过的信息记忆率只有50%,提高记忆的效率的确是件势在必行的事。这里提供了一些简单的技巧:

(1) 重复听到的信息。将对方的话用自己的语言重新表达,既加深了记忆,又给予对方纠正错误的机会。

(2) 认清说话的模式。若你能总结出对方说话的惯用模式,或者记住其中的典型事例,那么对其谈话内容重新整理组合,可以帮助记忆。

(3) 采用某些记忆法。

(4) 记笔记。快速在纸上记录一些关键词,或自我设计的代表特定含义的符号,事后再浏览一遍,印象会深刻许多。

6. 配合回应

用各种对方能理解的动作与表情,表示自己的理解,如微笑、皱眉、迷惑不解等表情,给讲话人提供准确的反馈信息,以便于其及时调整。还应通过动作与表情表达自己的感情,表示自己对谈话和谈话者的兴趣。

### 互动练习:"倾听"技能测试表

(几乎都是——5,常常——4,偶尔——3,很少——2,几乎从不——1)

**态度**

1. 你喜欢听别人说话吗?
2. 你会鼓励别人说话吗?
3. 你不喜欢的人在说话时,你也注意听吗?
4. 无论说话人是男是女、年长年幼,你都注意听吗?
5. 朋友、熟人、陌生人说话时,你都注意听吗?

**行为**

6. 你是否会目中无人或心不在焉?
7. 你是否一直注视着听话者?
8. 你是否忽略了足以使你分心的事物?
9. 你是否微笑、点头以及使用不同的方法鼓励他人说话?
10. 你是否深入考虑说话者所说的话?
11. 你是否试着指出说话者所说的意思?
12. 你是否试着指出他为何说那些话?
13. 你是否让说话者说完他的话?
14. 当说话者犹豫时,你是否鼓励他继续下去?
15. 你是否重述他的话,弄清楚后再发问?
16. 在说话者讲完之前,你是否避免批评他?
17. 无论说话者的态度与用词如何,你都注意听吗?
18. 若你预先知道说话者要说什么,你也注意听吗?
19. 你是否询问说话者有关他所用字词的意思?
20. 为了让说话者更完整地解释他的意见,你是否加以询问?

**将所得分数加起来**

90—100 分,你是一个优秀的倾听者;

80—89 分,是一个很好的倾听者;

65—79 分,你是一个勇于改进、尚算良好的倾听者;

50—64 分,在有效倾听方面,你确实需要再训练;

50分以下,你需要问问自己:你注意倾听吗?

**问题**

1. 根据自己的情况进行测试,得出分数。

2. 将分数和同组成员进行讨论,找出原因,开始注意倾听技巧。

## 二、倾听的注意事项

倾听是一项最值得重视的沟通技巧,但是,很多人却不愿意在学习有效倾听上下工夫。实际上倾听能力是可以通过训练获得的,在倾听训练过程中要注意以下问题:

1. 不要多说

大多数人乐于畅谈自己的想法而不是倾听他人所说。尽管说话可能更有乐趣,而沉默使人不舒服,但我们不可能同时做到听和说。一个好的倾听者,是能够做到多听少说的。

2. 不要中途打断说话者

打断别人说话,不仅是一种不礼貌的行为,而且不利于倾听。即使对方在反复说一件相同的事,你还是要耐心等候,这样做的收获会比插嘴说话的收获多得多。倾听者一定要让说话者讲完自己的想法,当他说完时你就会知道他说的是否真的有价值。

3. 不要轻易下结论

对说话者的肢体语言、面部表情或音调所传递的信息,如果自己心存疑惑,最好开口询问;如果不好意思问,也可以用非语言方式表达出自己的想法。不能凭借自己听到的只言片语轻易下结论,一定要把说话者的真正目的和意图了解清楚后再做判断。

4. 不要心存偏见

人们在与别人沟通交流之前,总是以自己的主观印象或思维定势来推测对方的动机,戴着有色眼镜去看待别人,结果是对方还没有开口说话,自己就表现出了不想听、不耐烦或不感兴趣,从而错过了一些有用的或重要的信息。因此,倾听时应尽量不心存偏见,要诚实地面对,承认自己的偏见,并且倾听对方的观点,容忍对方的偏见。

5. 避免分心的举动和手势

在倾听时,注意不要进行下面几类活动:看表,心不在焉地翻阅文件,拿着笔乱写乱画等,这些会使说话者认为你很厌烦或不感兴趣。更重要的是,这也表明你并未集中精力,因而很可能会遗漏一些说话者想传递的重要信息。

6．不要臆测

臆测是指倾听者在倾听过程中凭着自己的主观臆断对说话者的话进行推测或猜想。臆测是沟通的障碍，它常常会使人产生曲解或误解。所以，倾听者要尽力避免对别人进行臆测，虽然有时候臆测出的东西可能是正确的，但是最好尽可能避免臆测。

## 三、倾听中的提问

提问能使倾听更具有含金量。在倾听过程中，恰当地提出问题，与对方交流思想、意见，往往有助于人们互相沟通。沟通的目的既是为了获得信息，也是为了知道彼此在想什么和要做什么。适时、适度地提问，不仅能够促进、鼓励讲话者继续谈话，而且能够从对方谈话的内容、方式、态度、情绪等方面获得更多的信息，从而促进双方和谐关系的建立，因为这样的提问往往有尊重对方的意思。

提问应掌握一些必要的技巧。恰当的提问能够使倾听效果锦上添花，而不适当的提问不仅使倾听的过程变得本末倒置，而且还有可能带来许多问题和矛盾，甚至引起别人的厌烦和不满。概括而言，要做到适时、适度地提问需要注意以下方法和技巧：

1．提出的问题要明确

进行有效的提问是沟通双方共同的责任，因为它可以使双方受益，即双方都能从提问和回答中获得对事物更深刻的认识。但不管谁来提问，提出的问题一定要做到明确具体。这里所说的明确具体，既包括表述问题的词义明确具体，便于理解，也包括问题的内容明确具体，便于回答。如果提出的问题含混不清或过于抽象，不仅回答者难以回答，还有可能造成曲解或误解。另外，在提问时还要尽量做到语言精炼、观点明确、抓住重点。在很多情况下，人们在提问之前总愿意加上一些过渡性的语言来引出自己所提的问题，这里需要说明的是，过渡性的语言一定要精炼、简短，否则，回答者可能还没有听到你的提问就对问题或你本人产生了反感。

2．提出的问题要少而精

恰当的提问有助于双方的交流，但太多的提问会打断讲话者的思路，扰乱其情绪。至于提多少问题比较合适，不可一概而论，要根据谈话的内容、交谈双方的个人风格而定。如果你有爱问问题的习惯，在交谈时一定要控制自己提问的数量，最好做到少问问题或不问问题；如果你从不愿意问问题，在与别人进行交流时最好预先设计一些问题，到时尽量把它提出来，以锻炼自己的胆量和勇气。但是,不管你具有什么样的个人风格和特点,在交谈时都必须牢记一点,那就是多听少问。

3. 提出的问题应紧扣主题

提问是为了获得某种信息,问什么问题要在倾听者总目标的控制掌握之下,要能通过提问把讲话者的讲话引入自己需要的信息范围。这就要求提出的问题要紧紧围绕谈话内容和主题,不应漫无边际地提一些随意而不相关的问题,因为这既会浪费双方的时间又会淡化谈话的主题。

4. 提问应注意把握时机

提问的时机十分重要,交谈中如果遇到某种问题未能理解,应在双方充分表达的基础上再提出问题。过早的提问会打断对方的思路,而且显得十分不礼貌;过晚的提问会被认为精神不集中或未能理解,也会产生误解。一般情况下,在对方将某个观点阐述完毕后应及时提问。及时提问往往有利于问题及时解决,但"及时提问"并不意味着反应越快越好,最佳的时机还需要倾听者灵活地捕捉。如果在不适当的时机提出问题,可能会带来意想不到的损失。

5. 提问应采取委婉、礼貌的方式

提问时应讲究方式,避免使用盘问式、审问式、命令式、通牒式等不友好、不礼貌的问话方式和语态、语气。如果交谈的气氛较为紧张,有些人会对他人的行为、语调或话语产生防卫性反应。解决方法之一就是用开放性的、友好的问句代替"为什么"型的问题,因为简单地问一问"为什么"易被看成是威胁性的提问。例如,为避免造成紧张的防卫气氛,我们最好不说"你为什么没准时到,让我们误车了",而应说"由于你没能准时到场,我们误了车,以后如果再有类似情况,你事先通知我们一声好吗"。

此外,提问还应适应对方的年龄、民族、身份、文化素养、性格等特点。有的人率直、热忱,你也应坦诚直言,否则他会不喜欢你的圆滑、不坦率;相反,有的人生性狡黠多疑,你最好旁敲侧击,迂回进攻,否则很可能当即碰钉子。

## 四、倾听中的反馈

人们每天都在要求别人给予反馈,也都在对别人做出一定的反馈。反馈是有效倾听的一个重要组成部分,如果只是倾听而毫无反馈,对于信息提供者来说就好比是"对牛弹琴"。有效的反馈是有效倾听的体现,在管理过程中,管理者应通过倾听获得大量信息,并及时做出有效的反馈,这对于激发员工的

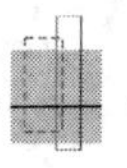


工作热情、提升工作绩效具有重要作用。不仅如此，反馈还能把谣言减少到最低限度，因为谣言的产生往往是由于不能及时得到准确消息。另外，有效的反馈还能建立领导和员工们之间的有力联系，更能防患于未然。

在倾听过程中，有效的反馈可以起到激励和调节作用。但要做到有效反馈，不仅需要沟通双方努力创造良好的沟通氛围，建立起相互信任的关系，而且还要做到以下几点：

1. 反馈语言要明确具体

反馈要使用具体明确、不笼统、不抽象和不带有成见的语言。例如，说"你的任务完成得很好啊"就不如说"这次会展的组织工作完成得非常好，达到了我们预想的目的"，因为后者更明确具体。有时人们只顾把自己的结论反馈给对方，却忘记了有义务和责任提供更多的细节。如果人们接受到不明确的反馈，可以再对之反馈，以引导谈话向更有利于信息交流的方向发展。例如，当你听到对方"你的任务完成得很好"这样不太明确的评价时，可以这样反馈："你认为这次任务成功在哪里？有什么需要注意的吗？"进行这样的有效反馈是双方共同的责任，也可使双方受益，能使双方共同获得对事物的更深认识。

2. 反馈的态度应是支持性的和坦诚的

这一特点反映了反馈过程中人性化的一面，有助于沟通双方建立起理解和信任的关系。反馈要明确具体，但不能不照顾对方的感受。真正的双向沟通和反馈，是一个分享信任、取得共识的过程，而不是其中一方试图主导交流或评审对方的过程。要达到沟通的目的，必须把对方置于与自己同等的地位，任何先入为主的、盛气凌人的做法都是不可能被接受的。例如，一位经理当着大家的面对一位下属的报告进行这样的反馈："你的报告提交得太晚了，不仅如此，字号还小得像蚂蚁一样。重新打印一份马上交给我！"这样的反馈虽然具体明确，但却完全没有心理上的平等沟通，因而是无法与对方建立起信任和理解关系的。

3. 营造开放的氛围，避免引起防卫性反馈

在沟通过程中，开放、坦诚的氛围不仅有助于加深彼此之间的理解与交流，而且有助于调解矛盾和冲突，因为在建设性的、满意度较高的气氛中，尽管人们持有不同意见，但他们对事不对人，是在共同向需要解决的问题发起挑战，而防卫性气氛却没有积极作用，它往往将人们导向批判的、对立的价值体系。

4. 把握适宜的反馈时机

一般情况下,应给予对方及时的反馈。及时反馈往往有利于问题的解决,否则矛盾逐渐积累,会越发不可收拾。但是及时反馈并不意味着立刻做出反应,还必须灵活地捕捉最佳时机。反馈有时需要及时,而有时则应在接受者准备接受时给予,如当一个人情绪激动、心烦意乱、对反馈持有抵触心理时,就应推迟反馈。反馈时机还与谈话者言语中所表现出的感情有关。善于反馈的人应能识别对方言语中哪些是真情实感,哪些是表面情绪,并只对对方的真诚情感进行反馈。

5. 反馈必须要适度

尽管反馈在沟通中十分重要,但反馈也必须要适度,因为不适当的反馈会让对方感到窘迫,甚至产生反感。如果以判断方式作为反馈,这类判断最好能保持中立态度,不要简单地评论,如"这简直是大错特错!"另外,要记住的是,反馈只能是反馈,不能直接作为建议,除非对方有这样的要求。

**小阅读:迟到的倾听**

在一家大食品公司,许玲所负责的部门支持销售部的工作,工作内容包括客户的信用评估、账款的收回、销售费用的审核支付、促销活动的控制等。虽无具体销售指标的压力,但工作难度是很大的。第一,一方面要做到严格控制,一方面要提供大力支持。两者发生矛盾时,其中合理的度是很难掌握的。第二,当销量不好时,销售部会找出种种借口来指责他们支持不力,以推脱责任:信用评估太程序化,致使一些大订单消失;销售费用审核及支付的流程太烦琐,导致费用支付不及时,影响了与客户的关系;促销活动的控制缺乏灵活性,增加了促销活动的难度。第三,初始投诉发生时,上司还会为许玲的下属解释,但多次的投诉却使老板只能把许玲管理的部门当替罪羊,解雇当事的员工,以示公平、公正,以此来表明他们改变部门工作状况的决心。

许玲的部门新来了一位应届大学毕业生张林,他给许玲留下了聪明、诚实、积极、进取的良好印象。许玲对他寄予厚望:希望他能缓和与销售部之间的紧张关系,能给她所管理的部门带来新的活力,增强团队的凝聚力。

许玲改变了对新成员培训的方法。以往,团队有新员工加入时,许玲会给以两周的适应期。在此期间,给新员工看一些与工作相关的资料,并且花一定的时间与他交流,让他在正式工作前对工作环境、工作内容、工作职责、工作流程有一个大概的了解,以便较快熟悉业务。但这种培训方式表现出了不理想的效果。因为两周纸上谈兵式的学习并不能使新员工完全适应复杂的工作状况,与之合作的同事会认为他不善于学习、适应能力差,从而不愿与之合作,以致这位新员工不能通过试用期,只好重新招人,开始新一轮的训练。

鉴于这个原因以及工作上急需人手,许玲这次只用半天的时间让张林了解公司的有关制度、工作职责、工作流程,然后就安排他上岗。此外再加上承诺:工作上遇到任何问题都可以随时来找她,她一定会给予必要的帮助。许玲认为这种新的培训方式可以让张林更容易发现问题,提高适应能力,并降低同事对张林的要求,从而更乐于帮助和谅解他。

但许玲忽视了这种放任培训方法可能会带来的不良后果。许玲没有想到张林产生了不被关心、不受重视、被遗弃的感觉,没有想到他不愿意把这种感受告诉仅比他大一岁且身为女性的她,没有想到他出于自尊,宁愿尽量自己去想办法、找答案。许玲只看到张林出色的学习和适应能力以及工作被同事们一致认同。这平静表面下的危机许玲根本看不到,没有产生要去倾听他的想法。

在张林熟悉工作之后,许玲又给他设计了一个新的学习机会:把其他人的一些业务转交给他,以表示对他能力的认可和信任。她想不到张林产生了许玲偏袒其他同事和其他同事欺骗他的感觉。她只以为他会更开心、更努力地工作。她没有想到在做出这种非常安排之前或之后,应与他进行正式或非正式的沟通,没有想到自己又犯了一次错误。

此后,在非正式场合,许玲和张林之间也有过一些交流。比如,下班了,同事们都收拾好东西走人了,他还在加班。许玲去问原因,他开玩笑地说:"因为你偏心,把工作都交给我做,我来不及,只好加班了。"许玲也开玩笑地回答:"那是因为你还没上手,效率太低。"比如,午间休息时,他抱怨工作太多,其他同事都太舒服了。许玲只是开玩笑地说:"你是男生,不要老是抱怨。团队里都是女孩,你要多担待一些。"

其他人也都帮着进行这种不合理的解释。张林也就不辩解了。由于是非正式场合,而且人在工作不顺利时也常常会抱怨,许玲并没有认真对待这些抱怨,也忽视了这些抱怨后面的潜台词,没有与他进行更深入的交流,这让他很失望。不善于倾听使许玲又犯了一次错误。

张林顺利地通过了试用期的考核,成了一名正式员工,他认为许玲应该对他前一段的工作做一个评价,提出对他今后的期望,了解他对自己职业生涯的设计,帮助他认识到自己在公司里的发展前景,在他们之间进行一次深入的沟通。可是许玲再次忽略了他,再次失去了沟通的良机。

就在许玲对团队的工作效率和人员稳定感到高兴时,张林提出要离职。许玲感到万分惊讶。他们终于进行了一次深入的沟通,许玲做了一次真正的倾听,才了解到他以上的那些想法。许玲为自己的过失向他做了深刻的检讨。可是为时已晚,他已决心去另一家公司工作。许玲为自己团队失去了一个优秀的成员感到遗憾,并为自己的所做所为感到懊悔。

(资料来源:http://www.bwchinese.com/chapter/1997_5.html。)

**思考·讨论·分析**

1. 许玲几次错过了与张林的沟通?每次不能去倾听或未能形成有效倾听的原因是什么?

2. 一些人认为自己很开明,与下属的关系也相当融洽,非正式的沟通非常流畅,因此认为下属有问题会主动来与自己沟通,自己无须与下属主动沟通。你认为这种想法对吗?为什么?

3. 一种观点认为:应当重视非正式沟通中的信息,在非正式场合,下属能抛开心理压力,畅所欲言,不怕说错,相信容易得到谅解,因此,非正式沟通中传递的信息有时会更真实地表达他们的想法。一种观点认为:不应当重视非正式沟通中的信息,它产生于非正式场合和随意的表达方式之中。你认为哪种观点是对的?为什么?

4. 为什么说平静的环境对管理者提出了更高的要求?(提示:平静掩盖问题;冲突的人敏锐,平静中的人迟钝)在平静的环境中管理人员应当怎么做?(提示:保持沟通,发现问题)

# 本章小结

1. 语言能充分展示出人的职业、身份、知识水平。根据一个人每天的谈话，能判断出他每天的工作成绩、效率，更能了解他的情绪。

2. 倾听的对象不仅仅局限于声音，还包括更广泛的内容，如语言、非语言等。可见，倾听不仅要接收、理解别人所说的话，而且要接收、理解别人的手势、体态和面部表情，不仅要从中得到信息，还要抓住人的思想和感情。

3. 倾听就是在对方讲话的过程中，听者通过视觉和听觉的同时作用，接收和理解对方思想、信息及情感的过程。

4. 倾听包括预言信息、感知信息、选择信息、组织信息、解释或理解信息五个过程。

5. 倾听是一个能动性的过程，是一个对感知到的信息经过加工处理后能动地反映自己思想的过程，这个过程大致可分为预言、感知、选择、组织、解释或理解五个阶段。这五个阶段相互影响，任何一个阶段出现问题，倾听都可能是无效的。

6. 全面倾听包括三个方面的内容：听取讲话的内容，注意语调和重音，注意语速的变化。只有三者结合才能完整领会说话者的意愿和情绪。

7. 倾听环境、倾听者、说话者这三个因素无疑是引发倾听障碍的主要因素。

8. 倾听过程中要注意：不要多说，不要中途打断说话者，不要轻易下结论，不要心存偏见，避免分心的举动和手势，不要臆测。

**团队练习：信息导航船**

**目的**

了解组织沟通的方式，体验组织沟通

**实施**

(1) 每组五人，一人当船长，用布蒙起眼睛，从第一只书包放置的位置出发，依次绕过六只书包，如果碰上书包就算触礁。船长必须按信息员发出的指令行动。四个信息员，一位专门拍手，拍手次数就是指示走几步；一位专门发布“左、右”的信息提示；一位专门发布“前、后”的信息提示；一位计时。当船长走到小红旗面前时，提示“拿起小红旗”，并记下当船长走完全程时全组每人所用的时间，看谁在最短的时间内到达终点拿到小红旗。每组选出一个最快的参加全班竞赛,赢者为优胜小组。

(2) 注意事项:

- 在练习过程中,作为船长要随时收集信息并做出判断,以达到最快的速度;
- 竞赛时如果有人大声说话,干扰船长收听信息,该组即使使用时间最短,也判定为输。

(3) 要求每位同学都进行练习。

(4) 要求每组同学在完成任务后对每人的结果进行讨论并找出快慢的原因。

## 管理沟通的启示

### 有效倾听的十二准则

1. 不要打断他人的讲话

在他人讲话没有结束之前,或没有讲到重点之前,或没有讲到完整的意思之前,通常状况下按照沟通的礼节,在沟通过程中不要打断他人讲话,除非发生十万火急的事情。认真倾听的态度是你走向成功倾听的重要的第一步。

2. 不要让自己的思绪偏离

很多人容易做白日梦,上网也好,写作也好,打电话也好,容易思绪偏离,容易转方向。不要让自己的思绪偏离,要集中注意力,聚精会神,让自己的思绪集中在自己当前的焦点上,要忘记自己,注重他人所说的每一句话。

3. 真诚、热情地回应他人

假如我们在打电话的过程中,没有得到他人的回应,打了这么久电话,没有得到他人的一点信息,没有得到任何结果,感觉会不太好。所以,在打电话过程中,你要真诚地、热情地回应对方。对方说了半天,你在那边"沉默是金",结果对方感觉是断线了。你要用"好,非常好,是的,太棒了,对,就这样"等,回应的话语很自然地说出来,热情地回应他人,就能够更好地得到他人的认同

4. 听话要听对方说话的语气和语调

很多人听话只听内容,不听语气和语调,很容易犯下臆测、不正当解释的毛病。只有准确地听出对方讲话的语气、语调,才可以帮助自己第一时间掌握对方的需求。所以,听话的时候,我们要听出细节。要能听出对方是情绪好还是不太好,是情绪很激烈还是情绪很张扬,情绪很低调还是情绪很平和。要

能听出对方的心境,也就是对方心灵的状态,即心情。所以,要仔细倾听对方讲话的语气、语调、语感。我们写文章要有语感,唱歌要有语感,其实,讲话也有语感,倾听时也要听出这种感觉。

5. 要表现出感兴趣

假如你今天和别人沟通,你滔滔不绝地讲了半天,人家也不回应你,没有给你半点回话和反馈,你会不会觉得很沮丧?假如在对方讲的过程中,虽然没有很重点的话,但你非常认真地看着、倾听着,表现出你很感兴趣,对方会讲得很有精神。所以在和别人沟通的过程中,一定要表现出对他人的需求和爱好非常感兴趣。

6. 要表明你在认真听

好多人都说:"喂,我好认真地在听。我很专注,我很投入,我很倾心。"可是,重点是你有没有让他人感觉到你在认真听。你们两个人在面对面沟通,人家在讲话,你一会儿抽烟,一会儿喝酒,一会儿喝水,一会儿打电话,一会儿看手机,一会儿看自己的资料。人家会觉得你这个人太不懂礼貌,讲着讲着就不想讲了。可是,如果你让他人感觉到你在认真听,无论是神态、仪表还是动作、表情,甚至有时候你的微笑都可以表现出你在专注认真地倾听,对方会觉得跟你讲有价值。

7. 了解回馈反应

在倾听时,重点不在于听而在于回应对方多少。"沟通取决于对方的回应。"很多时候,很多人讲了一堆话,可是对方没有回应,没有结果,所以说得再多也是没有意义的。神经语言学里有一句非常有哲理的话:"有效果比有道理更重要。"很多人只讲道理不讲效果。而有些人比较讲效果,未必讲道理。效果达到了,没有必要那样繁文缛节、引经据典地讲很多道理。效果达到了,就是我们要的结果得到了,只有得到结果,才能达到我们想要的目标。所以,沟通取决于对方的回应。沟通过程中通常是有效果比有道理重要。

8. 努力了解对方语言的内涵和外延

很多人很善于讲话,一句话一箭双雕,或者一语双关,或者一句话隐含着很多观点。我们在沟通的过程中,别人如果一箭双雕、一语双关地表达他的观点,我们就要努力地听出他话语的内涵是什么、外延是什么。

9. 做好重点记录,并对重点记录做好确认

因为有的内容重要,有的内容不重要,所以记录要有重点。一定要记录好,而且要确认哪些是真正重要的、非常重要的。

10. 不要臆测

不要臆测对方的谈话,假设对方所说的话是真的。

11. 全神贯注当前的一项沟通

美国营销大师阿尔·赖兹写过一本书,叫《焦点法则》,也就是说一个人要有焦点,不要什么事情都做。一个人无法在各个领域都出类拔萃,他只能在自己专长的领域中出类拔萃。这是个专家盛行的时代,而不是全才盛行的时代。所以,培养各自的专长,发展自己的焦点,这样你的倾听技能才能越来越高。

12. 适当提出引导性的问题

在跟他人沟通的最后阶段,我们提出引导性的问题,帮助沟通者解决倾听过程中没能解决的问题,同时帮助自己获得更加详细的信息,最终使他人满足自己真正的需求,得到自己需要的结果。

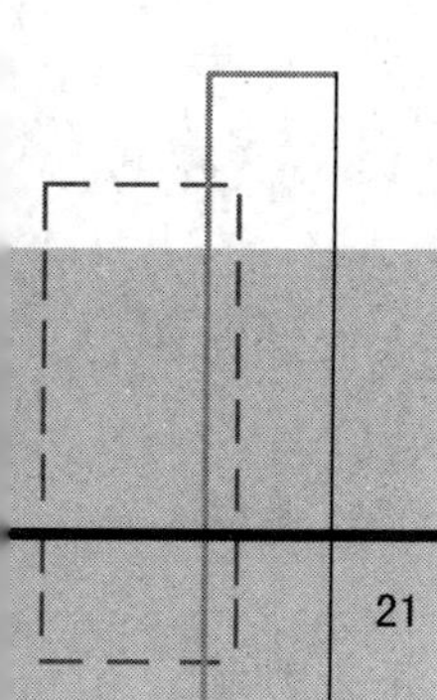

# 第八章 团队沟通



通过本章的学习,你将了解:

1. 团队的内涵和特征是什么。
2. 团队决策中存在哪些误区,如何克服。
3. 团队沟通的策略有哪些。

你将能够:

1. 分析团队角色分担。
2. 运用不同的团队决策模式。
3. 锻造团队沟通技能。

## 第一节 团队与团队沟通

### ◆ 引例

**大雁的启示**

大雁每年秋天都会排成"V"字形向南飞行几万英里,仅一天内就可以飞越好几百英里,是人世间的一大奇观,而它们就靠随时不断的互相鼓舞来达到目的地。大雁的叫声不但热情十足,而且足以振奋精神。大雁给我们五个启示:

(1) 当每一只大雁展翅拍打时,其他的大雁立刻跟进,整个鸟群抬升。借着"V"字队形,整个雁群比每只大雁单飞时,至少增加了71%的飞行距离。

(2) 当一只大雁脱队时,它立刻感到独自飞行迟缓、拖拉与吃力,所以很快就又回到队形中，继续利用前一只大雁所造成的浮力。

(3) 当领队的大雁疲倦了，它会退到侧翼，另一只大雁则接替飞在队形的最前端。

(4) 飞行在后的大雁会利用叫声鼓励前面的同伴保持整体的速度，继续前进。

(5) 当有一只大雁生病或受伤时，其他两只大雁会从队伍中飞下来协助保护它，直到它康复或死亡为止，然后他们自己组成队伍开始飞行，努力去追赶原来的雁群。

（资料来源：http://quick.xiangrikui.com/baoxianziliao/74129.html。）

美国著名管理大师肯·布兰查德博士根据大雁的群体生活特点，指出一个企业必须具备大雁的精神。大雁展示出的就是一种团队精神。如果我们与大雁一样有智慧的话，我们必定也能相互扶持，不论在困难的时刻还是在平顺的时候。当有人工作不熟练或遇到困难时，大家去帮助他、鼓励他。当有人生病请假时，大家去关心他。如果大家相互学习、相互帮助，企业就会成为温暖的大家庭。

## 一、团队的概念与基本要素

1. 团队的概念

团队就是由少数愿意为了共同的目的、业绩目标和方法而相互承担责任的人们组成的群体。要正确了解团队，我们应当注意工作团队和工作群体的差别。所谓群体是指两个以上相互作用又相互依赖的个体，为了实现某些特定目标而结合在一起。群体成员共享信息，做出决策，帮助每个成员更好地担负起自己的责任。工作团队和工作群体经常容易被混为一谈，但它们之间有根本性的区别：

(1) 目标方面。群体的目标必须跟组织保持一致，但团队中除了这点之外，还可以有自己的目标。

(2) 责任方面。群体的领导者要负很大责任，而团队中除了领导者要负责之外，每一个团队的成员也要负责，甚至要一起相互作用、共同负责。

(3) 协作方面。协作性是群体和团队最根本的差异，群体的协作性可能是中等程度的，有时成员还有些消极或对立；但团队中是一种齐心协力的气氛。

(4) 技能方面。群体成员的技能可能是不同的，也可能是相同的，而团队成员的技能是相互补充的，把不同知识、技能和经验的人综合在一起，形成角色互补，从而达到整个团队的有效组合。

**互动话题**

下面哪一个是团队？

2. 团队的基本要素

(1) 目标(Purpose)。团队应该有一个既定的目标，为团队成员导航，知道要向何处去，没有目标这个团队就没有存在的价值。

**小阅读**

自然界中有一种昆虫很喜欢吃三叶草(也叫鸡公叶)，这种昆虫在吃食物的时候都是成群结队的，第一个趴在第二个的身上，第二个趴在第三个的身上，由一只昆虫带队去寻找食物，这些昆虫连接起来就像一节一节的火车车厢。管理学家做了一个实验，把这些像火车车厢一样的昆虫连在一起，组成一个圆圈，然后在圆圈中放了它们喜欢吃的三叶草。结果它们爬得精疲力竭也吃不到这些草。

(资料来源：http://baike.baidu.com/view/296931.htm。)

这个例子说明团队失去目标后，团队成员就不知道向何处去，最后的结果可能是饿死，这个团队存在的价值可能就要打折扣。团队的目标必须跟组织的目标一致，此外还可以把大目标分成小目标具体分到各个团队成员身上，大家合力实现这个共同的目标。同时，目标还应该有效地向大众传播，让团队内外的成员都知道这些目标，有时甚至可以把目标贴在团队成员的办公桌上、会议室里，以此激励所有的人为这个目标去工作。

(2) 人(People)。人是构成团队最核心的力量。三个以上(包含三个)的人就可以构成团队。目标是通过人员来实现的，所以人员的选择是团队中非常重要的一部分。在一个团队中可能需要有人出主意，有人订计划，有人实施计划，有人协调不同的人一起去工作，还有人去监督团队工作的进展，评价团队最终的贡献。不同的人通过分工来共同完成团队的目标，在人员选择方面要考虑人员的能力如何、技能是否互补、经验如何等。

### 贝尔滨实验

英国剑桥大学的产业培训研究部在贝尔滨教授的领导下做了10年的团队研究。其中大部分研究是在亨利管理学院进行的，其中心任务就是在不同的假设和设计前提下研究团队的构成。

贝尔滨教授的实验研究结果是：在亨利管理学院的管理教育中，学习小组由10人组成最合适。

从理论上讲，成员较多的，比如30人、50人，也可以成为一个团队，但这样规模的团队更有可能被分割成若干子团队，而不是作为一个单位去行动。团队规模较小，是出于实用以及团队成功的需要。成员过多，会妨碍团队建设性的合作和有效的沟通，他们一起实际工作的机会将减少，从而难以实现团队工作所要求的强烈的观点分享，难以形成共同的信念。

(资料来源：http://wenku.baidu.com/view/55d5a82e453610661ed9f4fd.html。)

(3) 团队的定位(Place)。团队的定位包含两层意思：

**团队的定位**　团队在企业中处于什么位置？由谁选择和决定团队的成员？团队最终应对谁负责？团队采取什么方式激励下属？

**个体的定位**　作为成员在团队中扮演什么角色？是制订计划还是具体实施或评估？

(4) 权限(Power)。团队中领导者的权利大小跟团队的发展阶段相关。

一般来说,团队越成熟,领导者所拥有的权利越小,在团队发展的初期阶段领导权则相对比较集中。团队权限关系包含两个方面:一方面是整个团队在组织中拥有什么样的决定权,比如财务决定权、人事决定权、信息决定权。另一方面是组织的基本特征,比如组织的规模有多大,团队的数量是否足够多,组织对团队的授权有多大,它的业务是什么类型。

(5) 计划(Plan)。计划有两个层面的含义:一层是目标最终的实现,需要一系列具体的行动方案,可以把计划理解为达成目标的具体工作的程序;另一层则指提前按计划进行可以保证团队的顺利进度。只有在计划的安排下团队才会一步一步地贴近目标,从而最终实现目标。

## 二、沟通与团队的成功

在大雁的团队里,成员与成员之间之所以很默契,就是因为它们有一个共同方向、共同目标以及良好的团队氛围。同样,一个团队如果像大雁一样有共同的目标和方向,领导也努力创造互相鼓励的环境和氛围,同事之间具有同理心,那么沟通自然是事半功倍。相反,一个团队如果没有共同的目标,不同的人各自为政,高层管理者的官僚主义倾向严重,低层的人都想明哲保身,那么沟通自然是事倍功半。

高效率团队内部的沟通特点有:

第一,团队拥有健全的正式和非正式(具有积极意义)的沟通渠道。信息传递高效直接,中间环节少,有科学合理的沟通机制。

第二,团队配备有先进的信息技术系统。

第三,团队内充满着健康、坦诚的沟通气氛,成员彼此间不仅能有效地进行工作任务方面的沟通,而且能进行情感上的沟通。

第四,团队成员(至少一些团队成员)具有很高的情商,在各种沟通情境下能够做到有效倾听他人的意见,并清楚地表达自己的观点。

第五,团队领导有高超的沟通技巧。善于沟通的团队领导者首先能够将团队的目标和对成员的期望有效地传达给成员,担当好“牧师”的角色。其次,在团队的实际运作中,有效的领导者能充分倾听成员的声音,根据实际情况适当放权,调动成员的积极性,使其参与决策并参与计划的制订,当好“教练员”的角色。也就是说,作为领导者,应了解和理解团队成员的心理,尊重他们的要求,通过自己的组织协调能力以及令人拥戴的领袖魅力去影响和引导团队成员按照既定的方向完成组织目标,而不是监管、控制他们。

第六,良好的外部沟通。这需要做到:① 团队与组织内处于垂直关系的部门建立良好的关系,使信息和资金流动通畅。② 团队与水平层次上的其他团队及企业的职能部门关系融洽,能方便地获得技术支持和职能部门的帮助。③ 团队的制度、作风、文化与整个组织的制度、文化环境相一致。④ 团队与组织外部的顾客群建立良好的关系。⑤ 团队注重与社会各界的公共关系建设。

## 三、团队沟通的要素

影响团队沟通的要素主要有以下三个。

1. 规范的制定

团队内的规范、惯例对团队来说非常重要,主要是基于以下两个原因:一是有助于减少不确定性。当团队成员理解并遵守规范时,他们对自己行为的正当性就更自信。二是有助于增强同他人合作的可预见性。为了更好地合作共事,团队成员必须有共同遵守的行为规范。

另外,团队内的规范、惯例也有其消极的一面。例如,它们会阻碍创造性的工作,维护低效率或已经过时的做法。如果这些做法以"团队传统"的形式存在,那么就可能强化团队内的不公平现象。所以团队的领导者或观察者就要及时诊断,把规范的消极作用降到最低。

**小阅读**

为了加强风险管理,G 证券有限公司采用矩阵组织结构,下设交易部、发行部、金融部和研究与发展部。每个部门又有各自的下属机构。发行部的职责是帮助国有企业改制,同时使它们能够成为上市公司。发行部的主体业务是操作发行项目。由于公司成立之后的三年之中利润的 30% 都是由发行部创造的,因此总公司对它评价很高,并在工作中给予了很大支持。由于市场竞争愈演愈烈,发行部面临着严峻的挑战,尤其是近两年发行部的业务明显下降。有鉴于此,发行部做了一项全面调查,试图找到业绩下降的原因。

调查发现,发行部的每个发行项目都是由发行部的成员组成的任务小组去完成的。任务完成,工作小组也随即解散。有时因为项目多,一个队员可能要同时加盟几个工作小组。各工作小组的中心任务是应客户的要求,确定股票的定价策略及发行价格,据此向客户出具一份研究报告。调查表明,客户对研究报告的质量尤其关心。因此,工作小组的研究分析能力对发行项目的成功实施至关重要。

根据以上调查结果,发行部经理建议:在新的一年中,由研究与发展部委派几名成员加入发行部的工作小组,借此提高研究能力,从而扭转发行部业务逐年下降的趋势。研究与发展部经理对此表示赞同。于是"上市公司研究科"的五名成员被派到发行部工作。

(资料来源:http://www.docin.com/p-446096933.html。)

2. 团队成员的角色分担

每个团队都由若干个成员组成,这些成员在团队成立之后到团队解体之前都扮演着不同的角色。我们按照团队成员扮演的角色对团队工作起到的不同作用,将其分成两大类:积极角色和消极角色。

(1) 积极角色有八种类型。

**实干家 CW(Company Worker)** 典型特征:保守,顺从,务实可靠。积极特性:有组织能力和实践经验,工作勤奋,有自我约束力。能容忍的弱点:缺乏灵活性,对没有把握的主意不感兴趣。在团队中的作用:把谈话与建议转换为实际步骤;考虑什么是行得通的,什么是行不通的;整理建议,使之与已经取得一致意见的计划和已有的系统相配合。

**协调员 CO(Coordinator)** 典型特征:沉着,自信,有控制局面的能力。积极特性:对各种有价值的意见不带偏见地兼容并蓄,看问题比较客观。能容忍的弱点:在智能以及创造力方面并非超常。在团队中的作用:明确团队的目标和方向;选择需要决策的问题,并明确它们的先后顺序;帮助确定团队中的角色分工、责任和工作界限;总结团队的感受和成就,综合团队的建议。

**推进者 SH(Shaper)** 典型特征:思维敏捷,开朗,主动探索。积极特性:有干劲,随时准备向传统、低效率、自满自足挑战。能容忍的弱点:好激起争端,爱冲动,易急躁。在团队中的作用:寻找和发现团队讨论中可能的方案;使团队内的任务和目标成形;推动团队达成一致意见,并朝向决策行动。

**智多星 PL(Planter)** 典型特征:有个性,思想深刻,不拘一格。积极特性:才华横溢,富有想象力,智慧,知识面广。能容忍的弱点:高高在上,不重细节,不拘礼仪。在团队中的作用:提供建议,提出批评并有助于引出相反意见,对已经形成的行动方案提出新的看法。

**外交家 RI(Resource Investigator)** 典型特征:性格外向,热情,好奇,联系广泛,消息灵通。积极特性:有广泛联系人的能力,不断探索新的事物,勇于迎接新的挑战。能容忍的弱点:事过境迁,兴趣马上转移。在团队中的作用:提出建议,并引入外部信息;接触持有其他观点的个体或群体;参加磋商性质的活动。

**监督员 ME(Monitor Evaluator)** 典型特征:清醒,理智,谨慎。积极特性:判断力强,分辨力强,讲求实际。能容忍的弱点:缺乏鼓动和激发他人的能力,自己也不容易被别人鼓动和激发。在团队中的作用:分析问题和情景;对繁杂的材料予以简化,并澄清模糊不清的问题;对他人的判断和作用做出评价。

**凝聚者 TW(Team Worker)** 典型特征:擅长人际交往,温和,敏感。积极特性:有适应周围环境以及人的能力,能促进团队的合作。能容忍的弱点:在危急时刻往往优柔寡断。在团队中的作用:给予他人支持,并帮助他人;打破讨论中的沉默;采取行动扭转或克服团队中的分歧。

**完美主义者 FI(Finisher)** 典型特征:勤奋有序,认真,有紧迫感。积极特性:理想主义者,追求完美,持之以恒。能容忍的弱点:常常拘泥于细节,容易焦虑,不洒脱。在团队中的作用:强调任务的目标要求和活动日程表;在方案中寻找并指出错误、遗漏和被忽视的内容;刺激其他人参加活动,并促使团队成员产生时间紧迫的感觉。

(2) 消极角色有四种类型。

**绊脚石** 固执己见、办事消极的队员。

**自我标榜者** 总想通过自吹自擂、夸大其词寻求他人认可的队员。

**支配者** 试图操纵团队、干扰他人工作以便提高自己地位的队员。

**逃避者** 总是跟他人保持距离、对工作消极应付的队员。

团队中一个队员可能同时扮演着几个角色,也有可能有几个队员扮演着同一个角色。另外,各队员所扮演的角色不是一成不变的,比如,一个团队成立后,队员希望自己的领导是民主型的,能为团队工作提供指导,并鼓励各队员全力参与工作。但该领导可能是属于支配型的,他喜欢独断专行,谁不服从就采取惩罚手段。这样的团队领导同队员的期待相去甚远。在沟通中,经过一段磨合期,两者就会互相适应——领导与队员的角色都会发生相应的变化。

如果一个团队积极角色甚多,消极角色占很小比例,则该团队还是有效率的;如果两类角色的比例相差无几,或者消极角色大大超过积极角色,那么这样的团队就无效率可言了。无论是以上哪种情况,团队内的“旁观者”都要及时做出诊断,并根据工作需要调整队员构成——可以增加积极角色,减少或剔除消极角色。

3. 领导者的素质

一般来说，现代管理越来越强调柔性管理，所以如果团队领导采用民主型的领导风格，则无疑会使团队沟通更加有效。虽然我们不需要一个团队的所有成员个个都是优秀的，但是为了确保团队目标的实现，请选择一个优秀的领导者！一个优秀的领导者需具备以下素质。

(1) 胜任能力：非技术而是管理协调、控制等能力。

(2) 值得他人信赖的能力：稳重、阅历丰富、客观公正等。

(3) 把握方向的能力：意志坚定、能起到领头雁的作用。

(4) 敬业精神：全身心投入工作。

(5) 适应能力：调整行为适应团队需要。

**思考·讨论·分析**

1. 请辨别“西天取经”这个团队中的每一个角色(唐僧、孙悟空、猪八戒、沙僧、白龙马)的作用。

2. 唐僧是否是一个优秀的团队领导者？

## 第二节　团队决策沟通

### ◆ 引例

**阿比勒尼悖论**

阿比勒尼悖论(Abileneparadox)由美国心理学家 Harvey 在 1974 年首次提出。这个说法来自他的一次生活经历。

在得克萨斯州科尔曼城七月的一个下午，天气燥热，气温有 40 度。但这个下午还是可以忍受的，后廊上有风扇送风，喝着冰凉的柠檬水，用多米诺骨牌作为消遣，直到我的岳父突然说：“我们去阿比勒尼吃晚饭吧。”

我想：“去阿比勒尼？53 英里啊。冒着沙尘暴和酷热？同时开着没有空调的 1958 年别克车？”

但我的妻子附和说：“听上去是个好主意，我想去。你呢。杰里？”显然，我的意见和他们不合拍，但我应道：“我没问题。”我又补充一句：“我只希望你妈妈乐意去。”

“我当然想去。”我岳母说，“我好长时间没去过阿比勒尼了。”

于是,我们上车前往阿比勒尼。天气酷热难当,我们身上裹满了尘土和汗,餐厅的食物平庸无奇。

大约4个小时,往返共106英里后,我们回到了科尔曼,又热又累。我们在风扇前坐了好长时间,沉默不语。后来,为了打破沉默,我开口说:"这次旅行挺棒的,是吧?"

没有人答话。我的岳母有些生气地说:"说实话,我不觉得好在哪儿,我宁愿待在这儿。我是因为你们三个人都特想去才去的。如果你们不逼着我去的话,我才不会去呢。"我难以置信:"你说你们是什么意思?我和'你们'可不是一伙的。我压根儿不想去。我只是想满足你们几个的要求。你们才是罪魁祸首。"

我的妻子大为震惊:"别这么说我。是你和爸爸妈妈想去。我是想有礼貌些,好让你们高兴。如果在这么一个大热天还想出去,我真是疯了。"

她爸爸大叫:"天哪!我从来没想去阿比勒尼。我只是觉得你们可能烦了、闷了,我想确定你们是不是想去。其实我更想多玩一局多米诺,然后吃冰箱里剩下的食物就行。"

在互相指责之后,我们又归于沉默。我们四个都是相当理智的人,却在大漠里灼热的天气中冒着沙尘暴,违心地跑了106英里,只是为了在阿比勒尼一家蹩脚的餐厅吃蹩脚的食物。整件事情太荒谬了。

Harvey指出团队或组织在决策中也会出现这样的阿比勒尼悖论,即团队采取的行动与成员真正的意图相反。首先,成员对目前的问题及解决办法已经有着大致类似的看法,但成员却对团队的共识有着错误的估计。因此,由于碍于情面、沟通不畅或其他原因,成员未能把自己真实的想法表达出来,团队达成了"虚假共识"。其次,在虚假共识的基础上,团队做出了决策。最后,在执行决策的过程中,成员逐渐发现这个决定的不合理性,感到了强烈的挫折感和对群体的不满,组织中出现了"假性冲突"(这种冲突并非源于真正的差异)。在组织中,这些消极情绪往往会导致小圈子的形成、组织承诺的降低等。

(资料来源:孔豫东,《落实责任无小事》,哈尔滨出版社,2008。)

在企业中,阿比勒尼悖论并不罕见。在讨论中,某位成员试探性地提出了自己的看法,其余成员虽然觉得不妥,但环顾四周,发现无人提出反对意见,于是,最初的提议就成了最后的决议。众人心中虽然各自叫苦,但也不敢冒天下之大不韪而公开反对。直到计划开始实施,团队已经开始为错误的决策付出代价,成员才忍不住提出自己的真实想法,但为时已晚,错误已经铸成。

团队决策是重要的团队工作方式。从理论上讲,团队决策在很大程度上体现了团队的独到优点,科学的团队决策不仅能够发掘出代表不同主体的创造性的观点和思路,从而保证决策的全面性和正确性,而且还能促进团队成员间的思想交流,为每个人提供学习和发展的机会。在一个民主的环境里,一个基本的假设是没有一个人可以或应该为其他人做决定。团队讨论是每个人都参与和被聆听的一种方法,是一个提出观点和建议,然后根据大家的反馈信息进行调整的论坛。但不是所有的人都喜欢讨论,许多人觉得它浪费时间、令人厌烦。然而讨论却是团体决策所必需的。

## 一、团队决策的类型

组建团队的目的首先是为了决策分析并解决问题。“工程队”、“项目组”、“委员会”等团队便是发挥这种功能的典型例子。有时有些团队是为应付偶然问题而临时组建的,这些团队的成员为了解决某一问题而在一起工作,问题解决,团队也就随之而解散,然后又去做其他项目。

一般来说,团队做出决策有六种方式:

1. 沉默型

如果团队内有人提出某些想法,不经讨论就被放弃,这种方式就属于得不到响应的“沉默型”方式。这种沉默表明该团队内的沟通几乎不发生,毫无效率可言。

2. 权威型

这种情形下,团队成员也可能讨论问题,分享信息,提出想法,但最后还是领导说了算。这种方式较专制,团队成员可能抱怨团队决策机制不够民主,长此以往,队员可能不再积极参与团队内的沟通。一般认为,这种方式不容易获得创造性的思想。

3. 少数人联合型

这种方式下,少数人结成一派,尤其是少数人与实力派人物结成联盟。如果这些人强烈赞成某一意见,其他人尚未发表看法之前,就会有一种错觉发生——似乎团队已经达成一致。事实上,有可能多数人反对这一意见,但是没人愿意打破这种貌似一致的局面。显然,这种方式下做出的决策,也没有经过团队内的充分沟通。

4. 少数服从多数型

这种模式为众人所熟悉。一个问题提出后,经过讨论,形成一个对策或建议,然后大家投票表决,根据票数来决定采纳或否决。这是一种被广泛采用的团队决策模式。

5．一致型

团队成员准备接受某个意见时，即使有人还有保留意见，作为一个整体的团队也还是实现一致意见。“一致型”模式并不“必然”表示所有成员完全而热情地支持某一意见，只是说明该问题经过了公开讨论，所有不同的观点都被考虑过。尽管团队成员可能不完全赞同，但是讨论通过的结果尚在可接受的范围之内。

6．完全一致型

当所有成员都完全同意或支持某个观点、建议、办法时，就是“完全一致型”的决策模式。这种情况是很少的，但却是一种理想的模式。

以上六种方式中，最后两种是人们追求的解决之道。尽管这两种模式耗时费力，但会得到顺利高效的执行。前述四种方式中，可能会很快做出决定，但是那些持不同意见者可能会很失落，并且可能丝毫没有支持团队决策的动机。

## 二、团队决策的模式

如同“文无定法”一样，团队决策的方法可能多种多样，甚至在决策过程中变化无常。但是，多年来人们在团队决策中往往采用以下几种模式：议会讨论法、冥想法、头脑风暴法和德尔菲法等。

1．议会讨论法

该模式在西方社会的应用十分普遍。它根植于英国议会的相关法律，已有七百余年的历史。具体做法如下：首先有人以动议的形式就某个建议做陈述，其次由大家辩论、修改、完善，最后投票表决。尽管有众多学者对这种方法的烦琐、低效提出抱怨，但此种方法保障了多数人行动的权利，也保护了少数人争辩、投票的权利。这种程序最适合议会及各类正式商务会议。甚至有些团队规定任何正式会议都要采用这种议会讨论法的某些程序。

2．冥想法

这种方法是基于人们通常解决问题的逻辑顺序而被提出来的。首先，确定问题的范围；其次，分析与问题相关的数据或信息；再次，提出可能的解决办法，并考虑每一种解决方案的利弊；最后，实施具体方案。

3．头脑风暴法

头脑风暴法是美国人奥思本在20世纪50年代提出来的一种旨在鼓励创造性思维、激发创造力的方法。在团队工作中应用该方法是要求团队成员之

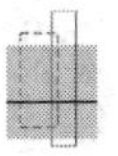

间敞开思想、广开思路,同时要有一个良好的主持人(引导者)和完善的信息记录系统。这里注重的是新方法的数量而非质量,连貌似荒诞的想法也不要错过,允许成员结合他人的观点提出自己的新设想。或许当你所在的团队刚刚引入头脑风暴法时,大多数成员并不能很快适应甚至不愿进行创造性思考的尝试,当主持人鼓励他们运用创新思维提出新方案时,往往会出现沉默现象。主持人要做的就是在激励的同时打消他们的顾虑。为了征集更广泛的新主意,主持人应注意提醒成员不要停下来对已有的观点进行讨论,要集中精力于拓展思路,多提点子,不急于过早进入对点子的组织和评价阶段。

4. 德尔菲法

德尔菲法是美国兰德公司与道格拉斯公司在20世纪40年代共同提出的,又称专家群体决策法。团队工作中采用这种方法来解决问题,不仅可以避免某些面对面的讨论带来的消极影响,而且还能倾听到团队以外的专家的声音,更有助于获得创造性解决问题的方法。其具体方法如下:第一步,将设计好的就解决某问题的方案意见征询表寄给预先选定的专家团,请他们提供独立的解决方案,专家之间没有沟通。第二步,处理征集到的解决方案,本着求同存异的原则,找出解决方案中达成共识的部分,保留产生分歧的部分。第三步,将统计结果反馈给每位专家,请他们结合其他人的观点进行重新思考,并提出自己修改后的观点及理由。第四步,将结果再次寄给团队,再次收集处理专家们修改过的意见后,形成一个较为鲜明的外部专家解决方案,与团队内部就解决该问题的思路进行对比,以求获得较为满意的最后结果。在团队工作中要使这种方法有效,需要有良好、通畅的沟通手段和设备作为保证,因为德尔菲法的操作意味着要进行大量的收发邮件、团队分析汇总和问卷内容设计等工作。设计的问题要准确,各种原则、技术上的要求应明了,尤其是将第一次专家的意见汇总之后设计第二次意见征询表时,要将其他专家的意见包括进去。经过团队与外部专家的反复交流沟通,在众人智慧基础上得到的新方法会大大提高团队创造性解决问题的能力。

### 互动游戏:牵手游戏

一个队员被蒙上双眼,由同组另一队员牵着他的一只手走过平坦的路、坎坷的路……解开眼罩后,每个同组队员握一下该队员的手,由他找出谁是刚才牵手的人。

**讨论**

1. 你们成功地做成这个游戏了吗？你认为什么是成功的关键？
2. 你在游戏中是否绝对信任你的同伴？
3. 通过这个游戏，你有什么新的感受吗？

## 三、团队决策中的特殊现象

1. 团体沉思

团体沉思(Group Thinking)是团体决策中一种奇特的现象，是由于专业知识、工作经验和人际关系等原因不能做出判断或不宜真实表达自己的观点造成的。在团体沉思的情况下，权威人物主张的方案容易获得多数成员的被动赞成，因而这种团体决策就接近于个体决策。而且由于多数人员的非理性赞同和随应，还会使提案人更为自信。团体沉思体现出以下症状：

合理化，团体成员对于与他们的假定相悖的证据，加以合理化。

压力，对团队一致观点提出异议的人，会受到来自其他成员的压力。

自我监视，持有不同观点的成员，要么保持沉默，要么支持反方意见，要么自贬。

“无声就是默许”，沉默或缺席都视为同意。

2. 团体偏移

团体偏移(Gmupshih)是在团体决策时出现的一种“极化现象”，即决策偏移和背离最佳决策。就像本节的引例所讲的，团队决策要比单个成员的决策更加保守或更冒险。

中国的一些新兴企业，在20世纪80年代的创业阶段取得了一系列项目的成功，但在90年代的再发展阶段的一系列项目决策中常常出现偏移，即“立项决策不正确”。其主要原因就是：项目的提出和积极主张者是少数有权威的领导，参与决策的高层经理们，有的对项目不甚了解，有的对远距离的市场需求或投资环境不甚了解，且又缺乏详细的分析和论证资料，所以多数人对议案提不出什么新的见解，只能“跟着领导走”。《中国企业经营者成长与发展的专题调查报告》(引自《中国企业家》1997年第6期)表明：领导层最容易出现的问题是决策失误。在领导层问题中，仅决策失误一项就占46.3%(各类企业平均),其他问题所占比重平均不足8%。决策失误比重超过50%的企业类型只有私营企业(53.4%)和股份公司(50.6%)。国有企业的决策失误比重也接近50%。显然,私营企业决策失误在领导层问题中所占比重是最高的,这是因为在这类企业中,常常以个体决策为主。而股份公司(包括国有企业)应该以团体决策为主,但它的领导层决策失误比重亦超过50%。这说明在一定程度上个体意志在团体决策中常常起决定作用,从而出现"偏移"的可能性就较大。

(资料来源:http://baike.baidu.com/view/1513050.htm。)

美国有研究者考察了模拟陪审团的决策,发现经过陪审团集体商议后,陪审员所做出的判决比讨论前更极端,如果之前定罪的水平比较严厉,那么讨论后的定罪将更为严厉;而如果之前陪审员比较宽厚,讨论后的刑罚也会较轻。为什么呢?

首先,团队中存在某些希望能够展示自我的成员,他们出于独树一帜或者其他目的,试图强调自己的观点,并且往往夸大其词,因此很有可能说服其他成员。在网络上对于某个敏感问题的讨论往往会出现这一现象,网民构成一个虚拟的群体,在这个群体中,对辩论更投入的成员往往占据话语霸权,成功引导和说服了最初持有温和意见观点的成员,从而左右了群体,让群体观点更为极端,比如最近的唐骏 PWU 事件。

其次,当团队成员发现彼此的想法大体一致时(如对某名罪犯应该施以重罚),便会更加肯定自己的原有观点,摒弃那些与之不符的信息,从而让团队决策失去了客观性,即大多数人的观点成为主流,不过更为偏激,这是在团队决策中常出现的问题,大大影响了团队决策的公正性。

**小阅读**

你的团队中是否存在上述问题呢?不妨对照以下几个问题看看。

(1)领导者或者某些资深成员非常强势?

(2)组织常常强调服从纪律?

(3)在团队会议上,最先表达意见的通常是领导?

(4)目前的团队是一个非常团结的集体?

(5)组织成员在处理冲突时常常有挫折感或者情绪低落?

(6)有些人试图逃避讨论冲突的会议?

(7) 有些成员在争论中含糊其辞,甚至改变立场以与众人保持一致?

(8) 有些成员在会后向熟识的同事抱怨自己没有实话实说,而且还列举了很多理由来维护自己?

(9) 有些成员在会后对领导或其他人表示不满?

(10) 团队很少检查过去的决策是否正确?

大家看看这十个问题,想一想你的生活和工作当中,大概能占有几项。不是具体的哪一项,而是一共存在几项。如果存在五个以上的情况,那么你最好反省一下团队的决策程序和团队文化。

(资料来源:http://bbs.kblcw.com/thread-235693-1-1.html。)

## 四、改善团队决策沟通

由于中国文化强调遵从权威,对领导者的意见轻易不会质疑,而在与平级打交道的时候,往往又重关系,讲人情,顾面子,因此在中国组织中更需要改善团队决策沟通。

1. 改进团队的决策程序

第一,团队中的领导者需要有意识地后退,学会"有所不为"。领导者不要先发言"定调子",而是"多看一看,多听一听,多想一想"。地位越高,发言应该越靠后,以免"锚定"了其他成员的观点或对他们造成了服从的压力。

**小阅读:美国宪法的制定**

纪录片《大国崛起》中讲述了1787年美国宪法制定的过程,在长达十多天的制宪会议上,面对55名代表的唇枪舌剑,制宪会议主席华盛顿却几乎一言不发,因为他担心自己的权威影响到任何一方去表达观点,但是只要他的身影还继续在会场上出现,谈判就不会轻易终止。华盛顿的这个举措对美国宪法的制定起到了积极作用。

(资料来源:http://bbs.kblcw.com/thread-235693-1-1.html。)

第二,要鼓励成员多提出备选方案,并开发对方案的评价程序。组织需要用多种手段促进员工参与决策。为了让成员畅所欲言,很多公司通过电子媒介发起讨论,比如2003年联想公司在公司内部网建立"元庆论坛",所有员工可以直接向总裁杨元庆提问,结果员工非常踊跃,提出了很多有价值的想法。李宁公司采用了"集体思考墙"的方式:在跨部门会议中一些未解决的问题会被列在办公区的一面墙上,员工在便签纸上写下解决问题的方法,贴到每个问题的下方,这样做不仅能群策群力解决问题,还锻炼了员工的内部服务意识。

第三,尽量不要通过公开的投票解决复杂问题。投票掩盖了人们对问题支持或反对的程度,此外还会对少数派造成压力。如果一定要选择投票,建议进行非公开的或者匿名投票,这种方式有助于所有的成员表达自己的真实倾向。

第四,指定某个团队成员提出反对意见,对于多数人赞成的方案提出不同看法。这在国外被称为"唱反调者",或者"魔鬼代言人",在国内企业中实施可能有一定的难度,一种变通的方法是提高团队的多元化程度,引入与现有团队成员在年龄、特长、教育背景、价值观等方面不同的新成员,以刺激团队对问题进行更深入的思考,提出更多的支持或反对方案的主意。

2. 加强组织和团队的沟通文化

组织应该培养适应群体决策的沟通文化:

第一,要让组织成员意识到,尽管决策过程中的一致性可能比较有效率,但不能保证避免失误甚至灾难;相反,观点的争论可能花费时间且让人感觉到不舒服,却能保证组织在决策中不犯致命错误。

第二,在组织内创造争论的气氛,鼓励成员畅所欲言,而不是单纯强调"以和为贵"。

**知识链接:四重奏乐队**

四重奏乐队的大、中、小提琴手演出是典型的团队合作。美国管理学者Murnigham和Conlon(1991)对英国的几十个四重奏乐队进行了考察,他们发现:成功的乐队能够认识他们面临的内部矛盾,把冲突看成建设性的。面临争论时,他们坦陈自己的观点,也能自觉地调整和疏导自己的情绪,而不成功的乐队在排练的时候不表达自己的不同意见,但在演出时却出现不和谐的声音。

(资料来源:http://bbs.kblcw.com/thread-235693-1-1.html。)

第三,培养就事论事的区分性组织文化。让组织成员懂得区分认知冲突(指群体成员由于对任务具有不同的看法而产生的冲突)和情感冲突(指人们由于个性和利益等因素而彼此之间产生敌意),不要轻易将认知冲突转换成情感冲突。

第四,组织成员要提高自己的人际沟通技能。在陈述自己的不同观点时,组织成员要明确而礼貌,提出基于事实、符合逻辑的证据和理由,但不要评价他人的人格和能力,要做到"和而不同"、"对事不对人"。

## 互动话题:解决调速器漏油的问题

调速器是机车柴油机的指挥系统,它控制柴油机的供油量(即控制架油机的转速),控制柴油机发出的功率,使柴油机始终处于恒功率状态,这样柴油机发出的功率就能得到充分的利用。调速器产品质量的好坏直接影响机车柴油机的整车质量。因此,天津机车车辆机械厂为适应铁路工业的形势,将调速器产品定为部级创优产品。1982 年铁道部委托大连某研究所召开了鉴定会,与会人员一致认为该厂调速器的加工质量和配机性能虽没有什么问题,但有几处漏油,故未能批准成为银牌产品。于是,铁道部要求限期解决漏油问题。针对这个问题,该厂又召开了一次专题质量攻关会议,这次会议采用了与以往不同的方法,破除了以往由总工程师或科长、主任主持会议,会上划框框、定调子,会议结束时,由主持人议论一番,与会人员按会议决定的去办的老做法,而是采用智力激励法激发大家的创造性。

参加这次会议的成员为:调速器组装工人两名,负责调速器的设计人员两名,负责调速器制造工艺的工艺师两名(其中车间工艺人员一名,技术科工艺人员一名),检查工人一名,车间管理人员(即生产调度员)一名。到会人员发两张纸条。一张纸条上写明这次会议要解决的主要问题,另一张纸条要求每人写两三条解决漏油问题的设想及方案。纸条写好之后,由主持人收集起来,然后宣布会议纪律:第一,不许对别人的意见评头论足;不许有"赞成"或"不同意"之类的发言。第二,提倡大胆设想,自由思考,不受任何限制;不怕意见提得不对。第三,任何人不能做武断性的发言,不能批评他人的发言,更不能打断或限制他人的发言,不管对与否,均把话讲完。第四,设想越多越好,不局限数量和范围。第五,发言要围绕主题,而且问题要明确,发言的内容不能出圈。第六,参加会议的人员在发表设想方面一律平等,没有工人、工程师之分。第七,任何意见和设想,都得在会上发表,不得私下交谈,以免干扰别人的思维。这些规定宣布之后,大家各自谈自己的意见和设想,谈完后,过一会儿还可以发言。结果共提出了解决漏油问题的方案多达四十一条。有些设想还列举了 ND4 机车调速器不漏油的结构优点，对照本厂调速器的结构特点，提出了解决方案；还有的列举了美国 PG 型调速器的结构特点，引出新的防漏油结构设想，以解决漏油问题。

由于这四十一条设想还比较分散，根据智力连续激励的原则，主持人又发了一张纸条，每人在四十一条设想的基础上再写出一至两条方案。最后，提出了十条解决调速器漏油的方案，供设计和工艺部门解决调速器漏油问题参考。会议一共只用了两小时十五分钟，迈出了解决调速器漏油问题的第一步。方向明确了，问题提出了，就只等逐步实施了。通过这次智力激励会，大家感觉到：与会者心情舒畅，充分发表了自己的意见，因此，效果比以往任何一次会议都好，是解决问题的一种值得提倡的好方法。

（资料来源：http://www.doc88.com/p-508795791053.html。）

问题

1. 本案例中使用了何种团队决策模式？

2. 本案例对你有何启发？

## 本章小结

1. 团队的概念与基本要素。团队就是由少数愿意为了共同的目的、业绩目标和方法而相互承担责任的人们组成的群体。团队的基本要素有：目标、人、团队的定位、权限和计划。

2. 高效率团队内部的沟通特点：团队拥有健全的正式和非正式（具有积极意义）的沟通渠道；信息传递高效直接，中间环节少，有科学合理的沟通机制；团队配备有先进的信息技术系统；团队内充满着健康、坦诚的沟通气氛，成员彼此间不仅能有效地进行工作任务方面的沟通，而且能进行情感上的沟通；团队成员（至少一些团队成员）具有很高的情商，在各种沟通情境下能够做到有效倾听他人的意见，并清楚地表达自己的观点；团队领导有高超的沟通技巧。

3. 影响团队沟通的要素主要有：规范的制定、团队成员的角色分担和领导者的素质。

4. 团队决策的类型有：沉默型、权威型、少数人联合型、少数服从多数型、一致型和完全一致型。

5. 团队决策的模式有：议会讨论法、冥想法、头脑风暴法、德尔菲法。

6. 团队决策中存在着团体沉思和团体偏移的特殊现象。团体沉思是团体决策中一种奇特的现象,是由于专业知识、工作经验和人际关系等原因不能做出判断或不宜真实表达自己的观点造成的。团体偏移是在团体决策时出现的一种“极化现象”,即决策偏移和背离最佳决策。就像本节的引例所讲的,团队决策要比单个成员的决策更加保守或更冒险。

## 互动游戏:解手游戏

**目的**

培养团队沟通能力

**形式**

集体参与,分为6—8人的小组

**程序**

(1) 这个游戏最好在小型团队中进行,如果你的团队规模较大,可以将它们分为若干个6—8人的小组,让每个小组站成一个小圈。

(2) 每个小组的成员伸出自己的左手,拉住正对着自己的人的右手,然后伸出右手,抓住另一个成员的左手,他们的任务是不要放开任何人的手而拆开这个由交错的手臂组成的网。

**讨论**

(1) 当你听到这个任务时,你认为它可能完成吗? 你们当时的思路是否很混乱?

(2) 团队成员之间是如何沟通的?

(3) 刚开始是怎样计划的? 计划得是否周全?

(4) 你们的团队是选出了一个领导者进行指挥还是集体决策?

(5) 你们采用了什么样的步骤拆开了这个网?

(6) 成员有什么行为阻碍或可能阻碍团队成功完成任务?

(7) 这个游戏对于今后的团队建设有何意义?

## 贝尔宾团队角色自测

说明:对下列问题的回答,可能在不同程度上描绘了你的行为。每题有八句话,请将总分十分分配给每题的八个句子。分配的原则是:最体现你行为的句子分最高,以此类推。最极端的情况也可能是十分全部分配给其中的某一句话。根据你的实际情况把分数填入后面的表中。

1. 我认为我能为团队做出的贡献是：

A. 我能很快地发现并把握住新的机遇。

B. 我能与各种类型的人一起合作共事。

C. 我生来就爱出主意。

D. 我的能力在于，一旦发现某些对实现集体目标很有价值的人，我就及时把他们推荐出来。

E. 我能把事情办成，这主要靠我个人的实力。

F. 如果最终能导致有益的结果，我愿面对暂时的冷遇。

G. 我通常能意识到什么是现实的、什么是可能的。

H. 在选择行动方案时，我能不带倾向性也不带偏见地提出一个合理的替代方案。

2. 在团队中，我可能有的弱点是：

A. 如果会议没有得到很好的组织、控制和主持，我会感到不痛快。

B. 我容易对那些有高见而又没有适当地发表出来的人表现得过于宽容。

C. 只要集体在讨论新的观点，我总是说得太多。

D. 我的客观看法，使我很难与同事们打成一片。

E. 在一定要把事情办成的情况下，我有时使人感到特别强硬以至于专断。

F. 可能由于我过分重视集体的气氛，我发现自己很难与众不同。

G. 我易于陷入突发的想象之中，而忘了正在进行的事情。

H. 我的同事认为我过分注意细节，总有不必要的担心，怕把事情搞砸。

3. 当我与其他人共同进行一项工作时：

A. 我有在不施加任何压力的情况下去影响其他人的能力。

B. 我随时注意防止粗心和工作中的疏忽。

C. 我愿意施加压力以换取行动，确保会议不是在浪费时间或离题太远。

D. 在提出独到见解方面，我是数一数二的。

E. 对于与大家共同利益有关的积极建议我总是乐于支持的。

F. 我热衷于寻求最新的思想和新的发展。

G. 我相信我的判断能力有助于做出正确的决策。

H. 我能使人放心的是，对那些最基本的工作，我都能组织得“井井有条”。

4. 我在工作团队中的特征是：

A. 我有兴趣更多地了解我的同事。

B. 我经常向别人的见解进行挑战或坚持自己的意见。

C. 在辩论中,我通常能找到论据去推翻那些不甚有理的主张。

D. 我认为,只要计划必须开始执行,我有推动工作运转的才能。

E. 我有意避免使自己太突出或出人意料。

F. 对承担的任何工作,我都能做到尽善尽美。

G. 我乐于与工作团队以外的人进行联系。

H. 尽管我对所有的观点都感兴趣,但这并不影响我在必要的时候下决心。

5. 在工作中我得到满足,因为:

A. 我喜欢分析情况,权衡所有可能的选择。

B. 我对寻找解决问题的可行方案感兴趣。

C. 我感到,我在促进良好的工作关系。

D. 我能对决策有强烈的影响。

E. 我能适应那些有新意的人。

F. 我能使人们在某项必要的行动上达成一致意见。

G. 我感到我的身上有一种能使我全身心地投入到工作中去的气质。

H. 我很高兴能找到一块可以发挥我想象力的天地。

6. 如果突然给我一件困难的工作,而且时间有限,人员不熟:

A. 在有新方案之前,我宁愿先躲进角落,拟订出一个解脱困境的方案。

B. 我比较愿意与那些表现出积极态度的人一起工作。

C. 我会设想通过用人所长的方法来减轻工作负担。

D. 我天生的紧迫感,将有助于我们不会落在计划后面。

E. 我认为我能保持头脑冷静,富有条理地思考问题。

F. 尽管困难重重,我也能保证目标始终如一。

G. 如果集体工作没有进展,我会采取积极措施加以推动。

H. 我愿意展开广泛的讨论,意在激发新思想、推动工作。

7. 对于那些在团队工作中或与周围人共事时所遇到的问题:

A. 我很容易对那些阻碍前进的人表现出不耐烦。

B. 别人可能批评我太重分析而缺少直觉。

C. 我有做好工作的愿望,能确保工作的持续进展。

D. 我常常容易产生厌烦感,需要一两个有激情的人使我振作起来。

E. 如果目标不明确,让我起步是很困难的。

F. 对于我遇到的复杂问题,我有时不善于加以解释和澄清。

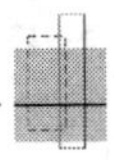

G. 对于那些我不能做的事，我有意识地求助于他人。

H. 当我与真正的对立面发生冲突时，我没有把握使对方理解我的观点。

自我评价分析表见表8-1。

**表8-1　管理者的角色定位和职责**

| 大题号 | | CW | | CO | | SH | | PL | | RI | | ME | | TW | | FI |
|---|---|---|---|---|---|---|---|---|---|---|---|---|---|---|---|---|
| 1 | G | | D | | F | | C | | A | | H | | B | | E | |
| 2 | A | | B | | E | | G | | C | | D | | F | | H | |
| 3 | H | | A | | C | | D | | F | | G | | E | | B | |
| 4 | D | | H | | B | | E | | G | | C | | A | | F | |
| 5 | B | | F | | D | | H | | E | | A | | C | | G | |
| 6 | F | | C | | G | | A | | H | | E | | B | | D | |
| 7 | E | | G | | A | | F | | D | | B | | H | | C | |
| 总计 | | | | | | | | | | | | | | | | |

这八种团队角色分别为：实干家CW、协调员CO、推进者SH、智多星PL、外交家RI、监督员ME、凝聚者TW和完美主义者FI。

需要注意的是，有的人可能在两三个角色的分数一样多，这是允许的。那么，你能扮演什么角色呢？

## 情境模拟：团队面试

一、操作方法

（1）进行一个简单的自我介绍，突出自身的特长和能为团队做出的贡献。（一定要注意充分地沟通和了解，记住对方的名字，同时让协调者合理地产生出来——根据能力和特长）

（2）选定个人的角色。每个人根据团队的需要和自身特征，选定合适的角色——协调者、计时员、记录汇报者和参与协调者。

（3）道明利害关系。团队的成绩基本上决定个人的面试成绩，因此合作是上策，合作是必须遵循的原则。

（4）在这个过程里是在表演，需要组员个人感情和智力的投入，不乏组员之间的争论，但最终一定要达成一个共识，得出一个结论来结束这场表演。

（5）明确团队的规则，要用表扬的语言，要对组员的表现报以微笑和肯定。

二、团队面试角色任务

**协调者**

(1) 指定队员抽题并宣读;(2) 提出本次讨论的目标;(3) 在3分钟内确定讨论规则(头脑风暴法等)和时间分配;(4) 对分工合作进行现场控制把握;(5) 对每个人的发言进行反馈;(6) 对每个组员的意见进行总结协调,达成一致结论。

**记录员**

(1) 记录每个人的谈话要点;(2) 形成表述文字;(3) 总结时首先征求协调者和队友的意见;(4) 向考官汇报讨论结果,结束时询问大家是否有补充。

**计时员**

(1) 听清协调者对时间分配的要求,记录在纸上;(2) 控制发言时间段,在每个时间段结束时提醒;(3) 控制每个人的发言时间(对发言时间过长或过短予以暗示),尤其不能让个别人说得太多。

**参与协调者**

(1) 沟通协调;(2) 化解矛盾。

三、评分表

考生姓名: 时间: 评估人:

| 个人基本素质 | 评价 | 个人素质评分标准 | 权重 | 打分 |
|---|---|---|---|---|
| 诚信是/否 | | 沟通 | 0.3 | |
| 职业经历 | | 参与 | 0.1 | |
| 修养风度 | | 团队意识合作能力 | 0.1 | |
| 志趣抱负 | | 综合分析能力 | 0.25 | |
| 心理健康是/否 | | 语言表达 | 0.2 | |
| 教育背景 | | 规则 | 0.05 | |
| | | 特别加分 | | |

四、安排范例

1. 明确目标(3分钟)

指定队员抽题并复述,由领导者提出讨论的目标;制定讨论的规则、方法和各阶段的时间分配。

2. 组员发表意见(5分钟)

注意充分运用头脑风暴法,首先,用1分钟时间让各位组员对问题进行思考,把想法用简明的文字写下来(这1分钟应该保持沉默);其次,由计时员进行控制,每人给予1分钟的发言时间。发言期间,其他人不得打断发言人,更不能提出反对意见。但有不同意见应该及时记录下来,在下一阶段进行讨论。

3. 辩论、总结(5分钟)

领导者安排,对个人的发言进行讨论(要大胆提出反对意见);计时员注意控制时间,在最后2分钟提醒领导者对各种意见和分歧进行统一协调,并得出本组的一致结论(组员此时无论个人观点如何都要表示赞同),领导者示意记录员对结论进行小结(只要结果,不要分析),小结后领导者要对结论进行确认。

4. 汇报(2分钟)

由领导者示意记录员向考官汇报。汇报结束,领导者可以示意大家是否有补充意见,然后给予掌声,对考官进行感谢并对小组各成员的表现给予肯定。

五、总结

(1) 团队面试主要考察什么?

(2) 在团队沟通中应注意什么? 你有哪些心得、体会?

## 管理沟通的启示

### 实现团队有效沟通的四个方面

要实现团队的有效沟通,必须消除沟通障碍。在实际工作中,可以通过以下四个方面来努力。

1. 团队领导者的责任

领导者要认识到沟通的重要性,并把这种思想付诸行动。企业的领导者必须真正地认识到与员工进行沟通对实现组织目标十分重要。如果领导者通过自己的言行认可了沟通,这种观念会逐渐渗透到组织的各个环节中去。

2. 提高团队成员沟通的心理素质

团队成员要克服沟通的障碍必须注意以下心理因素的作用:

(1) 在沟通过程中要认真感知,集中注意力,以便信息准确而又及时地传递和接收,避免信息错传和接收时减少信息的损失。

(2) 增强记忆的准确性是消除沟通障碍的有效心理措施,记忆准确性水平高的人,传递信息可靠,接收信息也准确。

(3) 提高思维能力和水平是提高沟通效果的重要心理因素,高的思维能力和水平对于正确地传递、接收和理解信息起着重要的作用。

(4) 培养镇定情绪和良好的心理气氛,创造一个相互信任、有利于沟通的小环境,有助于人们真实地传递信息和正确地判断信息,避免因偏激而歪曲信息。

3. 正确地使用语言文字

语言文字运用得是否恰当直接影响沟通的效果。使用语言文字时要简洁、明确,叙事说理要言之有据,条理清楚,富于逻辑性;措辞得当,通俗易懂,不要滥用词藻,不要讲空话、套话。非专业性沟通时,少用专业术语,可以借助手势语言和表情动作,以增强沟通的生动性和形象性,使对方容易接受。

4. 缩短信息传递链,拓宽沟通渠道,保证信息的双向沟通

信息传递链过长,会减慢流通速度并造成信息失真。因此,要减少组织机构重叠,并拓宽信息渠道。另外,团队管理者应激发团队成员自下而上的沟通。例如,运用交互式广播电视系统,允许下属提出问题,并得到高层领导者的解答。如果有公司内部刊物,则其应设立“有问必答”栏目,鼓励所有员工提出自己的疑问。此外,在利用正式沟通渠道的同时,可以开辟非正式的沟通渠道,让领导者走出办公室,亲自和员工们交流信息。真诚、开放、面对面的沟通会使员工觉得领导者理解自己的需要和被关注,取得事半功倍的效果。

总之,有效的沟通在团队的运作中起着非常重要的作用。成功的团队领导者把沟通作为一种管理的手段,通过有效的沟通来实现对团队成员的控制和激励,为团队的发展创造良好的心理环境。因此,团队成员应统一思想、提高认识、克服沟通障碍,实现有效沟通,为实现个人和团队的共同发展而努力。

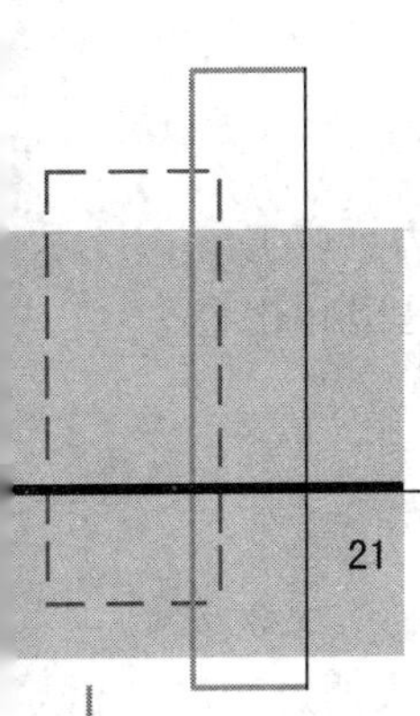

# 第九章 跨文化沟通



通过本章的学习,你将了解:

1. 跨文化沟通的内涵。
2. 影响跨文化沟通的因素有哪些。
3. 在跨文化沟通中有哪些沟通策略。

你将能够:

1. 分析东西方文化差异。
2. 运用跨文化沟通技巧。
3. 培养跨文化沟通能力。

## 第一节 跨文化沟通的含义

### ◆ 引例

**人力资源经理的困惑**

李丽从国内某知名民营企业调到印度分公司任人力资源经理。工作不久,她开始迷惑起来,情况是这样的:由于印度分公司的业务量不断扩大,母公司从国内派出了一批精英来印度工作,加上印度籍员工共300多人。她一开始认为两国员工都是经过严格招聘、精心培训的高科技人才,会和睦相处、顺利协作。但事与愿违,她发现在工作过程中,一些看似平常的事情,两国员工意见相左,有时甚至怒目相对。渐渐地,两国员工沟通减少,互不信任,士气低落,业绩下降。

(资料来源:http://www.4oa.com/office/748/936/200511/62986.html。)

随着经济全球化的进一步深入,大量跨国企业涌进来,不少国内企业走出去,跨文化因素越来越受到重视,如何做到有效的跨文化沟通,已是国际化企业在跨文化背景下成功运作的保障。

## 一、文化的内涵

1. 文化的含义

笼统地说,文化(Culture)是一种社会现象,是人们长期创造形成的产物。同时它又是一种历史现象,是社会历史的积淀物。确切地说,文化是指一个国家或民族的历史、地理、风土人情、传统习俗、生活方式、文学艺术、行为规范、思维方式、价值观念等。

根据文化的结构和范畴把文化分为广义和狭义两种概念。广义的文化指的是人类在社会历史发展过程中所创造的物质和精神财富的总和。它包括物质文化、制度文化和心理文化三个方面。物质文化是指人类创造的种种物质文明,包括交通工具、服饰、日常用品等,是一种可见的显性文化;制度文化和心理文化分别指生活制度、家庭制度、社会制度与思维方式、宗教信仰、审美情趣,属于不可见的隐性文化。狭义的文化是指人们普遍的社会习惯,如衣食住行、风俗习惯、生活方式、行为规范等。

2. 文化的特征

简单说来,文化具有六个主要特征。

(1) 普同性。文化的普同性表现为社会实践活动中普同的文化形式,其特点是各个不同民族的意识和行为具有共同的、同一的样式。世界文化的崇高理想自古以来一直使文化有可能超越边界和国界。文化的诸多领域,如哲学、道德、文学、艺术和教育等不但包含阶级的内容,而且包含全人类的、普同的原则。这些原则促成各国人民的相互接近、各民族文化的相互融合。目前,高新技术迅速普及,经济全球化进程加快,各民族生活方式的差距逐渐缩小,各地域独一无二的文化特征正在慢慢消融,民族特点正在淡化,整个世界的文化更加趋向普同。

(2) 多样性。不同的自然、历史和社会条件,形成了不同的文化种类和文化模式,使得世界文化从整体上呈现出多样性的特征。各民族文化各具特色,相互之间不可替代,它们都是全人类的共同财富。任何一个民族,即使是人数最少的民族,其文化成果如果遭到破坏都会是整个人类文化的损失。

(3) 民族性。文化总是根植于民族之中,与民族的发展相生相伴。一个民族有一个民族的文化,不同民族有不同的民族文化。民族文化是民族的表现形式之一,是各民族在长期历史发展过程中自然创造和发展起来的,具有本民族的特色。民族文化就其内涵而言是极其丰富的,就其形式而言是多姿多彩的。常常是民族的社会生产力水平愈高、历史愈长,其文化内涵就愈丰富,文化精神就愈强烈,因而其民族性也就愈突出、愈鲜明。

### 知识链接:美、日、欧文化的差异

美国十分强调个人的重要性,是一个高度个人主义的国家。同时美国也是一个高度实用主义的国家,强调利润、组织效率和生产效率。它重视民主领导方式,倾向于集体决策与参与。它对风险具有高度的承受性,具有低程度的不确定性的规避倾向。日本文化则具有深厚的东方文化色彩,具有群体至上和整体献身的忘我精神。它注重人际关系,有强烈的家庭意识和等级观念。日本文化还具有对优秀文化兼收并蓄的包容能力和强烈的理性精神。英国文化的典型特征是经验的、现实主义的,法国文化则是崇尚理性的,由此导致英国人重视经验、保持传统、讲求实际,法国人喜欢能够象征人的个性、风格和反映人精神意念的东西。

(资料来源:http://news.xinhuanet.com/edu/2009-01/15/content_10661592.htm。)

(4) 继承性。人类生息繁衍,向前发展,文化也连绵不断,世代相传。继承性是文化的基础,如果没有继承性,也就没有文化可言。在文化的历史发展进程中,每一个新的阶段在否定前一个阶段的同时,必须吸收它的所有进步内容,以及人类此前所取得的全部优秀成果。

(5) 发展性。文化就其本质而言是不断发展变化的。19 世纪的进化论人类学者认为,人类文化是由低级向高级、由简单到复杂不断进化的。从早期的茹毛饮血,到今天的时尚生活,从早期的刀耕火种,到今天的自动化、信息化,这些都是文化发展的结果。没有文化的发展,人类至今还是猿猴的堂兄弟,也就没有现代社会和现代文明。以马林诺夫斯基为代表的功能学派认为,文化过程就是文化变迁。文化变迁就是现存的社会秩序,包括组织、信仰、知识、工具和消费者的目的,或多或少地发生改变的过程。总的来说,文化稳定是相对的,变化发展是绝对的。

(6) 时代性。在人类发展的历史进程中,每一个时代都有自己典型的文化类型。比如,以生产力和科技水平为标志的石器时代的文化、青铜器时代的文化、铁器时代的文化、蒸汽机时代的文化、电力时代的文化和信息时代的文化。又比如,作为文化的有机组成部分,赋、诗、词、曲分别成为我国汉、唐、宋、元各朝最具代表性的文学样式。时代的更迭必然导致文化类型的变异,新的类型取代旧的类型。但这并不否定文化的继承性,也并不意味着作为完整体系的文化发展的断裂。相反,人类演进的每一个新时代,都必须继承前人优秀的文化成果,将其纳入自己的社会体系,同时又创造出新的文化类型,作为这个时代的标志性特征。

当不同地区的文化相结合时,就形成了不同的管理文化和管理风格。从文化上看,不同国家和地区有很多的不同。在沟通方面,中国人的表现往往是注重人的、注重等级的、被动的、间接的、委婉的、内向的、学习的、注重过程的、注重和谐气氛的、注重给予和获取平等的方式。在思维方面,中国人表现出来的一般是总体的、综合的、非线性逻辑的特征,对于等级、人和事更侧重于人,对于特殊性和原则性更侧重于特殊性,而对于个人和集体则更侧重于集体,这是中国人的文化方式。一般来说,西方则表现为注重事的、注重合作的、主动的、公开的、外向的、教导式的、简明扼要的、注重具体相关事项的一致性、注重收益的方式。

## 二、跨文化沟通的内涵

跨文化沟通的概念,源于经济的全球化。国际间的交流首先是文化的交流。所有的国际政治外交、企业国际化经营、民间文化交流与融合,都需要面对文化的普遍性与多样性,研究不同对象的特征,从而获得交流的效果。

因为文化差异的存在,新进入的人群,在适应中往往还会遭遇文化冲击。如今很多政府机构与企业组织就积极研究跨文化沟通。

跨文化沟通(Cross-Cultural Communication),通常是指不同文化背景的人之间发生的沟通行为。文化差异由地域不同、种族不同等因素导致,因此,跨文化沟通可能发生在国际间,也能发生在不同的文化群体之间。

**小阅读:丝绸之路**

西汉时张骞两次出使西域,开辟了西汉通往西域的道路。随着西域道路的畅通,我国蚕丝和丝织品从长安往西,经河西走廊运往西亚和欧洲。这条连接中国和西亚、欧洲的重要通道,就是著名的丝绸之路。丝绸之路是古代的跨文化沟通之路,是连接中国和西亚、欧洲人民的友谊之桥。

(资料来源:http://baike. baidu. com/view/1239. htm。)

即便是同在中国，不同省份的语言也可能不同，南北方也有气候差异、饮食差异，交流中会遇到个性差异，也会出现“水土不服”的现象，这些其实都是跨文化沟通中的适应问题。

**知识链接：大陆普通话与台湾“国语”的差异**

1. 虽然不是大陆普通话词语，但理解上不形成任何障碍

如速食面、录影带、计程车、脚踏车、冷气机、易开罐、人造皮、服务生员、邮差等。

2. 字面意义似乎很清楚，实际则不然，往往引起误解

如张老师（泛指心理学老师或可提供心理咨询服务的人）、街口（意为街区）、机车（摩托车）、公车（公共汽车、非公家车）、本科（学校的主要学科，对选科而言）、先进（在“各位先进”一语中指在座的听众）等。

3. 借助于上下文或词义组合上都难理解的

如清汤（指女子直而齐耳的短发，有“清汤挂面”一语）、寡占（垄断）、出缺（主管人有事、有病不在职）、组织人（忠于职守但缺乏主见和创造性的职员）等。

这部分还可包括一些台湾“国语”口语中常用来讲闽南话和客家话的方言。如查博人（男人）、查某人（女人）、才调（本领）、三八（神经质或不正经）、伴手（礼物），也有借用口语、英语的词，如便当、看护妇、派对、秀等。

4. 台湾和大陆都有、都用的词语，但使用习惯和频率不同

如：① 民众、幼稚园；② 提升、检讨、爱人、高姿态、高工、贩卖、成长、品质。这两组词，在两岸出版的辞书里都可以找到。其区别在于：第一组在普通话中都有了代替词，现在基本不用了；第二组在台湾“国语”和大陆普通话中都是常用词，但词义、使用范围和习惯有所不同。如“提升”在台湾“国语”里可以有“知识水平的提升”、“国民素质的提升”等说法，相当于普通话的“提高”。再如“检讨”在台湾指总结经验之意，“爱人”台湾指情人，还有“高姿态”指姿态甚高，颇难与人合作，“高工”多是高级工业学校的简称，不指职称，“贩卖”在台湾“国语”中甚至流行“贩卖……生活”这样的用法。

台湾人叫飞弹，大陆人叫导弹；台湾人叫打拼，大陆人叫奋斗。词语变化同社会变化紧密相连，随着两岸交流的扩大，词语也相互渗透，如“泡翅、套牢、老公、爱心、作秀、观光、动作、知名度、连锁店、单身贵族”等已在大陆流行开来。“策划”在台湾原是贬义的，现在普通话中也有了中性色彩的用法。而

台湾"国语"也吸收了一批普通话词语,如:抓、捅、反思、水平、对口(台湾"国语"中只用于"对口相声")等。"紧张"一词,除共有意项,普通话还用于货物、商品的供应不足,这个意项台湾"国语"中原来没有,现在也见于口语和书面语了。

再说文字上的区别:大陆人用简体字,横排,从左向右写;台湾人用繁体字,竖排,或横排从右向左写。

(资料来源:http://www.china.com.cn/chinese/TCC/haixia/35656.htm。)

**思考·讨论·分析**

1. 什么是文化?文化有哪些特征?
2. 什么是跨文化沟通?

## 第二节 跨文化沟通的障碍

### ◆ 引例

**刮 痧**

国产电影《刮痧》是一部颇具代表性的作品,充分展现了中西文化的差异、冲突和融合的过程。影片讲述了一个中国移民家庭在美国生活的一段插曲。影片中的文化冲突主要围绕在刮痧疗法是否具有合法性的问题上。所有中国人都明白刮痧同拔罐、按摩一样是中国传统的医疗方法,有着悠久的历史,但是所有的美国人就是无法理解,将其视为暴力和虐待,用他们所接受的西医理论来解释中医理论是不可能解释清楚的。中西文化是不同生存方式的产物,在亲情、友情、个体与群体、思维模式、人际关系、法律观念诸多方面都存在着很大的差异。因此,不同文化之间的交流中不可避免会出现冲突与碰撞。

(资料来源:http://wenku.baidu.com/view/35bc400af78a6529647d534d.html。)

### 一、识别文化差异

1. 语言和非语言

同一种语言因为不同的人群使用,沟通时会有障碍。讲不同语言的人们之间沟通时要通过翻译,此时有麻烦就更容易理解了。譬如,日本人把中国古代美女"王昭君"译为"王昭先生"。英文"喝百事——活力无限"在德国被译为“从坟墓中出来”，在亚洲某地被译成“百事把你的祖先从坟墓中带出来”。英文“精神永恒，躯体有崖”在俄国被译成“魔鬼已经准备好了，但肉体已经腐烂了”。

英语语言更倾向于直截了当，中国语言更倾向于让对方猜，比较含蓄。比如，同是一首爱情歌曲，英语中这样唱“I love you”。直截了当地向对方表白。而汉语中则这样唱：“你问我爱你有多深，我爱你有几分。我的情不变，我的爱不移，月亮代表我的心。”尤其一句“月亮代表我的心”不禁让人浮想联翩，含蓄至极，优美至极。说英语的国家的人若不了解中国的文化，则很难品味出其中的意境。

同样，非语言沟通中的误解也是数不胜数。在美国，经理办公室中上下级的讨论可能以一种非常放松的方式进行——他们可能喝着咖啡。如果经理是男的，他可能把一只脚搁在旁边的空地上或桌子上。在中东则全然不同：跷着二郎腿或将鞋底面对另一个人是粗鲁无礼的信号。在许多国家，包括欧洲的许多国家，当下属对上司说话时，下属几乎是“立正”的。在德国或澳大利亚，员工对老板说话时，从不两手插袋。

2. 信仰与行为

不同文化背景的人群在信仰与行为方面有差异，这是无法回避的客观现实，沟通时产生障碍甚至冲突大到什么程度，则取决于沟通双方对另一方信仰与行为的了解与接受程度。

**小阅读**

一次一家中国出口商向日本出口泥鳅，但发现冷库中只有黄鳝，此时发货期又近在眼前，再采办泥鳅时间不允许。考虑到与日本进口商是老关系，中国出口商遂将黄鳝装运出口。货到日本，日本进口商大吃一惊，并立即要求退货，同时提出赔偿要求。中国出口商解释说，鉴于贵方是老主顾，这才将我们心目中营养价值更高、价格更贵的黄鳝当做泥鳅卖给你方，何故如此呢？日本进口商回答说，黄鳝像蛇，很可怕，我们日本人是从来不吃的，泥鳅倒是吃了一百多年了。所以黄鳝虽好，在日本却是废物一堆。结果中国出口商只能接受退货并赔偿。

（资料来源：http://www.docin.com/p-304800766.html。）

3. 文化的多样性

(1) 对空间的不同理解。在中外文化的对比中,想必大家已经注意到了这样一个有趣的现象:在国外,如果主人邀你一起出行,他必请你坐在副驾驶的位置上,这个位置被认为是贵宾座,因为车子往往是主人自己的,你是客人自然应坐在其身边,这样也便于交流。而在国内,无论是坐公交车,还是出租车,右边的后座才是贵宾座,这个位置最安全,也最远离陌生的司机,视野比左边后座也要好。作为主人的你,通常就坐在左边后座以便同客人并排而坐。如果还有一个人陪同,那么他就坐在副驾驶的位置上。这个位置上的人通常要鞍前马后地照顾其他人。在交际中,还有一个重要的"个人空间"问题。"个人空间"指我们身体周围的一块区域,它因文化规范的不同而有大有小。比如,如果你同来自墨西哥或意大利的商人做生意,那么你就应当让他们更多地占据你的空间,也就是说交流时相互很接近,而同德国商人交流则正好相反。在人际空间关系中,个人地位或职务可能起到决定性作用。在美国,公司总裁总是占据着顶楼有窗户的大办公室,很是豪华,与别人永远是分开着的。法国或中东国家的管理人员通常坐在其下属中间,以便能"看见"(监督)他们。对个人空间的了解,在同一文化中是有用的,在跨文化交流中更要考虑。

(2) 对时间的不同看法。不同的文化对待时间的态度差别很大。时间对于发达国家的人们来说极其重要。几乎什么活动都以时间为中心。比如人们常说"节约时间"、"花钱买时间"、"浪费时间",甚至说"投入时间"。人们如此看重时间,以至于如果他人不遵守时间,就觉得十分恼怒,如美国人、瑞典人等。而在有些国家和地区,人们对待时间就比较随便,因为这"只是时间"问题。比如在巴西,你的合作伙伴可能让你等上1—2小时,他们赴约迟到是常有的事。整个拉美地区,只有圣保罗的商人最守时。有些文化则认为守时是头脑僵化的表现,如墨西哥人和希腊人,他们的时间观念不强。

(3) 友谊。不同的文化中,友谊观也不同。美国居民搬家频繁,他们往往会从一个城市搬到另一个城市。美国人交友通常既快又容易,新邻居、教友、工友很快可以互相用昵称。可在英国、德国、日本、芬兰或其他很多国家,情形却大不相同。彼此称呼相当正式,一般姓氏前都要加上"先生"或"太太"之类的词语。在许多文化中,友谊的发展缓慢,在英国和德国,人们邻居多年彼此之间的称呼可能还是非常谨慎、正式。

(4) 协议。文化差异使人们对协议的理解差别很大。对美国人来说,签好的协议几乎是神圣的。但对中东地区的很多人来说,合同只不过是"一张纸"而已,可以随时解除。但经过慎重而彻底的讨论,喝过很多杯咖啡之后的一次握手,那才是一份协议。令人啼笑皆非的是,在中东从事大项目的美国建筑公司发现,他们的合作方把他们精心措辞写成的合同看做仅仅是谈判的开始,而不是终结。近年来,这种理解上的差异才逐渐缩小。

(5) 伦理道德。一个组织或一个国家的英雄主义行为在另一种文化中可能被认为是彻头彻尾的恐怖主义。比如,对美国人来说,在海湾战争中向伊拉克扔炸弹的飞行员是英雄,而对伊拉克人来说,他们则是恐怖分子。在马岛之战中,英国士兵是英国人的骄傲,而在阿根廷人眼中,他们是敌人。所以在跨文化沟通中有一个重要的原则,那就是要尽力避开涉及道德判断的话题。

(6) 对于礼品的不同看法。国际交往中免不了要送礼品,但什么地位的人送什么档次的礼品,什么东西不可作为礼物,以什么样的方式接受礼物等都颇有讲究。例如,日本社会等级森严,如果部长与科长收到同样的礼物,前者会觉得是一种侮辱,后者会觉得非常尴尬——礼物模糊了他们地位上的差异。在巴西,我们不能将"张小泉"剪子和苏绣手帕这些我们认为是上档次的小工艺品送给巴西朋友,因为剪刀意味着断交,手帕则会带来不幸。收到日本人的馈赠,不应当着送礼者的面验看礼物,而欧美人通常当面打开,不管是什么礼品,都要赞赏一番,并表示感谢。

4. 价值观比较

(1) 变化。世界上许多古老的文化喜欢稳定,热爱传统,认为变化会引起混乱,带来痛苦。而在美国,人们感到变化就是好的——变化总是和进步、发展、增长这些字眼连在一起。中国目前正处于由传统向现代化的转型期,至20世纪80年代中后期,改革开放已深入人心,经济发达地区的人们开始越来越喜欢变化了;而中西部地区的一些人对待变化的态度还是相当保守。

(2) 平等。人们对平等的看法也迥然不同。美国人认为人们生而平等,视人与人平等为重要的社会目标。当然,社会现实如何另当别论。但在世界上的许多地方,等级、地位和权威被认为是生活中不可或缺的一部分。对许多人来说,明白自己是谁、属于哪个阶层才有安全感。

(3) 个人主义和隐私。在这一问题上,美国人表现得最强烈:他们认为自己是个人主义者,自己是独一无二的个体。但世界上的很多文化中,人们并不重视美国式的个人主义,也没有像美国人那样对隐私的需求如此强烈。当然,这种情形也在不断变化之中。

(4) 劳动观。发达国家的人们通常拼命工作——每天都有计划,做什么事情甚至提前几周、几月就做好计划。人们是如此投入工作,以至于成了"工作狂"。而很多地方的人们并不如此关注生产劳动,相反,恬淡的生活,甚至漫步、闲适才被视为生活的要义。

(5) 直率、外向和诚实。美国人是典型的直率型人群，中国人却讲究含蓄、客气、婉转、点到为止。有这样的例子：一个中国人到了美国人家里被问及想喝什么时，中国人总是客气地回答“不用”、“不用”，美国人便认为他真的不要喝什么，但实际上他可能已经真的很渴了。近年来，中国开拓南非市场很有进展。中方经营管理人员发现，在南非商人的私人俱乐部或者别墅里商谈时，南非商人同样也领会不了自己的“言外之意”，还是采取“直言相告”的策略为好。

(6) 物质主义。美国人给人的印象是特别崇尚物质生活，甚至被认为是“拜物”、“拜金”，而美国人自己则认为他们家里的电器、汽车等财富都是自己辛勤劳动的奖赏。人们有钱就买名车豪宅。金钱与财富都是自己才能的象征，是值得“展示”给别人看的东西，而有些地方的人们则淡泊得多。

## 二、霍夫史蒂德模型

文化的内涵是十分广泛的，究竟哪些文化要素对管理有着直接的影响，目前还有很多争论。荷兰文化协作研究所所长霍夫史蒂德教授认为，对管理活动和管理模式有影响的文化价值观有五个方面：① 个人主义与集体主义；② 权力差距；③ 不确定性的规避；④ 价值观念的男性度与女性度；⑤ 长期观与短期观。

霍夫史蒂德对文化有着自己的定义：所谓“文化”，就是在同一环境中的人们所具有的“共同的心理程序”。因此，文化不是一种个体特征，而是具有相同生活经验、受过相同教育的许多人所共有的心理程序。不同的群体，不同的国家或地区的人们，这种共有的心理程序之所以会有差异，是因为他们向来受着不同的教育，有着不同的生活和工作，从而也就有不同的思维方式。因此，霍夫史蒂德通过大量的问卷调查，提出了衡量这些差异的五个方面。

### 1. 个人主义与集体主义

这个层面与个人同集体关系的性质相联系，有的社会把集体主义看做积极的方面，有的社会则对它持否定的、消极的态度。在集体主义盛行的国家，人们往往从道德方面来解释他们与组织的关系，而在个人主义占统治地位的国家，个人把他们与组织的关系看成是功利性的和个体性的。在一个推崇个人主义的社会中，个人之间的联系是十分松散的，每个人都只顾及自身的利益，每个人都拥有很大的自由来选择自己的方向和行动。相反，在一个推崇集体主义的社会中，每个人都要考虑到他人的利益。人们生活在包括家庭在内的集体生活中，每个人都要考虑他所在群体中的他人利益。

在集体主义盛行的国家中，人们往往从道德方面来解释他们的组织关系，他们对组织具有精神上的义务和忠诚。在雇主与雇员之间，这变成了一种责任的契约。雇员把组织看做他们自己的，组织的成功就是他们的成功，组织的失败也是他们的失败。而在个人主义占统治地位的国家中，个人把他们与组织的关系看成是算计的和个体性的。个人对组织的义务是十分脆弱的，这种义务只有在个人看到了对自己有明显的利益时才存在。个人对组织几乎没有什么义务，或者根据自己的需要做出反应。就一定程度而言，个人把自己的兴趣置于组织之上。

2．权力差距

权力差距是与社会用来处理“人与人是不平等的”这一事实的手段相联系的。人们生来就是不平等的，他们在生理和精神方面的利用程度是不同的。有的社会让个人的能力的不平等发展到了一个很高的程度，以至于造成了财富与权力的不同。这些财富与权力的不同又被社会以制度的形式肯定了下来。个人的技能和贡献对于权力和财富的分配来说已经是不必要了。一个试图把财富和权力上的不平等降低到尽可能低限度的社会，可以被看做低权力差距的社会。一个把权力与财富的不平等制度化认为是理所应当的社会可以被认为是高权力差距的社会。

权力差距在组织的管理过程中亦可以看到。权力的距离与集权程度、领导和决策联系在一起。高度集中的决策和独裁式领导的方式根植于统一思想的社会。例如，在一个管理者保持高权力差距的组织中，下属趋于依赖他们的领导人。在这种情况下，管理者做出决策，而下属则接受这个决策。相反，在低权力差距的社会中，在管理者与下属之间，管理者只与其保持一个很低程度的权力差距，下属则参与影响他们工作行为的决策。

3．不确定性的规避

不确定性的规避是指一个社会对不确定和模糊态势所感到的威胁程度，试图以保障职业安全、制定更正式的规则、拒绝越轨的观点和行为、相信绝对忠诚和专业知识来规避上述态势。

我们生活在一个前景未知的、不确定性与人类的生存紧密联系的世界。任何一个社会，对于不确定的、含糊的、前途未卜的情境，都会感到是一种威胁，从而总是试图加以防止。防止的办法很多，如提供更大的职业稳定性等。但是，不同的民族，不同的国家和地区，对于防止不确定性的迫切程度是不一样的。一个教育其成员接受风险、学会忍耐、接受不同行为的社会文化可被视为弱不确定性规避的社会文化,那些鼓励其成员战胜与开辟未来的社会文化可被视为高不确定性规避的社会文化。

从组织与管理方面看,不确定性的规避影响了一个组织使其活动结构化需要的程度,在一个高不确定性规避的社会中,工作条例与规范的建立是一个组织为应付不确定性而设立的组织程序,管理也相对是以工作和任务指向为主的。而在一个弱不确定性规避的社会中,就很少强调控制,这种社会文化鼓励其成员接受事物的多样性,很少注意去发展那些对个人创造性严格限制的政策、实践及程序。

4. 价值观的男性度与女性度

这个层面是指社会中的"男性价值观",即自信、追求金钱和物质、不关心别人、注重生活质量等占优势的程度。其反面则是"女性价值观"占优势的程度。

社会角色的划分或多或少是任意专断的。一个社会性别角色的划分是有相当大不同的。社会也可以按照其对性别角色的区分是扩大还是缩小来进行划分,男性化社会强调诸如武断、金钱的获得、无视他人等价值观,成功的创造者被视为英雄。而在女性化社会中,竞争的失败者可能会引起人们的同情,个人的才华受到怀疑和否定。

5. 长期观与短期观

长期"儒家"取向的国家有如下的准则、价值观和信念:储蓄应该丰裕;固执坚持以达到目标;节俭是重要的;对社会关系和等级关系敏感;愿意为将来投资;重实效的传统和准则以适应现代关系;接受缓慢的结果。而在短期价值观取向的社会中,其信念刚好相反。

**思考·讨论·分析**

1. 中国人开会的时候往往留出靠近主席台最近的位置,领导者往往坐在主席台或者与众不同的位置。试分析权力距离在这种行为当中所起到的作用。

2. 请你谈谈如何理解"入乡随俗"?

3. 如何理解霍夫史蒂德模型?

# 第三节　东西方文化的差异*

## ◆ 引例

### 美国商人史密斯的困惑

美国人史密斯的公司和一家日本公司合并后，打算建立一个分公司。史密斯和他的日本同事相处得很好。经过几周的商谈，他们制定出总体规划和发展策略。几天之后，恰巧这位日本同事的祖父来访。在谈话中，老人滔滔不绝地谈起原日本公司的创立、发展和传统的管理方式，而这些传统的条条框框恰恰已为史密斯和日本同事所放弃。史密斯希望日本同事向其祖父谈谈他们新制定的富有创造精神的规划和策略。然而，日本同事一言不发，只对其祖父的话不断地点头称是。对他人的话点头称是，在日本文化里有多种含义，多是出于礼貌。这位日本同事对祖父点头称是，仅仅是为了顾及老人家的面子，并不等于否定他和史密斯达成的共识。而史密斯对日本同事的行为做出了错误的归因：他同意了其祖父的观点，放弃了以前的共识。史密斯感到迷惑，继而失望，他提出了异议，谈话的气氛顿时紧张起来。一个星期后，日本公司从谈判中撤了出来。因为日本同事对史密斯的行为也做了错误的归因：对自己祖父的意见当面反驳，不留面子，是对他本人的不尊重。而史密斯当面直言，在美国文化里，并不意味着对对方的不尊重。

人类社会中差异最大的两种文化传统是东方传统和西方传统，东方传统包括中国、日本、印度和朝鲜等国家，西方传统包括美国、英国、意大利、德国和法国等国家。东西方文化的差异对跨文化人际沟通的方式和友谊关系也产生了重大的影响。

（资料来源：王磊，《管理沟通》，石油工业出版社，2001。）

## 一、沟通方式上的差异

东西方在人际沟通上的差异主要在于东方文化注重维护群体和谐的人际沟通环境，西方文化注重创造一个强调坚持个性的人际沟通环境。这主要体现在：

---

* 对于本节内容，教师可根据教学需要选择。

1. 东方重礼仪、多委婉,西方重独立、多坦率

在中国的传统社会中,历来主张尊卑有别、长幼有序、敬老尊师。中国是“礼仪之邦”,每个人在交流时都要受到各自地位和角色的制约,否则就是失礼。受到中国儒家文化影响的朝鲜、韩国、日本、越南、新加坡以及东南亚国家的一些地区多少都有这种倾向。在东方的等级观念比较强的文化里,两个素不相识的人相遇时,在谈及主题之前,通常要交换有关的背景资料,如工作单位、毕业的学校、家庭情况、年龄、籍贯等,以此确定双方的地位和相互关系,并进而依据彼此的关系来确定交谈的方式和内容。如果一方为长辈或上级,那么多由这一方主导谈话,同时在出入的先后以及起坐方面都有一定的礼仪。如果交谈的双方在地位或身份上是平等的,那么,交谈就会放松得多。在西方文化中,特别是美国文化中,等级和身份观念比较淡薄,人际交流中,在称呼和交谈的态度上较少受到等级和身份的限制,不像东方文化那样拘礼。熟人相遇一律以平等的“你好(Hi)”表示问候,祖父母与孙辈之间、父母与子女之间、老师与学生之间都互相直呼其名。许多中国人对此都难以接受。在亚洲文化里,不同辈分和身份的人意见不同时,常避免正面的冲突和争辩。中国人喜欢婉转的表达方式,以给对方保全“面子”。西方人,特别是美国人,在彼此意见不同时,通常会坚持己见,常争论得面红耳赤,无所谓“面子”问题。美国学生在课堂上,常与老师争论问题,有些问题提得很尖锐。美国人认为,与老师争辩是正常的。而这种情况如果发生在中国,无论是老师和学生都会感到不自在。美国人的坦率在很多中国人看来有些唐突,有时甚至是粗鲁。一位美国朋友写道:“从我自己的经验来说,我知道我们那种急性子、任性和毫不隐讳的言行常常得罪中国朋友。几乎在同样程度上,中国朋友那种慢条斯理、繁文缛节和捉摸不透的兜圈子常常弄得我们这些可怜的‘洋基’们火冒三丈。”在美国人看来,婉转与真实大相径庭,与装假却有相似之处。

1968 年,美国人安德森在一项研究中,向一些大学生出示了 555 个形容词,让他们说出对这些品质喜欢的程度。结果表明,在 20 世纪 60 年代的美国大学生中,受到评价最高的个人品质是“真诚”,评价最低的是“说谎”和“装假”,比“不友好”、“敌意”、“贪婪”、“恶毒”、“冷酷”、“邪恶”都恶劣。

(资料来源:http://blog.sina.com.cn/s/blog_61c34f950100efho.html。)

我们不难理解中国人的婉转何以会使“洋基”们火冒三丈。虽然近代以来,随着西方文化的影响和社会的发展,东方重礼仪、多委婉的特点已经发生了不少变化,但是,比起西方文化特别是美国文化,仍有明显的差异。

2. 东方多自我交流、重心领神会,西方少自我交流、重言谈沟通

东西方人对交流本身有不同的看法。在中国、朝鲜、韩国、日本等国的观念中,能说会道并不被人们提倡。在中国传统文化中,儒家、道家和佛教的禅宗都是如此。孔子认为:“巧言令色,鲜矣仁。”意思是说,如果一个人花言巧语,装出和颜悦色的样子,那么他的“仁德”是不可能多的。巧言会败坏人的道德,“巧言乱德,小不忍则乱大谋”;而言谈迟钝则是仁的表现,“仁者,其言也仞”,“讷近仁”。因此,君子应少说话,“君子欲讷于言而敏于行”;能说会道是可耻的,“巧言、令色、足恭,左丘明耻之,丘亦耻之”,“恶夫佞者”。道家的老子说:“希言自然。故飘风不终朝,骤雨不终日,孰为此者?天地。天尚不能久,而况于人乎?”意思是说,少说话合乎自然,喋喋不休违反天道。他还认为,知“道”的人不随便说,随便说的人不知“道”,“知者不言,言者不知”。庄子说:“狗不以善吠为良,人以不善言为贤。”中国化的佛教禅宗主张“自悟”说,认为心性本净,佛性本有,觉悟不假外求,不读经,不礼佛,不立文字,佛性只能通过沉思苦想,而不是通过语言交流来获得。汉语中的一些成语,如“巧舌如簧”、“油嘴滑舌”、“喙长三尺”等,多有贬义,而“病从口入,祸从口出”、“言多必失”则告诫人们不要多说话。

西方人很强调和鼓励口语的表达技巧,这与中国文化形成了鲜明的对照。古希腊罗马开创了西方在学校中开设“修辞学”的传统,这种修辞学的侧重点放在语言创作,以及如何教导那些想跟别人发生语言交际的人们上。在西方文化中,人与人的关系和友谊要靠言谈来建立和维持。他们缺乏中国文化中那种“心领神会”,因而,两个以上的人待在一起时,一定要想办法使谈话不断地进行下去。如果出现了沉默的情形,在场的人都会感到不安和尴尬,并有一种必须要谈话的压力。西方人的观念是,真正有才的人不但要能思考,而且必须善于把自己的意思有效地表达出来。

美国人有“边想边说”(Thinkaloud)的说法,就是说把思考过程语言化,至于这些想法本身是否有水平、有深度、是否正确,则是另一类问题。东方人,特别是中国人常认为要想好了再说,不能想什么就说什么。对于某种知识只懂一二而又爱说的人常被贬称为“半瓶子醋”,不满却晃荡。而西方人却认为,不会表达意思的人比“半瓶子醋”还不如。在人际沟通中,中国人比英美人有更多的自我沟通。中国儒家文化强调自我反思,曾子说,“吾日三省吾身:为

人谋而不忠乎？与朋友交而不信乎？传不习乎？”中国人做事失误时，常“自我检查”或“闭门思过”。而英美人则更重视彼此的交流。他们做事发生了失误之后，常把有关的人集中在一起，大家共同讨论，找出症结所在。他们相信，如果没有交流，将永远无法解决问题。

3. 东方和谐重于说服，西方说服重于和谐

中国文化注重集体主义，强调组织的团结与和谐，因而在沟通的目的上，注意摆平信息发送者和信息接收者的关系，强调和谐重于说服。孔孟之道主张人们应当和平相处，免于争斗，主张“和为贵”、“忍为高”、“君子矜而不争”。这些思想至今仍对人们的沟通有很大的影响。西方人际沟通观受到古希腊哲学的影响，在交流的目的上，强调的是信息发送者用自己的信息影响和说服对方，是有意识地对信息接收者施加影响。这一观点在西方古今研究传播学的著作中都可以看到。

亚里士多德在《修辞学》里就指出，所有沟通的基本目的是“施加影响”。当今的传播学者杰拉尔德·米勒认为：“在大部分情况下，传播者向接受者传递信息旨在改变后者的行为。”美国实践心理学家C.霍夫兰等人认为，沟通是“某个人（传播者）传递刺激（通常是语言的）以影响另一些人（接受者）行为的过程”。

（资料来源：http://wenku.baidu.com/view/0670207e27284b73f245059.html。）

4. 开场白和结束语形式

中国人的开场白或结束语多会谦虚一番。开场白常说“自己水平有限，本来不想讲，又盛情难却，只好冒昧谈谈不成熟的意见，说得不对的地方，请多指教”。或者把这一套话放在结束语中讲，常说的是，“请批评指正，多多包涵”。而西方人，特别是美国人，在开场白和结束语中，没有这一套谦词。而且这类谦词使美国人产生反感：“你没有准备好就不要讲了，不要浪费别人的时间。”

中国人在和不熟悉的人交谈时，其开场白常问对方在哪里工作、毕业的学校、家庭情况、年龄、籍贯等，即从“拉家常”开始。对中国人来说，这样开始交谈十分自然。而这样做会使英美人十分恼火，因为这种开场白干涉了他们的隐私，交谈一开始就使他们不快，很难使他们敞开心扉，进行有效的交流。英

国人交谈开头的话题是今天天气如何，美国人则是从本周的橄榄球赛或棒球赛开始谈话。中国人在人际沟通进入正题之前，“预热”的时间比美国人长。而英美人一般喜欢单刀直入，预热的阶段很短，闲谈多了会被认为啰嗦、有意不愿谈正题。

## 二、友谊关系上的差异

在任何文化中，友谊与人际沟通都紧密相关。友好的沟通会促进友谊，友谊会促进信息的沟通。中国和日本等东方国家与西方国家在友谊问题上既有共同点也有差异，在友谊关系的重点和作用方面基本相似，差异大致有以下三个方面。

1. 范围和层次不同

中国人所结成的友谊关系一般有两种：第一种是熟人，即由工作关系、邻居关系认识的人。第二种是朋友，这和英语中的“Friend”有差异，中国人所称的朋友一般是志同道合、互相关心、互相帮助并在感情上相互依托的人，这是一种亲密的、有深交的人际关系，可以自由自在地谈论彼此心中深层次的思想。“朋友”在汉语中有两个意思：一是彼此有交心的，一是指“恋爱中的对象”。中国人一般熟人很多，但朋友不多。前一种意义上的朋友一般是同性，异性朋友很少，因为常有谈恋爱或婚外恋的嫌疑。日本的情况也是如此。据1981 年日本学者的调查，日本人的异性朋友极少，20% 的人订婚之前没有较熟悉的异性朋友。美国人的友谊关系是建立在共同的理想和价值观、真诚和信任、社会和心理的支持的基础上的。美国人一般把友谊关系分为泛泛之交、好友、密友和深交。美国人往往有许许多多的泛泛之交、好友和密友，且男性和女性兼有。深交友谊关系也包括男女两性，但数量较少，以志趣相投为基础。

2. 深浅和牢固程度不同

中国人与朋友的友谊关系一般比较长久。交上一个朋友需要较长时间，一旦成为朋友，友谊时间常可以持续终生。而美国人交朋友快，忘朋友也快，彼此感情淡漠。美国人友好随和，世界上没有比结识美国人更容易的，但是与他们深交却很困难。从表面上看，美国人常常比其他国家的人都友好，这与其社会具有多种多样的文化和高度发达的经济有直接关系。美国是一个流动的社会，据美国官方统计，一个美国人在一生中平均要搬 21 次家。美国人调换工作之勤，在世界上是独一无二的，整个社会和公司老板们把这看做值得称道的品德，是具有雄心壮志和冒险精神的象征。由于美国人经常调动工作和搬家,他们对陌生人友好。然而,这种流动性又限制了建立深厚持久的友谊。这种友谊观念上的差异也会带来误解。中国人遇到一个美国人,常为他的友好和热情所感动,中国人会以为他们之间已经建立起了牢不可破的友谊。然而,这个美国人只不过是以这样的方式对待每个陌生人,当这个中国人一直收不到美国朋友的来信时,他就会觉得自己受侮辱、受骗了。

3. 交谈话题不同

在朋友交谈的话题上不同文化之间存在着差异。东方人和西方人有很多双方都乐于接受的话题,例如业余爱好、节日、气候、国内外新闻、电影、书籍等。但是,对西方人来说,属于个人隐私的话题是不喜欢他人问津的,例如个人收入多少、钱怎么花、家里有多少存款、身上衣服用多少钱买的(但是,若是涉及两个朋友之间甲要求乙为自己干活,那关于报酬问题双方却常坦率得很,绝不吞吞吐吐。不像中国人那样含含糊糊的,抹不开面子)、个人的健康、年龄、家庭情况等。

**小阅读**

1983 年,美国学者古迪肯斯特和日本学者西田研究了日本人和美国人在交谈话题方面的深化程度和范围。他们发现,在互相比较的 37 点上,有 16 点两国是一样的。差别是:美国人一般更多地谈论和深入到婚姻、爱情、约会、性和情感等问题。日本人则较多地谈及自己的兴趣和爱好、学校和工作、个人所经历的事情、宗教以及钱财等问题,还往往较多地谈论人的体态,并在这种话题上深入透彻地交谈。因而,为了使跨文化的友谊得以巩固和发展,双方在交流时应注意交谈的话题范围,竭力避免涉及对方不愿谈的问题。

(资料来源:http://blog.sina.com.cn/s/blog_61c34f950100efho.html。)

**思考·讨论·分析**

1. 举例说明东西方文化存在哪些差异。
2. 如何认识东西方文化差异?

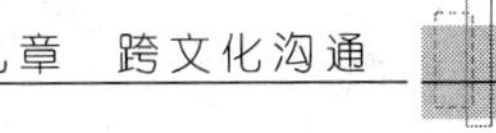

# 第四节　跨文化沟通策略

## ◆ 引例

一个美国公司在英国伯明翰购买了一家纺织工厂,希望把它作为进入欧洲市场的桥头堡。但在购买后不久,美国的管理者意识到生产上的一个主要问题——在喝茶休息上所耽误的时间。在英国,一个工人在喝茶休息上要花费半个小时的时间。工人都会沏自己所喜欢的茶,然后用1品脱的容器,慢慢品尝……管理者建议工会是否可以用美味的咖啡加快“品尝的时间”,把它改为10分钟,但工会的尝试失败了。其后的一个星期一的早晨,工人们骚动了。公司进行了改进,装了一台饮茶机,只放了纸杯在龙头底下,而且只能接标准量的饮料,1品脱的容器被5盎司的纸杯代替。这个公司再没有恢复生产,即使在饮茶机被取消之后,工人们仍然联合抵制公司直到它被迫关闭。

(资料来源:http://www.doc88.com/p-80092596433.html。)

如果组织管理忽略了这些差异,对不同的文化没有足够的尊重,就很可能得到引例所描述的结果。各项影响跨文化沟通的因素都可能成为跨文化沟通的障碍。要成为有效的跨文化沟通者,必须努力跨越这些障碍,这牵涉到一些原则和方法问题。

## 一、跨文化沟通的有效原则

1. 因地制宜原则

来自不同文化背景的沟通者,要根据当地的实际情况来制定沟通策略。本章第三节引例中提到的美国商人史密斯的困惑,就在于他不了解当地的实情,不了解日本的文化传统。在国外投资办厂的企业和与外方合作经营的企业,一定要针对东道国的宏观环境,考虑企业的情况和员工的接受、适应能力,因地制宜地确立适合本企业的跨文化沟通模式。

2. 平等互惠原则

管理沟通与一般的人际沟通的不同之处在于它有很强的目的性,总是为了获取一定的利益。在这个过程中,要坚持平等互惠的原则。平等互惠有利于保护各自的利益,有利于沟通双方建立长期的合作关系。“损人利己”或“损己利人”都不符合现代社会的游戏规则。

3. 相互尊重原则

相互尊重是沟通过程中树立诚意和信誉的保证。相互尊重不仅要尊重彼此的人格，还要尊重彼此的文化、思想和行为表现。当然，尊重并不等于违背自己的利益，对对方的差异全部予以接受和采纳。在这个过程中“理”和“礼”同样重要。对于不正确或不合理的，我们要坚决抵制。

4．相互信任原则

相互信任是在沟通双方相互理解和相互尊重的基础上，在合作共事的过程中达到的。相互信任能促进相互的学习、共同的发展。对于合资企业来讲，相互信任是共同管理的重要机制。一个合资企业的总经理曾说道：“合作者之间的相互信任的气氛比合资经营协议中的内容要重要得多。”

5．相互了解原则

所谓“知己知彼，百战百胜”，跨文化沟通过程中的障碍，很多都源于相互不了解。只有相互了解才可能因地制宜、相互信任。相互了解原则还要求沟通双方敞开心扉，采取积极姿态来促进对方了解自己。

**小阅读**

很多外方投资者不理解在中方企业中为什么要建立党委。经验告诉我们，主动向外方经理介绍、说明党委的性质及工作原则，不但不会造成矛盾，相反还会得到对方的支持。广州的五星级“中国大酒店”成立伊始，外方极力反对设置党委。但经过相互了解以后，他们把党的干部视为“管理专家”，主动提出要加强“党团工青妇”的组织建设。

## 二、跨文化沟通的总体策略

1．正视差异，求同存异

大多数研究者认为跨文化冲突的存在是不可避免的，关键在于如何在跨文化冲突的背景下以积极心态来寻求发展。冲突往往带给人不适的心理感觉，因此人们往往不愿正视冲突，甚至逃避冲突。其结果不但冲突得不到解决，个人目标也难以实现。应对跨文化沟通障碍，我们要正视文化冲突的客观存在，以“求同存异”的理念去解决冲突问题。随着国际经营环境的变化以及劳动力多样化的发展，要做到求同存异。首先，要能准确地判断文化冲突产生的原因；其次，要洞悉文化的差异及文化多样性所带来冲突的表现形态；最后，在明晰冲突源、个人偏好和环境的前提下，管理者必须能够选择合适的跨文化沟通的方法和途径。

**小阅读**

在世界的许多地方,保住面子是很重要的。因为北美人的价值观注重诚实坦率,因而他们往往直奔主题而且是“想什么就说什么”。墨西哥人和亚洲人却更注重维护社会的和谐和保住别人与自己的颜面。他们会间接地兜很大一个圈子来表达否定的意思,免得说太直接了而伤了别人的感情。事实上,日本人有16种不同的方式来避免直接说出“不”字,而善解人意的倾听者也能听出他们的弦外之音,从而不会有进一步的要求。

2. 取长补短,兼收并蓄

具有较高跨文化沟通素质的人,一般具有以下特征:既懂得宣传自身文化的优点,又懂得怎样赞美其他文化;碰到文化差异时,既有能力设法消除文化壁垒,又能理解和尊重(至少接受)文化差异;既能够较好地掌握外语、了解当地的风土人情,又具有较高的跨文化沟通技能。除此之外,其最关键的特征还在于能敏锐地意识到文化差异,并积极面对挑战和变化。从上述特征来看,要把自己培养成具有跨文化沟通素质的人必须:能意识到自己的价值观和行为准则以及自己所属文化的特征;具备在不同的文化背景中灵活应变的能力;对语言和非语言沟通具有较强的敏感性;对其他文化中的价值观、信仰和习俗有所了解;对于同种文化中不同个体之间的差别也能及时察觉。

3. 兼顾多元,差别管理

在进行跨文化沟通的活动中,文化的多元化会导致方法和途径的多样化。随着经济全球化的加快,文化多元化现象将越来越明显。在同一企业内部,可能有来自世界各地的员工;在国际商务活动中,一个企业可能会同时与不同国家的外商打交道。在这样的背景下,差别化管理将是跨文化沟通的一个有效途径。差别化管理,首先要求管理者为所有不同文化背景的雇员、客户、合作者提供平等的机会,而不考虑他们在性别、种族、年龄和其他特征方面的差异;其次要注意遵守法律和制度,按照既定的、为大家所公认的规则行事,避免因忽视法律规定而出现投诉行为和相关损失。

**小阅读**

当MKM食品公司准备开辟日本宠物食品市场的时候，一位亚裔顾问建议将名为“纯种”的狗肉食块由大块改成小块。为什么这样做？因为日本人是用筷子夹着肉块喂狗的。MKM公司没有固执己见地认为应该是怎样的（喂大块狗肉），而是从别种文化的角度来进行考察，轻松地解决了这个打开市场的问题（提供更小些的肉块）。

（资料来源：http://www.blog.china.alibaba.com/article/i22287594.html。）

4. 重视培养，建设队伍

要想培养文化融合的人力资源队伍，不论企业经营性质如何，都要适应国际化经营。国际化人员配备被称为国际经营的致命弱点，经常会出现选择不当的问题，从而对跨国经营产生不利影响。许多企业选择在跨国公司工作的人员时，只注意到他们的技术能力，而忽视了跨文化的人际交往能力。跨国经营者必须是一些确实愿意与不同于自己文化背景的人打交道、有很高的文化敏感性和灵活性、有较强的政治意识的人。为避免引起所在国的不满，文化敏感性是十分重要的。

一位成功的国际化经理应具备以下特点：

（1）对其他文化中的价值观、信仰和习俗有所了解，尤其是对有古老文化的国家。

（2）理解不同国家的基本经济和社会观念。

（3）了解和使用其语言，对语言和非语言交际都很敏感。

（4）尊重不同的生活哲学和道德观念，意识到自己的价值观和行为准则受自己文化背景的影响，但不一定就是正确的。

（5）对同种文化中不同个体间的差别有足够的认识，能够预测差异，积极面对挑战和变化。

（6）具有对文化的整合能力、对文化环境的应变能力和决策和决断能力，以及能良好发挥跨文化信息媒介的作用。

没有一种管理模式在所有国家都适用，不同国家的人有着完全不同的背景、学历、文化和宗教信仰，而且生活在各自不同的社会政治、经济制度中。管理人员必须考虑到所有这些因素，因为这些因素可能对其工作有相当明显的影响。

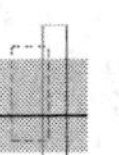

## 互动话题:欧亚国际贸易公司

欧亚国际贸易公司总裁陈明德近段时间来,连续收到了来自欧洲、中非、东南亚各地分公司经理的抱怨。从接到的电话、收到的电子邮件和便函以及各次会议的讨论看,抱怨的焦点是,他们认为,公司现有的各项政策使得各地的分公司在当地竞争中处于越来越不利的地位,必须要考虑对公司的政策做调整。

**公司背景**

欧亚国际贸易公司是1990年在俄罗斯成长起来的一个比较年轻的食品贸易企业。当初,苏联解体后,在俄罗斯和其他苏联地区国家,出现了经济的大幅度倒退,苏联内部的企业因为经济危机不能正常生产,国内企业所能提供的食品远远不能满足当地老百姓的需要。在这样的情况下,一位在中国西北某高校从事国际贸易教学的教师辞职下海,在俄罗斯创办了自己的企业——欧亚国际贸易公司。随着公司在俄罗斯业务的不断扩展,企业取得了迅速发展,用短短五年时间,就在东欧其他国家(如白俄罗斯、罗马尼亚等地)设立了分公司;到了2000年,公司已把业务延伸到中国国内、南亚、印度尼西亚、非洲等地。

欧亚国际贸易公司之所以能取得如此快的发展,主要有这样几个原因:一是进入俄罗斯市场早,苏联解体后,当初国内有很多公司到俄罗斯做生意,但由于担心政局不稳、风险较大,没有大规模进入。欧亚国际贸易公司从一开始,就取得了先发优势。二是依托国内产品供应。食品业在中国较为发达,而且供过于求,价格较低,在前苏联和东欧地区有较强的竞争能力。三是公司一直注重品牌和形象建设,当后来中国假冒伪劣产品充斥前苏联市场时,该企业仍坚持初衷。

1995年以后,企业贸易进一步扩张到中国国内、南亚、印度尼西亚、非洲等地时,为了更好地提高竞争力,公司在中国国内设立了工厂,实现了生产、贸易一体化。这种组合一方面击垮了相当一部分竞争对手,但另一方面也带来了风险——经常不得不派一些无跨国工作经验的经理到陌生的地区去开拓业务。陈明德也意识到公司这种扩张模式的脆弱性和风险性。

欧亚国际贸易公司在经营活动中有一条原则,那就是要大量招聘当地员工,在公司全部约2000名员工中,有的分公司当地化的比例达到70%,也有的只有45%。结果,由于各个分公司内部的员工来自中国、俄罗斯、东欧、东亚、南亚和其他国家和地区,少量来自英国、荷兰、德国和法国,管理就成了很大的问题。比如,尽管英语是公司的工作语言,某些职员仍不愿意使用英语,中国人、德国人、荷兰人及北欧国家的管理人员能接受英语,但部分俄罗斯人、法国人和部分东欧人,则似乎不太愿意,为此还产生了一些摩擦。而且,来自不同地区的人在分公司内都希望增强自己国家或地区员工的利益以及尊重自身的生活习惯。为解决这个问题,欧亚国际贸易公司采取了一个策略:把高级主管派到超出他们各自民族利益的地区担任经理。例如,一个英国人主管印度尼西亚的工作,一个俄罗斯人主管罗马尼亚的工作。但这个策略遭到了当地人的强烈反对,使主管的工作开展较为困难。

陈明德花了一天的时间把收到的问题做了整理、排序,归纳为以下几点:

(1) 有时,来自不同国家的员工在工作中相互对着干;

(2) 公司的伦理政策,尤其是反对给当地决策者送礼或行贿方面的规定受到挑战;

(3) 员工拒绝掌握当地语言及不愿去适应当地的文化规范;

(4) 有的地区出现当欧亚国际贸易公司生意减少时,竞争者生意却上升的现象。

陈明德彻夜思考这些问题,决定召开一个电话会议,让经理们就这些问题相互交流。

他给各位经理5—10分钟的时间提出自己的问题。讨论结果如下:

**团库斯曼,南亚分公司经理(罗马尼亚人)**

在这里,虽然国内民众认为请喝酒、吃饭或送礼是贿赂或腐败行为,而且,当地政府也要求公务员成为清廉、有教养的楷模,要求他们对自己的人民负责,但事实上这些都是形式。如果我们真根据当地政府所要求的那样去考虑行动的话,将会继续输给在这方面比我们领会得好的竞争者。行贿在这里可以看做"小费",它意味着尊敬和感激,因为这些政府官员帮助了我们,作为回报,接受礼金是理所当然的。如果我们坚持强加原来在东欧地区的做法,可能问题会更加严重。

**王仪,非洲地区经理(中国人)**

在我们所在的地区,往往一个人就能决定是否签合同,而且通常是总统,或内务部长或地区行政长官。他们不反对个人决策,但他们的决策更多的是出于政治考虑——生意会怎样影响以后的外交政策和国际关系,这些是不需要我们去谈判的。也许,我们需要更多的政府间合作,这比产品价格更重要。

**贝特洛夫斯基，印度尼西亚地区经理（俄罗斯人）**

我们总是弄不清这里的客户真正的所指所想，他们也不会简单地告诉你。我们和这些客户做生意真是难以适应。他们会同意任何事，但最后的决策总是等不来，谈了意向但实际真正签的合同却很少。我最大的困惑是不知道自己在谈判中的位置，不知道如何结束一笔生意。除非从朋友那儿听到消息，否则连我自己都不知道谈判结果如何。

**喀梅隆，东亚地区经理（非洲人）**

我想谈我所面向的两个文化交流问题。一个是我的员工们不懂当地礼节。他们虽然会讲当地语言，但并不知道其中的细微差别，不懂手势和礼仪，不了解东亚商人的意思。另一个是政府如何决策往往不可琢磨。你不可能和有权决策的人打交道，因为事实上你根本不知道他是谁。通常，政府是一个由精明而严密的官僚阶层组成的特殊团体，你总是搞不清楚谁是真正的决策人。当然，这也有点像我们自己的做法。

陈明德还听到其他一大堆类似的陈述，他接着便坐下来开始起草他的建议。

（资料来源：http://wenku.baidu.com/view/ec1dba060740be1e650e9a24.html。）

**思考·讨论·分析**

1. 欧亚国际贸易公司面临哪些内部文化冲突和外部挑战？

2. 欧亚国际贸易公司应该如何调整它的政策，使之和现实相符合？

## 本章小结

1. 跨文化沟通是指不同文化背景的人之间发生的沟通行为。跨文化沟通可能发生在国际间，也可能发生在不同的文化群体之间。

2. 跨文化沟通的障碍。跨文化沟通受语言或非语言、信仰与行为、文化的多样性与价值观的影响。

3. 霍夫史蒂德模型：(1) 个人主义与集体主义；(2) 权力差距；(3) 不确定性的规避；(4) 价值观念的男性度与女性度；(5) 长期观与短期观。

4. 沟通方式上的差异。东方重礼仪、多委婉，西方重独立、多坦率；东方多自我交流、重心领神会，西方少自我交流、重言谈沟通；东方和谐重于说服，西方说服重于和谐；中国人在人际沟通中进入正题之前，“预热”时间比西方人长。

5. 友谊关系上的差异:范围和层次的差异、深浅和牢固程度的差异以及交谈话题的差异。

6. 跨文化沟通的有效原则:因地制宜原则、平等互惠原则、相互尊重原则、相互信任原则、相互了解原则。

7. 跨文化沟通的总体策略有:正视差异,求同存异;取长补短,兼收并蓄;兼顾多元,差别管理;重视培养,建设队伍。

## 情境模拟:外事活动

**模拟情境**

外事活动中中方如何安排座位

**目的**

培养学生跨文化沟通的能力

**程序**

活动分组进行,少则6到8人,多则10到12人,分别代表中方人员、外方人员,根据每个组安排座位恰当与否来评判结果。

## 管理沟通的启示

### 锻造跨文化沟通能力

应对全球化浪潮的关键技能是跨文化无障碍沟通,许多跨国公司早已为此纷纷行动。对我们来说,培养跨文化沟通能力的对策主要有四个方面。

1. 熟练掌握语言沟通技巧

在语言沟通中,要注意口语交流和书面沟通在不同层面的不同作用。语言是文化的一种直接表现形式,不同文化、不同沟通层面对沟通形势的要求不同。在跨文化沟通中,语言交往的相同或向背,往往是由不同文化的共同性和特异性所致。在和对方进行语言沟通时,要经常停顿,给他人理解的时间,不要急于打破沉默,一开始如果不能肯定的话,要假定双方之间存在差异,在语言表达完之后,不要认定对方理解了,先假定对方不理解,再检查其理解程度。

2. 熟练掌握非语言沟通技巧

学会去细心聆听,是培养沟通技巧的第一步。一个好的聆听者,不但要留意对方的谈话内容,更应该尝试了解内容背后的含义。在聆听之余,另一个重要的沟通技巧是留意对方的身体语言。人在谈话的时候,从面部表情或身体流露出来的信息往往比从语言上流露出来的多。因此我们与人沟通时要留意自己的身体语言，务求要和口中所说的如出一辙。沟通可以超越语言的范畴，在非语言沟通中，我们可以借助口头表达手段，如聆听、手势、示范等。

3. 学习、体验并培养跨文化的理解力

外语学习过程本身也是学习其国家的文化背景。外语学习本身就与文化等密不可分，只有多学习接近对方的文化，才能更了解东西方文化的差异。当然跨文化培训也很重要。一些西方管理学家提出，跨文化培训是人力资源发展的重心所在。其主要内容有：文化认识、文化敏感性训练、语言学习、跨文化沟通及处理跨文化冲突的技巧、地区环境模拟等。跨文化企业应通过培训，培养目光长远、能适应多种不同文化并具有积极首创精神的经理人员。同时我们要避免只站在自己文化的立场对别人的言行进行解释和评价，只有这样才能减少偏见和歧视。

4. 保持积极的心态去实现文化认同

有效的跨文化沟通的目标是实现文化认同。文化认同是指通过跨文化沟通，实现沟通各方对对方的文化予以足够的理解、承认和尊重，从而保证组织事业在不同的文化背景中蓬勃发展。为了实现这一目标，在实际沟通过程中，沟通各方对对方的文化要有一种宽容、积极的态度。积极的心态在于保持自己的文化特色和优势，但又不侵犯对方的文化。

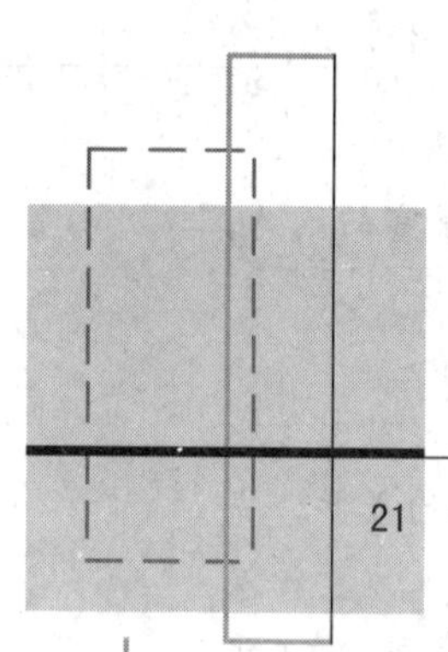

# 第十章 网络时代的管理沟通



通过本章的学习,你将了解:

1. 如何认识网络沟通。
2. 网络沟通的类型有哪些。
3. 针对网络沟通不同的类型,如何做到有效沟通。
4. 如何选择网络沟通策略。

你将能够:

1. 正确进行网络沟通。
2. 运用网络沟通技巧。
3. 提高网络沟通能力。

## 第一节　网络和网络沟通

### ◆ 引例

**陌生的城市**

设想当你初次来到一个网络建设相当完善的城市时,你首先要做的是什么?你随身带有笔记本电脑吗?没有电脑那就打开你的手机用它发送一条信息给该市的网络服务中心,很快它将搜索到你所在的地理位置,告诉你最近的上网地点在哪里,然后你会很容易找到上网的地方,搜索出你来到的这个城市的市政网,在其办公系统输入你的有效证件号码,获得一个免费邮箱并且打开它,你会发现里面有一封未读邮件。它将告诉你:在这里居住要办理什么手续,哪些可以直接在网上完成,哪些需要现场办理,现场办理在哪个单位,它的办公时间是几点到几点或者你可以通过这个系统预约。如果你现在还没有住的地方也很简单,在网络上打开该城市的电子地图进行搜索,不论你是想住宾馆还是公寓,上面一应俱全,只要你选择自己想要的房型、价位、位置、周边环境,马上就能找到符合你要求的地方。而且不论你想乘坐任何类型的大众交通工具,输入你现在所在的位置都将会有详细的说明。刚到这里没有朋友陪你一起远足?没关系,网上有这个城市的远足俱乐部,在那里你可以找到很多与你有共同爱好的朋友,你们会聊得很投机……

在网络的帮助下一个人会很快地融入这个城市,并迅速办理好各种证件,拥有自己的住处、志趣相投的朋友,这绝不是天方夜谭。其实我们上面所提到的每一项都有相应的运营商为我们提供这样的服务。

20 世纪 90 年代以来,以信息技术、知识支撑的"新经济"时代向人们渐渐走来。电脑的普及,网络的扩展,促成了一种更新的沟通方式的出现,那就是网络沟通。网络技术的出现和使用的日益普及,极大地改变了人们的生活方式和沟通方式。它不仅实现了无距离、无时空、无障碍的沟通,而且促成了沟通方式上的重大突破。电子商务、电子邮件、电子论坛、企业网页形象设计等成为网络沟通的主要形式。

## 一、网络时代

数字化的电子媒体被认为是人类沟通史上的第五次革命。1986 年,"Internet"这一名词被正式使用,此后,因特网成为世界范围内的字眼,在全球媒体中占有越来越重要的地位。21 世纪是信息化的时代,人类已经进入了网络传播的信息时代,信息化时代对信息的需求空前增大,而通过网络传播和获取的信息则极其重要。

20 世纪 90 年代以后,美国经济发展一改颓势,呈现稳步增长状况。其综合竞争力也再次超过日本,占据世界首位。大多数美国人将这一切归功于信息产业对国民经济的推动。计算机的确给我们的工作带来很多好处,首先就表现在文字编辑上,用户只要将鼠标轻轻一点,以前商务人员辛劳终日进行的誊写、校稿、排版工作就变得轻而易举。存储介质的改进,为我们节省了大量的纸张和存储空间。数据库的使用,为管理人员进行科学管理提供了有力武器。随着网络技术日益广泛的应用,国际互联网也被引入了商界,各行各业都在探索通过国际互联网发展自己的业务,在残酷的市场竞争中获得竞争优势。如虚拟商店,无需任何建筑物,规模可大可小;商品目录一目了然,商业采购瞬间完成;无需库存,直接向供应商提货。旅游业可以在网络上设置网址,提供景点介绍、旅游设施展示等。航空业可在网上提供机票预付业务。房地产公司可将各种房型的照片、特点、优惠条件公布在网上,会有成千上万的人去查询有关信息。广告业可以通过网络发放各种广告。如此等等,可谓商机无限。

我国也迎来了网络时代的到来。根据中国互联网络信息中心(CNNIC)发布的第31次《中国互联网络发展状况统计报告》,截至2012年12月31日,我国网民人数达到了5.64亿,互联网普及率为42.1%。1997—2007年我国进行的互联网调查发现,在1886名被调查者中,上网聊天的有909人,占总数的48%;玩网络游戏的占16%;看新闻的占13%;购物的占12%;发邮件的占5%;娱乐和泡论坛的分别占3%,如图10-1所示。

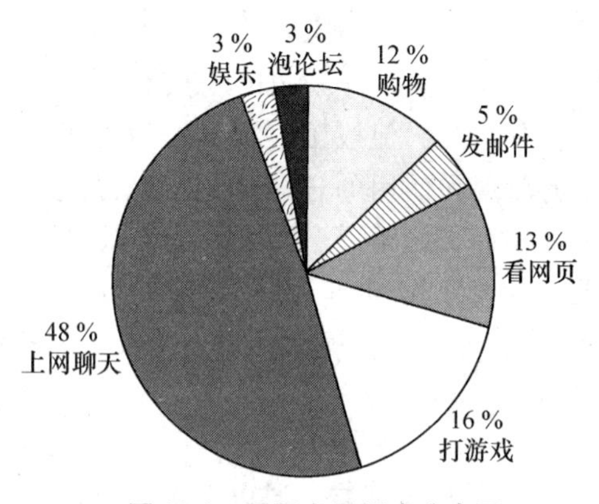


**图10-1 网民上网调查分布图**

## 二、网络沟通

网络作为传播媒介,和人类沟通行为的结合就形成了网络沟通。网络沟通是电子沟通的一种,需要借助计算机网络来实现相互间的沟通,主要手段有建立网站、电子邮件传递、设立论坛讨论区和视频会议等。网络沟通突破了时间和空间的界限,使人与人之间的沟通不再受时空的限制,人们步入了一种新型的沟通环境中。

网络沟通的特点是信息可实现几乎同步的传输,利用网络沟通的两个个体可几乎同时共享文字、声音、图像等资料,信息量的传递和获得相关信息的能力比任何一种沟通方式都更具优势,几乎涵盖了传统沟通行为的一切方面,改变了传统沟通行为一对一的方式,实现了多对多的信息传递。与传统的沟通方式相比,网络沟通具有鲜明的特点。

1. 网络沟通的虚拟性

传统的沟通行为总要依靠一定的物理空间或场所来进行,网络的迅速发展和全面渗透彻底改变了人们的沟通方式,使之摆脱了地理空间限制,聚集在一个共同的非物理化的空间里。依托这种非物理化的空间,人与人之间的沟通、互动便可以形成虚拟性的社会关系网络。因为这种虚拟性,人们在沟通时可以演绎不同的角色、体会不同的情景,可以设计身份,进行自我构建。

2. 网络沟通的隐匿性

沟通是发送和接收信息的过程,必须有发送方、信息和接收方三个要素。在网络沟通中,特殊的网络技术手段使人们沟通的隐蔽性和匿名性得以实现。

3. 网络沟通的平等性和互动性

网络聊天是一种借助科技手段来进行的新型沟通方式,聊天者不受阶层、社会地位、身份等的影响,可以和一个或多个对象进行自由平等的交流。平等地参与网络交流是网络互动的前提条件。传统大众媒介常使人们成为被动的信息接收者,缺乏互动的空间,而网络则提供了便捷、间接的互动空间,使人们能够更主动地参与交流、发表看法、积极回应。

4. 网络沟通的开放性和超时空性

网络上的信息资源具有开放性、共享性的特点。人们可以通过网络获得并使用更多的信息资源,从而人们沟通的内容、形式更加自由和开放。以数字化为特征的现代网络信息技术使人类的沟通不再受时空的限制,任何个人、任何群体和组织都可以在任何地方发布并接收任何信息。互联网消除了时空距离,人类沟通打破了时空的界限。

5. 网络沟通的多样性和多元性

网络不仅可以传输文字、静态的画面、动态的图像,还可以传输实时的声音,可以说是集广播、电视和报纸的功能于一身。传播具有多对多性、交互性与个性化,在因特网上,信息可以实现双向传播,任何一个在网上浏览新闻的人都可以成为新闻制造者。人们不再仅仅作为被动者接收信息,通过网络人们可以以极低的成本向全世界发表自己的意见。

**思考·讨论·分析**

1. 试讨论如何有效利用网络增进沟通的效果?

2. 什么是网络沟通?网络沟通有哪些特征?

## 第二节 网络对沟通的影响

### ◆ 引例

**网络会议节约沟通成本**

小王和小李是一对好朋友,他们都是负责各自公司的市场推广工作。不同的是小王所处的是医疗行业,而小李所处的是竞争激烈的金融行业。小王和小李聊到她们各自负责的一个项目的费用情况。

小李聊到她刚完成一个高端的产品推荐会,向公司的300位高端客户推荐最新的"家庭保障理财计划"。为了这个会,小李已经连续工作了两个多月,平时的加班就不说了,两个多月来只休息过一个周末。工作辛苦点儿也就罢了,最让小李头疼的是推荐会的活动预算非常紧张。根据客户的定位,地点安排在北京一家五星级酒店,包括茶点的费用近五万元;部分客户还是外地飞过来的,机票和酒店的费用将近20万元;为了调动现场的气氛,小李还颇费心思地请了一位有名的主持人过来;为了接待好300位客户,上海、广州、深圳几地的市场销售人员将近有20人来到北京……小李诉苦说公司为这个推荐会准备的预算是30万元,从数字上来说已经不少了,但是怎么算都不够。怎么办?小李最后决定让同事们辛苦一下,住经济型酒店、坐经济型航空公司的班机往返,同事们都非常支持小李的决定。让小李欣慰的是,推荐会最后的效果很好,有近40%的客户对小李公司新推的产品有兴趣。

小王告诉小李,她最近也在计划做一场产品说明会,但是公司给他的预算只有3万元。小李一听连忙摇头,直呼这简直是不可能完成的任务!但是小王很轻松地说自己的计划已经做好了3万元的预算,她计划邀请320位客户参加。原来自从两个月前,小王被邀请参加了一场互联网研讨会之后,就对这种基于互联网的信息发布方式产生了极大的兴趣。所有参加会议的来宾都会收到一封邀请邮件,只需点开邮件中的链接,找到会议的名称,点击加入后只需输入简单的信息就轻松地到会议"现场"了。在这个"现场",来宾可以清晰地听到演讲嘉宾的发言、演讲,并且可以看到演讲嘉宾演示的文档。小王说通过网络会议,所有的会前邀请、注册,会中的演示、提问回答、问卷调查,会后的问卷分析、数据统计都可以借助网络来完成。最重要的是,因为所有的来宾都是通过互联网的方式参加的,省却了预订酒店、来宾的往返机票、员工出差费用等一系列费用,仅需要支付相关平台使用费和人工服务费。3万元的费用帮她解决了所有的问题!

（资料来源:http://www.it.com.cn/f/network/088/14/640883.htm。）

## 一、网络对沟通的正面影响

1. 网络构建了一个虚拟社会,人们更愿意主动与他人沟通

互联网创造了一种新的虚拟生活空间。通过网络,人们根据自己的兴趣和爱好聚集到一起,形成了不同的协会、组织、网络 BBS 站点,网络论坛的盛行体现了人与人之间更愿意沟通。网络的虚拟性使人们形成了富有意义的个人关系和社会关系,依托这种关系的网络聊天为人们宣泄心理矛盾提供了新的渠道。非面对面的情景,让人们在互动时,常可保证不会有人监视,不用太顾忌社会规范的压力,自己的观点可以及时尽情地表达;参与聊天的人不受身份、地位等的限制,可以进行平等交流;同样,聊天者的人数不受限制,交流的内容、范围可以十分广泛,彼此能获得多角度、多方位的启发。这些特点对于生活中常见的心理问题起到了一定的疏解作用。

2. 网络提供了一个便捷的沟通平台,扩大了人际关系圈

现代社会,网络用户数以亿计,网络愈来愈成为人类沟通的现代化工具,人们也逐渐习惯了网络沟通的方式。以计算机为媒介的通信可以作为功能强大的 CMC 人际互动媒介,它支持同步交互(如网上聊天室、视频会议等)和异步交互(如电子邮件、BBS 等),也支持一对一、一对多、多对多等多种交流模式,这将大大促进人与人之间的跨时空的沟通交流,人际关系圈子得以扩大。

3. 网络信息资源为人们的沟通提供更全面的信息支持

信息资源的开放性、共享性是现代信息网络技术的最大特色。互联网上有丰富的信息资源,从烹饪技巧、体育赛事、股市行情、新闻报道,到科研领域的最新文献、数据、图表、计算机软件以及天文观测照片等无所不有。此外,全世界为数众多的图书馆和研究机构将其馆藏目录通过互联网对外界开放,用户可通过关键词检索这些馆藏文献。个性化服务是互联网的重要特色,盲人也可以通过添加电脑配件以语音阅读的方式上网。信息资源共享将使人们的沟通变得更容易,人与人之间的交流更广泛。

## 二、网络对沟通的负面影响

1. 信息交流的失真和片面性传递

人际沟通分为语言沟通和非语言沟通。成功的人际沟通必须建立在语言与非语言两者相互为用的沟通基础上。而网络上主要以文字进行人际沟通,

交流的“非当面性”将导致信息交流的失真和片面性传递。具体表现在:网络虽有语音聊天功能,但无法表达出非语言沟通方面的很多其他信息;虽可通过一些表达情绪含义的数字、符号来表现交谈者的情绪与感情,但这种沟通也只能使交谈对方的局部感观有所察觉,对其他更多信息的了解仍不全面。

2. 依托网络建立起的人际关系具有脆弱性和盲目性

网络的广泛应用,一方面使人们的网络人际沟通更为方便,人际交往的范围扩大到无限的虚拟的网络空间,人们可以随心所欲地在网上结识朋友。另一方面,网络人际关系的建立又具有脆弱性和盲目性的特征。人们只要主动与他人接触、聊天或谈话,就可以很容易地交到朋友。因为网络的虚拟性特征,交谈双方无法了解对方的真实情况,这就使交谈双方缺乏互信的人际关系建立的前提。由于缺少双方之间全面、准确信息的互通,人际关系就显得很脆弱,且不易维持。

3. 网络沟通增加了人们的心理距离

网络使“遥远的人变亲近了,身边的人变遥远了;陌生的人变亲近了,亲爱的人变疏远了”。众多心理学者认为:网络在缩小人与人之间的空间距离的同时,无情地拉大了人与人之间的心理距离,并引发了许多心理危机。网络的普及带来了网络沟通的快速发展,网络沟通使传统的“人—人”的沟通关系演变为“人—机—人”的沟通关系。这种以计算机为媒介的沟通方式极大地减弱了人与人之间直接的、面对面的互动关系,同时不可避免地弱化了历久以来所形成的人与人之间的人际沟通模式的作用,进而影响人们在心理和感情上已经建立起来的平衡,使人容易产生孤独或冷漠感。

**思考·讨论·分析**

近期,刊登在《美国国家科学院院刊》上的一项研究发现,繁忙的网上聊天可能会破坏你理解他人情感的能力。除此之外,电子邮件还可能影响我们理解对话和阅读的能力。

试讨论:网络到底是增强了还是“杀伤”了我们的社交?

# 第三节　网络沟通的主要形式

## ◆ 引例

### 金融界抢滩网络市场

伴随着互联网络技术在经济领域的全面渗透，传统的金融业也悄然兴起了一场革命。1995 年 10 月，花旗银行率先在互联网络上设站，由此带动了台湾公立、民营银行的网络热潮，虚拟银行的雏形隐约浮现。1995 年 10 月，全球第一家网络银行——安全第一网络银行在美国诞生。这家银行没有建筑物，没有地址，营业厅就是首页画面，员工只有 10 人。和资产超过 2 000 亿美元的美国花旗银行相比，安全第一网络银行微不足道。但与花旗银行不同的是，该银行的所有交易都通过互联网络进行。1996 年其存款金额达到 1 400 万美元，预计到 1999 年存款金额将达到 4 亿美元。

互联网络将改变银行的排行榜。在网络银行的世界里，银行的规模不再以分行数、人员数衡量。互联网络在客户与银行间开辟了新的沟通渠道，使营销更直接、互动更频繁，银行的营销模式不断翻新。如台湾玉山网络银行提供的小额贷款线上申请，上网者如想申请 60 万元台币以下的贷款，只需用鼠标回答薪资所得、不动产状况等问题，电脑会自动评估信用等级并存档，只要等级分在 60 分以上，都可到玉山银行办理贷款。这项业务于 1996 年 7 月开办，目前有 300 人申请，已核准了 100 件贷款案。

而花旗银行也利用网络主动营销，只要在网络上约定时间、地点，花旗银行会派专人当面做投资理财分析。目前，花旗银行每月约有 250 人通过网络索取各种金融商品的简介，并留下年龄、职业、家庭状况等个人资料。通过网络与客户的互动沟通，银行改变以往传统的经营方式，扩大了客户来源。银行的业务部门能够找到潜在客户，企业策划部门也能够针对客户需求设计金融产品，银行业的经营观念也由以往的产品导向转为客户导向。由于这种互动性，银行提供的服务愈来愈多，但是银行间的差异会愈来愈小。到网上看看各银行提供的网络服务，除了书面的差异外，实际的基本功能却大同小异。各家银行间的利率、产品名异实同，通过网络银行提供的理财试算功能，客户还能够算出如何还贷最有利，价格不再成为吸引客户的唯一原因。而且，银行一上网络就没有秘密可言，任何信息对客户都是公开的，对同业也是公开的，一家银行的特色和优势很容易被同业模仿，竞争因此而愈加直接和激烈。

从消费者方面看，目前网络银行提供的最便利的产品莫过于电子货币。电子货币利用电脑或储值卡进行金融转移，这种卡片可以像现金一样，在每次消费时从卡片储存的金额上扣除。新型的电子钱包是指由金融机构发行的金融卡，不仅可以在自动提款机提领现金、转账，并具有一般的信用卡功能，还能从银行账户内的存款拨出部分金额转入随身的卡片上储存。当电子钱包里的现金储值用完时，还可随时通过上网的电脑、电话操作或自动柜员机来进行补充，这就像随身携带的钱包，消费者只需将卡片插入小巧的读卡机就可得知卡片的金额，便利性大大增强。当电子货币顺利推行之后，消费者出门可不必费心准备零钱，使用电子货币可免除到处找不到零钱的麻烦，还可缩短交易耗费的时间以增进效率。用电子货币做支付工具，每笔交易的成本只要几十美分。这种低成本高便利性使各大金融机构纷纷投入到这一市场的抢夺之中。

目前各大银行在美国以及全球各地都展开了电子货币的实验，希望未来电脑网络的电子交易可以完全取代目前的支票和现金。美国花旗银行目前正在开发电子货币系统，当这项系统开发完成后，可提供消费者和企业在全球各地通过网络支付账款。VISA 集团 1996 年在亚特兰大奥运会期间，发行 30 万张在塑胶卡片上植入电脑晶片的智慧卡，智慧卡可以记载转入的金额，并在每次刷卡时扣除消费金额，是一种储值式的电子货币。在欧洲，芬兰银行在 1996 年 5 月率先进行网络购物付款的试用，创欧洲先例。

作为电子货币的应用环境，商家与厂商开始逐渐发展电子订货网络，而每一商店则配有销售点系统（POS），消费者可以通过商家的终端设备，用电子钱包来交付各种款项。与此同时，为刺激消费者使用电子货币进行网络交易，银行也相继推出各种优惠措施，包括各项消费折扣信息、比价服务，并提供检索环境，让消费者充分享受购物免烦恼的优点，这些举动无疑将推动电子货币系统的顺利推行。

除电子货币外，一些衍生金融商品交易也主要通过电子交易方式来进行。目前全球最知名的两套电子交易服务系统是：由路透社于 1992 年 4 月构建完成的交易 2000 型系统，美国道·琼斯公司于 1993 年所建立的电子交易服务网络（EBS）。这两套交易系统主要提供金融市场的交易服务，采用这种交易系统，可不必借助交易员操作，聘请专业的金融市场操作人员直接从此渠道从事交易。当遇到假日，或者银行或外汇交易所的交易员放假时，这些装备有此套设备系统的投资机构仍可通过电子交易渠道，投资于全球其他没有放假的金融市场。

（资料来源：http://wuxizazhi.cnki.net/Search/HNRD199802023.html。）

## 一、电子邮件

电子邮件原本是以电子商务为主要目的而开发的,现在却成为一种使用程度很高的人际沟通方式。电子邮件可传递文件、信息、图片或动画等,具有不受时空限制、费用低廉、传达快捷等特点,人们可以通过电子邮件互通信息。新开发的电子邮件系统的功能(如帮助用户识别真假邮件、文字自动转化成动画等)给沟通带来不少新意,起到了良好的沟通效果。可见,电子邮件在当今社会具有巨大的影响力。电子邮件沟通是公司管理过程中应用最广的网络沟通形式,它已日益成为管理工作和生活不可缺少的沟通工具。

**小阅读**

网上看病逐渐流行,人们不必为求名医而费时费财,只要将病历和X光片等资料通过电子邮件传给专科医生即可获得诊断和治疗指导。

(资料来源:http://blog.sina.com.cn/s/blog_4db1847501000cgz.html。)

1. 电子邮件沟通的优点

**传送速度快**　往往数秒钟或几分钟之内,电子邮件就可以送至全球任意位置的收件箱中,其速度甚至比电话更为高效快捷,收发双方交换一系列简短的电子邮件就像是一次简短的会话。

**信息类型多样**　电子邮件除了可以发送普通文字外,还可以发送软件、数据甚至是音频、动画、视频或其他各类多媒体信息。

**收发方便**　电子邮件采取的是异步工作方式,它在高速传输的同时允许收信人自由处理,知道在什么时候、什么地点接收和回复邮件,不会因"占线"或接收方"不在线"而耽误时间,突破了时间和空间的限制。

**成本低廉**　用户一般只需花费很少的上网费用,就可以将重要的信息发送到远在地球另一端的用户手中。

**交流对象更为广泛**　同一个信件可以通过网络极快地发送给网上指定的一个或多个成员,甚至召开网上会议进行讨论。与任何一种其他的沟通方式相比,使用电子邮件可以与更多的人进行通信联络。

**传送机制可靠**　电子邮件的服务软件是高效可靠的,如果接收方的计算机正好关机或暂时断开,邮件软件会每隔一段时间自动重发;如果在一段时间之内都无法递交,电子邮件会自动通知发信人,因而保障电子邮件可以安全可靠地到达目的地。

**表达形式灵活** 电子邮件作为一种以机器网络为媒体的书面沟通方式,与传统的以纸笔和传真为媒体的书面沟通相比较具有参与度高、可匿名、约束小、语言逻辑和语法规范要求低、可以用情感符号显示非语言信息传达等特点。

2. 电子邮件沟通存在的问题

**沟通效率难以保证** 如果电子邮件的接收方不能及时接收邮件,甚至在一段时间内都没有收取邮件,那么将会产生一个时间滞后,延长了沟通期。因而相比于电话或其他即时的沟通方式,电子邮件的沟通效率大大降低了。

**反馈率低** 因为每一封邮件的传送都是单向的,也就是说,如果接收方收到了电子邮件以后不回复,那么发送方将无法获知邮件是否到达目的地和是否被阅读。

**对技术和硬件的依赖性大** 电子邮件的特殊信息传输方式,决定了它对网络技术和计算机及其他硬件设备的依赖性较大,在缺乏接收硬件、无法上网等情况下,这种沟通方式将受阻。

**安全性受限** 由于网络病毒、垃圾邮件等问题,邮件接收者有时无法验证邮件来源和可靠性,因而导致安全性降低。

**受到服务和管理软件的限制** 电子信箱的容量以及附件容量没有严格统一的规范,导致用不同服务软件和电子信箱的客户常常因此而无法沟通,降低了邮件传输的可靠性和便利性。

## 二、电子商务

今天,利用互联网进行的电子商务方兴未艾。据估计,20 世纪末互联网上的电子商务金额达 250 亿美元,而这仅仅是个开始,到了 2010 年,这个数字增加到了 4 500 亿美元。电子商务的主要过程,就是通过在互联网上建立本公司的主页,展示公司提供的产品和服务,诱发消费者的消费欲望,完成最终的消费行为。

电子商务有两个特点。

1. 经营成本大为降低

借助于网络强大的通信功能,各行各业的网上运作成本都大为降低。企业不必再印制大量的商品广告、宣传品。时间的节省是另一种成本的降低。而且互联网是真正全球意义上的网络,商家可在片刻之间就跨出国门进行全球贸易。这些相对于传统的企业,经营成本要低廉得多。

2. 电子商务将消费者的地位大为提高

消费者是否愿意访问某公司的主页并实施消费行为是电子商务成败的关键。所以,除去首次消费者无意闯入公司主页的情况,企业提供完美无缺的服务是吸引回头客的唯一途径。此外,用户可以在网上众多商家中很方便地进行比较,几乎不需要付出什么成本。这样,商家是否能提供最具竞争力的商品和服务也十分重要。从这些方面来看,电子商务真正将顾客提升到主宰的地位。

**小阅读**

美国《华尔街日报》推出个人版服务,按照用户的需求设定新闻题材、企业、基金种类等栏目,用户每天早晨一打开电脑就可以读到为自己专门设计的报纸。这种服务在美国本土,每月只需支付 15 美元,受到了很多消费者的欢迎。

(资料来源:沈玮,《21 世纪营销新趋势——定制营销》,《商场现代化》,2004(6)。)

## 三、网络电话

网络电话是按照信息产业部新的《电信业务分类目录》,实现 PC TO PHONE,具有真正意义的 IP 电话。系统软件运用独特的编程技术,具有强大的 IP 寻址功能,可穿透一切私网和层层防火墙。无论你是在公司的局域网内,还是在学校或网吧的防火墙背后,均可使用网络电话,实现电脑—电脑的自如交流。无论身处何地,双方通话时完全免费;也可通过你的电脑拨打全国的固定电话、小灵通和手机,和平时打电话完全一样,输入对方的区号和电话号码即可,享受 IP 电话的最低资费标准,其语音清晰、流畅程度完全超越现有的 IP 电话。通信技术在进步,我们已经实现了固定电话拨打网络电话。你通话的对方电脑上已安装的在线 Uni 电话客户端振铃声响,对方摘机,此时通话就建立了。

## 四、网络传真

网络传真(Internet Facsimile)也称电子传真,英文称作 eFax,是传统电信线路(PSTN)与软交换技术(NGN)的融合,无需购买任何硬件(传真机、耗材)

及软件的高科技传真通信产品。

网络传真是基于传统电信线路和互联网络的传真存储转发，也称电子传真。它整合了电话网、智能网和互联网技术，原理是通过互联网将文件传送到传真服务器上，由服务器转换成传真机接收的通用图形格式后，再通过传统电信线路发送到全球各地的普通传真机或任何电子传真号码上。

### 五、即时通信

即时通信是指能够即时发送和接收互联网消息等的业务。自 1998 年面世以来，特别是经过近几年的迅速发展，即时通信的功能日益丰富，逐渐集成了电子邮件、博客、音乐、电视、游戏和搜索等多种功能。即时通信不再是一个单纯的聊天工具，它已经发展成集交流、资讯、娱乐、搜索、电子商务、办公协作和企业客户服务等于一体的综合化信息平台。

**思考 · 讨论 · 分析**

1. 比较不同网络沟通形式的优点和局限性。
2. 结合你的生活或工作实际，谈谈你所使用过的网络沟通。

## 第四节　网络沟通策略

### ◆ 引例

**“腾讯智慧”注解互联网营销**

作为中国用户数量最多的网络媒体平台，腾讯网始终致力于中国“智慧”的创新和探索，并推出了凝聚中国互联网营销精髓的“腾讯智慧”(Tencent MIND)高效在线营销解决方案，现已成为中国在线营销的“价值标杆”。这种“智慧”是如何体现的？以宝马 1 系首次进入中国市场时的推广为例。腾讯网以“腾讯智慧”的“精确化导航”为指导，根据年龄、职业、网络行为、消费偏好等指标，找与其高度匹配的用户，并打通腾讯网的汽车、财经、娱乐等多个频道，整合腾讯社区空间、即时通信工具、QQ 音乐等八大平台，部署了与目标用户全方位传播沟通的渠道，同时创新性地为宝马 1 系量身定制了几大主题活动，如“寻找你身边的‘1’”、“BMW 系自选音乐专辑大赛”等，充分满足了网民渴望参与的“社会化”需求、乐享在线生活的“娱乐化”需要及张扬自我的“个性化”需求。腾讯网为宝马 1 系定制的在线营销方案为其带来了超过 32

亿次总曝光、2016万个页面浏览量和344万的独立访问数，为该系列在中国上市做足预热，并打破了网络营销无法服务豪华车品牌的成见。

（资料来源：http://wenku.baidu.com/view/1a72af74f46527d3240ce0a5.html。）

## 一、网络沟通存在的问题

1．横向沟通扩张，纵向沟通弱化

网络可以让你在横向层面认识很多人，也可以使很多人认识你，人们完全可以利用网络扩大人际关系交往面。但是，一个人的精力是有限的，人际横向沟通的快速扩张，会大大弱化人们之间的纵向沟通。20世纪80、90年代出生的“网上一代”大多都在网上拥有许多泛泛之交，但在生活中，不少人却缺少真挚、深入的纵向沟通。

2．口头沟通受到极大的限制

网络沟通扩大了“代沟”，许多家长都反映与子女之间存在着语言代沟，“稀饭”、“8147”等网络语言已成了当代青少年的口头禅。口头沟通的缺失，使得很多沉溺于网络的青少年产生了各种心理问题，如“网络综合征”等。

3．传统价值观和道德观受到挑战

网络在给人们的生活和社会交往带来极大便利的同时，也产生了许多新的社会问题。比如，上网时间过长、和异性相识的便利对婚姻造成了极大威胁。另外，网上暴力游戏、网上色情电影也使网络环境面临着严峻挑战。

4．个人隐私权受到严峻的挑战

在传统社会中，个人隐私容易保密。而在网络时代，人们的生活、娱乐、工作、交往都会留下数字化的痕迹，信息要求在论坛注册或聊天记录里有所反映，有时甚至公开；一些不法分子甚至还会利用网上他人的隐私，进行要挟、勒索、伪造等违法活动。

如何利用网络沟通的优点，并克服其缺陷，更好地借助网络实现成功的管理沟通呢？我们选择最常见的电话、电子邮件沟通渠道，讨论其利弊和沟通策略。

## 二、网络沟通策略

很多人都曾使用过互联网或者发送过电子邮件，但不是所有人都能很好地掌握网络沟通的技巧。这里介绍一些应用互联网的注意事项。

1．进行网络沟通必须尊重他人

尊重他人是任何社会性活动都必须遵守的规则。在网络沟通时尊重他人表现了自己的良好修养,也只有尊重他人的人才会获得他人的尊重。网络是人们美好的家园,人们都希望在网络上找到真诚、美好和友情,而不希望在网络上发现暴力、色情和罪恶。尊重他人,还体现在不破坏网络、危害别人的使用上。任何一种电脑犯罪都是可耻的,并将受到法律的制裁。制造病毒,即使是良性的电脑病毒,也为正义人士所不齿。

2. 使用电子邮件的规则

电子邮件的内容要合适,不要因为一时头脑冲动而写下不该写的东西,比如对别人的人身威胁。电子邮件有地址可查,这样做也会给自己带来很多麻烦。电子邮件的措辞应非常注意,因为很多口头语听起来很自然,但写成书面语言就很不礼貌了。阅读电子邮件要冷静,没有必要对别人不太礼貌或看似冒犯的语言太过敏感,其实对方可能是无意的,甚至对方根本就不认识你。讨论问题时不要嘲笑别人认识肤浅,或许对方对这个问题的研究仅仅刚开始,任何人都会经历这一过程。

3. 电子商务沟通中要注意的地方

**要设计出美观大方的公司主页** 公司主页是消费者对公司的第一印象,所以应尽量美观大方,而且操作应力求简单便捷,让所有人都能轻松操作。很多网页由于操作略显复杂就使商家丧失了很多商业机会。访问者在网上访问众多网页,有时候会显得极不耐烦。网页的尺寸大小要考虑到访问者浏览器窗口的大小。网页设计者尤其要注意到他们自己通常使用的 Unix 工作站显示器屏幕是 19 英寸的,而大多数用户使用的都是 14 英寸的显示器。网页上的菜单设计应有条理,并且分层。菜单和子菜单之间的转换应当方便快捷。同一菜单下的选项不宜太多,选项太多,会使访问者信息记忆发生混乱。

**公司的网址应予以大力宣传** 在各种同业刊物、新闻媒介上,应当经常宣传本公司的网址,这样可以刺激消费者在网上访问公司主页。在实际生活中,很多消费者偶尔访问某公司的主页之后,虽然觉得该公司的产品很好,但是很容易将公司网址忘记。为了解决这个问题,浏览器设计者发明了一种流行网址的目录,公司的网址应尽可能地登上类似的目录。在加强与用户的沟通中,要注重突出对访问者个性的尊重,这是最能吸引用户的地方。

4. 维护网络安全

维护网络安全是每个网络用户的责任。如果发现有人入侵网络,或破坏他人的使用安全,要及早报告网络管理员。不要认为事不关己而高高挂起。入侵者随时有可能向你下黑手。网络沟通方式,除了电子邮件外,还有其他一些方式,其中之一就是电子论坛。在电子论坛中,结集着一群有相同兴趣的

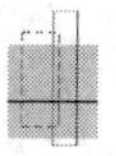

人。大家可以相互讨论,交流观点,寻求帮助。电子论坛其实就是这样一群人的地址清单。如果一个人加入了某一电子论坛,该论坛所有成员讨论的信息都会转到这个人的电子信箱中,他的观点也会通过论坛转到其他成员的电子信箱里。电子公告牌是电子论坛的扩大化,电子公告牌能将电子论坛的用户数增加到成百上千。互联网上的电子公告牌允许任何人张贴自己的观点,且可长可短。对某个电子公告牌内容感兴趣的其他用户也可以同时张贴自己的观点。这样,就会形成对某一问题的热烈讨论。如果某公司开发了某种新产品,也可以登上电子公告牌,起到免费宣传的作用。网络同时提供一种交谈服务,当你键入另一用户的网络地址后,交谈服务就可以在你和该用户之间展开。你一边打字,电脑就同时把你输入的信息传给对方,有时候,你修改错误的情况也会被传过去。同时,在你的电脑上也会同时传过来对方输入的内容,即双方的电脑屏幕都是一半操纵在自己手里,一半留给了对方。如果希望有更多的人同时交谈,请进聊天室。聊天室使用的是一种 IRC 交替聊天系统。进入 IRC 后,可以申请一个自己的称号,然后就可以加入大家的聊天了。你会收到其他 IRC 用户输入的每一行文字。同时,系统也会将你的发言传达给其他所有人。

## 可口可乐公司的“火炬在线传递”活动

2008 年 3 月 24 日,可口可乐公司推出了“火炬在线传递”活动。活动的具体内容是:网民在争取到“火炬在线传递”的资格后可获得“火炬大使”的称号,本人的 QQ 头像处也将出现一枚未点亮的图标。如果在 10 分钟内该网民成功邀请其他用户参加活动,图标将被成功点亮,同时将获取可口可乐公司“火炬在线传递”活动专属 QQ 皮肤的使用权。而受邀参加活动的好友就可以继续邀请下一个好友进行火炬在线传递。以此类推。

活动方提供的数据显示:在短短 40 天之内,该活动就“拉拢”了 4 000 万人参与其中。平均下来,每秒钟就有 12 人参与。网民们以成为在线火炬传递手为荣,“病毒式”的链式反应一发不可收拾,“犹如滔滔江水,绵延不绝”。

(资料来源:http://www.jd37.com/news/200811/43362.html。)

问题

1. 可口可乐公司采用了哪种网络沟通形式?采用这种形式有什么优点?

2. 结合案例,请你谈谈网络对沟通有哪些影响。

## 本章小结

1. 网络沟通是电子沟通的一种,需要借助计算机网络来实现相互间的沟通,主要手段有建立网站、电子邮件传递、设立论坛讨论区和视频会议等。

2. 网络沟通的特点:虚拟性、隐匿性、平等性和互动性、开放性和超时空性、多样性和多元性。

3. 网络对沟通的正面影响:网络构建了一个虚拟社会,人们更愿意主动与他人沟通;网络提供了一个便捷的沟通平台,扩大了人际关系圈;网络信息资源为人们的沟通提供了更全面的信息支持。

4. 网络对沟通的负面影响:信息交流的失真和片面性传递;依托网络建立起的人际关系具有脆弱性和盲目性;网络沟通方式增加了人们的心理距离。

5. 网络沟通的主要形式:电子邮件、电子商务、网络电话、网络传真、即时通信。

6. 网络沟通策略。进行网络沟通要注意:必须尊重他人;要设计出美观大方的公司主页,公司的网址应予以大力宣传;要维护网络安全。

### 实践技能训练

**目的**

培养学生的网络沟通能力

**实施**

全体学员将参加一场关于"网络沟通与传统沟通关系"命题的讨论

全班分成三部分:

(1) 左侧的同学将站在"网络沟通将会代替传统沟通"的立场上

(2) 右侧的同学将站在"网络沟通不会代替传统沟通"的立场上

(3) 中间的同学则扮演观察员与评论员的角色

左侧与右侧的同学各列出一份支持其论点的清单,来自各方的同学组成辩论团队开始辩论,一共三个回合。

首先,每个团队用 10 分钟介绍自己的立场及其论点,所有团队成员都应参与。由正方先开始,此时,对方只能倾听而不能反驳。

其次,每个团队用 5 分钟反驳对方的论点,并且需要建立自己新的论点。由反方先开始。

最后，观察员与评论员发表自己的意见与观点，然后全班同学投票决定自己持什么立场。

**管理沟通的启示**

## 网络宣传信息的技巧

在信息宣传、促销过程中的交流，主要是希望扩大企业、品牌或商品的知名度，让消费者在一定程度上接受所宣传的商品。在这个过程中，消费者会将所得到的有关商品的描述信息，与购买后的实际商品的性能、功效等进行对照，如果差别较大，则会有一种上当受骗的感觉，消费者心目中企业的形象就会受到影响。所以，在信息宣传、促销过程中，必须要保证诚信，不宣传虚假信息，不夸大产品功效。对于不同的客户，既要有个性化的表达沟通，迎合顾客的口味，又必须掌握许多共性的表达方式与技巧，以体现企业的整体形象。沟通过程中要保持积极向上的态度，用语应尽量选择体现正面意思的词。在信息宣传、促销过程中，与顾客沟通的渠道和方式是多种多样的，采取不同的方式，其沟通的技巧会有所不同。

1. 通过网页传递信息

以网页的形式向用户传递信息，要求站点有良好的导航，让用户能够在最短的时间内找到所需要的信息；要求页面简洁明了，没有过多的东西干扰用户的注意力；要求高质量的信息，详尽但不烦琐，让用户看后有明显的收获；要对内容进行很好的组织，如果内容很多，则以一定的标准进行分类，不要在一个页面中放置过多的信息，以免用户看完后一头雾水，除非这些信息是不可分割的整体。

2. 通过电子邮件传递信息

写邮件时，尽量将主要的信息安排在第一眼就可以看到的范围内；将宣传内容的核心（如文章的标题）作为邮件的主题，尽可能让主题富有吸引力，激发起用户打开邮件的欲望；邮件书写应当简洁明了，以方便浏览和阅读，内容越短越好，尽量少占用收件人的时间。

3. 通过 BBS 新闻组传递信息

通过 BBS 新闻组传递信息最关键的是能够吸引用户浏览。第一，要给自己的文章取一个好的标题，这是吸引人的第一步；第二，要提高内容的质量，让用户看后感觉有比较大的收获；第三，在信息内容的最后，要留下快捷的联系方式，一般是电子邮箱地址、电话、企业地址等，在联系人信息中不要留全名，以免带来不必要的麻烦；第四，不管是BBS还是新闻组，内容都有明显的类别区分，一定要将信息发布在相关的栏目中，以免引起用户的反感；第五，要注意信息的发布频率，重复发布的信息要注意内容和表达上的变化；第六，经常在相关的地方张贴对用户有用的信息或回复别人的消息，从而提高自己在组里的知名度也是很重要的。

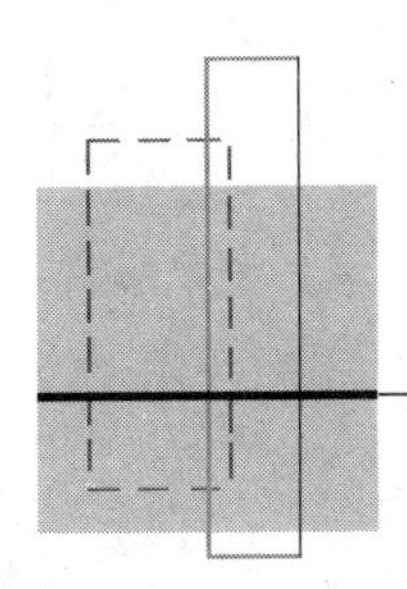

# 第三篇

# 组织沟通实践

未来的竞争是管理的竞争,竞争的焦点在于每个社会组织内部成员之间及其与外部组织的有效沟通。

——美国著名未来学家奈斯比特

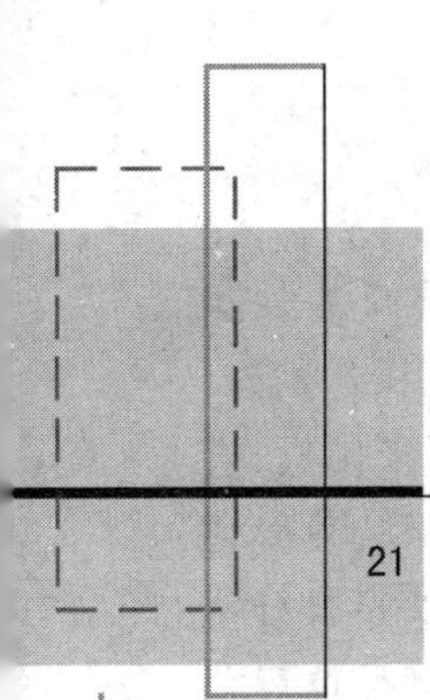

# 第十一章 与员工“相知”



通过本章的学习，你将了解：

1. 如何与上司沟通，才能“水”到“渠”成。
2. 怎样与同事相处，才能“左”“右”逢源。
3. 如何与下属沟通，才能顺“理”成“章”。

你将能够：

1. 识别上司的管理风格，并根据上司的特征，采取相应的策略进行有效沟通。
2. 把握同事间沟通的原则，提高工作效率。
3. 明确自己的管理类型和沟通风格，学会选择与下属沟通的策略。

## 第一节 “水”到“渠”成——如何与上司沟通

### ◆ 引例

**惠普孙振耀：让 19 位上司成为伯乐**

孙振耀自 1982 年加入台湾惠普到 2007 年退休，25 年来，他从惠普的一名最普通的工程师成长为惠普全球副总裁、中国区总裁。

在很多场合，孙振耀总会举例说，“我来惠普 25 年了，换了 19 个老板……”对此，孙振耀说：“你可以决定娶什么老婆，但是不能决定岳父岳母是谁。你可以决定加入什么公司，但是没法决定上司是谁，因为上司是会变的。”

25 年当中，孙振耀在同一家公司经历了 19 位不同风格的上司。那么，他是如何与不同类型的上司进行沟通,使上司成为伯乐的呢?

孙振耀坦然地畅谈自己这些年当中的心得和体会:"有些领导目的性很强,他很清楚地告诉你他要什么,你只要做得到就可以;有些领导过程性很强,他非常关心你用什么方法来完成,而且有时候会坚持按照他的方法来完成;有些领导关系性很强,就是非常强调彼此的关系,下班以后找你吃吃饭,关心你的家庭。假如你碰到一个目的性很强的领导,就一心把事情做好,拿出很好的成果来给他看。假如碰到一个强调过程的领导,你可能很多时候都得按照他的方法做。但不管怎么样,在职场中,每个人都要具备适应不同老板的能力。"

(资料来源:改编自 http://finance.sina.com.cn/wealthperson/2004-07-03/630.html。)

诚然,走近领导是一个敏感的话题,但是,每个人都有一个上司,都有一个领导,都有一个管着你的人在上面。你总得要跟他沟通的,畏缩或逃避不能解决问题,所以还是以积极的心态应对为好。那么怎样和上司沟通,才能"水"到"渠"成呢?

## 一、沟通客体策略

对沟通客体的具体分析,关键在于充分掌握上司的背景。分析他们各自的心理特征、价值观、思维方式、管理风格、偏好和知识背景(包括学历和文化层次、专业背景)等。

**小阅读**

史敏从一所旅游学院毕业后,进入一家星级宾馆,担任总经理秘书。在工作的第一天,她就听见总经理在嘀咕另外一个秘书给他的咖啡又把糖加多了。总经理的声音很轻,没有责备的口吻,也没有让秘书重新去冲一杯,而是将就着喝了。接下来的这周,轮到史敏值日。她于是先用几个小纸杯分别调制了几种不同口味、不同纯度的咖啡,让总经理去挑选。就是这么一个小小的举动,居然令总经理大为感动,连他太太都没有细心到如此地步。总经理喜欢在午餐后小憩一会儿,于是她就坚守在门外替总经理挡驾,不让没有急事的下属或者拜访者打扰;老板喜欢足球,喜欢罗纳尔多,对油头粉面的贝克汉姆却没有好感,于是她就在办公桌上放了大罗的招贴画,电脑显示器的一角贴上了大罗在绿茵场上的贴纸……一年后,史敏升任到了主管的职位。

如果你能多了解上司一些,知道他喜欢什么、不喜欢什么,需要什么、不需要什么,然后做出默契的应对,那么你往往能在职场关系中稳占先机,创造有利于自己的良好气氛和升职机会。史敏正是运用自己的细致入微赢得了领导的好感,为自己创造了升职的机会。

(资料来源:http://book.qq.com/s/book/0/18/18870/24.shtml。)

## 二、沟通主体策略

对于自身地位和特点的认知,在与上级沟通中非常重要。对自我的认知,重点在于分析三个问题。

1.“我是谁”和“我在什么地方”

对自己在公司里的地位和身份有合理的认知,身为下属,切勿以为自己的领导很随和,更不要以为你的领导几乎和你的年龄相当,就可以在和他说话时无所顾忌、不分职位高低。其实,即使性格再随和、年龄再小的领导,都会有一种强烈的自我意识:我是领导。所以你要在言语中表达出这种职位的高低之分。在和领导说话的时候,认清双方的角色是非常重要的,让领导产生你像是领导或领导不如你的感觉,你的日子可能就不好过了。

**小阅读:错过的机会**

乔郁新记得自己刚做记者那会儿,非常喜欢看一些小资的文章和书,也因此特别向往有自己的私人空间。上班的第一个月,他感觉过得还不错,基本上不用加班,觉得很快乐。

但到了第二个月,报社来了很多新闻素材,领导经常叫乔郁新去现场采访。一开始乔郁新还觉得很新鲜,后来就感到疲惫了。在连加了三天班后的一天,他正准备下班回家,领导进来了:“小乔,你先别走,报社有一个非常重要的客户来了,你帮忙招待一下。”当时乔郁新还很年轻,根本没想到报社的重要客户由他接待其实是器重他的举动。当时,他感到疲惫和委屈,所以就没好气地说:“凭什么叫我接待呀?我已经下班了,当时招聘我来的时候,你们也没有说过要干这么多事啊!”这时,旁边的一位同事赶紧对领导说:“我去接待吧,小乔可能有事。”那天走在回家的路上,乔郁新的心里一点都不好受,隐约感觉自己说错话了,但还在为自己解释:我已经加了三天班,很疲惫了,领导应该知道呀!

两个月后,那位替乔郁新招待客人的同事升为主管,这时,他才醒悟:原来机会被自己错过了!有时候,领导多给你安排一些工作任务,也许真实的意图是要考验你,或是从心底希望与你走得更近些,也可能是领导觉得你更好说话一些,但无论如何,这对你来说都是一个很好的机会,如何去把握就要看你的行动了。

(资料来源:http://book.qq.com/s/book/0/18/18870/3.shtml。)

2. 自身的可信度

考虑上司对你的认同程度,分析自身在公司中的地位和影响力。如果你在公司中口碑并不好,在别人心目中的印象是负面的,就可能会影响你的沟通效果。

3. 你对问题看法的客观程度

这里指对目标问题考虑得深入程度和系统程度。如果你提出的只有问题,没有对策,最好不要提,领导更感兴趣的是如何解决这些问题。

**小阅读:让上司了解你**

朴向东是服装公司的业务经理。在他向主管领导汇报工作方案并征求其意见时,主管领导总让他自己去找解决办法。可是,朴向东的方案常常不是主管领导想要的。更让朴向东烦恼的是,别的部门有意见,主管领导却在会议上大声责怪他的不是。后来,朴向东的几次工作计划提案都遭到了主管领导的否定和拒绝。这时的朴向东真的不知道他的领导到底想要什么,他感到了无助和恐惧,觉得自己快要被炒鱿鱼了。

所幸朴向东不算太笨,思索再三后,他采取了新的策略,他决定跟主管领导进行一次开诚布公的谈话。一天,在领导心情很好的时候,他敲开了领导的门，表示自己最近有一些思路要向领导汇报。在得到领导同意后，他告诉领导，他很喜欢这个工作，很热爱公司，并且很期望在领导的带领和支持下提高自己的能力，为领导多分担一些责任和任务。接下来，朴向东诚恳地谈到了最近发生的几件事情以及自己的困惑，希望领导能真心地帮助自己，并给自己今后的工作方案之类的东西以更明确的指示和指导。听到这里，领导明白了朴向东的来意，于是就说：“你每次让我给你提建议时总是笼统地问这个计划行不行、那个问题怎么解决，由于我不在第一线，所以没办法给你具体的指导，只好叫你自己去找办法了。”

这次开诚布公的谈话让朴向东明白了自己与领导沟通不畅的症结所在。他知道是自己诚恳自然的表达让领导了解了自己。这时，他一下子感觉到了工作的轻松，原来的困惑与不安都被抛到了九霄云外。

（资料来源：http://book.qq.com/s/book/0/18/18870/8.shtml。）

## 三、沟通渠道策略

在沟通渠道的选择上，有直接面对面沟通或间接沟通、口头沟通或书面沟通、正式渠道沟通或非正式渠道沟通。一般来说，如果能够做到审时度势，在适当的时机向领导提出建议，被采纳的概率还是比较大的。同时，也要了解领导习惯以什么样的方式接受下属的信息。不同的领导接受信息的方式是不同的。有的领导喜欢书面材料；有的领导喜欢数据分析；有的领导喜欢面对一块书写板，让你不停地在上面书写，因为他喜欢这种视觉效果。只有先了解领导喜欢用什么方式接受信息，你才能投其所好，将自己想要表达的观点更好地传达给领导。

**小阅读：业绩指标**

会议室里，按照惯例正在召开部门月度工作布置会议。经理下达了这个月要实现业绩增长30%的命令，可是身处市场一线的小组主管刘辉认为目标太高了，根本不可能实现。刘辉心里盘算着：小冯经验还浅，小赵马上又要离职了，最近还听说经理要提高部门的业绩指标，如果真的提高任务,自己肯定完不成。当天已经是1号了,再过两天就要分配业绩指标了,刘辉觉得必须要给经理提点建议,要不然等到指标公布了再想修改就困难了。但是,他并没有在会上提出来,而是在会后写了一份《关于申请增派业务员的报告》。写好后,刘辉来到经理办公室,敲门进去发现有人在和经理谈话,便说了声"我在外面等"就退了出来。不一会儿,里面的人出来了,刘辉便进了办公室,关上门坐到了椅子上。

"经理,我这里有一份申请报告,麻烦您批示一下。"说着,便将写好的报告递了上去。

经理拿了过去,看了一眼标题便明白是刘辉想要增派人手的申请。报告的开始,是目前刘辉所负责业务组的情况分析。几个表格很清晰地反映出了目前该业务组人手不齐的实际情况,同时几个业绩报表也反映出了近几个月的业绩增长情况。看过报告,经理在批示处写道:"再议,请负责人尽力挽留小赵,并请人力部门着手进行相关人员的招聘和筛选准备工作。"接过报告,刘辉又和经理说了几句话,然后便回自己的办公室了。

刘辉走后,经理拿出已经做好的业绩分配表,想了想刚才刘辉的报告,觉得这个月给刘辉制定的"业绩增长30%"的目标似乎很难实现,于是又斟酌了一下。

3号那天,经理在部门月度工作布置会议上宣布:"刘辉的业务组这个月的业绩增长目标是10%。"同时经理解释说:"刘辉这组的目标比其他组要少一些,是因为他们组里的小赵18号就要离职了,而小冯现在还需要锻炼和学习,所以这个月就酌情少给一些任务。不过人力部门已经开始招聘新人了,等人手配齐后,就不会有这种情况了。"

刘辉笑着说是。

在职场上,为了把工作做得更好,与领导沟通、给领导提意见是非常有必要的,但要掌握一定的技巧,否则就可能引火烧身。如果刘辉在听到经理下达的任务指标后当场指出困难程度,很可能会被领导回绝,从而实现不了自己希望降低任务指标的目的。

(资料来源:http://book.qq.com/s/book/0/18/18870/34.shtml。)

## 四、沟通信息策略

对于沟通信息策略的分析，关键在于要站在上司和组织的角度来分析问题，具体策略包括：

1. 就事论事，对事不对人

如根据个人感受，立足于公司的利益去确定内容；不对上司的人身做评论，不对他人评头论足。

**小阅读：元丰的结局**

有一天，元丰在办公室里和同事聊天，他们聊起了“当领导好还是做员工好”的问题。元丰说：“要我选择，我还是选择做员工，当领导也太累了。比如我们的顶头上司吧，他的上头还有领导，别看他在我们面前牛烘烘的样子，在他的领导面前，他还不是要点头哈腰装得跟孙子似的。我觉得，一个人每天都要装出两副面孔，怎么活都别扭！”

同事笑着说：“但是，人家的薪酬福利比咱们好呀；人家还有权，能指挥咱们！这些咱们都没有！”

元丰不屑地说：“那都是一时的，我说呀，要是哪天公司不行了，第一个该辞退的就是他！为啥？他比我们拿的工资多，但是技术上的东西却一点也不懂！你说哪天公司不行了，公司是要他还是要我们？”

元丰以为同事会爆笑，但是却没有，而且他看了看周围，发现大家都在低头干活。这时，他还没有发现领导正站在他的身后，接着说：“你们还别不信，我叔叔开的公司就是这样，前期做领导的一个个都牛得不行，最后怎样？公司陷入低谷，第一个倒霉的就是那些做领导的！”元丰说得激动，手一挥正好打在领导身上，一转头，领导正怒气冲冲地看着他。元丰忙说：“对不起！”余下就不知道该说什么了。

领导不动声色地宣布：“我是来向大家宣布一个消息的：刚才总经理开会时说我们要在两个月内裁员两名，我一直在想，我们大家都挺努力的，裁谁好呢？”元丰发现大家的目光竟然都一起对准了他，他什么话也说不出来了。很快，元丰就被辞退了。这时他才明白，不管在哪里，攻击领导的软肋，谈论领导的缺点，都是致命的错误。

（资料来源：http://www.xzzp.net/hr-zcqx/article-6120.html。）

2. 安排好信息结构

在信息结构安排上，从客观情况描述入手，引出一般性看法；再就问题提出自己的具体看法；征求上司的意见，在恰当的时机提出相应的建议。

3. 选择恰当的语言表达方式

在语言的表达上，言辞不能过激，应当表情平淡、态度谦虚，切忌用词不当。

**小阅读："辛苦了！"**

于涛刚踏出校门时曾在一家贸易公司任职。一天，部门领导出去和客户开会开了很久，赶上室外风大，领导回到办公室时，一副灰头土脸的样子。领导嘴里嘀咕着："连午餐都没顾得上吃，饿得要死，还被客户刁难，真是快被气炸了！"

于涛当时虽然也在忙，但是为了安抚领导，就简单地说了一句："辛苦了！"

让于涛没有想到的是，原本像败犬一样的领导，突然变成了斗鸡，生气地对他说："什么辛苦了！你干脆来拍拍我的肩膀，对我说'干得不错'算了！你以为你是谁啊！"

于涛听得莫名其妙，心想自己一片好心，怎么会被他曲解成这样？因此，他郁闷了老半天。

后来于涛才明白，"辛苦了"是上司对部属或前辈对晚辈才能用的慰问语，自己明明是刚刚大学毕业的职场菜鸟，却这样对领导说话，难怪已经满肚子气的领导听了之后会更生气。

（资料来源：http://www.yuncheng.com/read/book/30274/6534217/1。）

## 五、沟通环境策略

在沟通环境策略制定上，应选择合适的时机、合适的场合，以咨询的方式提出，如以"表面上的不刻意，实际上的精心准备"为策略，营造合适的、宽松的氛围，向上司提出建议。

**小阅读：忙碌的安娜**

“不管什么事情，只要交给安娜，我就放心了。”安娜进公司3年，这是领导常挂在嘴边的话。开始安娜很高兴，但时间一天天过去，交给她的任务越来越多。“安娜，这个方案你盯一下”；“安娜，这个客户恐怕只有你能对付”；“安娜，上海的那个项目人手不够，你顶一下”。老总为某事抓狂时，必会打开房门大叫安娜。安娜手里的事情多到了加班加点也做不完，可周围有些同事却闲得两眼发呆，薪水却并不比她少多少。安娜想，也许自己再忍一忍就会有升职的机会。然而，机会一次次地走到了她面前却又一次次地拐了个弯。后来，安娜从人事部的一位前辈口里得知，关于她升职的事中层主管讨论过很多次了，每次都被老总否了，说安娜虽然业务能力不错，但管理能力不足，需要再锻炼锻炼。“你想想，如果你升职了，他上哪儿找这么任劳任怨的万能胶?”前辈说。

安娜很气恼，回家跟老公抱怨。老公居然也说：“如果我是你们老总，我也不会升你的职。一个不懂拒绝的人，怎么去管理别人?”安娜仔细想了想，觉得这话真的很有道理。

往后，当老总给她加工作量时，安娜鼓足勇气说：“我手里有3个大项目，10个小项目，我担心时间安排不过来。”老总一听，脸立刻变了色：“可是，这个项目只有你去做我才放心。”“那好吧，我赶一赶。”说完这句话，安娜恨不得咬掉自己的舌头。看到老总的脸，一个大胆的念头突然冒了出来：“不过，要按时保质完成，我需要几个帮手。”安娜轻描淡写地说。老总惊讶地看着她，继而笑着说：“我考虑一下。”

原来安娜想，如果老总答应给自己派助手，就相当于变相给自己晋升，自己的工作也能分担出去了；如果不答应，老总也不好把新任务硬塞给自己了。

果然，老总再也没提过加派新任务的事，还破天荒地经常跑来关心安娜的工作进展，并叮嘱她有困难就提出来，别累坏了身体，等等。

其实，当领导把砖头一块块地往你身上叠加时，他也并不是不知道砖头的重量，但是他知道把工作加给一个不懂拒绝的人是件再省心不过的事。不过，不要因此就梦想你理所当然比别人薪水更高升迁更快。老总可能无数次想过给你加薪升职，然而当办公室“狠人”(意指懂得拒绝的人)当道，他摆不平时，你将是首选的“牺牲者”。

其实,有的时候,你并不需要大张旗鼓地拒绝领导,只需要摆出自己的难处,就像安娜说出自己的困难那样,领导就一点也不会觉得你的拒绝很过分。要拒绝领导,就必须告诉他你在时间或精力上的困难,让他明白你既不是傻瓜也不是超人。

(资料来源:http://www.doc88.com/p-312736546583.html。)

## 六、识别上司的管理风格

(一)上司的管理风格

所谓管理风格,一般说来就是指管理者受其组织文化及管理哲学影响所表现出来的作风、格调、行为模式等。伊查克·爱迪斯在《把握变革》一书中,根据不同个体在思考问题时的结构化程度差别、过程和结果之间的优先级不同(目标导向)、注意力视角的不同和沟通速度的快慢四个维度,把不同个体的管理风格分为四种类型:创新型、官僚型、整合型和实干型,如图 11-1。

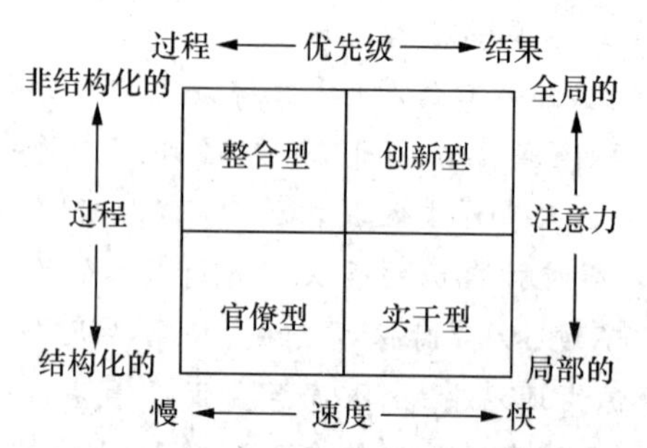


**图 11-1　不同管理风格的上司分类矩阵**

在讨论不同对象的特征之前,先解释一下关于思考过程的结构化和非结构化的区别,可以打一个比方来说明。在非结构化的过程中,一个人可能从谈论事情 A 开始,这件事使他想到了事情 Z,然后他又去处理事情 Q,接下来是事情 B,最后到了事情 X,他这样东一榔头西一棒子,是因为他在按照一种独特的方式思维,认为任何事情都是与其他事情连在一起的。然而在结构化的过程中,人们是直线型的。在他们完全理解事情 A 之前,他们是不会开始事情 D 的,而且在事情 B 完全理解之前,他们也不会去想着开始事情 C。所以,结构化思考表现出收敛性思维模式,而非结构化思考更偏向于发散性思维模式。

1．创新型上司的特征

创新型的上司，在沟通过程中性格比较外露，当他们不同意某种主张时，他们总是形于声色；如果赞成，他们也会表现出来。创新型的人凑在一起时喜欢争论，好像彼此都不赞同，但实际上他们却是在加强彼此的观点；一旦当他们听了某个观点后保持沉默，很大的可能是他们已经同意了你的观点。在创新型人的字典里，“是”和“不”的含义有他们自己的解释。“是”往往意味着也许，说“不”则表明了他们明确的态度。从处事风格看，创新型的人具有全局性的眼光，动作很快但却是非结构化的。这类人往往是急性子，他们总是先从自己出发开始考虑，关注的是“如何告诉对方我为什么要这样做”，而不是“他会怎么想”。当这类人在跟他人会面时，往往边走边考虑问题，可能当他们迈步进入会场办公室时，他们的脑子还在以接近光速的速度在思考。

创新型上司不喜欢约定时间，他们一有了主张就想去处理。他们可能会事先不打招呼就往他人办公室里跑，而官僚主义者最恨的就是这样的人。在他人的观念中，创新型上司没有时间概念，或者说，他们的时间概念与众不同。

创新型上司有很强的感觉力，他们一天到晚在思考新的点子，他们不关心问题，把很大的注意力集中到机会的发现上，但他们往往拿不出解决问题的办法。

**小阅读**

有一次，某老师把他的学生叫到办公室里，他对学生说：“你最近去B厂做个调查。我的意思是，搞研究的人必须经常下到实践中掌握第一手材料。不了解实际，怎么做研究呢？”

学生听了之后马上答道：“好的，那么我先与这个单位联系一下，安排好时间。”

于是，这位学生就开始与对方联系，安排包括住宿、交通、时间进度、调查问题等在内的具体任务。一个星期后，学生找到了他的老师：“老师，我准备明天到B厂去调研，不知您是否还需要安排其他同学一起去？”

这位老师听了大怒：“谁叫你现在下工厂去？现在你要静下心来好好看看各方面的资料，要大量阅读国内外的研究文献，认真扎实地打好专业理论基础，只有这样，下去调查才有收获，才能在现场调查中发现并解决问题。”

这位学生目瞪口呆,惴惴不安地咕哝一句:"是您说……要我去工厂的。"他不知下面该如何处置了。

"我只是说搞理论研究的人要到现场中去了解实际,提醒你要注意思考、学习和研究方法。"

(资料来源:魏江、严进,《管理沟通——成功管理的基石》,机械工业出版社,2006。)

对于创新型上司,人们往往搞不清楚他明天还有什么新的主意出来,说不定两天后又要这位学生到工厂去了。结果是,当下一次老师有新的主意出来时,学生想:"反正还会有新主意,等等吧。"于是把布置的事搁置起来。结果呢,这位老师对此事没改变主意,而是记在心上。几天后,当询问这件事的结果时,竟然没有答案,便又大怒:"你怎么这样不负责任?这么点事拖那么长时间还没解决。"学生又一次愕然了。

2. 官僚型上司的特征

从图 11-1 可以看出,官僚型的上司,无论在管理上还是在相互沟通过程中,都强调结构化的模式和风格。如在与人约会时,官僚型上司会在每次约会(不管是否正式)前就打电话预约,并很守时。在交谈时,他们会喋喋不休地谈论问题的来龙去脉,好像不知其历史你就不能理解这个问题一样,等到切入问题的主旨时发现时间已经过去两个小时了。再然后,他们会对问题可能带来的结果做全面剖析,最后的结论往往是"太困难了!这件事简直没法干"。

正因为官僚型上司强调结构化的风格,他们非常强调整个过程。在面临某个事件时,无论是常规事件还是偶发事件,他们会细心规划整个事件的处理过程,认真考虑可能出现的各种问题,然后分析如何去解决问题。因此,可能的结果是,等官僚型的人找到最佳的解决途径时,事情已经过去了。

官僚型的上司在决策时不会轻易就某件事做出决定,他们往往会这样告诉你:"你的想法不错,但能否实施、如何实施还有待我们研究。"因此,官僚型的上司制定决策比较慢,瞻前顾后,反应也比较慢。

官僚型上司的慢性子不是因为他们笨,而是因为他们正在考虑对方会说什么,在思考他们所主张的是什么。因为要把每一个主张都条理化需要花点时间,因此,当他们与具有创新精神的人的主张发生冲突时,那情形就如雪崩一样,处理起来确实会比较困难。对每一个创新型上司的主张,至少会有十个让官僚型的人觉得重要的反应,官僚型的上司会觉得不堪重负,于是,他们会很快放弃思考和倾听,让这些主张成为耳旁风,心里却在嘀咕:"这个人怎么这样头脑发热、异想天开,还不快点走。"

**小阅读**

关于官僚主义者有一个笑话:"你最好不要在星期五对官僚主义者讲笑话,因为他们有可能要到星期天吃午饭时才笑得出来。"

3. 整合型上司的特征

整合型上司处事灵活,没有结构化程序的限制,能够根据不同的情形采取相应的沟通方式,而且当他们说出某句话后,可以从不同的角度解释这句话的含义。整合型上司对人的感觉比较敏感,但对于现实的需求并不敏感。他们一般不会轻易地说出"是"或"不",如果说了,则可能是压力使然。今天说了"是",可能在明天他能解释为"也许"。

整合型上司很看重沟通的过程,他们会在沟通的过程中取得相互之间的平衡,结果对他们来讲并不重要。由于整合型的人要考虑各种关系的平衡,所以全局观念强,在没有弄清一个事件的全局影响之前,是不会轻易表达自己意见的,而等到他们有意见时,也就不是什么意见了。

与整合型的上司沟通,内外部政治关系的处理非常重要。整合型上司习惯于考虑他人(尤其是上司的上司)是怎么想的,而不愿意自己做主去决定某件事,他们总是设法圆滑地摆平各方面的关系,因此,这类人往往被称为"老狐狸"、"跟屁虫"。

**小阅读**

假使你是总经理办公室的秘书,要就公司的一项决定去征求各位副总经理的意见,于是,你去请示这位具有整合型特征的上司。你来到王副总经理的办公室,进门后告诉他:"王总,问题是这样的,解决方案是那样的。我们想获得你的同意。"他会回答:"还没到时候,我们还没有准备好。"接着,他会问:"你跟甲谈过了吗?跟乙呢?跟丙有没有谈过?"这时,你就得巩固你所有的基础,你可以这样回答:"我们已经和甲、乙、丙都谈过了,并且就解决问题的方案取得了一致意见,现在想听听您的意见。”这时，他又会问：“那么，丁的意见又如何呢？”如果你没有跟丁谈过，他就会说：“嗯，我认为我们还没有准备好，还要进一步研究研究。”但如果你说：“我们跟丁也谈过了，他完全赞成。”这时，他就会说：“那我们还等什么呢？干！”

（资料来源：魏江、严进，《管理沟通——成功管理的基石》，机械工业出版社，2006。）

4. 实干型上司的特征

从图11-1看，实干型上司的思考过程具有结构化特点，他们习惯于直线型的思维方式。实干型上司就像铁路工程师，他们会说“你只要知道轨道往哪儿走，别的就别管了”。

**小阅读**

某公司一位姓张的高工，负责新产品开发的总体技术工作。由于产品不断更新换代，公司决定开发换代新产品。于是公司总工程师找到这位高工，要他负责这个产品开发的具体技术工作。这位高工非常乐意：“其实，我早就认为应该搞这个产品了。”他这样说了之后，马上接着说：“那么，给我安排一批助手，我们明天就讨论技术方案。”

果然，此后的一周时间内，他们就拿出了总体设计方案，并开始工程化设计。

一个月后，公司总工程师又找到这位高工：“老张，通过情报收集，我们发现国外已经搞出了这种换代新产品，而且国内已有厂家引进了这种技术，看来，我们得放弃这个项目，搞另外一个。”老张很失望，但一想也对：“跟在人家屁股后面搞，确实没意思。”于是，他马上又着手组织搞另外一个。结果是，三天后，公司又通知他不要搞了，因为……而此时，老张已经把第二个项目的初步设想搞出来了。

（资料来源：魏江、严进，《管理沟通——成功管理的基石》，机械工业出版社，2006。）

显见，实干型对象的一个主要特点是追求快速反应，他们往往是快速决策者，总是恨不得马上有个结果。他们最见不得他人干事拖拖拉拉、拖泥带水。

在工作现场他们最喜欢说:“需要你干什么?你们去干吧,我们有事干就行,少废话、多干事。”也正因为实干型对象的结构化风格和快速反应作风,他们没有多少时间去考虑事情的结果是什么,在他们心目中,“只要把过程老老实实地做好了,结果是不会错的”。所以他们会把每个细节都做得很好,有很高的效率,而对效益则不太关心。

由于不同类型上司的不同风格,我们在沟通时,要能够正确地判别与他们沟通的语言表达方式。这里特别就不同类型的对象说“是”和“不”时的差别做一下解释。对于创新型上司来说,“是”意味着也许;说“不”的时候,他们是肯定的。相反,对于官僚型上司来说,说“不”的时候,只是意味着也许,你还可以回头去说服他们,但一旦当他们说“是”的时候,他们的决心就已经下了。对于实干型上司来说,“是”就是是,“不”就是不。然而,对于整合型上司来说,无论说“是”还是“不”,都只能理解为“也许”,所以,这类人往往被称为“政治动物”。表11-1为四类不同上司的特征。

**表11-1　不同管理风格的上司特征及沟通策略**

| 类型 | 特征 | “是”和“不”的含义 | 较适合的部门 | 沟通策略 |
| --- | --- | --- | --- | --- |
| 创新型 | 有全局眼光、动作快、非结构化风格(无预约、新主张多) | 是:也许<br>不:不 | 市场营销部门<br>高层管理部门 | 让其参与到问题中来;不要带着最后的答案去见他们;采用“非肯定”模式 |
| 官僚型 | 结构化风格、动作慢、关注过程与细节,思考非常严密 | 是:是<br>不:也许 | 办公室<br>会计部门 | 方法比内容重要,重视细节过程与形式 |
| 实干型 | 动作快、结构化风格、关注细节和结果 | 是:是<br>不:不 | 生产部门<br>技术开发部门 | 将所有相关背景资料都准备好,将有可能要他们承担的责任先预计好 |
| 整合型 | 动作慢、非结构化风格、关注过程、有全局眼光、适应变革 | 是:也许<br>不:也许 | 党政职能部门 | 提出问题要直接从问题的结果出发,注意你的主动性,引起他们对问题及其压力的关注 |

2. 不同上司的沟通策略

了解了不同上司的特征,就可以采取相应的策略以实现与不同上司的有效沟通。

在与创新型特征的上司沟通时,由于他们很希望在每件事情的处理上留下他们的痕迹,并且对各种机会有他们独到的认识,应该让他们参与到问题解决中来。在沟通时,不要带着“最后”答案去见他们,而应该让他们感觉到“问题还处在未决状态”,因此,在信息组织上,可以这样说:“建议……”“我一直在想……”“您怎么认为?”……这种表达方式不但对你的上司有用,对同级、下属一样有效。

与官僚型上司沟通时,应记住“方法比内容重要”的原则,你必须使自己的风格适应他们的风格。具体地说,你要十分注重形式。比如,跟他们有事情相商,你也老老实实地打电话预约一下,千万不要做不速之客。同时,沟通时还要放慢速度,控制自己的情绪。在沟通过程中,如果你是创新型的人,要注意不要把不成熟的观点一股脑儿地倒给他们,这样,你反而会什么答案都得不到。

与整合型上司沟通时,要注意的策略应该是把所有相关的背景资料都准备好,把有可能要他们承担责任的问题先处理好。当你就某个问题请教他们时,他们会告诉你,你要注意影响,要注意他人的看法,然后,他们会告诉你,要注意谁谁谁的看法。对于问题的过程和方式如何,他们不太关心。

与实干型上司沟通,你要注意主动性。由于他们一般不会授权于你,你要采取主动的行动。而且,在问题的提出上,要直接从问题的结果出发,要使他们感觉到问题的压力,甚至让他们觉得问题不解决是一种潜在的危机,以引起他们的注意,让他们马上觉得这个事情确实非办不可。

特别说明的是,上面对上司管理风格的分析也适合对你的下属,所建议的策略对不同的下属也有对应性。

**思考·讨论·分析**

1. 在上司的管理风格分析中提到:根据管理风格不同,上司可以分为创新型、官僚型、整合型、实干型四类。请你对照这四类上司的特点,再结合周围的上司的特点,把你周围的上司归到某一类型中,思考以后如何与这样的上司沟通。在归类的过程中,你也许会发现周围的上司或其他人并不容易归到哪一类中,那么,你觉得如何去改进以上四种管理风格的分类方法?

2. 如何与上司做好沟通,是中国文化背景下每一个下属都会思考的问题。有不少人谈到,在实际工作中,上司的沟通能力很差,与这样的上司沟通往往会很“郁闷”,但为了生计还是要想办法做好与上司的沟通。在这种“折磨”过程中,出现了两类不同的情形。情形一:有的人习惯于关注上司的心理,无意识中忽略了下属的心理,结果招来别人的非议。情形二:有的人抱怨,应该先把上司的沟通能力好好培训培训,否则,我们做下属的,学得越多会越痛苦。请问:你如何看待以上两类人的心态变化?如果你不能改变上司的沟通习惯，你学习管理沟通还有用吗？

## 第二节　“左”“右”逢源——如何与同事沟通

### ◆ 引例

**不会沟通，从同事到冤家**

贾磊是某公司销售部的一名员工，为人比较随和，不喜争执，和同事的关系处得都比较好。但是，前一段时间，不知道为什么，他们部门的李超老是处处和他过不去，有时候还故意在别人面前指桑骂槐，对跟他合作的工作任务也都有意让他做得多，甚至还抢了他的好几个老客户。

起初，贾磊觉得都是同事，没什么大不了的，忍一忍就算了。但是，看到李超如此嚣张，贾磊一赌气，告到了经理老梁那儿。经理把李超批评了一通，从那天起，贾磊和李超就成了绝对的冤家。

（资料来源：http://blog.sina.com.cn/s/blog_68e3d9d10100mn1c.html。）

像这样的同事纠纷在每个公司都会出现，只是形式会有所不同而已。同事既是你的朋友，也是你的竞争对手，大家都站在同样的起跑线上。俗话说：同行是冤家，同事是对头。平时大家在一起谈天说地，看起来关系很好，可是有时也有一种看不见的竞争与矛盾。同事是与自己一起工作的人，与同事相处得如何，直接关系到自己工作、事业的进步与发展。那么，如何与同事相处，才能“左”“右”逢源呢？

### 一、同事间的有效沟通原则

在工作中，平级沟通对大家来说是非常重要的，因为每一项工作的协调都离不开其他部门的合作，平级之间沟通畅通了，工作效率自然就提高了。

在和平级同事的沟通中，应该注意八个原则。

1. 君子之交淡如水

现代社会，那种不即不离、不远不近的同事关系，被认为是最难得和最理想的应酬哲学。与同事相处，终日正襟危坐，太严肃、太客气都不好，人家会认为你不合群、孤僻、不易交往；太近乎、太“知无不言，言无不尽”了也不好，容易让别人说闲话，也容易让上司误解，认为你是在搞小圈子，动机不良。说来说去，还是君子之交淡如水为好。

**小阅读**

杰克是一家大汽车公司的雇员，由于工作勤奋努力，成绩斐然，在短短的几年间步步高升，事业可以说是一帆风顺。而有几位跟他一同起步的同事，限于能力和机会，至今却仍保持着多年前的状态。因此在大家相处之时，杰克总觉得不太自然，甚至还有些战战兢兢的。起初他为了避免老同事们指责他过于高傲，惹个"一朝得志便不可一世"的批评，频频地请这几位老同事吃饭，而且说话也比过去更加小心、客气了，饭菜档次更是极显尊重。不料同事们不仅没领他的情，反倒认为他简直得意忘形、太"招摇"了，甚至越发不平衡起来，认为杰克原本就是个"草包"，原来就是凭着这些"卑劣"手段爬上去的。杰克最终落了个"赔了夫人又折兵"，气得几乎吐血。痛定思痛之后，杰克决定卸掉包袱，轻装上阵，仅以平常心淡然面对平常事，一切竟然又应付自如了。

公事上，杰克谨记"大公无私"的原则，若是自己的直辖下属，就采取冷静的态度，奖罚分明，说一不二，绝不再抱有"大家都共事这么多年了，算了吧"的想法。只要态度诚恳，就不怕对方误解生气。私底下，仍然与他们保持一定距离，投契的就当做朋友一般看待，不能合拍的也不再刻意去改善了。若不属于自己的直接下属，公事上很少相交，就简单好办多了，平日见面，大可"友善"一番，"友善"之后也绝不会再额外"加温"。

杰克的经验告诉我们，只有和同事们保持合适的距离，才能成为一个真正受同事欢迎的人。

（资料来源：http://wenku.baidu.com/view/0f6eee2e915f804d2b16c1b6.html。）

不论职位高低，每个人都有自己的工作范围和责任。所以在权力上，聪明的人都不喧宾夺主，但也永远不会说"这不是我分内事"之类的话，因为过分泾渭分明只会搞坏同事间的关系，而过分泾渭不分，也不利于同事圈这一特定范围。

孟子说过："人有不为也，而后可以有为。"

同事间，说人长短、制造是非之举理当不为。比较小气和好奇心重的人，聚在一起就难免说东家长、西家短。虽说偶尔加入他们一伙，胡乱批评或调笑一些单位以外的人的轶闻趣事，倒也无伤大雅，但是对同事的弱点或私事，保

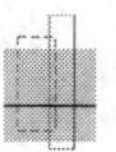


持缄默才是最明智的做法。公私分明是重要的,不搞小圈子同样是“过来人”的经验。众多同事中,自然难免会有一两个特别投缘,私下里成了好友无可厚非,但是无论自己的职位比这位同事兼好友的人高还是低,都不能因为两人关系好,就做出偏袒的模样。一个公私不分的人永远做不了大事,何况任何领导都讨厌这类人,认为不值得信赖。

同事间,一方有困难,另一方负有道义上不容推却的责任。但是却并非任何时候都应出手相援,而是同样要“有所不为”,这就要看这种帮助属于何种性质。我们知道,同事是就某一个小团体中某些人相互之间的关系而言的。但是对于这些人而言,他们不仅生活在同事之间的小环境中,而且,他们在整个社会生活中具有更为广泛的社会联系,因此,如果不能正确地协调这两个关系,那么,结果就会不那么令人满意。

为什么这么说呢?因为一个生活在社会之中的人,不仅有着同事间的相互关系,还受到社会中舆论、道德、法律等的约束。所以,当同事遇到困难和问题时,不能仅仅从自己是他的同事这个角度来看待问题,一味地盲目相助,重要的是应当看到这种帮助的结果。如果这个问题与社会中其他关系发生了抵触,那么帮助的角度就应当注意到与社会之间关系的平衡。不分是非、没有分寸的简单帮忙是不可取的。

“为同事义不容辞”,说起来虽然令人佩服,但如果在任何时候都像别人的应声虫一样,丝毫没有自己的见解,一味附和别人的意见,那又怎么能叫帮忙呢?何况更多的情况下是“义不容情,法不容情”,“有所不为”才是真君子。

现如今,越来越多的人信奉:同事之交,乃君子之交也。君子之交,理当有所为,有所不为。所谓“君子之交淡如水”恐怕就是提倡一种同事间的适距原则:“太近则昵,太远则疏。”过于亲昵则遭忌,忌则谤生;过于疏远则遭议,议论多则是非生。

2. 高调做事,低调做人

日常工作中不难发现这样的同事:其人虽然思路敏捷、口若悬河,但一说话就令人感到狂妄,因此别人很难接受他的观点和建议。这种人多数都是因为太爱表现自己,总想让别人知道自己很有能力,处处想显示自己的优越感,从而能获得他人的敬佩和认可,结果却往往适得其反,失掉了在同事中的威信。

在心理交往的世界里,人与人之间理应是平等和互惠的,正所谓“投之以桃,报之以李”。那些谦让而豁达的人总能赢得更多的朋友,天天门庭若市,日日高朋满座。相反,那些妄自尊大、高看自己、小看别人的人总会引得别人的反感，最终在交往中使自己走到孤立无援的地步，别人都敬而远之，甚至厌而远之。

在交往中，任何人都希望能得到别人的肯定性评价，都在不自觉地强烈维护着自己的形象和尊严，如果他的谈话对手过分地显示出高人一等的优越感，那么无形之中就是对他自尊和自信的一种挑战与轻视，排斥心理乃至敌意也就不自觉地产生了。

法国哲学家罗西法古说："如果你要得到仇人，就表现得比你的朋友优越吧；如果你要得到朋友，就要让你的朋友表现得比你优越。"这句话真是没错。因为当我们的朋友表现得比我们优越时，他们就有了一种重要人物的感觉，但是一旦我们表现得比他们还优越，他们就会产生一种自卑感，造成羡慕和嫉妒。

**小阅读**

我的一个好朋友是某地区人事局调配科一位相当得人缘儿的骨干。按说搞人事调配工作是很难不得罪人的，可他却是个例外。当然，这也是吃了一番苦头才获得的。在他刚到人事局的那段日子里，几乎在同事中连一个朋友都没有。因为他正春风得意，对自己的机遇和才能满意得不得了，因此每天都使劲吹嘘他在工作中的成绩，每天有多少人找他请求帮忙，哪个几乎记不清名字的人昨天又硬是给他送了礼，等等。但同事们听了之后不仅没有人分享他的"成就"，而且还极不高兴，后来还是由当了多年领导的老父亲一语点破，他才意识到自己的症结到底在哪里。从此开始很少谈自己而多听同事说话，因为他们也有很多事情要吹嘘，把他们的成就说出来，远比听别人吹嘘更令他们兴奋。后来，每当他有时间与同事闲聊的时候，他总是先请对方滔滔不绝地把自己的欢乐炫耀出来，与其分享，而只是在对方问他的时候，才谦虚地说一下自己的成就。

（资料来源：http://www.jiangshi.org/article/21099.html。）

德国有这样一句谚语："最纯粹的快乐，是我们从别人的麻烦中所得到的快乐。"这话虽然听起来似乎有些残酷，但仔细琢磨一下竟也不无道理。是的，很多人，甚至包括我们自己在内，从别人的麻烦中得到的快乐，极可能比从自己的胜利中得到的快乐大得多。也许这正是人性本身的劣根性，然而却是难以克服的劣根性。

因此，我们对自己的成就要轻描淡写，我们必须学会谦虚，只有这样，我们才能永远受到欢迎。要知道，从本质上讲，谁都不比谁更优越，百年之后，今天的一切也许就被忘得一干二净了。生命如白驹过隙，不要在别人面前大谈我们的成就和不凡。对此卡耐基曾有过一番相当精彩的论述："你有什么可以炫耀的呢？你知道是什么东西使你没有变成白痴吗？其实不是什么大不了的东西，只不过是你甲状腺中的碘罢了，价值才五分钱。如果医生割开你颈部的甲状腺，取出一点点的碘，你就变成一个白痴了。五分钱就可以在街角药房中买到的一点点的碘，是使你没有住在精神病医院的东西。价值五分钱的东西有什么好谈的？"

3. 闲谈莫论人非

在人际交往中，自己待人的态度往往决定了别人对自己的态度，因此，你若想获得他人的好感和尊重，必须首先尊重他人。

研究表明，每个人都有强烈的友爱和受尊敬的欲望。由此可知，爱面子的确是人们的一大共性。在工作上，如果你不小心，很可能在不经意间说出令同事尴尬的话，表面上他也许只是脸面上有些过意不去，但其心里可能已受到严重的挫伤，以后，对方也许就会因感到自尊受到了伤害而拒绝与你交往。

因此，与平级同事沟通的时候，一定要紧睁眼睛慢张嘴。千万不要在不适宜的场合随便议论同级分管的工作。只有这样，才能在同级之间形成相互信任、互相友好的和谐气氛。有的同事的生活方式和思想观念都比较前卫，许多私事不喜欢让人知道，哪怕是最要好的朋友。他们比其他的群体更注意捍卫自己的隐私权，所以你可别轻易侵入对方的这个"领地"，除非对方自己主动向你说起。在他们看来，过分关心别人的隐私是没有修养的低素质行为。这就意味着你与这类同事在一起时，得掌握交友的尺度。工作或是信息上的交流、生活上的互助，或是一起游玩都是让双方感到高兴的事，但是别介入他们的隐私，不然对方会把你看做无聊之辈，轻视你。

记得有一副对联，上联：闲谈莫论人非；下联：静坐常思己过。在和同事沟通相处的过程中，这是一条准则。俗话说："病从口入，祸从口出。"因此，在工作时间，尽量多做事少说话。这样做既可以让自己多积累工作经验，又可以让繁忙的工作填充多余的时间，避免无聊时闲谈别人的是非。即使在工作之余，亦不要对同事评头论足，但谁是谁非，心中也要明了。同事之间相处久了难免磕磕碰碰，诸如此类的鸡毛蒜皮的小事也不要去计较。即使有时遇到同事的造谣、诬蔑、陷害，也要把这种不愉快当成蛛丝一样轻轻地抹去。你要坚信，身正不怕影子歪，事情终归有水落石出之日。对于那些曾经伤害过你的同事，只要风波已过，绝不要再耿耿于怀，因为“金无足赤，人无完人”。得饶人处且饶人是最明智的抉择。更何况扪心自问，自己有没有过错呢？多一点反省，予人快乐，予己方便。

4. 敢于承担

人无完人，没有人会不犯错误，有时甚至还一错再错。既然错误是不可避免的，那么可怕的就不是错误本身，而是知错不肯改，错了也说不悔过。

其实如果能坦诚面对自己的弱点和错误，再拿出足够的勇气去承认它、面对它，不仅能弥补错误所带来的不良后果，在今后的工作中更加谨慎端正，而且能加深领导和同事对你的良好印象，从而很痛快地原谅你的错误。

**小阅读**

某公司财务处小李一时粗心，错误地给一位请病假的员工发了全薪。在他发现这项错误之后，首先想到的是最好想办法蒙混过去，千万别让老板知道，否则肯定会对他的办事能力有所怀疑。于是他匆匆找到那位员工，说必须纠正这项错误，求他悄悄退回多发的薪金，但遭到断然拒绝，理由是：“公司给发多少就领多少，是你们愿意给，又不是我要的，白给谁不要？”小李很气愤，他明白这位员工是故意拿他一把，因为他肯定不敢公开声张，否则老板必然知道，真是乘人之危。气愤之余的小李平静地对那位员工说：“那好，既然这样，我只能请老板帮忙了。我知道这样做一定会使老板大为不满，但这一切混乱都是我的错，我必须在老板面前承认。”就在那位员工还站在那里发呆的时候，小李已大步走进了老板的办公室，告诉他自己犯了一个错误，然后把前因后果都告诉了他，并请他原谅和处罚。老板听后大发脾气地说这应该是人事部门的错误，但小李重复地说这是他自己的错误，老板于是又大声地指责会计部门的疏忽，小李又解释说不怪他们，实在是他自己的错，但老板又责怪起与小李同办公室的另外两个同事起来，可小李还是固执地一再说是他自己的错，并请求处罚。最后老板看着他说：“好吧，这是你的错，可×××(那位错领全薪的员工)那小子也太差劲了！”这个错误于是很轻易地被纠正了，并没给任何人带来麻烦。自那以后，老板更加看重小李了，因为他能够知错认错，并且有勇气不寻找借口推脱责任。

(资料来源：http://book.17173.com/chapter/266966_6060365.html。)

事实上，一个人有勇气承认自己的错误，也可以获得某种程度的满足感。这不仅可以消除罪恶感和自我保护的气氛，而且有助于解决这项错误所制造的问题。卡耐基告诉我们，即使是傻瓜也会为自己的错误辩护，但能承认自己错误的人会获得他人的尊重，而且有一种高贵怡然的感觉。

喜欢听赞美——哪怕明知是虚伪的赞美——是每个人的天性。忠言逆耳，当有人尤其是和自己平起平坐的同事对着自己狠狠数落一番时，不管那些批评如何正确，大多数人都会感到不舒服，有些人更会拂袖而去，连表面的礼貌功夫也不会做，实在令提意见的同事尴尬万分。下一次就算你犯更大的错误，相信也没有人敢劝告你了，这岂不是你最大的损失？

如果你总是害怕向别人承认自己曾经犯错，那么，请接受以下建议：

(1) 即便错了，也不要自责太深，更无须自怨自艾，轻看自己。你应当把这次犯错当做一种新经验，从中吸取教训、获得智慧，吃一堑、长一智。

(2) 假若你的错必须向别人交代，与其替自己找借口逃避责难，不如勇于认错，在别人没有机会把你的错到处宣扬之前，对自己的行为负起一切责任。

(3) 如果你在工作上出错，要立即向领导汇报自己的失误，这样当然有可能会被大骂一顿，可是上司的心中却会认为你是一个诚实的人，将来或许对你更加倚重。你所得到的可能比你失去的还多。

(4) 如果你所犯的错误可能会影响到其他同事的工作成绩或进度，无论同事是否已经发现这些不利影响，都要赶在同事找你“兴师问罪”之前主动向他道歉、解释，千万不要企图自我辩护、推卸责任，否则只会火上浇油，令对方更感愤怒。

如果你总是觉得听到人家指出自己的错误是一种耻辱，令你面红耳赤、无地自容，以下建议或能帮你克服这种心理障碍，慢慢懂得从批评中吸取教训：

(1) 要明白，别人对你的批评并无损你的价值，无须一概以敌视的态度对待意见与你相左的人。

(2) 如果别人对你的工作表现颇有微词，你要知道人家是针对事情提出的意见，而不是故意与你做对，或者瞧不起你。

(3) 切勿把“我的工作不被接受”理解为“我不被接受”。

每个人都会犯错误，尤其是当你精神不足、工作过重、承受太沉重的生活压力时，偶尔不小心犯错是很普通的事情。人们在犯错后能以正确的态度面对它，错而能改，犯错便不算什么罪大难饶的事情，反而对于你日后的工作、升迁大有裨益。

5. 赞美是惠人悦己的“开心果”

一百多年前，在美国，由于“渴望被重视”、“渴望获得赞美”，一个未受过任何高等教育、极度贫困的杂货店员，争分夺秒地研究他花费五角钱买来的法律书，后来在经过近20年、共计17次惨痛失败后，他终于成为一名律师乃至总统，他的名字就是亚伯拉罕·林肯。后来他解释说：“那是因为人人都喜欢赞扬。”当然这种人类的本性并不是他第一个发现的，所有在办公室里、公司里、商店里、工厂里工作的人都会无一例外地遭遇过，在一番刻意地自我表现之后却不见丝毫赞扬时的沮丧。因而工作中，我们应该永远不要忘记，我们的同事都是人，也都像我们自己一样渴望别人的欣赏和赞扬。欣赏和赞扬是所有人都欢迎的东西。

但是值得注意的一点就是我们的赞扬必须真实可信，如果一个人的赞扬明摆着不是出自真心，那就无异于是对他人的侮辱。一位叫做弗顿·谢恩的大主教曾经说过：“赞扬就像薄薄的腊肠片，清爽可口，恰到好处，而阿谀则又肥又厚，令人无法接受。”这正是赞美和恭维之间最明显的区别：一个是真诚的，另一个是不真诚的；一个出自内心，另一个出自牙缝；一个为天下人所喜欢，另一个为天下人所不齿。

工作生涯中学会真诚、善意地赞美同事，当然是必修的专业课，而学会分清赞美与恭维的不同也极其重要。在墨西哥城的查普特培克宫，有一座深受墨西哥人崇拜的著名将军奥布里负的半身像，像下刻着这位将军的哲学智慧之语：“别担心攻击你的那些敌人，要担心恭维你的那些朋友。”因为恭维只是廉价的赞美，如果仅凭恭维就能够达到目的，大家就会争相恭维起来，那么我们岂不都成了为人处世的专家？

有人是这样给恭维下定义的：“恭维，是对另一个人说出正好是他对自己的想法。”的确，当我们没有思考一些确定的问题时，通常会把我们时间的95%用来想着我们自己。现在，如果我们停止不想自己一会儿，开始想想别人的好处，我们就不会诉诸那些廉价的、还没有说出来就知道是虚情假意的恭维了。

虽然我们没有汽车、金钱、地位给别人，但是我们却能够给别人我们所能给的东西，这就是“给予别人真诚的赞美。”赞美是促人向上的催化剂，它能使人朝气蓬勃，它是挖掘人们内在善、美之心的最好铁锹。所以，对重视、鼓舞的渴望影响着人们的心灵；懂得满足人类这种渴望的人，就能够和别人友好相处。

一位著名的企业家说过：“促使人们自身能力发展到极限的最好办法，就是赞赏和鼓励……我喜欢的就是真诚、慷慨地赞美别人。”如果我们真心诚意地想搞好与同事们的关系，就不要光想着自己的成就、功劳，别人是不理会这些的；而是需要去发现别人的优点、长处、成绩，然后不是虚情假意地逢迎，而是真诚地、慷慨地去赞美。

从明天起，如果你发现中午的工作餐有一道好菜时，不要忘记说这道菜做得不错，并且把这句话传给大师傅；如果你发现一位同事的项目搞得很利索，不要忘记赞美他雷厉风行的工作态度。虽然这些话语并不能令他们得到加薪或提拔的好运，但至少，你是诚心诚意地向他们奉上了一颗“开心果”。

**小阅读**

一位漂亮又颇有些才气的女孩子大学毕业后被分配到了家乡一个很不错的单位任党委秘书，小小年纪便担当重任，整日出入单位各重要领导的办公室，参加大小“实质性”会议，因此掌握了不少“内幕消息”，竟颇得许多年长同事的恭维与羡慕，加之工作环境大异于校园环境，遂浮华了许多，逢人总能不露声色又虚情假意地“赞美”一番，以博他人开心，换个“好人缘儿”。某日，她在楼梯上遇到了单位电话员小潘。小潘是个不幸的女人，天生的小儿麻痹不仅使她身材瘦弱，还夺去了她一条健康的腿，30岁时才被父母廉价“托付”给一个去外地打工的农民，从此不仅倍受其轻视，还常常被强行榨走钱财。出于同情，她与小潘搭话(平日单位里很少有人主动同她交谈)，夸奖她的衣服漂亮，称赞她穿的裤子显得个子高，几句原本是应酬敷衍的虚伪之词，竟让小潘激动得满脸红晕、眼放异彩，先是摇头，接着是笑，然后便是热泪横流。从那以后，小潘竟然真的漂亮起来，原来乱草般的头发修剪成了整齐的短发，还烫了小花儿，平日苍白干燥的唇上也被细心地涂上了唇膏，穿的衣服也再不像以前那样俗气邋遢了，而且每次有了“新举措”之后，总要跑到她那里展示一番，她也总是认真地赞美一番，只是再也不像第一次那样虚情假意、言不由衷了。

(资料来源：http://community.chinahrd.net/forum.php?mod = viewthread&tid = 348708。)

也许有些人会批评这个女孩说：“这是种拍马屁的方法，没有用——对有知识的人是不会产生效果的。”

当然,拍马屁是骗不了明白人的,那是肤浅、自私、虚伪的,它应该失败,而且真的是常常失败。有些人对别人的赞赏是非常饥渴的,任何赞美之词都可以接受,哪怕明知是假意恭维。但我们不得不承认的是,许多人正是凭着这种善意的恭维而获得了希望和自信,重新鼓起了生活的勇气,乃至改变了自己的一生。因此,在我们每天所到的地方,不妨多说几句感谢的话,留下一些友善的小火花。你将像前面我们提到的那个女孩子一样,无法想象这些小火花将如何点燃友谊的火焰,而无论日后你走到哪里,这友善、温情的火焰都会照亮你的心灵。

6. 学会宽容

宽容是甘露,是美德,它能化干戈为玉帛。如果同事之间多一些宽容和理解,同事关系也就不会那么难处了。

**小阅读:宽容是美德**

青年员工小乔由于在调科室时只给主任送了礼而没有踏副主任的家门半步,所以从他上班那天起,就感到副主任不仅对他冷漠得吓人,有时甚至跟他说话也总是不理不睬,而且常常在工作中有意为难他。

小乔实在忍无可忍,干脆径直去问那位副主任:"我做得究竟有什么不对的呢?"副主任答曰:"没有什么不妥。"到了这个地步,小乔无语了。

不久小乔经过一番活动,又准备到另一个单位高就,临行前想到在那位副主任手下忍气吞声的这一年多,着实不愤,于是决定也要做回"小人",竟把平日副主任的一些"不法行为"通通向局长报告了一番,然后痛快之极地离去了。不料世界真是很小,新单位的科长竟与过去的那位副主任是莫逆之交,在新科长的印象里,小乔始终是个见风使舵、卑鄙阴险的"小人",对他时时提防、处处小心,令小乔真是有苦难言、悔不当初。

(资料来源:http://mall. cnki. net/magazine/Article/GZHS200803050. htm。)

办公室的战场上也有高深的学问,为一时的小恩小怨斤斤计较、难以释怀必将因小失大、得不偿失。而在这时如果能够让人一步,收收怒心,也许就是另一番境况了,不仅能获得他人的尊重和敬佩,更有可能为日后大事的成就做好铺垫。

7. 帮人即帮己

日常的工作生活中，同事之间免不了互相帮帮忙。平常我们总说“助人为乐”，但是在办公室这个没有硝烟的战场上，怎样助人为乐才能真正既帮了别人的忙又帮了自己的忙呢？

如果一个同事请你提意见，你如何是好呢？诸如“你认为我的工作态度不对吗”“是不是我不该以那种方式处理同老安的矛盾”这些问题当然都不易处理，却也给了你一个帮助对方进步和表现气度的机会。最愚蠢的回答就是直接答“是”或“不是”。你的回答应有一些建设性，也就是说你应该提一个可行的办法，且不会被误认为是批评。因为要是你的答案不能令对方畅快，他肯定不会接受你的建议，甚至认为你是在敷衍他，白白辜负了他对你的信任。正确的做法是，告诉你的同事，如果换做是你，你会怎样处理这件事，为什么这样处理。例如他因为未能准时预备开会用的文件遭到领导责备，就应婉转地开解他：“大家谁都知道李主任那人认真得很，所以我替他做事永远都是以最快的时间去完成，并且认真得很，使他知道我的确已经尽力去符合他的要求了。”千万不要跟着附和指责对方或其他领导的错处！“李主任真是过分，你也只能听他的摆布了。”这样无异于火上浇油，对同事、对他的领导甚至你自己肯定都没好处，那又何苦为之呢？

当然，要表示你的关切，这跟其他人际关系一样，必须是诚挚的。这不仅使得付出关切的人有收获，接收这种关切的人也是一样。关切是条双向道，当事人双方都会受益。努力学会为别人效力，做那些不惜花时间、精力和诚心诚意为别人设想的事情，这样才能获得真正的帮助。中国有句古话：“有心栽花花不发，无心插柳柳成荫。”往往有时候一些原本并没有图回报的帮助，能带给你意想不到的惊喜和幸运。

**小阅读：帮人终帮己**

查尔斯是纽约一家大银行的秘书，奉命写一篇有关欲吞并另一小银行的可行性报告，但事关机密，他知道只有一个人可以帮助他，拥有他非常需要的那些资料——那人曾在那家银行效力了十几年，不久前他们变成了同事。于是查尔斯找到了这位同事，请他帮忙。当他走进这位叫威廉·华特尔的同事的办公室时,华特尔正在接电话,并且很为难地说:"亲爱的,这些天实在没什么好邮票带给你了。"

"我在为我那12岁的儿子搜集邮票。"华特尔解释道。

查尔斯说明了他的来意,开始提出问题。但也许是华特尔对他过去的组织感情颇深吧,竟很不愿意合作,因此说话含糊、概括、模棱两可。他不想把心里的话说出来,无论怎样好言相劝都没有效果。这次见面的时间很短,没有达到实际目的。

起初查尔斯很是着急,不知该怎么办才好。情急之中突然想起华特尔为他儿子搜集邮票的事情,并也想起他的一个朋友在航空公司工作,一度喜欢搜集世界各地的邮票……

第二天一早,查尔斯带了一些以一顿法式大餐为代价换来的精美邮票,坐到了华特尔的办公桌前——他满脸带着笑意,客气得很。"我的乔治将会喜欢这些。"他不停地说,一面抚弄着那些邮票。"瞧这张,这是一张无价之宝。"

于是他们花了一个小时谈论邮票,瞧他儿子的照片,然后他又花了一个多小时,把查尔斯所想要知道的资料都说了出来——查尔斯甚至都没有提议他那么做,他就把他所知道的全都说了出来,而且还当即打电话给他以前的一些同事,把一些事实、数字、报告和信件中的相关内容全部告诉了查尔斯。"帮人最终帮自己",这成了查尔斯后来一直信奉不疑的真理。

(资料来源:http://book.sina.com.cn/longbook/1098843658_manualofstaff/110.shtml。)

8. 换位思考

作为同事,你没有理由苛求人家为自己尽忠效力。在发生误解和争执的时候,一定要换个角度,站在对方的立场上为别人想想,理解一下别人的处境,千万别情绪化,甚至把别人的隐私出来。一个人要多换位思考,从别人的角度去想,替别人排时间,替别人去做预算,这才叫做真正解决问题。任何背后议论和指桑骂槐的人,最终都会在贬低对方的过程中破坏自己的大度形象,从而受到旁人的抵触。

**小阅读：空中断桥后的感受**

**空中断桥游戏**：在离地8米高的空中，架设了A、B两块木板，木板间距1.2米至1.9米，要求游戏者从A木板跨越至B木板。

李小姐从8米高的“空中断桥”上走下来后对记者说：“在地上时，看见别的同事站在空中的桥上半天不敢跨过去，心里很不以为然。不就是1.3米的跨度吗？竟然还需要下面的人不断喊口号、不断给他掌声鼓励才能跨过去。但只有自己亲身走过之后才知道，在空中的感觉和在地面是完全不一样的。在地面的人很难理解在空中跨出那1.3米要有多大的勇气。”

工作中同事间的相处也是这样。我们都很善于对别人的工作评头论足；对他人的成绩不以为然，而对其过错却非常苛刻。“那是一个弱智的错误”是挂在很多人口头的话。这种方式既不利于工作，也不利于团结，而且如果每个同事都持这种思维方式的话，工作环境就会变得很压抑。

对此，李小姐体会颇深。她曾因同事和上级让她感到委屈而离开，她曾服务过的这家企业的业绩也一直在下滑。“这件事使我对同事多了戒备心理，也对别人更挑剔了。走过‘空中断桥’后，我就想，如果当时我们同事间、老板与员工间都懂得站在对方的位置去判断是非，都懂得互相体谅、宽容，那么，结果可能就不是这样。”

（资料来源：http://www.people.com.cn/GB/shenghuo/78/115/20030409/967344.html。）

## 二、不同情景下的沟通技巧

每一个人都有自己独特的生活方式与性格。在公司里，总有些人是不易打交道的，比如傲慢的人、死板的人、自尊心过强的人等。所以，你必须因人而异，采取不同的沟通策略。

1. 应对过于傲慢的同事

与性格高傲、举止无礼、出言不逊的同事打交道难免使人产生不快，但有些时候你必须要和他们接触。这时，你不妨采取这样的措施：

第一，尽量减少与他相处的时间。在和他相处的有限时间里，你尽量充分地表达自己的意见，不给他表现傲慢的机会。

第二，交谈言简意赅。尽量用短句子来清楚地说明你的来意和要求。给对方一个干脆利落的印象，也使他难以施展傲气，即使想摆架子也摆不了。

2. 应对过于死板的同事

与这一类人打交道，你不必在意他的冷面孔，相反，应该热情洋溢，以你的热情来化解他的冷漠，并仔细观察他的言行举止，寻找出他感兴趣的问题和比较关心的事进行交流。

与这种人打交道你一定要有耐心，不要急于求成，只要你和他有了共同的话题，相信他的那种死板会荡然无存，而且会表现出少有的热情。这样一来，就可以建立比较和谐的关系了。

3. 应对好胜的同事

有些同事狂妄自大，喜欢炫耀，总是不失时机地自我表现，力求显示出高人一等的样子，在各个方面都好占上风，对于这种人，许多人虽是看不惯的，但为了不伤和气，总是时时处处地谦让着他。

可是在有些情况下，你的迁就忍让，他却会当做是一种软弱，反而更不尊重你，或者瞧不起你。对这种人，你要在适当时机挫其锐气，使他知道，山外有山，人外有人，不要不知道天高地厚。

4. 应对城府较深的同事

这种人对事物不缺乏见解，但是不到万不得已或者水到渠成的时候，他绝不轻易表达自己的意见。这种人在和别人交往时，一般都工于心计，总是把真面目隐藏起来，希望更多地了解对方，从而能在交往中处于主动地位，周旋在各种矛盾中而立于不败之地。

和这种人打交道，你一定要有所防范，不要让他完全掌握你的全部秘密和底细，更不要为他所利用，从而陷入他的圈套之中而不能自拔。

5. 应对口蜜腹剑的同事

口蜜腹剑的人，“明是一盆火，暗是一把刀”。碰到这样的同事，最好的应对方式是敬而远之，能避就避、能躲就躲。

如果在办公室里这种人打算亲近你，你应该找一个理由避开，尽量不要和他一起做事，实在分不开，不妨每天记下工作日记，为日后应对做好准备。

6. 应对急性子的同事

遇上性情急躁的同事，你的头脑一定要保持冷静，对他的莽撞，你完全可以采用宽容的态度，一笑置之，尽量避免争吵。

7. 应对刻薄的同事

刻薄的人在与人发生争执时好揭人短，且不留余地和情面。他们惯常冷言冷语、挖人隐私，常以取笑别人为乐，行为离谱，不讲道德，无理搅三分，有理不让人。他们会让得罪自己的人在众人面前丢尽面子，在同事中抬不起头。

碰到这样的同事，你要与他拉开距离，尽量不去招惹他。吃一点儿小亏、听到一两句闲话，也应装做没听见，不恼不怒，与他保持相应的距离。

**小阅读：与同事沟通要注意的禁区**

**1. 不要乱传话**

传话，就是在同事面前说你听到的关于不利于他的话。只要是人多的地方就会有闲言碎语。有时，你可能不小心成为“传话”的人；有时，你也可以是别人“攻击”的对象。传的话都是是非，比如领导喜欢谁，谁最吃得开，谁又有绯闻等，就像噪声一样，影响人的工作情绪。聪明的你要懂得，该说的就勇敢地说，不该说绝对不要乱说一通，祸从口出，就是因为传话传出的毛病。

**2. 不要讲隐私**

有许多爱说话、性子直的人，喜欢向同事倾诉苦水。尽管这样的交谈富有人情味，能使你们之间变得友善，但研究调查指出，只有不到1%的人能够严守秘密。所以当你的个人危机和失恋、婚外情等发生时，最好不要到处诉苦，不要把同事的“友善”和“友谊”混为一谈，以免成为问题之源。

**3. 不要辩论**

有些人比较喜欢争论，必须胜过别人才肯罢休。假如你实在爱好并擅长辩论，那么建议你最好把此项才华留在办公室外去发挥。否则，即使你口头上胜过对方，但是你损害了对方的尊严，对方可能从此记恨在心，说不定有一天他就会用某种方式报复。

**4. 不要炫耀**

有些人喜欢与人共享快乐，但涉及你工作上的信息，比如，即将争取到一位重要的客户，老板暗地里给你发了奖金等，最好不要拿出来向别人炫耀。不应与别人讨论工资，若你的收入比其他人高，你会成为他们的头号敌人;若你发觉自己的收入比别人低,你会感到不满。有的人打探别人时喜欢先亮出自己,比如先说,“我这个月工资……奖金……你呢?”如果他比你钱多,他会假装同情,心里暗自得意;如果他没有你多,他就会心理不平衡,表面上可能是一脸羡慕,私底下往往不服,这时候你就该小心了,背后做小动作的人通常是你开始时不设防的人。

**5. 不要说坏话**

每个人都有问题,都有局限。千万不能在人前人后议论别人的是非,比如身体的局限、财富的局限、婚姻的局限、为人处世的局限,等等,一旦这些话反馈回来,你就失去了同事的尊重,也会失去友谊,严重的还会导致纠纷和事故。

**6. 不要抢风头**

为什么同事之间关系搞不好,就是因为很多人喜欢抢风头,以为自己最重要、自己比别人重要,因此就有了分别心,有了分别心矛盾就有了。因此,同事之间一定要以对方为核心,只有大家都是核心,才能形成共赢局面。

另外,在和同事说话时,还要避免不经意的暗示语言,不该说的话千万不要说,例如:

(1) 在所有大学同学中,我找的工作最好。

(2) 在这里工作真是悲哀!

(3) 这是我的个性,雷都打不动!

(4) 我们的“头儿”说应该这么做,才……

(5) 如果我到了你们那个年龄……你们在我这么大的时候……

(6) 这么多年,你们是怎么忍过来的?

(7) 真后悔,当初怎么会选了这里!

(8) 我的工作没有完成,其实有很多原因,第一,……

(9) 这些东西我在学校里全学过了。

(10) 我的工作环境很恶劣,大家素质高点就好了!

病从口入,祸从口出,许多无意中说出来的话可能成为同事的关注点。现代社会人员流动性非常大,而你所接触的是一批又一批的新同事,所谓“铁打的营盘,流水的兵”,你要想在同一个集体中、某一个阶段内相对稳定地做事,相互了解、相互理解,从而相互尊重、相互信任是必不可少的，因而，通过各种方法与其他同事进行巧妙的交流、沟通，增进感情，消除彼此之间的生疏与隔阂，才有助于你的事业发展，才能使你在众多同事面前脱颖而出。

（资料来源：http://a. xhsmb. com/html/2010-09/24/content_11811. htm。）

**互动话题**

阿健是杰克在公司里关系比较好的同事之一，以前他们在业余时间常常一起去打球、游玩，杰克很喜欢阿健的洒脱和率真。所以，一个月前当阿健一脸兴奋地谈到他交往了一个女孩子的时候，杰克毫不犹豫就答应了帮他干点活，给阿健更多的时间去"谈朋友"。

于是，几乎每天快下班的时候，杰克都会接到阿健的电话，请他帮忙，比如，写个新方案给客户，因为客户已经催了他好几次了，而他实在没时间。

一个月下来，杰克发现自己越来越不快乐，他发现自己已经厌倦了总是替阿健做事，可是怎么拒绝阿健呢？他觉得很难说出口，作为好朋友是该相互帮助的，拒绝会不会让他失去这个朋友呢？杰克心里非常矛盾。

（资料来源：http://www. execunet. cn/newsinfo. asp?id = 53780。）

**思考·讨论·分析**

如果你是杰克，你会如何与提出不合理要求的同事阿健沟通呢？

## 第三节　顺"理"成"章"——如何与下属沟通

### ◆ 引例

#### 鸭子只有一条腿

有个很有名的厨师，他的拿手好菜是烤鸭，深受顾客喜爱。可是他的老板从来不给厨师任何鼓励，这使得厨师整天闷闷不乐。

有一次，老板有贵客来访，在家设宴招待贵宾，招呼厨师露一手。酒席上，当老板夹了一条鸭腿给客人时，却找不到另一条腿，他便问厨师："另一条鸭腿哪里去了？"

厨师说："老板，我们家里养的鸭子都只有一条腿！"

老板很诧异。饭后，老板就跟着厨师到鸭笼去看个究竟。时值夜晚，鸭子正在睡觉，每只鸭子都只露出了一条腿。

厨师指着鸭子说："老板，你看我们家的鸭子不全是一条腿的吗？"

老板便举手拍掌，吵醒了鸭子，鸭子被惊醒后，都站了起来。

老板说："鸭子不全是两条腿的吗？"

厨师说："对！对！不过，只有鼓掌拍手，鸭子才有两条腿啊！"

（资料来源：http://wenku.baidu.com/view/c19abf02eff9aef8941e06b4.html。）

不管这个故事的真实性如何，目的都是让上司了解，当下属有良好的表现时，不要吝于赞许，口头表扬或物质奖励皆可。下属受到激励更会全力以赴，给你更多的回馈。现实生活中，怎样与下属沟通，才能顺"理"成"章"呢？

## 一、与下属沟通中存在的障碍

1. 对下行沟通不重视，缺乏反馈

由于受中国传统文化和思想的影响，企业界与政府界一样，管理人员平时注重如何与领导沟通，而忽视了与下属的沟通。管理人员为了取得领导的重视与信任，会非常用心地去设计沟通的策略和技巧，但往往忽略了与下属沟通的策略与技巧。在现实情况下，上司往往是采用单向的、由上而下命令式的沟通方式，习惯于发号指令，下级则无条件执行，很少进行反馈。除非工作中出现了问题，或者任务完成后需要领导总结，上级是不会主动地去了解员工的需求以及任务完成情况的。现实生活中，类似"鸭子只有一条腿"的故事时有发生，正是由于上司平时不关注与下属的沟通，也不去关注下属的心理，下行沟通才会阻塞。

2. 上下级之间信息不对称

信息不对称最重要的表现是信息封锁和信息失真。信息封锁主要表现为上司不愿意向下属传递信息，他们会认为"向下级讲这些东西没用，因为下级是不会关心公司的事情的"，或者"信息就是权力，封锁这些信息就等于控制了自己的地位"，或者"客观上不应该把信息传递给下属"等。信息失真主要是由于信息沟通渠道的多层次性，沟通双方立场、价值观、经历和地位等的差异性，造成的下行沟通过程中出现信息理解上的失真。此外，还由于作为沟通途径的信息传输渠道会在某种程度上受到其他因素的干扰，导致信息的失真。这种影响可能来自信息的发送者或传输者，也可能来自沟通媒介和渠道。

3. 具体沟通方式、方法的不恰当

可以从三个层面来看待与下属沟通的方式、方法：

一是向下属传达指令的方式有问题。不少主管经常用直接命令的方式要求员工做好这个、完成那个，也许部门看起来非常有效率，但是，这种直接命令方式剥夺了下属自我支配的权力，压抑了下属的创造性思维和积极负责的心理，同时也让下属失去了参与决策的机会。

二是管理人员对下属的赞扬方式不恰当。具体表现在：管理层往往很吝惜自己的赞扬，不愿意表扬下属，以为表扬了别人就等于失去了什么；平时没有关注下属的优点，或者关注了却没有表达出来；言而无实的表扬，让下属没有感觉到表扬的真诚，笼统地说“你很棒”、“你表现得很不错”，没有结合具体问题，削弱了表扬的力度。

三是没有有效地运用批评的艺术。有些主管从不当面指责下属，因为他们不知道如何处理指责下属后彼此的人际关系，因而造成下属的不当行为一直无法得到纠正。而有些主管指责下属后，不但没有达到改善下属的目的，反而使下属产生更多的不平和不满。事实上，之所以会产生这样的后果，恐怕还在于我们在批评他人的时候缺乏技巧。

## 二、明确自己的管理类型和沟通风格

### 1. 明确自己的管理类型

明确自己的管理类型，可以帮助管理者了解自己认识自己的方式、他人认识自己的方式以及他人对自己行为的反应。

**A型（双盲型）**　既不暴露也不反馈，占据双盲式的位置，自我充满焦虑与敌意。这种类型的管理者往往采取专横独断式的管理方式，在他所领导的群体、团队或组织中，人际交往效率低，缺乏有效的管理沟通，下属缺乏创造性。

**B型（被动型）**　仅仅依靠反馈，缺乏自我暴露，是一种“假面式”的沟通。开始，下属与上司有一定的满意关系，但长此以往，上司不愿打开心扉与下属及同事坦诚交流，下属可能对其产生“信任危机”。

**C型（强制型）**　一味以自我暴露取代反馈，自我至高无上，他人一无是处。与员工沟通时，常常滔滔不绝、言过其实，以巩固自己的地位与威信。由于这种类型的管理者采取强制灌输式的管理方式，下属会对其充满敌意，会时时感到忐忑不安，甚至怨愤。

**D型（平衡型）**　合理使用暴露与反馈，达到最佳沟通状态。这种类型的管理者会自由地适度暴露自己的情感，及时收集他人的反馈，注重自我与他人的互动，采取平衡有效的管理方式。下属会感到心情舒畅，会与上司坦诚交流，管理者的管理效率最高。

2. 沟通风格的差异

在一个群体、团队乃至整个组织中,个性差异和沟通风格的不同,对于团队合作和激励员工努力提升绩效至关重要。

根据人们在工作与生活中的个性特征,管理沟通主要涉及构成行为的两个基本要素,即控制性与敏感性。控制性与敏感性是一个人行为中最重要的两个因素,两者结合在一起,也就确定了人们的沟通风格。其中,控制性反映了个人的行为在他人眼中显示出来的坚强有力与始终如一,而敏感性则反映了个人在他人眼中显示个人情感或关心他人的程度。控制性强、弱和敏感性强、弱的个体具有如图 11-2 所示的沟通特征。

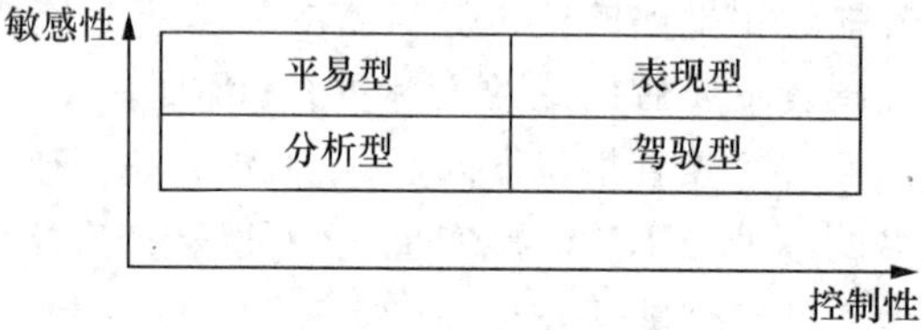

**图 11-2 四种类型的沟通风格**

**驾驭型** 注重实效,具有非常明确的目标与个人愿望,并且不达目标不罢休。

**表现型** 显得外向、热情,生机勃勃,魅力四射,喜好在管理沟通过程中扮演主角。

**平易型** 具有协作精神,支持他人,喜欢与人合作并常常助人为乐。

**分析型** 擅长推理,一丝不苟,具有完美主义倾向,严以律己,对人挑剔,做事按部就班,严谨且循序渐进,对数据与情报的要求特别高。

**【策略】**

当上司遇见下属时,不同风格对应的沟通策略如表 11-2 所示。

**表 11-2 上司与下属的沟通策略**

| 上司 / 下属 | 驾驭型 | 表现型 | 平易型 | 分析型 |
| --- | --- | --- | --- | --- |
| 驾驭型 | 确定沟通目标<br>提供心理空间 | 勿过于情绪化<br>显示出专业性 | 导入商业意识<br>制订严格计划 | 创意简报展示<br>让下属做决策 |
| 表现型 | 需要导入情感<br>放宽时间限制 | 导入规范程序<br>沟通是为绩效 | 提出独特见解<br>公开赞赏成就 | 忌讳过于冷漠<br>认同交友需要 |
| 平易型 | 加强个人关注<br>适度放慢速度 | 适度放慢节奏<br>专注专心关怀 | 需要坚定坚持<br>适时软硬兼施 | 利用数理分析<br>协助实现目标 |
| 分析型 | 详细书面数据<br>研拟决策期限 | 注重事实细节<br>善用权威力量 | 需要适度冷静<br>讲究数据事实 | 设立最后期限<br>勿太追求完美 |

研究表明，没有一种沟通风格在引导人们走向成功的过程中占据主导地位。也就是说，人们无须为自己的沟通风格感到担忧，任何一种沟通风格都可以有助于成功。人们需要做的就是了解每种沟通风格的优劣势，并识别与之沟通的下属的沟通风格，然后扬长避短地与下属沟通。进一步研究发现，沟通风格与人们的个性、价值观、认知水平、文化背景、社会阶层等因素紧密相关，并且在长期的社会生活过程中沉淀为一种习惯性行为。

事实上，每一种沟通风格都有其潜在的动力，若要持续保持并不断开发，需要精心地培育；反之，每一种沟通风格也有其潜在的阻力，若想获得成功，就必须减轻或有效避免这些阻力。实践表明，有效的做法是不轻易改变自己的沟通风格，但在沟通的过程中可以适度地调整自己的沟通风格，向你的沟通对象靠拢。

## 三、了解下属的需求

1. 需求的分类

从人类的行为中我们了解，一位上司唯有掌握下属的真正需求，才能激起下属的工作意愿，那么下属的需求又有哪些呢？

我们主要从对工作环境及工作本身两方面的需求来考虑下属的需求，如表 11-3 所示。

**表 11-3　下属的需求**

| 对工作环境的需求 | 对工作本身的需求 |
| --- | --- |
| • 希望有好的薪资<br>• 希望有职位保障<br>• 希望管理阶层对员工有诚意<br>• 希望能有好的纪律<br>• 希望主管能了解他们的个人问题 | • 希望能与公司共同成长<br>• 希望能做有趣的工作<br>• 希望他们的工作能得到赏识<br>• 希望他们对工作能有成就感 |

对工作环境的需求是指薪资、职位、工作保障、工作场所的光线、摆设、政策、上司的督导、人际关系等事项。对大部分员工而言，对工作环境的需求是较基础的需求，如果得不到满足，很容易士气下降，造成生产力降低，但是单单只满足这些因素，却不足以激励出额外的生产力，因为员工喜欢这个环境，并不意味着就喜欢他的工作。

对工作本身的需求则是指工作带给个人的挑战感、责任感、成就感、成长的喜悦、受赞赏的喜悦，唯有具备这些因素才能激发出员工额外的生产力，这些因素也正是马斯洛需求阶层理论的受尊重及自我实现的需要。

2. 下属最需要的是什么

下属到底最需要什么,每个上司都想知道答案。根据国外的一份研究报告曾提出的数据,似乎上司的看法与员工自己的想法风马牛不相及,见表 11-4。

**表 11-4　下属最需要什么**

| 下属的需求 | 排序 | 排序 |
|---|---|---|
| | 主管的看法 | 下属自己的看法 |
| 希望有好的薪资 | 1 | 5 |
| 希望有职位保障 | 2 | 4 |
| 希望能与公司共同成长 | 3 | 7 |
| 希望能有良好的工作环境 | 4 | 9 |
| 希望能做有兴趣的工作 | 5 | 6 |
| 希望管理阶层对员工有诚意 | 6 | 8 |
| 希望能有好的纪律 | 7 | 10 |
| 希望他们的工作能得到赏识 | 8 | 1 |
| 肴望能了解他们的个人问题 | 9 | 3 |
| 希望能对工作有成就感 | 10 | 2 |

这一份调查报告的结论引起了许多争议,但是我们可以肯定,许多人性共通的特点可以用来激励下属。

下属都喜欢被人公认自己在某些方面比别人优越,而且,下属通常会在这些方面加倍努力,证实自己的优越。每位下属都喜欢主管赞扬其"绩效优异"。虽然有些下属或许对公开的赞扬会感到害羞,但如果下属的工作绩效未获赞扬,他一定会感到失望。下属不仅期望得到别人的赞扬,而且厌恶别人的表功。有关工作上的成长发展以及更佳的绩效等,下属均希望自己是自我命运的主宰;因此,或许下属不希望成长,但下属会厌恶公司当局指派太简易(与自己的能力相比)的工作。下属喜欢回味自己的工作成果,也就是说,下属希望回味自我的成就。

如果一项职责含有正面的鼓励,下属会乐于承担这项职责;相反,如果一项职责只是增加工作范畴,而且会使工作任务更为恶化,下属会厌恶这项职责。就下属的工作动机而言,诸如政策、工作条件、福利甚至金钱等事项对下属的影响均不会持久,而只有足以影响下属每天工作动机的事项,才是最重要的因素。例如,恶劣的条件是下属工作动机的障碍,可是如果恶劣的条件不存在,仍不足以激励下属。主管的赞赏、地位以及成就等,对下属有迅速且强有力的影响,但尚不足以发挥持久的激励作用。责任及工作的本质虽不是强有力的影响因素,但却可持续发挥激励作用。

下属都希望达到主管的期望，如果主管认为下属会失败，下属就会很容易失败；如果主管认为下属会成功，下属很可能会缔造佳绩。

## 四、与下属的沟通策略

1. 根据下属的“能力—意愿”特征选择沟通策略

完成任务的条件叫做能力，愿意投入工作的态度叫做意愿。按照能力和意愿的差异，可以把下属分为高能力低意愿、高能力高意愿、低能力高意愿和低能力低意愿四种类型。与下属沟通过程中，识别好下属的“能力—意愿”特征，采取针对性的沟通策略，有助于提高沟通绩效。

对于高能力高意愿的下属，沟通过程中不要过多指导或干涉，下属会尽自己的努力去解决问题，只要授权给他就可以了。对于高能力低意愿的下属，主要是老下属，可以和他一起规划他的职业生涯，给予充分激励，时刻关注对方的工作积极性，既要关注结果，也要关注过程。对于低能力低意愿的下属，只要告诉他要干什么、不要干什么，告诉他应该每天按时上班、按时下班，告诉他如果没有做好就要扣奖金、扣工资就可以了。对于低能力高意愿的下属，要关注对方工作的过程，采用事先指导、事中询问、事后检查的方式，尽量多给一些指导。

**互动话题**

李三来公司已两年了，上级交代什么工作他就去做，没有什么问题，但只是按部就班地做。职责之外的事情，他总是表现得不那么积极，只是听别人的意见。一天，经理让李三负责一个部件开发项目的前期准备工作，要求他在三天之内与供应商联系，安排下周的会谈。李三联系了几次没有找到供应商，就把这件事放下了。三天之后，经理来问事情的进展情况，才发现李三还未安排好下周的会谈。经理赶忙亲自联系，才没有延误会谈。除此之外，创造性的工作或是超出职责之外的事情他也不想多做，甚至连会做的基础也没有。对李三经理感觉很头疼。

（资料来源：http://www.doc88.com/p-403985375610.html。）

问题

李三属于那种类型的下属？如果你是经理，该怎样与李三进行管理沟通？

2. 主动有效地与下属沟通

之所以上级要主动与下属沟通，是因为组织的上层管理者首先是公司各种政策、信息的发送者，其次组织沟通网络无论怎样建立，管理者都是重要的沟通中枢，对各种下行信息、反馈信息进行着加工处理和再传送。往往在一个组织中，上下级之间的垂直沟通很重要但又比较容易受干扰。因此，管理者从自己管理的组织中获得比较有效的信息，正确地整理和反馈，传达给下属准确的反馈信息，做出有效激励，是上司管理好下属的关键。

特别要强调的是，主动与下属沟通时要注意掌握下属的需求，以达到良好的沟通效果。管理者在主动与下属沟通的过程中，要了解下属的内部需求特征，并通过一定的方式满足这种需求，以达到下属满意、激励下属努力工作的效果。因为沟通本身就是一种激励手段，使下属在沟通过程中就体会到倍受尊重，满足了其社交、受到尊重和自我实现的需求。

3. 运用赞扬与批评的技巧

(1) 赞扬下属作为一种沟通技巧，也不是随意说几句表扬的话就可以奏效的。赞扬下属时有一些技巧及注意点：

**赞扬的态度要真诚** 英国专门研究社会关系的卡斯利博士说过："大多数人选择朋友都是以对方是否出于真诚而决定的。"在赞扬下属时，必须确认你赞扬的人的确有此优点并且要有充分的理由去赞扬他。

**赞扬的内容要具体** 赞扬要依据具体的事实评价，自始至终委婉、诚恳，并针对问题的解决。例如，"你处理这次客户投诉的态度非常好，你的做法正是我们期望员工能做的标准典范"。

**注意赞扬的场合** 在众人面前赞扬下属，对被赞扬的员工而言，当然受到的鼓励是最大的，这是一个赞扬下属的好方式；但如果被赞扬的下属的表现不能得到大家客观的认同，其他下属难免会有不满情绪，因此，公开赞扬最好是能被大家认同及公正评价的事项。

**适当运用间接赞扬的技巧** 所谓间接赞扬就是借第三者的话来赞扬对方，这样比直接赞扬对方的效果往往要好，比如，"前两天我和刘总经理谈起你，他很欣赏你接待客户的方法，你对客户的热心与细致值得大家学习。好好努力，别辜负他对你的期望"。间接赞扬的另一种方式就是在当事人不在场的时候赞扬，这种方式有时比当面赞扬所起的作用更大。一般来说，背后的赞扬都能传达到本人，这除了能起到赞扬的激励作用外，更能让被赞扬者感到你对他的赞扬是诚挚的，因而更能增强赞扬的效果。

(2) 除了赞扬下属要注意技巧外，批评下属也有讲究。高水平的批评，不但有助于转变下属的错误行为，而且能取得良好的人际关系，甚至有时批评会成为最有效的激励。下面是一些批评下属时的技巧与注意点：

**要尊重客观事实** 批评他人一定要客观具体，就事论事，我们批评他人并不是批评对方本人，而是批评他的错误的行为，千万不要把对下属错误行为的批评扩大到对下属本人的批评上。

**批评时不要伤害下属的自尊与自信** 我们在针对不同的人采取不同的批评技巧时要关注一个原则：批评别人但不损对方的面子，不伤对方的自尊。如用这样的批评方式：“我以前也会犯下这种过错……”、“每个人都有低潮的时候，重要的是如何缩短低潮的时间”。

**友好地结束批评** 每次批评都应尽量在友好的气氛中结束。在会见结束时，应该对对方表示鼓励，提出充满感情的希望，比如说“我想你会做得更好”或者“我相信你”，同时报以微笑。

**选择适当的场所** 不要当着众人的面指责，最好选在单独的场合，如独立的办公室、安静的会议室、餐后的休息室或者楼下的咖啡厅。

## 五、与下属的沟通技能：下行面谈计划

一位成功的老板这样说过：“我的下属的确在适应我，但我为了适应他们而做出的努力要多得多。”被称为日本“经营之神”的松下幸之助，在他的管理思想里倾听和沟通占有重要的地位。他经常询问下属：“说说看，你对这件事是怎么考虑的？”他还经常到工厂里去，一方面便于发现问题，另一方面有利于听取工人的意见和建议。韦尔奇也是沟通理论的忠实执行者，为了充分了解下情，他喜欢进行“深潜”。可见，掌握与下属员工沟通的技巧和艺术，对领导者无疑有着举足轻重的意义。

**小阅读**

小罗最近在工作中了解到了一些竞争对手的最新动作，他赶紧向上司汇报，但上司只是平淡地“嗯”了一声，就没有下文了。上司到底是怎么想的？以后再遇到这类信息还要不要汇报？小罗一脸困惑。

管理沟通是一个双向的沟通过程，面谈双方要给予对方一定程度的反馈，使对方感到得到了支持和鼓励，得到了指导和建议。尤其是作为管理者，由于他们在平时极缺时间，即使他们希望能够指导、建议和训练下属，但又总是找不到时间，因此，当有机会与下属进行面谈时，必须要给下属以反馈的机会，提高沟通的效率。为了帮助管理者提升自己与下属沟通的技能，这里提出“下

行面谈计划”,这种计划既能够使管理者的意图得到贯彻(给下属以指导、建议和训练),同时也为下属提供了反馈和发展的机会。

下行面谈计划用于管理者与下属之间定期的、一对一的会面。建立下行面谈计划分两步。第一步为角色协商,阐明管理者对下属的期望、责任、评价标准等。没有这一步,大多数下属会不清楚上司究竟对他们有什么要求,以什么作为评价他们工作业绩的标准。经过角色协商,双方可以克服彼此之间的不确定性。在角色协商过程中,管理者应与下属就现有管理制度中没有的、同时对下属有影响的条款进行协商,而后由管理者与下属签署一个意向和责任的书面报告,作为一个非正式合同。角色协商的目的在于使双方都明白对方对他的要求。因为这个角色协商不是敌对性的,而是互相支持、团队合作性质的,因而双方都能表现出好的沟通意向。

下行面谈计划的第二步,也是最重要的一步,就是管理者与下属之间进行一对一的面谈。这些面谈是定期的、私人性质的,而不仅仅是在发生错误和产生危机时才进行,也不是公开的。这种面谈能给管理者为下属提供指导和建议的机会,帮助下属提高技能、改善工作表现。因而,每次面谈应持续 45 分钟至 1 小时,集中于表 11-5 中所列的 9 点议程。面谈常会提出一些行动条款,这些条款中,有的是由下属完成的,有的是由管理者完成的。双方都为面谈做准备,双方都提出应做讨论的条款。

**表 11-5　下行面谈计划的特征**

- 面谈为定期的、私人性质的
- 面谈的主要目的是帮助个人发展、搞好人际关系、提高组织业绩,因此面谈是问题导向的
- 管理者与下属共同准备会谈议程
- 有充裕的时间进行相互交流
- 建没性沟通用于共同问题的解决,导致工作成就与人际关系不断提高
- 面谈的第一项条款为,对前一次面谈行动条款的执行情况进行检查
- 面谈主要议程包括:

| | |
|---|---|
| ——管理问题与组织问题 | ——组织价值与前景 |
| ——信息共享 | ——关注良性的人际关系问题 |
| ——关注下属发展与提高的障碍 | ——关注管理技能培训 |
| ——关注下属个人需要 | ——对工作表现的反馈 |
| ——私人问题与关注点 | |

- 解决问题同时会受到嘉奖
- 小结本次面谈的行动条款

下行面谈计划不是一种管理者召集的正式会议,而是管理者与下属平等

参与的会谈。对下属来说,这是一个找出问题、报告信息的机会;而对于管理者,则可以利用这些针对性很强的面谈,减少那些突发性的、无针对性的、冗长无效的会议。在以后的每次下行面谈计划实施时,首先要回顾一下上次的行动条款被执行的情况,由此鼓励下属工作绩效的持续提高。表 11-5 总结了下行面谈计划的特征。

这种下行面谈计划不仅能提高面谈的效率,而且能提高个人的责任感,使双方的沟通更加顺畅。事实上,管理者由于减少了突发性的、无计划的会议,反而得到了更多的自由支配时间。在解决问题的同时,也加强了人际关系。

**小阅读**

摩托罗拉公司的沟通系统建立在这样一个基本原则上:自然人或法人一旦购买了公司的股票,他就成为关联者,有权得到包括公司财务报告在内的公司的完整资料,甚至涉及某些商业机密的管理资料。

摩托罗拉公司的管理者注意到不同职位的人需要不同的沟通方式,从而将沟通系统分为三部分:一是每月召开的员工协调例会(上行沟通);二是每年举办的主管汇报会(下行沟通);三是每年举办的员工大会(平行沟通)。

一、员工协调例会和意见箱

30 年前,摩托罗拉公司就开始施行员工协调例会制度。在会议中,管理人员和员工聚集一堂,商讨彼此关心的问题。在公司的总部、各分部、各基层都组织员工协调例会。这看起来有些类似于法院,逐层逐级反映上去,以公司总部的首席代表会议为最高机构,员工协调例会是标准的上行沟通途径。公司内共有几百个这样的组织。如果沟通过程中,有些问题不能在基层协调会上得到解决,则会逐级反映上去,直到有圆满答复。基层协调会上讨论的可以是很具体、很现实的琐碎小事,但如果是有关公司的总政策,那就一定要在首席代表会议上才能拍板决定。为保证员工意见能迅速逐级反映上去,基层员工协调例会应先于高层协调会议召开。

摩托罗拉公司员工协调例会上都讨论些什么呢?下面摘编几条会议纪要。

问:公司规定工作满五年后才能有一个月的带薪休假,能否放宽规定将期限缩短?

答:公司在员工福利待遇方面做了很多工作,诸如团体保险、退休金计划、医疗保险制度等。对于员工休假计划,管理层将继续秉承以往的精神,仔细考虑这一问题,随后呈报上级,如获批准,将马上实行。

问:公司自助食堂菜价偏高,味道太过辛辣,可否加以改进?

答:食堂菜价偏高是由于近期本地菜农罢工、菜源紧张所致,公司总部正加紧联系外地新鲜蔬菜,相信菜价会相应调低。另外,食堂将再招聘一名厨师以丰富品种,满足员工的不同口味。

二、主管汇报会

摩托罗拉公司的下行沟通形式是主管汇报会。它类似于管理层的述职报告会,所不同的是,述职报告面对公司董事会,主管汇报会面对全部员工。

主管汇报会每年举办一次,公司管理层经过一年的工作,把经营的成果和当前的问题整理成报告,对广大员工做个交代,报告公司发展状况、经营业绩、财务分析、员工福利改善、面临的挑战、公司管理等。它由上层传至下层。

在1995年的主管报告会上,当时的董事长罗伯加尔温通报了以下情况:60%的雇员达不到美国七年级的数学水平,所以管理层下令将工资额的1.5%用于培训,这一比例后来上升到4%。投入大量财力,向每个员工每年提供至少40小时的培训时间,并大约在2000年,将培训时间增加四倍。

三、员工大会

摩托罗拉公司的员工大会也是比较有特色的。它是一种平等的沟通方式,是平等阶层之间的沟通,如部门经理与部门经理之间,科员与科员之间,大多是不同部门间地位相当的员工之间。员工大会时间大约为三小时,由总公司委派代表主持会议,各部门均参加,先由主席做报告,然后开始讨论。员工大会不同于员工协调例会,提问一定要有一般性、全局性,有关私人、个人的问题是禁止提出的,对提问一律尽快解答。

下面列举一些纪要,大会内容从中可窥一斑。

问:目前经济滑坡,各大公司纷纷裁减员工,摩托罗拉公司是否也有此打算？

答：目前经济不景气是事实，但通信行业蒸蒸日上，海外市场前景看好，本公司在短时间内并无解雇员工的计划，只要员工勤奋工作，公司会给予公正待遇的。

问：现在公司将员工的退休保险基金投资于证券市场，是否太过冒险？如果证券市场行情看跌，员工遭受损失怎么办？

答：公司将退休保险基金投资于证券市场是经过深思熟虑的。我们比较了几种常用的投资方式，还是觉得投资于证券市场较易实现保值增值。为规避证券市场风险，公司专门委托了几位财务专家，挑选了几个收益稳定的证券品种进行投资，避开了价格波动较大的股票，正常情况下是可以维护收益的。另外，公司将讨论设定一个最低年收益率，如7%，来保证员工的利益。

除以上正式沟通外，公司还开辟了其他一些非正式的沟通渠道。如不定期举办野餐会，以了解和熟悉每一个员工。

（资料来源：改编自 http://wenku.baidu.com/view/c552f018c5da50e2524d7f0e.html。）

**思考·讨论·分析**

1. 结合摩托罗拉公司的做法，你认为沟通是否应该制度化？为什么？

2. 在你与下属沟通的过程中，你会发现不少下属实在是“太小孩子了”，比如“好高骛远”、“自以为是”、“不会感恩”，等等。现在如果你的部门进来了两位刚从名牌大学毕业的大学生，并在你手下工作，这两个人很可能会出现前面常见的这些问题，那么，你将采取哪些措施来与这两个“小孩子”沟通？你觉得在与这些“小孩子”沟通时，要注意避免哪些错误？

## 本章小结

1. 对沟通客体的具体分析，关键在于充分掌握上司的背景。分析他们各自的心理特征、价值观、思维方式、管理风格、偏好和知识背景（包括学历和文化层次、专业背景）等。

2. 对于自身地位和特点的认知，在与上级沟通中非常重要。对自我的认知,重点在于分析以下几个问题:(1)“我是谁”和“我在什么地方”;(2)自身的可信度;(3)你对问题看法的客观程度。

3. 在沟通渠道的选择上,能够做到审时度势;在沟通信息策略的分析中,关键在于要站在上司和组织的角度来分析问题;在沟通环境策略的制定上,应选择合适的时机、合适的场合,以咨询的方式提出,如以“表面上的不刻意,实际上的精心准备”作为策略。

4. 根据不同个体在思考问题时的结构化程度差别、过程和结果之间的优先级不同(目标导向)、注意力视角的不同和沟通速度的快慢四个维度,把不同个体的管理风格分为四种类型:创新型、官僚型、整合型和实干型。了解了不同上司的特征,就可以采取相应的策略以实现与不同上司的有效沟通。

5. 同事间有效沟通的原则:(1)君子之交淡如水;(2)高调做事,低调做人;(3)闲谈莫论人非;(4)敢于承担;(5)赞美是惠人悦己的“开心果”;(6)学会宽容;(7)帮人即帮己;(8)换位思考。

6. 每一个人都有自己独特的生活方式与性格。在公司里,总有些人是不易打交道的,比如傲慢的人、死板的人、自尊心过强的人等。所以,你必须因人而异,采取不同的沟通策略。

7. 与下属沟通中存在的障碍:对下行沟通不重视,缺乏反馈;上下级之间信息不对称;具体沟通方式方法不恰当。

8. 明确自己的管理类型,可以帮助管理者了解自己认识自己的方式、他人认识自己的方式以及其他人对自己行为的反应。管理类型有:A 型(双盲型)、B 型(被动型)、C 型(强制型)、D 型(平衡型)。

9. 根据人们在工作与生活中的个性特征,从两个基本要素(控制性与敏感性)把管理沟通风格划分为:驾驭型、表现型、平易型和分析型。

10. 与下属沟通的策略:根据下属的“能力—意愿”特征选择沟通策略;主动有效地与下属沟通;运用赞扬与批评的技巧。为了帮助管理者提升自己与下属沟通的技能,可采用下行面谈计划法。

## 情境模拟

假设你碰到了以下几件比较麻烦的事情,你该如何通过恰当的沟通方式去解决?

**要求**

根据下面描述的每个情形,即兴组织模拟一次沟通,以解决面临的问题。

**具体步骤**

(1) 由你和小组中的另一位同学(或几位同学,可根据你自己的设计安排)承担下面情境中的对应角色,可以简要商量一下沟通的思路,但以即兴为主准备沟通;

(2) 正式进入角色,进行情境模拟;

(3) 请小组内其余同学对模拟的沟通过程进行评述,指出其优点和不足;

(4) 由小组4—5位成员再共同讨论解决这样问题的方法;

(5) 对照个人的思考、情境的模拟和小组的讨论,总结出以后处理这些情境的可操作性方案。

**情境一 如何处理上级领导的越级管理问题**

我是公司里负责某项工作的经办人员。因为此项工作对公司来说十分重要,公司主管副总黄炯很重视,便经常越过我的直接领导——部门经理王永明,亲自向我布置任务。王经理是职级观念比较强的人,为避免他有不满情绪,我主动向他汇报工作进展,再由他向黄副总汇报。由于任务很复杂,需要不断修正完善,而王经理对情况不熟悉,当由王经理向黄副总汇报时,就会出现信息传递迟滞或表达不清等问题。黄副总很不满,就把我叫去,要我直接对其负责,下次应直接向他汇报,并且也没有就这件事和王经理沟通。过了几天,当王经理问我工作进度时,我变得很为难:我应该如何向王经理说明,今后将由我直接向黄副总汇报?

**情境二 如何与同事相处**

在这个部门里,我与老王做相同的工作。因为老王资格较老,又一直没得到提升,心态不太好,工作积极性始终不高,有任务下来总是推给我做,还美其名曰为我做好后续的把关工作。由于老王从事本专业时间较长,有一定的经验,当我向直接领导反映,由于工作任务分配不均导致工作效率不高时,领导说:"他是老同志,年轻人应该多做点多学点,有些工作可以让老王事先指导一下,免得走弯路。"这样的结果,完全违背了我原来希望与领导沟通关于工作量分配不均的初衷。

**情境三 如何与这样的上司相处**

张敏的上司是一位管理细致的领导,每次布置任务,连非常具体的细节都有所要求,要求完全按照他的思路和模式来做每一项工作,员工没有任何创新的空间。有几次,张敏就某个方案根据自己的观念做了创新,而没有完全按照上司的思路设计,事后也向上司陈述了自己的理由,她解释说,按照这样的思路可以更快更好地完成此项工作。但上司还是认为这是不按规矩办事,予以否决。张敏觉得非常不满，工作积极性大大受挫。但目前，张敏对公司氛围、所从事专业以及收入还比较满意，不想因为不适应上司的工作特点而调换部门或跳槽。于是，张敏不得不考虑：如何做好与上司的沟通，使自己能在工作中发挥自己的创造性和主动性？

## 测测你的沟通能力

阅读下面的情境性问题，选择出你认为最合适的处理方法。请根据自己的第一印象回答，不要做过多考虑。

1. 你的上司的上司邀请你共进午餐，回到办公室，你发现你的上司颇为好奇，此时你会：

A. 告诉他详细内容

B. 不透露蛛丝马迹

C. 粗略描述，淡化内容的重要性

2. 当你主持会议时，有一位下属一直以不相干的问题干扰会议，此时你会：

A. 要求所有的下属先别提出问题，直到你把正题讲完

B. 纵容下去

C. 告诉该下属在预定的议程之前先别提出其他问题

3. 你跟上司正在讨论事情，有人打长途来找你，此时你会：

A. 让上司的秘书说你不在

B. 接电话，而且该说多久就说多久

C. 告诉对方你在开会，待会儿再回电话

4. 有位员工连续四次在周末向你要求他想提早下班，此时你会说：

A. 我不能再容许你早退了，你要顾及他人的想法

B. 今天不行，下午四点我要开个会

C. 你对我们相当重要，我需要你的帮助，特别是在周末

5. 你刚好被聘为某部门主任，你知道还有几个人关注着这个职位，上班的第一天，你会：

A. 私下找人谈话以确认哪几个人有意竞争职位

B. 忽略这个问题，并认为情绪的波动很快会过去

C. 把问题记在心上，但立即投入工作，并开始认识每一个人

6. 有位别人的下属对你说："有件事我本不应该告诉你的，但你有没有听到……"你会说：

A. 我不想听办公室的流言

B. 跟公司有关的事我才有兴趣听

C. 谢谢你告诉我怎么回事,让我知道详情

标准答案:A,A,C,C,C,B

**说明**

0—2分为较低,3—4分为中等,5—6分为较高;分数越高,表明你的沟通技能越好。

如果你的分数偏低,不妨仔细检查一下你所选择的处理方式会给对方带来什么样的感受,或会使自己处于什么样的境地。

## 管理沟通的启示

### 组织角色定位对沟通的影响

在组织内所发生的沟通,往往会受到组织成员的地位或角色的影响,因为每一个人都会根据他的地位或角色,对于沟通的信息,给予不同的理解和解释。内部沟通技能的提高,一方面要学会对自身的角色有清醒的认识,另一方面要学会对他人角色的正确认知。

一位网络公司的老总经常要求员工思考两个问题:我是谁? 我在什么地方? 对这两个问题的理解,第一个为“角色认知”,第二个为“角色定位”。任何一个组织都是由不同的个体组成的,因此,可以认为,组织有序化和沟通畅通化的过程,是以个体不断修正自我角色定位为前提的,并由此而采取合适的沟通策略。

所谓地位,简单地可以理解为某个个体在某一层次系统中所处的位置。在任何组织中都会发展出这种地位差别。对于角色分析,关键在于界定自身在组织中所处的地位。从现有文献来看,较多的观点是从个体在组织中所处的正式职位来界定地位的,显然,这种界定地位的标准是不合适的,我们认为,地位与职位往往是不对称的。

恰当地界定地位,可以从社会地位认知、组织地位认知两个方面来做界定,在此基础上,对自己应该扮演的角色有合理的定位。社会地位指某人在某一组织、社区或社会中的声望、影响力、价值观认同水平和能力被认同的程度,它常常与年龄、家庭、职业、教育层次、自身素养和道德伦理紧密相关。组织地位指某人在组织内的层次位置,常常表现在不同的头衔、职位上面,它可以直接通过正式职位来判定。

尽管地位是规定一个人应扮演角色的最主要因素,但它绝对不是全部因素。角色分析比地位分析的内涵更为丰富。角色是社会学的一个概念,一般是指居于某种位置的人(不管是谁)所被期望表现的某类行为。这里所谓的某种位置,可以是正式职位,也可以是在他人心目中的地位(如期望)。比如,你现在是一位大学教授,可能你并没有任何正式职位,但当你到一家公司去做演讲时,公司职员就会先验性地用"学识渊博"、"文质彬彬"等这样的期望来认知你所扮演的角色,这就是社会地位对角色的影响。

在一个企业内部,正式组织的领导由于其职位——组织地位的不同,其所扮演的角色也各不相同,对这一点,大家的共识是比较明显的。在一个正式组织内,居于不同地位或位置的人,也会由于他所居的地位或位置而表现出某种特殊行为形态。例如,一位总经理会怎样说话和表现怎样的态度,一位营销经理会采取怎样的立场,不待真正发生,大家都事先有了某种期望,否则,就会有"望之不似人君"的感觉了。

但我们在扮演正式组织内部的角色外,还更多地在扮演非正式群体的角色。在一个非正式群体中,不同个体之间常常会渐次发展出不同角色,由不同成员担任。有人担任创议者,有人担任附和者,有人担任置疑者,诸如此类。角色一旦形成,很自然地,其他人都期望担任某种角色的人会表现出特定的某种行为,或不会表现出某种行为。如一个经常唱高调、提反对意见的人,如果某天忽然附和一个非常现实的意见,其他人都会感到奇怪,因为这不符合他的角色行为。

严格来说,虽然地位和角色代表不同的观念,但在这里,我们仅把角色限于正式组织的环境内,为方便起见,都称为组织角色。

组织内每一个人都有其不同的组织角色。例如,上层管理者、中层管理者或基层管理者,其组织角色各不同;不同职能部门的工作者也会由于本身隶属于销售、生产或财务部门,表现为不同的组织角色。由于所担任的组织角色不同,就会产生不同的态度、观点与不同的利害关系,因而每逢接触到什么新的信息时,就会依据本身的态度或利害加以评估,因此导致不同的意见和结论。这就说明了,为什么在企业组织内,不同职能部门之间会产生那么多的争论。

从上级与下属间的沟通看,人们往往觉得上下级之间的沟通不像平级之间的沟通那么容易。由于正式的组织角色关系的存在,无论是上级对下级,还是下级对上级,往往不能像平常人一样沟通。究其原因,下属在组织内的发展前途,在相当大程度内操之于上级之手,这使得下属在与上级接触的时候,很自然地会怀着一份特别的心理状态,影响了他与上级间的整个沟通过程。一方面,从下属向上沟通而言,他不愿意在这上面发生对自己有什么不利影响的事情,因此对沟通内容不免加以选择和控制,他可能会尽量掩盖对自己不利的事实,或者如果必须报告,就企图加以有利的解说;即使与自己没有直接相关的消息,为投上级之所好,也倾向于只挑选上级喜欢知道的部分,这都使得其间的沟通发生歪曲。正式组织内部的信息失真现象基本来自这个原因。另一方面,上级对下属的向下沟通也同样会因上级和下属关系而发生歪曲。由于下属想从沟通中得到更多或微妙的信息,每每从字里行间去揣测可能的含义,往往捕风捉影、自以为是。上级一句漫不经心的话,可能被一位下属解释为带有特别的意义(即“言者无意,听者有心”),以致造成“庸人自扰”或“自我感觉良好”的结果。尽管下级是问题之所在,上级也不是没有问题的。由于上级所接触的范围较广,知道的事情可能较多,因此在与下属接触的时候,往往一个人滔滔不绝,变成单向的沟通。甚至有些上级在心理上就认为,在上级和下属之间,上级就应该担任“讲”的角色,下属只有“听”的份,这也不能认为是有效的沟通。

当然,并非所有上级和下属之间的沟通都会发生上述情况;或即使发生,也未必会达到相同的严重程度,这取决于上级和下属之间的原有关系。例如,愈是权威型的领导,愈可能发生上述情况;反之,如果上级一般表现为能容忍下属的某些错误,自己又能接受某种程度的批评,也许可以使沟通所发生的歪曲程度大为降低。但是,最基本地,还是上级不要忘记或疏忽在沟通中还有“听”的一面。

对于上下级之间的沟通,我们的对策建议是积极倾听。积极倾听,除了良好的倾听习惯外,更需要的是平等的沟通。无论是上级还是下级,都要以一颗平常心去对待他人的观点。倾听不应是一般的“听听”就算了,而是能够设身处地(站在说的人的立场上)去“听”。这种倾听的要点是,先不要有什么成见或决定,应密切注意讲的人所要表达的内容及其情绪。这样才能使讲的人畅所欲言、无所顾忌。而后听的人才能得到比较真实而完整的信息,以作为判断和行动的依据。

在日常的生活中,人们有各种有趣的说法,如“官越大,耳越背”,再如“一个领导要有口若悬河的本事”。为什么会有这些说法呢?因为在平时的工作中,领导“讲”习惯了,下属也“听”习惯了,久而久之,就出现了领导的“听力衰退”,下属就出现了思维惰性。“反正领导怎么说,我怎么做就可以了。”“有脑袋的还不如没脑袋的”,这个说法就是对平时上下级之间由于非建设性沟通而带来结果的诙谐说法。

无论是上级还是下级，都要界定好自己的组织地位，不是说下级不要说、只要听，也不是说下级应拣上级喜欢听的话说，而是要正确运用管理沟通的艺术，根据自己的角色定位，不断提高自己的“听力”，以恰当的方式说恰当的话。其中最关键的技能是建设性倾听，尤其是各级主管，要不断尝试、磨炼及体会“听的艺术”。

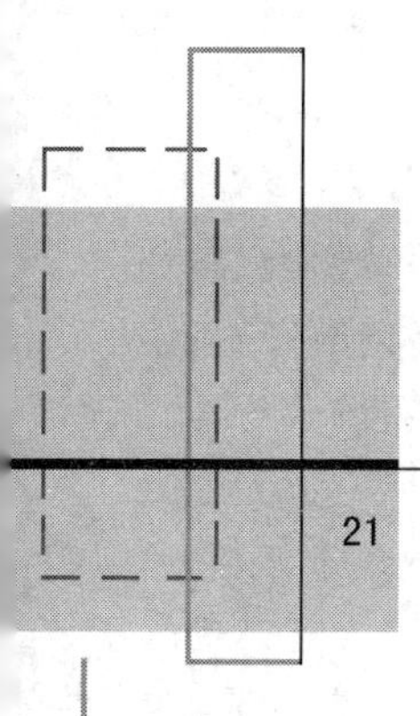

# 第十二章 与组织“融合”**



通过本章的学习,你将了解:

1. 沟通怎样影响工作绩效。
2. 如何改进团队工作。
3. 如何管理冲突,如何谈判。
4. 怎样组织会议沟通。

你将能够:

1. 把握激励沟通的原则,熟悉激励沟通模式,并能合理匹配。
2. 能够识别团队的发展阶段,并能实施有效管理。
3. 熟悉冲突的过程,掌握解决冲突的技术方法。
4. 能够进行会议沟通,掌握有效的开会技巧。

## 第一节 沟通怎样影响工作绩效

### ◆ 引例

**猎狗的故事**

一条猎狗将兔子赶出了窝,一直追赶它,追了很久仍没有捉到。牧羊狗看到此种情景,讥笑猎狗说:“你们两个之间小的反而跑得快得多。”猎狗回答说:“你不知道我们两个的跑是完全不同的!我仅仅为了一顿饭而跑,它却是

** 对于本章内容,教师可根据教学需要选择。

为了性命而跑呀!”

这话被猎人听到了,猎人想:猎狗说得对啊,那我要想得到更多的猎物,就得想个好法子。于是,猎人又买来几条猎狗,凡是能够在打猎中捉到兔子的,就可以得到几根骨头,捉不到的就没有骨头吃。这一招果然有用,猎狗们纷纷去努力追兔子,因为谁都不愿意看着别人有骨头吃,自己没得吃。

就这样过了一段时间,问题又出现了。大兔子非常难捉到,小兔子好捉。但捉到大兔子得到的奖赏和捉到小兔子得到的骨头差不多,猎狗们善于观察发现了这个窍门,就专门去捉小兔子。慢慢地,大家都发现了这个窍门。猎人对猎狗说:“最近你们捉的兔子越来越小了,为什么?”猎狗们说:“反正没有什么大的区别,为什么费那么大的劲去捉那些大的呢?”

猎人经过思考后,决定不将分得骨头的数量与是否捉到兔子挂钩,而是采用每过一段时间,就统计一次猎狗捉到兔子的总重量。按照重量来评价猎狗,决定一段时间内的待遇。于是猎狗们捉到兔子的数量和重量都增加了。猎人很开心。

猎人做了论功行赏的决定,分析与汇总了所有猎狗捉到兔子的数量与重量,规定如果捉到的兔子超过了一定的数量后,即使捉不到兔子,每顿饭也可以得到一定数量的骨头。猎狗们都很高兴,大家都努力去达到猎人规定的数量。

一段时间过后,终于有一些猎狗达到了猎人规定的数量。这时,其中有一只猎狗说:“我们这么努力,只得到几根骨头,而我们捉的猎物远远超过了这几根骨头。我们为什么不能给自己捉兔子呢?”于是,有些猎狗离开了猎人,自己捉兔子去了……

(资料来源:http://wenku.baidu.com/view/eb74d16858fafab069dc0275.html。)

猎狗的故事揭示了激励的不同方面。从管理者(猎人)的角度看,激励包括与员工(猎狗)交谈、向员工提供绩效反馈以及对员工的鼓励。真正的激励并不来自组织或其主管的意图,而是取决于员工的理解。

员工在激励下努力工作,因此能得到工资(骨头)来养活自己及家庭。这些不同的激励因素与不同的激励模式相关,特别是当激励的力度由以绩效评估为基础的奖励措施为前提时,这些激励会促使员工不断给自己施加压力,提高工作绩效。

激励是一种特殊类型的沟通,通常发生在组织内部,并与组织的目标相关,然而,人们的动机具有多样性和复杂性,而激励是内在的,因此并不存在什么最好的方法。真正的激励取决于由管理者营造的氛围。

前面我们知道,管理就是各个部门、各个层次的相互沟通,管理人员必须不断寻找员工的需求，了解员工对企业的意见，使员工知道正在进行哪些活动，并让他们参与管理决策活动。越是高层管理者，与员工的沟通时间应当越多。

**小阅读**

通用汽车公司为了提高劳动生产率曾实施过一次企业再造改革计划，对汽车生产装配操作加强控制。改革后，工人把它看做恢复了20世纪30年代"血汗工厂式"的管理，拿同样的工资做更多的工作。随着作业越来越容易，对工人的技能要求降低了，工人无法对工作产生兴趣，不满大大增加，工人的不满指责从100个增加到5 000个。最后工人举行了一次罢工，企业损失4 500万美元。此后还屡次发现装配线停工的事，因为工人怠工，汽车没有进行必要的检验就出厂，出现了大量质量问题。

通用汽车公司组织了恢复正常工作环境的活动。他们对全厂工人进行了问卷调查，与各级管理人员一起举行了一系列会议，最后得出以下结论：

工人们认为管理部门不关心他们的需要、情感等问题；

工人们的工作无保障，他们认为管理部门不事先通知或进行协商就改变他们的工作计划，增加或取消加班时间，随意通知他们停工，使得他们不知如何与公司合作；

工人们认为管理部门对他们改进工作方法和工厂业务的意见没有兴趣；

许多工人对公司的目标和计划不了解，企业和工人之间缺乏共同的目标，公司想干什么及为何要这样干，工人无从知道，因此没能形成凝聚力。

经过上述诊断，公司发现产生危机的主要根源是管理部门和工人之间缺乏及时的沟通和必要的交往，因此公司决定全面实施"交流计划"，内容如下：

每天用5分钟在工厂广播与汽车工业、企业和工厂有关的新闻。这些新闻主要涉及销售、库存和生产计划的状况，使工人对公司的情况有大体的了解。新闻内容也张贴在工厂的各处布告栏里。工厂经理还告诉大家该厂存在的问题，征求工人对解决这些问题的意见。

为了加强管理人员在工作中的人际交往作用，所有管理人员以及职员都要接受人际关系和交往的训练，由富有组织装配线经验的公共关系协调员和质量控制主任来设计和指导。

“交流计划”实行一段时间后看到了效果，工厂恢复了正常生产，不满下降到前一年的1/3，生产效率也有明显提高。

（资料来源：http://www.doc88.com/p-397369011387.html。）

由此可知，有效的管理要求在这些潜在的、有冲突的目标（组织的整体任务、某个部门的目标、管理者的个人目标、员工的需求）中最大可能地寻求平衡；过分地强调任何一方而忽视其他方面都会影响组织的发展或个别员工的参与。管理者必须通过在挑战个体能力的同时减少不满因素来平衡组织目标和员工需求。

组织需要高素质的员工、有经验的管理者和领导，并提供适应他们能力的职位。管理者必须区别不同员工的不同需求，才能有效地满足个人的目标。一刀切的做法只会削弱员工的积极性。

**小阅读：需求与激励**

A获得了某著名医学院肿瘤免疫学博士学位，在攻读博士学位期间，便有创造性科研成果，技术居国内领先水平。南方某生物制药公司得到这一信息，不惜派专人多次同A接触，许诺了房子、车子、工资等待遇，终于在众多竞争对手中将A请到了该公司开发研究室做研究员。

面对丰厚的待遇、较好的工作条件，加上领导的关心，初来乍到的A心里暗暗发誓：一定努力工作，争取早日将自己的成果转化成产品，为公司做出应有的贡献。A的上司即开发研究室主任是一位留美归来的教授，主攻神经生物学，现在正承担该公司一项神经科学基因工程新药的开发研究工作。不知是出于本专业的需要还是其他原因，主任提议让A先暂缓开展肿瘤方面的研究，而协助他加快神经科学的研究。这一方案竟也被主管开发的副总批准。一半出于无奈，一半出于尊重领导，A便成了主任的助手。

半年过去了,一年过去了,A自己的科研迟迟不能开展,他为此很伤心。有时夜深人静,待妻儿入睡以后,他常常独坐阳台,手捧酒杯,矛盾至极。走吧,好像说不过去,这么好的待遇,领导待他也不错;不走吧,眼看自己的事业就要荒废了。A一天天消瘦,一天天萎靡不振,他也向有关领导反映了问题,但未能引起公司领导的足够重视。

终于有一天,A的一位同学从国外回来,见此情景便痛陈利害关系,让他立即离开。惶恐的A第二天便向人力资源部递交了辞职报告。人力资源部经理十分吃惊,直接将这一问题反映给总裁。总裁亲自着手调查此事,弄清原因之后,一面竭力挽留A,一面立即调整科研计划。A留下来专心从事自己的研究工作,经过一年半时间的努力,成果正式上报,即将成为药品。总裁为A庆功,同时将A送到国外深造一年,以备将来承担更重要的工作。

(资料来源:http://job.inhe.net/news/renzi/191504.html。)

A的工作经历生动地说明,无论哪种类型的企业,人才的引进和挽留都是一个激励问题。应当针对员工不同的需求选用不同类别的激励方式。

从员工的角度出发,迈克尔·卡瓦诺(Michael Cavanaugh)列出了四种确定激励程度的情况,主要视是否能满足个体的需求以及是否能给个体带来利益的情形而定(见表12-1)。

**表12-1 工作的期望和激励**

| 情形 | 激励水平 | |
|---|---|---|
| | 有可能提升 | 没有可能提升 |
| 满足个体需求 | 高 | 中 |
| 没有满足需求 | 中 | 低 |

迈克尔·卡瓦诺的矩阵反映了任务的特性、任务在组织中的重要程度以及任务对个体需求的满足程度,最重要的是,它反映了个体对环境的评价,而不是对管理者的观点的评价。值得注意的是,人的需求满足是一个弹性的过程,在不同的时间段,会有不同的主体需求,上面A的案例就说明了随着时间的推移人的主导需求发生了变化,管理者如果只是考虑人才的引进,不考虑他的进一步发展,那么,当人才的需求发生变化的时候,他就有可能另谋高就。所以企业在激励和挽留人才的时候,应当做到及时跟踪,注意他们需求的动态

变化,及时调整激励措施,这样才能做到真正留住想要的人才。

## 一、激励沟通原则

1. 要了解下属的需求

管理者在激励下属的过程中要事先了解下属的需求,一定要反复地询问、聆听、引导和确认对方的真实意思或真实情况,才能做出正确决策和激励。

**小阅读:找橘子**

两姐妹走进厨房想找橘子,但最后只在厨房的桌子上找到一只橘子,她们应该怎么办?可能你会给出很多不同的答案,例如,两个人分着吃;谁先到谁吃;大的让小的多吃等。但是,我们就没有考虑过这个问题:这两个小女孩找橘子到底要干什么?如果在这个问题上思考一下,大家就会发现,在考虑方案的时候人们已经排除了这个问题。其实,两个小女孩到厨房去找橘子,可能压根就不是想吃橘子,找到一个橘子后,两人之间也不会发生冲突,可能一个想要橘子皮做装饰用,而另一个想要吃橘子肉。但是,我们却先入为主地给出了解决方案,并且所有的方案都是基于一个假设,就是她们两个都想吃橘子。

作为管理者,应当思考一下,在连问题都没有弄清楚的情况下就给出方案,会是有效的解决方案吗?我们在管理和生活过程中,常常会犯这样的错误,拿到问题就按照自己的心智模式先入为主地给出解决方案,这样的方案往往并不能解决问题,原因就是我们的假设没有经过验证。

(资料来源:http://www.597.com/News/14201051495035.html。)

2. 要做到因人而异进行沟通

由于每个人的个性特点不一样,因此管理者一定要做到因人而异进行沟通,这是很关键的。对于不同类型的人应当采用不同的沟通方式,具体如图 12-1 所示,图中通过二维坐标将人的沟通风格和思维方式分别进行划分。

沟通风格可划分为四种类型。第一种是主动式风格,我们称之为攻击型的沟通风格,这种风格的沟通者在处理人际关系的时候喜欢采取主动和外显型方式,来表明自己的控制地位。第二种叫做被动式风格,这种类型的沟通风

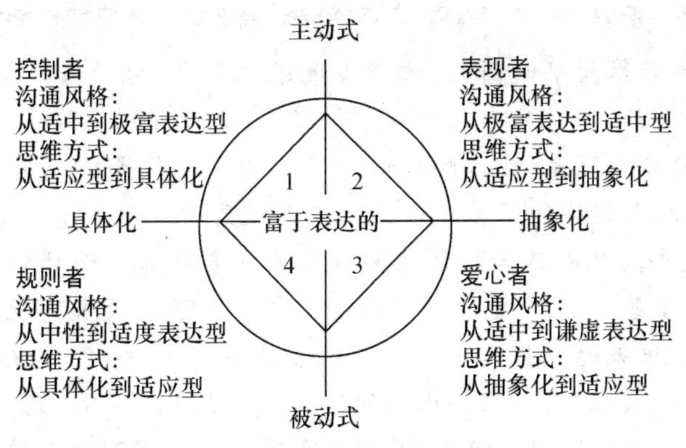


**图 12-1 因人而异的沟通图**

格更多的是属于依从状态,在任何时候都不喜欢做领导者,表现出一种依赖性,性格比较稳重,自己的想法不太愿意公开出来。第三种是从主动到被动连续过程的一种风格,但是以被动为主。在大部分情况下,他是一种依从的性格,而有时又会表现出主动攻击的状态。例如,平常对待下属很温和,但有时也会有横眉怒目的表情。第四种叫做富于表达式,这种风格相对而言更懂得怎么去沟通,懂得因地制宜地表达自己的想法,明白何时主动、何时依从,这种风格的沟通者很容易相处和共事。

思维方式可以分为两种,一种是具体化的思维,一种是抽象化的思维。具体化的思维是指人在思考问题的时候会具体到目标;而抽象化思维是跳跃式的,不一定落实到某个具体目标上去。

在沟通过程中,人们的思维方式会有所不同,有的人思维比较抽象,而有的人思维可能比较具体。

**小阅读:思维方式**

抽象思维和具体思维的人的语言表达方式有很大的区别。某一办公室有位同事,一直工作到中午十二点左右,不知道外面的天气怎样。这时另一位同事从外面回来,这位同事就问他外面的天气怎样,这是因为早上外面在下雨,这会儿到午饭时间了,要出去的话不知道是否需要带伞,就问这位同事一下。可以看出这是个具体思维的人,他就只想知道是否下雨这个简单的答案。而刚进来的这位同事是一位抽象思维的人,本来很简单的问题,他却答道:"天晴了,真是奇怪,今天早上来上班还下好大的雨,衣服都被淋湿了,怎么就突然天晴了,太阳还出来了,一片晴空万里,这么蓝的天,在北京好久没见了,去年我到夏威夷时的天气就是这样的。"接下来就把去夏威夷的事情说了一通,最后又问道:"你去过夏威夷吗?"还想和那位同事再聊聊。而那位同事其实已经知道了答案,所以就用简单的一句话应付了:"没有。"说完就准备往外走,刚进来的这位同事又说道:"夏威夷挺好的,你应该去一下。"他就这样喋喋不休,那位要出门的同事只是"Yes"、"No"地简单应付,这个人一看没趣就懒得问了,而那位急着出门的同事也会觉得这人太啰嗦。其实只是二人的思维方式不同而已。

(资料来源:http://wenku.baidu.com/view/7680200216fc700abb68fcbe。)

3. 要了解沟通者的类型

在图12-1中,根据不同的思维方式和沟通风格,我们还可以把人划分为四种类型:

**控制者** 这种沟通者在工作中非常强调目标的实现,工作上积极进取,自我中心意识强,思维方式也比较具体。

**表现者** 这种人同控制者很接近,都比较外向,自我中心意识很强,通过目标实现来达到自我心理满足。这种人一生都为掌声而活,非常希望别人给他掌声。而且这种人一般也很聪明,懂得如何让自己出彩,也懂得自我激励,通过不断努力去赢得持久的掌声。同控制者一样,表现者的亲近能力比较弱。

**爱心者** 这种人在单位中更注重关系的和谐,是和事佬型的人物。

**规则者** 这种人的思维方式比较具体化,行为方式和沟通风格都比较被动,在单位里做事踏踏实实,会按照步骤将工作做得很漂亮,但是不适合做那些有创意性的工作。

在公司里面,管理者应当根据每个人的不同特点分配工作,例如,规则者就比较适合做那些内部管理类的工作。

此外,激励的过程要靠上级和下属之间建立起来的默契而不是他们之间那种正式的关系。赫因茨曼(Heintzman)认为默契的主要特点是上下级沟通时相互之间表现出来的兴趣、热情和融洽关系,还可能表现在非语言行为方面:微笑、肯定的点头或上级的目光接触传递了上级对下属的关注。上下级之

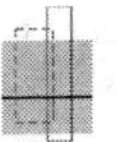

间的默契是鼓励性沟通氛围的必然结果,默契很大程度上影响着员工对上级意图的理解。上下级之间的沟通对员工的激励和工作绩效有极大的影响。

4. 重视评价

就沟通而言,管理者的评价不同于员工的评价。与其他沟通过程一样,不协调成为影响管理者激励员工的重要因素。即使管理者的意图具有建设性,他也无法保证其行为能被正确地理解。作为谈话的发起人,他无法控制他人的评价。然而,尽管无法控制,管理者仍然可以通过非语言行为促使其意图被正确理解。

5. 注重反馈

为了加强激励的力度,反馈可能是最重要的沟通要素。组织需要建立以正式考核为基础的评估体系来跟踪长期的工作绩效。但员工需要更频繁的反馈而不只是多年一次的考核,而且反馈应该是多方面的,不仅仅局限于某个非常具体的任务,换句话说,反馈应针对个体的各个方面而非某个方面。这种方法承认个体激励的特性,即管理者不能单方面地依靠激励因素,还必须对员工做出反馈。

## 二、激励沟通模式

1. 语言模式

管理者工作当中的语言,从语言模式上来说包含了三种模式和五种类型,分别是:

**P(Parent)模式** 又称父母模式,就是用父母式的交谈语言进行沟通,对应两种沟通类型:第一种是指家长式作风的权威式的语言,语言都是控制命令的口吻,称为家长式沟通类型。第二种是长辈对孩子的教诲和关怀式的语言,称为关怀教诲式沟通类型。

**A(Adult)模式** 又称成人模式,就是在对话的过程中都是理性的、逻辑的和礼貌性的语言,这种语言体现的是平等和更具逻辑性。对应此模式的就是逻辑化的沟通类型。

**C(Child)模式** 又称儿童模式,就是用儿童式的交流语言进行沟通。对应此模式的有两种沟通类型:① 由于小孩的特性就是弱小,因此语言中表现得更多的是需要关怀和宠爱的语气,比较天真可爱,这就是需要关怀的类型。② 小孩的另一特性就是比较任性和易于冲动,语言中表现得更多的是情绪化的情感,这就是任性、冲动的沟通类型。

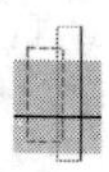

2. 语言模式的匹配

对应于语言的三种模式和五种类型,在沟通的过程中,管理者就应当注意各种语言沟通类型的匹配,这样才能保证沟通的顺利进行。如果语言模式不匹配,则会出现话不投机半句多的情况,导致话题中断。

**互应性沟通模式**

该模式的沟通过程如图12-2所示。在图的左边,是一个用A模式语言进行沟通的过程,对应的语言模式也相对理性、礼貌和有逻辑性,双方的对话都是A对A模式,模式匹配,双方的心情都不错,则沟通可以顺利进入下一轮。在图的右边,是PC模式的沟通类型。在下属和主管之间的沟通中,下属是以C模式和主管沟通,而主管也对应以P模式,即下属是一种需要关怀的口气,而主管对应以关怀和教诲的方式,这种PC沟通的模式体现的是一种长幼关系,也是一种能使沟通进入下一轮的模式。这种互应性的沟通模式是一种平行沟通模式,适应于上下级关系或者长幼辈关系的沟通过程。

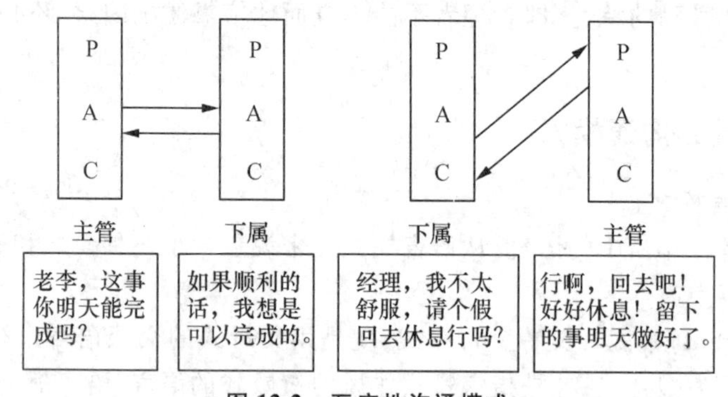


**图12-2 互应性沟通模式**

**交叉性沟通模式**

在沟通的过程中,常常出现的问题就是交叉式的语言模式过多,这种交叉模式的沟通过程如图12-3所示。在图中,左边的沟通模式图反映的是,下属以A模式和上司沟通,询问主管这个月是否有他的奖金,如果主管以A模式的语言应答,例如"我到财务部看过了,这个月有你的奖金,没问题,好好干",那么就是一个模式匹配的回答,但是主管却以P模式直接训了回来:"这个月任务都没完成,还谈什么奖金。"此时,沟通就会中断,下属要么和主管争吵起来,要么就会在私下里嘀咕,心里既不痛快也不服气,这种矛盾主要源于主管的语言模式不对。中间的沟通模式图反映了主管采取A模式和下属沟通,要求下属加班,作为下属无论能否加班,如果以A模式的语言加以应对,也会是

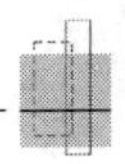

一个愉快的沟通,例如“行,没问题”或者“经理,今天不行,刚好和朋友约好吃饭,人家在等着,要不您找小李看看他有空没,如果不行,我们再说,好不好”,而下属却采用了C模式加以应对,带着明显的冲动和情绪化的语气:“我还有事呢,你也太奇怪了,为啥每次加班都找我。”双方的心里都不痛快了,沟通自然中断,而且下属在主管的心里也留下了不好的印象。右边的沟通模式图反映的是同事之间的沟通问题,在合作过程中,由于出了问题,双方开始埋怨、教训对方,这种情况下,沟通必然中断,除非在沟通之初,双方就能同时采用A模式进行沟通。

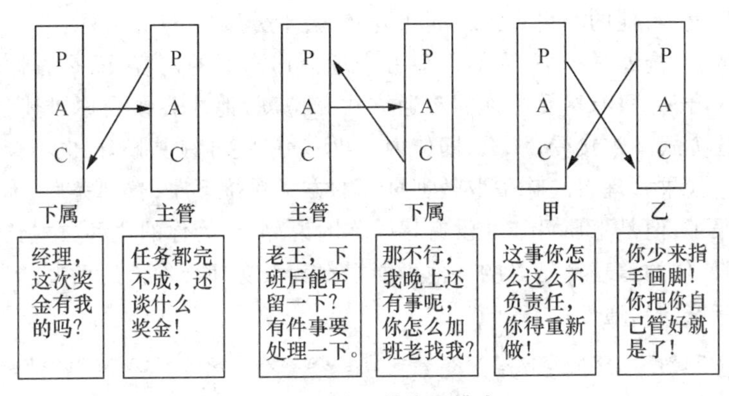


**图12-3 交叉性沟通模式**

**互动话题**

生产部经理要求老王带领班组成员晚上加班,他与老王的沟通内容如下。

经理:老王,今天有批关键配件要在晚上十点前交货,估计要加班,你先通知一下班组的同志吧!大家辛苦一下。

老王:没问题,这个月效益好,大家多干活都是有劲儿的。

问题

经理与老王的沟通属于哪种沟通模式?(  )

A. PC 模式  B. PA 模式  C. AA 模式  D. PP 模式

3. 语言模式的调整

**修正语言模式**

在我们的日常工作和生活中,你会发现很多沟通往往就像图12-3中所讲的那样,没有办法进行下去,下属听不进去,上司也不痛快。其实,主要的问题就在于双方在沟通过程中所采用的语言模式出了问题,使用了不恰当的类型,可能当事人都没有意识到。这就需要在日常的工作生活中有意识地来修正自己的语言模式，通过沟通来不断调试自己的语言风格。

**综合运用语言模式**

在日常工作中，作为管理者，既需要去鼓励和关怀下属——以德服人，同样还要能够选择适当合理的方式去教训下属——以威服人，这就需要在沟通过程中学会综合运用各种语言模式。在管理实践中，更多的时候应当是以互应式的语言模式为主，交叉式的语言为辅，千万不能以交叉式的语言模式为主。因为，当主管教训下属时，即使道理是正确的，假如下属天天处在这种被教训的环境中，他的心里肯定不痛快，心情会十分压抑。

其实，在沟通过程中，人们不会首先理会你沟通的内容，而是看你的沟通方式是否合理，只有接受了你的沟通方式和态度，他才会接受你讲述的内容；如果沟通方式不被接受，那么，即使内容再有道理、再有说服力，也不会引起他的兴趣。如果管理者一味采取教训批评的方式对待下属，教训完后，你的心里可能舒服了，但是下属可能并没有接受你的说辞，因为你的这种方式让他无法接受，即使你的道理都是对的。他可能根本就没有理会你说的话。这样的话，就不会有好的沟通效果。

**小阅读：鼓励与批评**

一位美国的心理学家，选了一对两岁大的孪生兄弟进行半年教育模式的试验。在试验中，对一个小孩主要以鼓励为主，只要做对任何事或者干了任何能力范围内的事都进行表扬，即使做了错事，也是以委婉的批评方式来鼓励他；对另一个小孩则以批评为主，很少鼓励，只是批评的内容绝对是对的。虽然两岁的小孩不太懂这些道理，但是，他多少能体会到大人的情绪。半年的试验下来，这位心理学家发现，两个小孩在人面前的表现方式大不一样，那个以鼓励为主、以批评为辅的小孩明显有信心；而另一个小孩，见了人都耷拉着脑袋，一点儿信心都没有。可见，虽然批评和鼓励从内容上都是对的，但是如果采用不同的方式，就会产生不同的效果。

（资料来源：http://wenku.baidu.com/view/afe2461cfad6195f312ba611.html。）

在实际管理工作中，如果管理者使下属一直处于高压的情况下，那么，你和你的下属工作就会特别累。但是也不能只是鼓励，如果下属很容易就能得到你的鼓励，天长日久，他也就不当回事了，在下属面前你也最多是一位老好人罢了。所以作为管理者，应当善于将沟通的两种模式综合运用，鼓励为主，批评教育为辅，以此来指导自己的日常沟通和管理工作。

### 三、给管理者的建议

- 激励因素因人而异，对不同员工有不同的作用。
- 管理者的风格对激励因素有重要的影响。
- 只有被员工认可时，激励因素才会产生作用。
- 组织不同层面的激励因素对员工的影响会有不同。
- 对基层员工的激励需要仔细地计划。
- 必须有多种激励因素，因为激励因素随时间的推移其效用可能会降低甚至成为消极因素。

**思考·讨论·分析**

试根据自己的个性特点，在图12-1中选择自己的沟通类型，并对自身的沟通特点做简要归纳。

## 第二节　怎样建设团队

### ◆ 引例

**“蚂蚁军团”**

在非洲的草原上，如果见到羚羊在奔跑，那一定是狮子来了；如果见到狮子在躲避，那就是象群发怒了；如果见到成百上千的狮子和大象集体逃命的壮观景象，那是什么来了？

答案是“蚂蚁军团”。

启示：蚂蚁是何等渺小微弱，任何人都可以随意处置它，但它的团队，就连兽中之王也要退避三舍；个体弱小没有关系，与伙伴精诚协作，就能变成巨人。蚂蚁的精神值得我们永远铭记学习。蚂蚁是最勤劳、最勇敢、最无私、最有团队精神的动物。势如卷席，勇不可挡，团结奋进，无坚不摧——这就是由一个弱小生命构成的团队的力量！蚂蚁只是小小的低级动物，其团队尚且如此威猛无敌，作为万物之灵的人呢？如2000年前管子说过的：“一人拼命，百夫难挡,万人必死,横行天下!"

这正是团队的价值所在。

(资料来源:http://wenku.baidu.com/view/b922a0d528ea81c758f578a3.html。)

在当代动态的全球化环境中,对团队的管理已经成为一种现实,同时也意味着一种挑战。成千上万的组织进行结构重组,使工作在团队基础上进行而不是在个体基础上进行。为什么?这些团队表现出哪些特点?如何才能建立高绩效的工作团队?本部分我们将回答这些问题。

## 一、团队普及的原因

团队在组织中十分普及,由团队研究中心进行的一项研究发现,在80%的规模超过百人的组织中,半数以上的员工报告说他们至少曾在一个团队工作过。团队的普及可能还会持续下去。为什么?图12-4总结了一些原因。

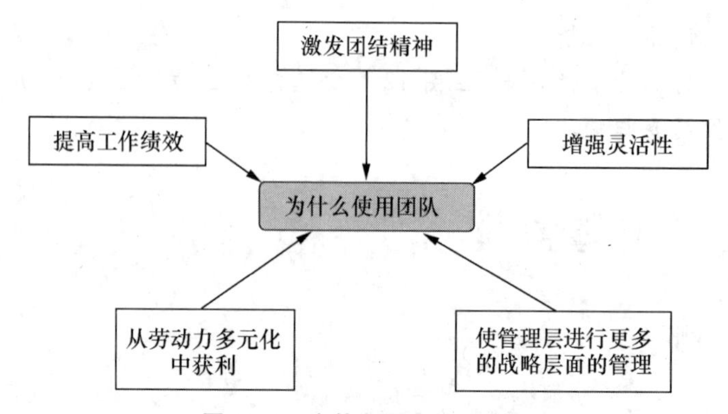


**图12-4　为什么团队如此流行**

真正意义上的团队强调一群人以任务为中心,互相合作,每个人都能够将自己的聪明才智和能力贡献给自己的团队。

## 二、团队的基本类型

根据每个团队存在的目的不同,我们可以将团队的类型归结为四种:问题解决型团队、自我管理型团队、多功能型团队和虚拟型团队。

1. 问题解决型团队

15年前,团队的概念开始慢慢风行,那时候的团队类型大都属于问题解决型,来自同一部门的若干名志同道合的人临时因为某一件事情聚集在一起,就如何扩大产品知名度、提高生产线产出率、改进工作流程、改善工作环境等问题展开讨论,相互交换意见,吸收彼此的观点,形成集体决策,达成工作共识。我们把这种团队称为问题解决型团队(Problem-solving Teams)。但是,这些团队却不具备执行力,即这些团队形成的意见和建议专门由具有执行力的部门负责采取行动,贯彻决策或目标。

20 世纪 80 年代,问题解决型团队的典型代表为“质量管理小组”或者“质量圈”。这种工作团队的组成结构为:职责范围近似或重叠的部分员工、主管,一般人数为 5—12 个人。他们会定期举行会议,在现场讨论质量问题或生产过程中将要面临的质量问题,调查原因,提出解决问题的建议,并监督相关的部门采取有效的行动。但有证据表明,“质量圈”对生产力能产生积极影响,但对员工满意度的影响不大。

2. 自我管理型团队

随着团队素质的不断提高,缺乏贯彻力、执行力,调动员工积极性和参与性动力不足等问题使问题解决型团队渐渐面临权利不足、功能欠缺等问题。为了弥补这些缺陷,就要求团队具有自主解决问题的能力,希望团队能够独立承担所有责任,而具备了这两种特征的团队被人们称为“自我管理型团队”。这种团队是一支真正能够独立承担责任的团队,团队中的成员不仅注意问题的解决,而且具备了解决问题后的执行能力。

通常来说,自我管理型团队的人数为 10—15 人,团队的成员构成呈现多样化的特征。团队的成员需要分担一些上级领导的职责,比如人员招聘、绩效评估、工作任务的分配、工作强度的分布以及工作时间的安排。当然,并不是所有的自我管理型团队都获得了团队成员的支持。比如道格拉斯航空公司的员工在面临大规模的解雇形势时,就曾集合起来反对公司采用自我管理型团队的形式,他们认为实行这种团队形式,并不一定能给公司注入新鲜的血液,也并不一定能提高公司的管理效率。

因此,应正视自我管理型团队的功效,理智地弄清楚这并不是培养团队制胜能力的万能的技巧和方法,事实上很多时候,我们需要将自我管理型团队囿于一定的范围限制内。

**小阅读:团队管理**

通用电气公司的机车发动机厂约由100个团队组成。每个团队都有极高的自我管理权限:允许团队内部商讨、通过重要的决策,允许团队自行安排本部门的工作日程,公司仅对常规性的设备采购数量和金额进行简单的控制。这种管理型团队发展到即使某一个团队不经过公司的集体决议就动用了200万美元的资金,工厂的总经理连眉头都不会皱一下。

不仅通用电气公司如此,美国大多数企业都采用低控制力的团队管理模式,给予团队充分的自主权。即使是团队实践水平尚属一般的克利夫兰L-S电镀锌板公司,也采取自我管理的团队经营模式,团队成员共同商讨、制定自己心仪的工作日程表,自行安排工作的交接程序和时间,在公司的薪资标准下自行建立相关的薪酬领取方案,甚至允许团队自行招聘、解聘。正如工厂总经理所说:“不到他们正式上班的时间,我从来不会见到一个新员工。”

发展到现阶段,美国大约1/5的公司采用了这种团队形式,例如施乐公司、通用汽车公司、百事可乐公司、惠普公司、霍尼韦尔公司(Honey Well)、爱纳人寿保险公司(Aetna Life)等。这些采取自我管理模式的团队都达到了比较理想的工作效率。曾有专家预测,21世纪,美国的大部分团队将采取这种团队模式,约有40%—50%的美国工人可以通过这种团队形式进行自我管理。这将给美国的团队领导者们提供组建具有自主权、功能全面的团队的平台。

(资料来源:http://abcd2682.blog.163.com/blog/static/53205595200886238213 9/。)

3. 多功能型团队

多功能型团队通常是由来自同一等级、不同工作领域、跨越横向部门界限的员工组合而成的,将这些人才聚合起来的唯一目的就是完成一项特殊的、特定的任务或目标。

**小阅读:波音公司的团队**

1990年10月29日,美国波音公司(以下称“波音公司”)正式启动研发波音777的项目。而在这次的设计阶段,波音公司采取了完全有别于该公司其他产品的团队模型。

在设计初期,波音公司就与美国联合航空公司、全日空航空公司、英国航空公司、日本航空公司和中国香港国泰航空公司等进行了广泛深入的讨论,来确定开发新飞机的结构布局,力争产品最大限度地满足全世界航空公司的需要,打造世界上“以客为本”的产品。

波音公司与日本三菱、川崎和富士重工业株式会社签订了风险分担伙伴协议。协议约定,日本承担波音777结构工作的20%,其中日本的三菱重工业株式会社和川崎重工业株式会社负责机身表面,富士重工业株式会社负责机翼中央部分。同时,波音公司还与俄罗斯的伊留申飞机公司合作,共同设计机舱行李架。为了满足航空公司的要求,波音公司还在波音777上采取了多项新科技:首次完全利用计算机绘图进行设计,整个设计过程并没有使用纸张绘图;事先建造一架虚拟的波音777,让工程师可以及早发现任何误差冲突,并预先评定数以千计的零件是否配合妥当,然后才制作实体模型;在原型机建造的时候各种主要部件一次性成功对接。

我们看到,为了确保计划的成功,波音公司的第二次商业豪赌(第一次为波音747的研制)——波音777项目,动用了大量的横向、纵向人才,调动了行业中最顶尖的力量,组成了一支多功能的团队,套用波音公司的话就是:打造了“一起工作”的哲学。

(资料来源:http://abcd2682.blog.163.com/blog/static/53205595200886238213 9/。)

波音公司的波音777项目的成功,有力地证明了多功能型团队是一种有效的团队合作形式,能将不同国家、不同行业的团队糅合起来,一起工作、一起交流、一起探索、一起创造。

但是,多功能型团队并不是简单的人员组合,其管理模式也不是简单的管理荟萃,而是在团队建立的早期就需要花费大量的时间和精力来搭建组织内部、组织之间不同领域员工的信息交流平台,还要调和团队成员间因地域、部门、能力不同而造成的矛盾。因此,将那些背景不同、经历和观点不同的成员聚合在一起,再建立起信任并能真正合作的平台需要花费大量的时间。但不管怎么说,多功能型团队总是一种有效的方式,它能让组织内(甚至组织之间)不同领域的员工之间交换信息,激发出新的观点,解决面临的问题,从而做好复杂的项目。

4. 虚拟型团队

虚拟型团队是随着通信技术的发展和网络服务的完善而渐渐兴起的,这是数字时代下的一种新的团队形式。通常而言,虚拟型团队中,工作人员的组织模式是虚拟化的,一群具有共同理想、共同目标、共同利益的人组合在一起,通过电话、网络、传真或者可视化图文来进行沟通、协调、讨论,相互交换意见,形成电子文档,从而完成一项事先拟定好的工作。这个"虚拟"指的就是团队环境的虚拟,但每个成员所进行的工作以及所奉献的经历等都是真实的,通过虚拟世界进行的相互之间的沟通和协作也是真实存在的。

相对于传统的实体性团队而言,虚拟型团队存在许多优点。例如,虚拟型团队由于不受地域、时间的限制,可以在任何一个地方,跨越空间发布指令,能将资源进行最优整合;虚拟型团队采取的是通过数字或电子通信的工作方式,因此,从一定程度上来说能降低经营成本;由于虚拟型团队的工作方式各有不同,这就使得假如虚拟团队的成员都具有较强的专业优势,协作精神在最出色的人才之间更能得到充分发挥。

总的来说,这种俱乐部式的虚拟型团队以灵活多变为特点,以共同的工作项目为基础,在使团队的效率大大提高的同时,建立了成员之间相互信任和配合的氛围。

建立团队之初,我们就应该确立我们的团队类型,当然团队类型并不是一成不变的,可以根据我们的需要做出相应的调整。

## 三、团队发展与建设

团队的发展是一个动态过程,大多数团队都处于不断变化的状态下。虽然团队可能永远也达不到彻底稳定的状态,但我们依然可以用一个一般模式来描述团队的发展历程。研究表明,团队发展经过四个阶段,如图 12-5 所示。

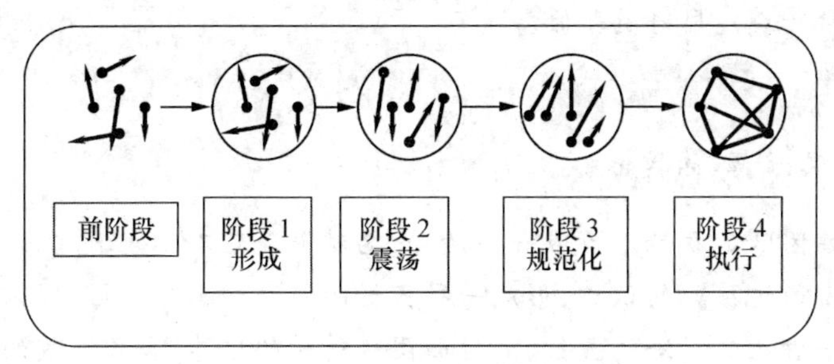


**图12-5　团队的发展阶段**

(一) 团队的发展阶段

1. 形成阶段(成立期)

新形成的团队表现出高度的不稳定性,因此其成员只是名义上为团队工作。这样的团队没有统一的愿景,缺乏运作规范,通常也没有明确的领导职责。从本质上讲,新形成的团队缺乏组织文化,所以成员缺少对团队的认同。团队成员通过评价其他成员的态度和能力,来决定自己怎样做比较合适,他们对团队的归属属于暂时性的,成员之间需要时间相互适应,这个阶段的工作效率很低。

(1) 这个阶段团队组建的两个工作重点。团队组建的两个工作重点,简单地说一个是对内,即在内部建立什么样的框架;一个是对外,即怎样跟团队之外的领导者,或其他的团队保持联系。在团队的内部框架中需要考虑的问题有组建团队的必要性、团队的规模、团队的任务、团队的成员、成员角色的分配以及团队的行为准则等;在团队的外部联络中需要注意的问题包括团队与组织的联系、团队权限、团队考评与激励体系以及团队与外部关系等。

(2) 如何帮助团队度过第一阶段。首先,宣布你对团队的期望是什么,也就是希望通过团队建设,在若干时间后取得什么样的成就,达到什么样的规模。其次,明确愿景。告诉团队成员,我们的愿景目标是什么,向何处去。再次,为团队提供明确的方向和目标。在跟下属分享这个目标的时候,要展现出自信心,因为如果自己都觉得这个目标高不可攀,那么下属怎么会有信心?同时,提供团队所需要的一些资讯、信息。比如要一个小组的成员到东北成立一个分公司,就必须给他足够的资讯,包括竞争对手在这个商圈中的分布,市场占有率分别是多少;计划在这个区域投入多少资本。最后,帮助团队成员彼此认识。第一阶段是初识阶段,大家还不知道你是谁,自己有一些特长,也还不好意思介绍出来,所以这个时候有必要让团队的成员彼此认识。你要告诉他们,哪位成员身上怀有什么样的绝技,这样容易彼此形成对对方的尊重,为以后的团队合作奠定良好的基础。

### 互动游戏:认识你真好

在组建团队的初期不妨做一个活动,名称是“认识你真好”。如果每一个团队成员都通过彼此的认识,形成一种良好的印象和感觉的话,那么就已经初步建立了一种比较融洽的气氛,为后面团队精神的培养、合作气氛的营造奠定了基础。这个活动分成五步:

第一,团队成员组合在一起,交叉进行分组练习,每五个成员一起,最多不要超过五个。

第二,每个成员介绍自己有代表性的三件事情,其中有两件真的,一件假的。比如,“我曾经做过两年的培训经理,这是一个经历,请大家猜测一下是不是真的”;“13 岁以前一直生活贫困,这段经历对我以后的工作很有帮助”,等等。

第三,其他成员来猜测,到底哪一个是真的,哪一个是假的,并说出理由。

第四,由陈述者介绍一下哪个真哪个假,依次进行。

第五,提供足够的时间,让大家相互认识。除了这三件事之外,可以就广泛的问题进行沟通,以便加深彼此的了解。

2. 震荡阶段(动荡期)

随着时间的推移,一系列问题都开始暴露出来,人们从一开始的彬彬有礼、互相比较尊重,慢慢地发现了每个人身上所隐藏的缺点,慢慢会看到团队当中一些不尽如人意的地方,比如团队的领导朝令夕改,比如团队成员的培训进度落后,刚开始承诺有很多很好的培训机会,却一遇到问题就耽误了……

团队成员对团队的目标也开始了怀疑,当初领导者很有信心地要达成某个目标,但经过一两个月的检验,发现基本上是高不可攀、达不到的。而人际关系方面,冲突开始加剧,人际关系变得紧张,互相猜疑、对峙、不满,成员开始把这些问题归结到领导者身上,对领导权产生不满,尤其在问题出现的时候,个别有野心的成员甚至会想到挑战领导者,这个阶段人们更多地把自己的注意力和焦点放在人际关系上,无暇顾及工作目标,生产力在这个时候遭到持续性的打击。

度过动荡阶段最重要的问题是安抚人心。首先,要认识并处理各种矛盾和冲突,比方说某一派或某一个人的力量绝对强大,那么领导者要适时化解这些权威和权力，绝对不允许以一个人的权力打压其他人的贡献；同时要鼓励团队成员就有争议的问题发表自己的看法。其次，准备建立工作规范。没有工作规范、工作标准约束，就会造成一种不均衡，这种不均衡也是冲突源，领导者在规范管理的过程中，要以身作则。最后，还需要调整领导决策，鼓励团队成员参与决策。

**小阅读：一个建议**

一个团队成员中午上班，喝酒喝得醉醺醺的，下午办事时，既影响了客户的利益，也影响了公司的形象，碰到这种问题怎样解决？给大家一个建议。这种问题真正出现的时候，可以在团队的会议上，不失时机地予以纠正。可以这样说：各位听好，你们在午餐时间做什么事情是你们个人的选择，不过各位绝对不能带着一身酒味回到办公室，这样不仅令人讨厌，也会给客户留下糟糕的印象，我希望各位从现在开始跟我合作。

通过这番话，这位团队成员会意识到自己的问题所在，也会把自己拉入团队正常的运作轨道中。既然一种规则已经制定了，那么他就有责任、有必要去配合。

（资料来源：http://wenku.baidu.com/view/5dc10aa20029bd64783e2c16.html。）

3. 规范阶段（稳定期）

规范阶段的人际关系开始解冻，由敌对情绪转向相互合作，人们开始互相沟通，寻求解决问题的办法，团队这时候也形成了自己的合作方式，形成了新的规则，团队各成员基本接受团队的运作程序，无论是在运作程序中还是在完成任务方面，成员之间的合作比竞争显得更为重要，尽管仍会有分歧，但是这一阶段的成员把不一致视为不同观点的表现。团队成员都应该发表不同的观点，人们的注意力开始转向任务和目标。通过第二个阶段的磨合，团队运作进入规范阶段，人们的工作技能开始慢慢地提升，新的技术慢慢被掌握。工作规范和流程也已经建立，这种规范和流程代表的是团队的特色。

团队要顺利地度过第三个阶段，最重要的是形成团队的文化和氛围。团队精神、凝聚力、合作意识能不能形成，关键就在这一阶段。团队文化不可能通过移植实现，但可以借鉴、参考，最终形成自己的文化。这一阶段最危险的事就是大家因为害怕冲突，不敢提一些正面的建议，生怕得罪他人。

4. 执行阶段(高产期)

成熟的团队能紧密合作,因为团队成员已将团队文化完全吸收进而融为自我意识的一部分。他们了解团队对每个成员的期望,因此他们会将时间和精力花在实质问题上而非一些程序问题上。成员为自己的团队以及自己能为团队的成功做出的贡献而感到自豪。

表 12-2 显示了团队发展的各个阶段对应的不同的工作关系。

**表 12-2 团队发展的各个阶段及对应的工作关系**

| 阶段 | 效率 | 工作关系 |
|---|---|---|
| 1. 形成阶段 | 低 | 戒备的、谨慎的、不承担责任的 |
| 2. 震荡阶段 | 低—中 | 好争辩的、定位的 |
| (功能失调) | 无—低 | 群体在这一阶段陷入困境 |
| 3. 规范阶段 | 中—高 | 合作的、相互支持的、善于沟通的 |
| 4. 执行阶段 | 高 | 协作的、整体化的、高标准的 |
| 执行阶段(呆滞) | 中 | 常规的、不接受外部观点的 |

(二) 如何建设高绩效的团队

1. 高绩效的团队特征

并不是所有的团队都能带来高绩效,团队本身并不能自动地带来效率,因此,我们需要进一步了解管理者怎样开发和管理一支高绩效的团队。

**清晰的目标** 高效的团队对于要达到的目标有清楚的了解,并坚信这一目标包含着重大的意义和价值。而且,这种目标的重要性还激励着团队成员把个人目标升华到群体目标中去。在有效的团队中,成员愿意为团队目标做出承诺,清楚地知道希望他们做什么工作,以及他们怎样共同工作最后完成任务。

**相关的技能** 高效的团队由一群有能力的成员组成。他们具备实现理想目标所必需的技术和能力,而且相互之间有能够良好合作的个性品质,从而能出色完成任务。

**相互的信任** 成员间相互信任是有效团队的显著特征,也就是说,每个成员对其他人的行为和能力都深信不疑。

**统一的承诺** 高效的团队成员对团队表现出高度的忠诚和承诺,为了能使团队获得成功,他们愿意去做任何事情。我们把这种忠诚度和奉献精神称为统一的承诺。

**良好的沟通** 这是高效团队一个必不可少的特点。团队成员通过畅通的渠道交换信息,包括各种语言和非语言信息。此外,管理层与团队成员之间健康的信息反馈也是良好沟通的重要特征，有助于管理者指导团队成员的行动，消除误解。就像一对已经共同生活多年、感情深厚的夫妇那样，高效团队中的成员能迅速准确地达成一致的想法和情感。

**谈判的技能**　当以个体为基础设计工作时，员工的角色由工作说明书、组织的规章制度以及其他一些正式文件明确规定。但对高绩效团队来说，谁做什么事情通常十分灵活，总在不断地调整。这种灵活性就需要团队成员具备谈判技能，团队中的问题和关系随时发生，成员必须能够应对和处理这些情况。

**恰当的领导**　有效的领导者能够激励团队跟随自己共渡难关。他们帮助团队明确前进的目标，他们向成员解释通过克服惰性可以实施变革，他们鼓励每个成员自信，他们帮助成员了解自己的潜力所在。目前，越来越多的高效团队的领导者扮演着教练和后盾角色，他们为团队提供指导和帮助，但并不控制团队。

**内部的支持和外部的支持**　高效团队的最后一个必要条件是它的支持环境。从内部条件看，团队应拥有一个合理的基础结构，包括：适当的培训，一套清晰而合理的测量系统用以评估总体绩效水平，一个报酬分配方案以认可和奖励团队的活动，一个具有支持作用的人力资源系统。恰当的基础结构应能支持团队成员，并强化那些取得高绩效水平的行为。从外部条件看，管理层应该给团队提供完成工作所必需的各种资源。

2. 如何维持一个高绩效团队

**随时更新我们的工作方法和流程**　并不是过去制定的方法和流程是对的，我们就不需要改变它，时间推移了，工作方法也需要调整，所以要保持团队不断学习的一种劲头。

**团队的领导行如团队的成员而不是领袖**　领导者要把自己当做团队的一分子去工作，不要把自己当成团队的长者、长官。

**通过承诺而不是管制来追求更佳的结果**　在一个成熟的团队中，应该鼓励团队成员，给他们一些承诺，而不是命令。有时资深的团队成员反感自上而下的命令式的方法。

**要给团队成员具有挑战性的目标**　通常情况下，团队成员往往会因为完成了某个具有挑战性的目标而感到自豪，团队成员为了获取这种自豪感，会更加积极地工作，从而使团队高效率运作。

**监控工作的进展**　比如看一看团队在时间过半的情况下，任务是否已经完成了一半，是超额还是不足。在进行监控反馈的过程中既要承认个人的贡献,也要庆祝团队整体的成就,毕竟大家经过磨合已经形成了合力,所以团队的贡献是至关重要的。当然也要承认个人的努力。

成熟的团队也有变得僵滞的危险,团队中的成员关系束缚了团队自身,使其无法为组织创新和提高组织效率发挥应有的作用。古话说,天下没有不散的宴席。任何一个团队都有它自己的寿命,执行阶段的团队运行到一定阶段,完成了自身的目标后,可能有三种结果:

第一种——团队的任务完成了,先解散。伴随着团队任务的完成,团队的使命要结束,面临着解散,这个时候成员的反应差异很大,有的人很悲观,好不容易大家组合在一起,彼此间都形成了很好的印象,但时间这么快,团结很好的时候又面临解散;也有一些人持乐观的精神,他们觉得没有白来一趟,完成了既定的目标,新的目标还在等待着自己。人们的反应差异很大,团队的士气可能提高,也可能下降。

第二种——团队这一任务完成了,第二个任务又来了,所以进入了修整时期。经过短暂的总结、休年假等,要进入到下一个工作周期,这个时候新的团队又宣告成立,可能原来一部分成员要离开,新成员要进入,因为人员的选择跟团队的目标是有关联的。

第三种——对于表现不太好的团队,将勒令整顿,整顿的一个重要内容就是优化团队的规范。通常团队不能达成目标就是因为规范建立得不够,流程做得不够,没有形成一套系统的方式和方法。

## 四、识别团队的发展阶段

领导团队的过程就像医生看病人的过程一样,先诊断,后开方。如何诊断团队的发展阶段呢?

1. 识别团队的两个尺度

怎样判定团队处于哪个阶段?除团队的特征外,还可以从另外两个提炼的因素中得到启示:一个是生产力。这个团队的生产力是高还是低,生产力所反映的问题是这个团队的成员会不会做事情、能不能做事情、是否拥有相关的技能。另一个是团队成员的士气。士气体现的是团队成员愿不愿意做事情。

2. 不同阶段团队的士气与生产力表现

根据士气和生产力的高低,我们可以判断团队所处的不同阶段:

在第一阶段,团队刚刚组合在一起,对新技术、新观念、新知识可能掌握得不多,这时生产力相对还比较低,但人们刚刚开始加入这个团队,都有一种很高的期望值,士气比较高。

进入到团队发展的第二个阶段,伴随着培训、产品知识的介绍等,生产力有所提升,但这个时候的士气很低,因为矛盾比较集中,冲突不断出现。

随着培训、技能的切磋和交流,团队发展到第三个阶段,这时生产力不断攀升,达到一个较高的水平,但士气则呈现出一种波动的状态,或高或低。当团队的技能比较成熟、能够完成任务时,人们表现出很强的自信心,这时士气就高,而当交给团队一个具有挑战性的工作,团队成员的技能还不足以完成它的时候,团队的士气就低。举个例子,小孩学游泳,有教练、家长在旁边看着,这时他可以从游泳池的一端游到另一端,20 米长没有问题。但有一天教练、家长都不在了,他自己在一个深不可测的湖或大江里,没人看护,他就不敢游了。

进入第四个阶段,这时生产力和士气都会进入到相对稳定的阶段,即双高阶段。但跟第一阶段相比,还是第一阶段的士气更高,团队成员很难找到刚开始参加工作时的热忱和兴奋。团队发展到第四个阶段,士气的高是相对稳定的,不是那种超现实的状态。

图 12-6 显示了不同阶段团队的士气与生产力表现。

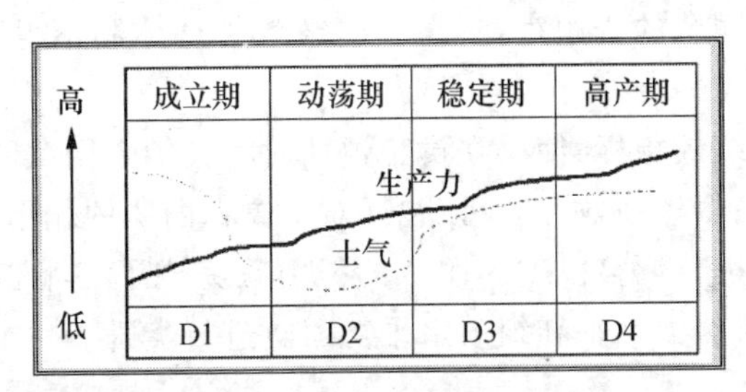


**图 12-6 不同阶段团队的士气与生产力表现**

## 五、怎样管理团队

管理一个团队包括哪些工作?我们分别从四种管理职能来看管理团队的工作:计划、组织、领导、控制。

1. 计划

确立目标是计划过程中的重要组成部分。正如我们前面所指出的,高绩效团队都有着清晰的目标。团队成员能理解并接受团队的目标十分重要。不论这个目标是分派给团队的,还是团队自发提出来的,每个团队成员都应该了解这个目标是什么。

用一个简单的办法就可以检查出团队成员对目标的理解情况:让每个成

员写出团队的目标,然后看一看他们各自的描述。如果人们对团队目标的理解存在分歧,管理者就需要澄清和明确它们。

2. 组织

在管理工作团队时,有关组织方面的任务包括明确权限范围和结构框架。有关这方面的一个关键问题是:我们拥有多大权限?一个团队所拥有的权限范围受到两方面的影响:一是组织文化,二是组织对于员工参与性和自主权的支持程度。另外,还应该确定团队内部的结构框架。领导者是受命担任的还是由成员选举出来的?如何有效而且高效地完成任务?面对各项任务分派谁去承担?任务的分派程序是什么样的?

3. 领导

有关领导方面的重要工作是,团队必须确定:领导者要扮演什么角色?不一致意见如何处理?使用什么样的程序?在这方面最困难的一部分工作是调动员工的积极性。

4. 控制

在控制方面有两个重要问题:团队的工作业绩如何评估?使用什么样的奖励机制?由于团队的普遍存在,组织的绩效管理体制不得不做出一定的调整。但如何调整?

组织要调整绩效指标,使得在员工评估时将其纳入团队的工作行为,也就是说,不仅要评估个体绩效,还应该包括对个体在团队中作用的考察。

对评估过程进行调整以纳入团队的努力只完成了一半工作,管理者还需要思考,如何针对努力水平和绩效水平对团队进行奖励。

**思考·讨论·分析**

1. 考察你在学校经历的一次团队活动,举例说明老师应该给而没给团队成员的指导,阐述你对学校活动肯定或否定的看法。

2. 回想一次你被指派参与团队的经历(在学校或在工作中),列出你最初对团队的期望,你对团队其他成员最初的反应,说说团队的经历在多大程度上满足了你最初的期望。

# 第三节　怎样管理冲突

## ◆ 引例

### 有冲突，才有沟通

进入以纪律著称的美国半导体业霸主英特尔，第一门要学习的课程是什么？不是“服从”，而是“如何吵架”。更严谨地说，是如何构建建设性的冲突（Constructive Confrontation）。别小看这门学问，这正是英特尔为何能兼具纪律与创意两种极端特质，每年在美申请专利达上千个，30 年来在半导体产业居垄断地位。“有冲突，才有沟通。”这是英特尔的独特文化。

“处理器的缺货问题，要到何时才能解决？原因到底是什么？您认为这可以说服客户吗？”2006 年 3 月，英特尔台北办公室的会议室里，挤满了三百多人，发问的人是英特尔刚进公司才三个月的基层工程师，被问的是执行长官欧特里尼，他满脸笑容一一应答，这种情形在英特尔常常上演，连前台小姐都可以直接挑战他。

直来直往，甚至有点火药味的跨阶层交谈，是建设性冲突展现的风貌之一。一位高层领导这样说道：“我们反而担心组织意见太一致，容易僵化，没有创新的能力。英特尔鼓励对事不对人，将建设性摆在前的‘对抗’。”

（资料来源：http://www.businessweekly.com.tw/webarticle.php?id=22643。）

毫无疑问，处理冲突的能力是管理者需要掌握的重要技能之一。美国管理协会进行的一项对中层和高层经营管理人员的调查表明，管理者平均花费 20% 的时间处理冲突；对于管理者认为在管理发展中什么方面最为重要的一项调查发现，冲突管理排在决策、领导或沟通技能之前，这进一步支持了冲突管理的重要性。另外，一名研究者还调查了一组管理者，以了解在 25 项技能和人格因素中，哪些与管理的成功（以上级评估、提薪和晋职来定义）关系最为密切。结果只有一项，即处理冲突的能力，它与管理的成功正相关。

## 一、冲突的基本概念

1. 什么是冲突

当使用冲突（Conflict）一词时，我们指的是由于某种抵触或对立状况而感知到的差异。差异是否真实存在并没有关系。只要人们感觉到差异的存在，则冲突状态也就存在。另外，在此定义中还包含了极端的情况，一端是微妙、间接、高度控制的抵触状况，另一端则是明显、公开的活动，如罢工、骚乱和战争。

2. 冲突观念的变迁

多年来，在冲突领域中逐渐发展出三种不同的观点。第一种观点认为应该避免冲突，冲突本身表明了组织内部的机能失调，我们称之为冲突的传统观点。第二种观点为冲突的人际关系观点，即认为冲突是任何组织无可避免的必然产物，但它并不一定会导致不幸，而是可能成为有利于组织工作的积极动力。第三种也是新近发展的观点，认为冲突不仅可以成为组织中的积极动力，而且其中一些冲突对于组织或组织单元的有效运作是绝对必要的，我们称之为冲突的相互作用观点。

**传统观点** 早期的看法认为冲突是不利的，并且常常会给组织造成消极影响，冲突成为暴力、破坏和非理性的同义词。由于冲突是有害的，因此应该尽可能避免。管理者有责任在组织中清除冲突。从 19 世纪末至 20 世纪 40 年代中期，这一观点一直统治着管理学的文献。

**人际关系观点** 人际关系观点认为冲突必须而不可避免地存在于所有组织之中。由于冲突是不可避免的，因此应该接纳冲突。这一观点使冲突的存在合理化；冲突不可能被消除，有时它甚至会为组织带来好处。自 20 世纪 40 年代末至 70 年代中期，人际关系观点在冲突理论中占据统治地位。

**相互作用观点** 当今的冲突理论为相互作用观点。人际关系观点接纳冲突，而相互作用观点则鼓励冲突。这一理论观点认为，融洽、和平、安宁、合作的组织容易对变革和革新的需要表现出静止、冷漠和迟钝。因此，冲突的主要贡献在于：鼓励管理者维持一种冲突的最低水平，这能够使组织单位保持旺盛的生命力，善于自我批评和不断创新。

3. 冲突的类型

相互作用观点并不是说所有的冲突都是好的。一些冲突支持组织的目标，能够提高其业绩水平，它们属于功能正常的类型，可将其称为建设性冲突。而一些冲突则阻碍了组织目标的实现，它们是功能失调的，这种冲突属于破坏性冲突。

## 二、冲突的一般过程

冲突的过程分为五个阶段：潜在的对立（或不一致），认知和个性化，行为意向，行为，结果。图 12-7 描绘了这一过程。

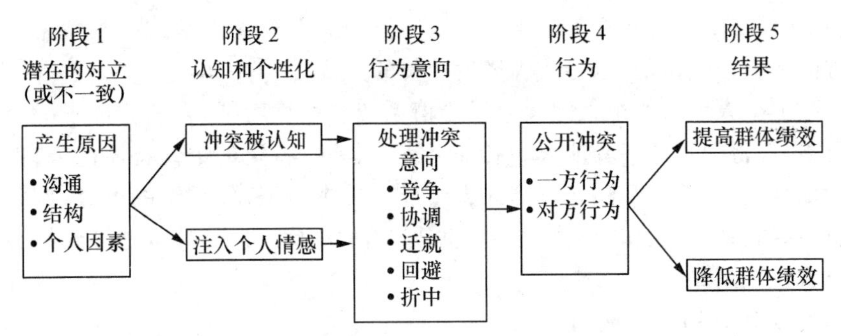


图 12-7　冲突的过程

### 阶段 1:潜在的对立(或不一致)

这一阶段存在可能产生冲突的条件,这些条件并不必定导致冲突,但它们是冲突产生的必要条件。冲突的根源可概括为三类:沟通、结构和个人因素。

(1) 沟通。沟通失效的因素来自误解、语义理解上的困难以及沟通渠道中的“噪声”。研究指出,语义理解的困难、信息交流不充分以及沟通渠道中的“噪声”,这些因素都构成了沟通障碍,并成为冲突的潜在条件。大量证据表明,培训的不同、选择性知觉以及缺乏其他信息,都会造成语义理解方面的困难。研究进一步指出,沟通的过多或过少(引发信息过多或过少)也会增加冲突的可能性。显然,沟通的增加在达到一定程度之前是功能性的,超过这一程度就可能是过度沟通,将导致冲突可能性的增加。另外,沟通渠道也影响到冲突的产生。人们之间传递信息时会进行过滤,来自正式的或已有的渠道中的沟通偏差,会提供冲突产生的潜在可能性。

(2) 结构。这里使用的“结构”概念,包括了这样一些变量:规模,分配给群体成员的任务的专门化程度,管辖范围的清晰度,员工与目标之间的匹配性,领导风格,奖酬体系,群体间相互依赖的程度。研究表明,群体规模和任务的专门化程度可能成为激发冲突的动力。群体规模越大,任务越专门化,则越可能出现冲突。另外,长期工作与冲突成负相关,如果群体成员都很年轻,并且群体的离职率又很高,出现冲突的可能性最大。由谁负责活动的模糊性程度越高,冲突出现的可能性就越大。管辖范围的模糊性也增加了群体之间为控制资源和领域而产生的冲突,组织内不同群体有着不同的目标,群体之间目标的差异是冲突的主要原因之一。就领导风格来说,严格控制下属行为的领导风格,也增加了冲突的可能性。研究表明,参与风格与冲突高度相关,这是因为参与方式鼓励人们提出不同意见;如果一个人获得利益是以另一个人丧失利益为代价的,这种报酬体系也会产生冲突;如果一个群体依赖于另一个群体(而不是二者相互独立)或群体之间的依赖关系表现为一方的利益是以另一方的牺牲为代价的,也会成为激发冲突的力量。

(3) 个人因素。个人因素包括价值系统和个性特征,它们构成了一个人的风格,使得他不同于其他人。有证据表明,具有特定的个性特质的人,例如具有较高权威、武断和缺乏自尊的人将导致冲突,而价值系统的差异,例如对自由、幸福、勤奋、工作、自尊、诚实、服从和平等的看法不同,也是导致冲突的一个重要原因。

**阶段 2:认知和个性化**

如果在阶段 1 产生挫折,那么在阶段 2 潜在的敌对会转变为现实,先前的条件(将在一方或多方受冲突影响和认知到冲突的情况下)会导致冲突。

正如我们对冲突所下的定义,感知是冲突的必要条件,因此,冲突的一方或多方必须意识到上述条件的存在,然而,因为冲突被觉察到并不使你紧张和焦虑,这将不会影响你对其他人的行为,只有进一步引起情感上的冲突,即当个体有了感情上的投入,双方都体验到焦虑和紧张、挫折或敌对时,潜在冲突才可能成为现实。

**阶段 3:行为意向**

行为意向介于一个人的认知、情感和他的外显行为之间,指的是以某种特定形式从事活动的决策。行为意向之所以作为独立阶段划分出来,是因为行为意向导致行为。那么行为意向会导致什么行为,是竞争、协调,还是迁就、回避、折中呢？答案取决于两个维度,一个是与他人的合作度,即一方愿意满足另一方愿望的程度;一个是自我肯定度,即一方愿意满足自己愿望的程度。

竞争:冲突双方在冲突中寻求自我利益的满足而不考虑冲突对另一方的影响。在组织中,这些输赢的斗争经常通过正式的权威,双方利用各自的权力去赢得胜利。

协调:冲突双方均希望满足双方的利益,并寻求相互受益的结果。在协调中,双方的意图是坦率接受差异并找到解决问题的办法,而不是迁就不同的观点。参与者考虑所有的方案,各种观点的异同将是焦点,各种依据将被充分讨论。因为寻求解决办法是双方的当务之急,协调通常被认为是双赢的解决办法。行为科学家大力宣传用协调的方式解决冲突。

迁就:如果一方为安抚对方,则可能愿意把对方的利益放在自己的利益前面;换句话说,迁就指的是为了维持相互关系,一方愿意做出自我牺牲。

回避:指的是一个人意识到冲突可能存在,但希望逃避它或抑制它。漠不关心或希望避免公开表示异议就是回避。冲突双方都认识到事实上的差距,各方都各自为界。如果回避是不可能或不愿意的,则表现为压抑。当群体成员由于他们工作的相互依赖而需要相互作用时,很可能是压抑而不是回避。

折中:当冲突双方都寻求放弃某些东西,从而共同分享利益时,则会带来折中的结果。折中没有明显的赢者或输者。他们愿意共同承担冲突问题,并接受一种双方都达不到彻底满足的解决办法。因此,折中的明显特点是,双方都倾向于放弃一些东西。在工会和管理层之间谈判时,双方必须妥协以达成劳动合同。

**阶段4:行为**

当一个人采取行动去阻止别人达到目标或损害他人的利益时,就处在冲突过程的阶段4。这种行为必须是有企图的和为对方所知的。在这一阶段,冲突会公开化。这一阶段是一个动态的相互作用过程。公开的冲突包括行为的整个过程,从微妙、间接、节制,发展到直接、粗暴、不可控的斗争。

**阶段5:结果**

冲突双方之间的行为反应相互作用导致了最后的结果。如果冲突能提高决策的质量,激发革新与创造,调动群体成员的兴趣与好奇,提供公开问题,解除紧张的渠道,培养自我评估和变革的环境,那么这种冲突就具有建设性。如果冲突带来了沟通的迟滞、组织凝聚力的降低,组织成员之间的明争暗斗成为首位而组织目标降到次位,那么这种冲突就是破坏性的,在极端的情况下会威胁到组织的生存。

## 三、冲突的层面

从沟通的角度考察冲突,我们必须认识到冲突的层面与沟通的层面是相互平行的,也是个体的、组织的和社会的。

以民间的违抗或者消极的抵抗为基础的各种运动,都是从某个单独的个体开始的,该个体认识到了不协调的处境并且拒绝屈服于更广泛的文化。当个体必须执行各种与其不协调的命令时,他经常体验到内心世界的冲突或者认知上的不和谐。在这个简单的层面上,不和谐也许来自工人所接受的不恰当的培训、下达的命令用词不当或者管理者方面的某个错误。

然而,不和谐也可能来自组织本身。个体会试着运用他所喜欢的方式写出一份既包括领导的意见,也包括某位客户要求的报告。当员工在执行专业标准或组织明确的政策,却不得不接受质量低劣甚至不合格产品或服务的事实时,就会引发个体与其组织相对抗。最后,也许会导致个体与社会产生冲突。表 12-3 描述了冲突的各层面。

**表 12-3 冲突的层面**

| 层面 | 冲突的类型 |
| --- | --- |
| 个体 | 内心的(认知不和谐)<br>个体与组织<br>个体与社会 |
| 组织 | 代表组织的个体与其他个体<br>代表组织的个体与其他组织<br>代表组织的个体与社会<br>集体行为与个体或群体(投票选举、暴动)行为 |
| 社会 | 社会与个体或群体(偏执、偏见)<br>社会与社会(政治、经济、环境冲突、战争) |

## 四、有效解决冲突的技术方法

冲突管理的主要任务在于制止和防范破坏性冲突的发生,限制和消除冲突的破坏作用,充分利用冲突带来的创新机会和建设性冲突的有效能量。冲突管理的唯一选择就是以权变的观点,对具体问题进行具体分析。

(一) 解决破坏性冲突的方法

对于破坏性冲突,管理者应如何处理?你需要知道你自己及冲突双方的基本的冲突处理风格,了解冲突产生的情境并考虑你的最佳选择。

1. 了解你基本的冲突处理风格是什么样的

尽管大多数人都会根据不同的情境改变对冲突的反应,但每个人都有自己偏好的冲突处理风格。本部分最后的自我评估练习可以帮助你了解自己基本的冲突处理风格是什么样的。当某一具体冲突出现时,你可能会改变你偏好的风格以适应当时的情境,但是,你的基本风格表明了你最有可能如何行动,以及你最经常使用的冲突处理方法是什么。

2. 审慎地选择你想处理的冲突

我们不应该对所有的冲突一视同仁。一些冲突可能不值得花费精力,还有一些冲突则可能极难处理。不是每个冲突都值得花费你的时间和精力去解决。回避可能显得是在“逃避”,但有时这是最恰当的做法。通过回避琐碎的冲突,可以提高总体的管理成效,尤其是冲突管理技能。你最好审慎地选择你的战役,把精力留给那些有价值、有意义的事件。

无论我们的意愿如何,现实告诉我们某些冲突是难以处理的。当对抗的根源很深,当冲突中的一方或双方想拖长冲突时间,或双方情绪过于激烈以至于建设性的相互作用已不可能时,你在冲突处理上所付出的努力很可能不会获得明显的回报。不要天真地以为优秀的管理者可以解决好每一个冲突。一些冲突根本不值得花费精力,还有一些冲突则在你的影响力之外。剩余的一些冲突才是功能正常的,你最好把这样的冲突挑选出来解决。

3. 评估冲突当事人

如果你选择了某一冲突进行处理,花时间仔细了解当事人是十分重要的。什么人卷入了冲突?冲突双方各自的兴趣是什么?双方各自的价值观、人格特点以及情感、资源因素如何?如果你能站在冲突双方的角度上看待冲突情境,则成功处理冲突的可能性会大幅度提高。

4. 评估冲突源

冲突不会在真空中形成,它的出现总是有理由的。解决冲突方法的选择很大程度上取决于冲突发生的原因,因而你需要了解冲突源。研究表明,产生冲突的原因多种多样,但总体上可分为三类:沟通差异、结构差异和人格差异。

沟通差异是指由于语义差异、误解以及沟通通道中的噪声而造成的意见不一致。人们常常轻易地认为大多数冲突是由于缺乏沟通造成的,但事实上在许多冲突中常常进行着大量的沟通。很多人都将良好的沟通与别人同意自己的观点错误地等同起来。初看起来,人际冲突似乎是沟通不畅而导致的,进一步分析则发现,不一致的意见是由于不同的角色要求、组织目标、人格因素、价值系统以及其他类似因素造成的。在冲突源方面,管理者常常过分注意不良的沟通因素而忽视了其他因素。

我们知道,组织中存在着水平和垂直方向的分化,这种结构上的分化导致了整合的困难。其经常造成的结果就是冲突。不同个体在目标、决策变化、绩效标准和资源分配上意见不一致。这些冲突并非由于不良沟通或个人恩怨造成,而是植根于组织结构本身。

第三类冲突源是人格差异。冲突可由个体的特性和价值观系统而引发。一些人的特点使得别人很难与他们合作。背景、教育、经历、培训等因素塑造了每个人具体而独特的个性特点和价值观,其结果是有的人可能令人感到尖刻、不可信任或陌生,这些人格上的差异也会导致冲突。

5. 进行最佳选择

当冲突过于激烈时,管理者采用什么手段或技术来减弱冲突呢?你可以从五种冲突解决办法中进行选择,它们是:回避、迁就、强制、妥协和合作。每一种方法都有其长处和弱点,没有一种办法是放之四海而皆准的。你需要从冲突管理的"工具箱"中考虑每一种"工具"。也许你会倾向于使用某一些工具,但高技能的管理者应该知道每一种工具能够做什么,以及在何时使用效果最好。

前面已经提到,并不是每一项冲突都要花费精力去处理。有时回避,即从冲突中退出,才是最好的解决办法。那么什么时候回避策略最为得当?当冲突微不足道时,当冲突双方情绪极为激动而需要时间使他们恢复平静时,当付诸行动所带来的潜在破坏性会超过冲突解决后获得的利益时,这一策略十分有利。

迁就是把别人的需要和考虑放在高于自己的位置上,从而维持和谐关系。比如,你顺从了其他人对某一事件的看法就是迁就的做法。当争执的问题不很重要或你希望为尔后的工作树立信誉时,这一选择十分有价值。

强制就是你试图以牺牲对方为代价而满足自己的需要。在组织中这种方式通常被描述为管理者运用职权解决争端。当你需要对重大事件做出迅速处理时,当你需要采取不同寻常的活动时,当对于你的处理方式其他人赞成与否无关紧要时,这种方式会取得很好的效果。

妥协要求每一方都做出一定的有价值的让步。在劳资双方协商新的劳工合同时常常采用这种方法。当冲突双方势均力敌时,当希望对一项复杂问题取得暂行的解决方法时,当时间要求过紧需要一个权宜之计时,妥协是最佳策略。

合作完全是一种双赢的解决方式,此时冲突双方都满足了自己的利益。它的典型特点是:双方之间开诚布公地讨论,积极倾听并理解双方的差异,对利于双方的所有可能的解决办法进行仔细考察。什么时候合作是最好的冲突处理办法呢?当没有什么时间压力时,当冲突双方都希望双赢的解决方式时,当问题十分重要不可能妥协折中时,合作是最佳策略。

（二）激发建设性冲突的方法

冲突管理的另一面,即要求管理者激发冲突,指的又是什么呢?激发冲突这一概念常常很难被人们接受。在绝大多数人心中"冲突"一词带有明显的消极含义,有意制造冲突似乎正好与优秀的管理背道而驰。几乎没有人愿意让自己处于冲突情境之中。但是,有证据表明,在一些情境中增加冲突具有建设性,虽然事实上在功能正常与功能失调的冲突之间很难明确划清界限。尽管没有一个明确的方法来评估是否需要增加冲突,表 12-4 中列出的一系列问题会对你有所帮助。如果你对其中的一个或多个问题做出肯定的回答,便表明需要激发冲突。

**表 12-4 是否需要激发冲突**

1. 你是否被“点头称‘是’的人们”包围?
2. 你的下属是否向你承认自己的无知与疑问?
3. 决策者是否过于偏重折中方案以至于忽略了价值观、长远目标或组织福利?
4. 管理者是否认为,他们的最大乐趣是不惜代价维持组织单位中的和平与合作效果?
5. 决策者是否过于注重不伤害他人的感情?
6. 管理者是否认为在奖励方面,得众望比有能力和高绩效更重要?
7. 管理者是否过分注重获得决策意见的一致?
8. 员工是否对变革表现出异乎寻常的抑制?
9. 是否缺乏新思想?
10. 员工的离职率是否异常低?

肯定地回答其中一些或全部问题表明需要激发冲突。我们对解决冲突的了解比对激发冲突的了解多得多,这很自然。人们对减少冲突这一主题的关注已有几百年或上千年的历史了,而对激发冲突技术却缺乏深入思考,直至最近我们才开始对该主题感兴趣。下面的一些初步建议可能会对管理者有些作用。

1. 改变组织文化

激发功能正常的冲突的首要一步是,管理者应向下属传递这样的信息,即冲突有其合法地位,并以自己的行动加以支持。应该对那些敢于向现状挑战、倡议革新观念、提出不同看法和进行独创思考的个体给予大力奖励,如晋升、加薪或采用其他手段。

2. 运用沟通

从富兰克林·罗斯福执政时期开始,甚至可能更早,白宫就一直运用沟通手段激发冲突。高级官员把可能的决策通过“名声不好的”可靠信息源渠道透露给媒体。比如,把高级法院可能任命的大法官的名字“泄露出去”。如果该候选人能够经得起公众的挑剔考察,则将任命他为法院院长。但是,如果发现该候选人缺乏新闻、媒体及公众的关注,总统的新闻秘书或其他高级官员不久将发表诸如“此人从未在考虑之列”的正式讲话。白宫的任职者们不论党派归属为何,都一直使用这种方法作为激发冲突的手段。它易于逃脱的特点使其十分流行。如果导致的冲突水平过高,则可以否决或消除信息源。模棱两可或具有威胁性的信息同样可以促成冲突。有关工厂可能会倒闭、部门可能被取消或个体可能被解雇这些危急信息会减少漠然态度，激发新思想，促进重新评估，而所有这些积极结果都源于增加了冲突。

3. 引进外人

改变组织或单位停滞迟钝状态所普遍使用的方法是，通过从外界招聘或内部调动的方式引进背景、价值观、态度或管理风格与当前群体成员不相同的个体。在过去的十年中，很多大型企业采用这一技术来填补他们董事会的空缺。妇女、少数种族成员、消费者积极分子以及其他背景、兴趣方面与原董事会成员极不相同的人员被有意地选择进董事会以增加新见解。

4. 改变组织结构

我们知道，结构变量也是冲突源之一，因此把结构作为冲突激发机制是符合逻辑的。使决策集中化、重新组合工作群体、提高规范化和增加组织单位之间的相互依赖关系都是结构机制的变化，这样做打破了现状并提高了冲突水平。

5. 鼓励竞争

对竞争的适当鼓励能够帮助组织保持适当的冲突水平，避免凝聚力的负效应。

## 五、如何谈判：个体与冲突

我们都知道法官和汽车推销员把他们的大部分时间用于谈判。要知道管理也是如此，他们需要与新员工协商薪水；与上级领导讨论政策；与同事处理意见分歧；与下属解冲突矛盾。我们把谈判定义为，双方或多方互换商品或服务试图对他们的交换比率达成协议的过程。

1. 谈判策略

谈判有两种基本策略：分配谈判和综合谈判。二者的区别见表12-5。

**表12-5　分配谈判与综合谈判**

| 谈判的特点 | 分配谈判 | 综合谈判 |
|---|---|---|
| 可能的资源 | 被分配的资源数量固定 | 被分配的资源数量可变 |
| 主要动机 | 我赢，你输 | 我赢，你赢 |
| 主要兴趣 | 相互对立 | 相互融合或相互一致 |
| 关系的焦点 | 短时间 | 长时间 |

(1) 分配谈判。你所参与的这种谈判过程称为分配谈判。其最明显的特点是在零和条件（有输有赢）下运作。也就是说，我所获得的任何收益恰恰是

你所付出的代价；反之亦然。以前面所说的旧车为例，你从卖主那里讲下来的每一块钱都节省了你的开支；相反，卖主多得的每一块钱都来自你的花费。因此，分配谈判的本质是，对一份固定利益谁应分得多少进行协商。在分配谈判中最常引用的例子是劳资双方对工资的谈判。一般情况下，工人代表在谈判桌前总是想从资方那里尽可能多地得到钱。由于在谈判中工人每一分钱的增加都提高了资方的开销，因而谈判双方都表现出攻击性，并把对方视为必须击败的敌手。进行分配谈判时，你的战术主要是试图使对手同意你的目标点或尽可能接近它。下面是个使用这一战术的例子：劝说你的对手达到他的目标点毫无可能性，而在接近的目标点上达成和解则是明智的；申辩你的目标是公正的，而对手的则不是；试图激发对手感情用事使他觉得应对你慷慨，从而使达成的协议接近于你的目标点。

**小阅读**

你在报纸上看到一则旧车出售的广告，车似乎是你一直想要的那种。你去看了车，发现很合意，因而想买下来。车主报了卖价，可你不想花那么多钱，于是你们二人对价格开始进行协商。

（2）综合谈判。销售员与信贷经理之间的谈判就是综合谈判的例子。与分配谈判相比，综合谈判是基于这样的假设解决问题的，即至少有一种处理办法能得到双赢的结果。综合谈判比分配谈判更为可取。为什么？因为前者建构的是长期的关系并推进了将来的共同合作。它将谈判双方团结在一起，并使每个人在离开谈判桌时都感到自己获得了胜利。相反，分配谈判则使一方成为失败者，它倾向于建构憎恨，并使得那些需要不断发展共同合作的人隔离得更远。那么，为什么在组织中我们看不到太多的综合谈判呢？答案在于这种谈判要取得成功必须具备一些条件。这些条件包括：信息的公开和双方的坦诚；各方对另一方需求的敏感性；信任别人的能力；双方维持灵活性的愿望。由于许多组织文化和组织内环境并不以开放、信任、灵活为特点，因此，谈判常常建立在为赢而不惜任何代价的动力基础上也就不足为奇了。

**小阅读**

某妇女运动服生产厂的一位销售代表，与一位小型服装零售商谈好了一宗15 000美元的订货，销售代表按照程序打电话给厂里的信用贷款部门。但她被告知，这名主顾过去曾有拖延付款的记录，因此厂里不赞成他的赊购。第二天，销售代表与厂里的信贷经理一起讨论这个问题。销售代表不想失去这笔买卖，信贷经理也是一样，但他同样不希望被收不回来的欠款困扰。双方开诚布公地考察了他们有可能的所有选择。经过细致严谨的讨论，最后认可的解决办法满足了双方的需要：信贷经理同意这笔买卖，但服装商需要提供银行担保，如果60天内不付款可以保证得到赔偿。

2. 阻碍有效谈判的决策偏见

最近的研究表明有七种决策偏见阻碍了个体从谈判中获得最大可能的效益。

(1) 承诺的非理性增加。人们倾向于按照过去所选择的活动程度继续工作，而不是采用理性分析的方式。这种不当的坚持浪费了大量时间、精力和金钱。过去已投资的时间和金钱是沉没成本，它们不可能再重新获得，并且在对未来的活动进行选择时也不应将它们考虑在内。

(2) 虚构的固定效益观念。谈判双方常常以为他们的效益必定来自另一方的代价。而在综合谈判中我们看到情况并不一定如此，经常可以找到双赢的解决办法。但是，零和的观念(输—赢)则意味着丧失了双方均可能获益的谈判机会。

(3) 固定与调整。人们常有一种倾向，即把他们的判断停留在无关信息，如最初的报价上。事实上，很多因素影响着人们进入谈判时最初所持的看法，这些因素常常是无意义的。有效的谈判者不会使自己受到固定看法的限制，从而使自己的信息量及评估环境的思考深度降低，在谈判中也不会因对手较高的报价给予过多的重视。

(4) 构建谈判。人们很容易受到信息提供方式的影响。比如，在劳资合同谈判中，假设你的雇员目前每小时可得30元，工会希望再提高4元，而你则打算提高2元。如果你能成功地把谈判塑造成每小时增加2元的得益(与当前的工资相比)，相比每小时降低2元的损失(与工会的要求相比)，工会的反应会截然不同。

(5) 信息的可得性。谈判者常常过于依赖已有可得的信息,却忽视了更为相关的资料。人们遇到过的事实或事件常常很容易被记住,在他们的记忆中这些是更“易于得到的”。另外,越生动的事件也越容易被记住或想象到。那些由于其熟悉性或生动性而被记住的信息,常常可能被理解为是值得信赖的东西,即使它们不具备这样的条件。因此,有效的谈判者要学会区分哪些是他们在情绪和情感上熟悉的信息,哪些是可靠且相关的信息。

(6) 成功者的苦恼。在很多谈判中,一方(通常是卖方)比另一方拥有更多的信息。但在谈判中人们总是倾向于认为自己的对手很迟钝,对有价值的信息表现得无知。成功者的苦恼反映出了谈判结束之后一方常感到的遗憾。你的对手很快接受了你的报价,这表明你的报价应该更高。你可以通过尽可能多地获得信息并将自己置身于对方的位置上来减少这种“苦恼”。

(7) 过于自信。前面的许多偏见可以综合在一起而使一个人对自己的判断与选择过分自信。当人们拥有某种信念和期望时,倾向于忽视与之相矛盾的其他信息,其结果导致谈判者过于自信。这反过来又减少了折中的可能性。缓和这种倾向有两个办法:一是认真细致地考虑合格顾问的建议;二是从中立者那里了解自己客观的位置。

**思考·讨论·分析**

1. 回忆在受教育阶段你所亲身经历的冲突。找出导致冲突的主要原因,然后对照你与老师或你与管理者不同的地位,找出处理冲突的可行办法。

2. 考察生活中你不曾卷入过的人际间以及部门间的冲突。确定争论的要点以及表现为互动层面的那些因素。大致描述一下作为第三方你将如何帮助解决冲突。

## 第四节 如何进行会议沟通

### ◆ 引例

**生产力会议**

何利仁正在阅读一些往来文件,正好看到另一位部门主管李大德的开会通知,提醒他下周要开生产力会议。公司在去年开始了这项月会,由李大德负责协调。会议的目的是要借此让部门主管探讨影响生产的问题,并找出解决方案。一开始时,会议很有效,也带出了一些重要改变。但是,最近的两三次会议就没有那么理想了，谈的问题很多，如何解决的具体方案却少。依何利仁的看法，这个会议既没计划又没管理。例如，没有清楚的会议目标，又没有议程，会前会后也未指定专人负责等；参加人员只是空谈一些问题，而毫无解决方法，或行动计划。因此，虽然何利仁可以对生产力改善大有贡献，他并不觉得参加会议是有效沟通。

（资料来源：http://edu.gongchang.com/manage/lead/2009-10-21/12758_11.html。）

会议作为组织和群体中最常见的一种活动，人们几乎每天都可以看到、听到或者亲身参与其中，但是，像上面描述的这种“会而不议，议而不决”的会议也常有发生，是不是应该采用新型的、更有效率的沟通方式呢？虽然现代科技发展速度很快，传真、电话、无线通信等各种电子设备代替了很多沟通方式，但是并没有任何迹象能够表明会议将走向消亡，反而由于其具有的独特优越性引起了管理者的更大注意。那么，如何进行会议沟通呢？

## 一、会议的含义

通常人们把会议简称为会。严格说来，聚而不议（不讨论、不交换意见或看法）者谓之“会”，聚而又议（讨论、协商、交换意见）者称为“会议”。会议是人类社会发展的产物。分析上述关于会议的定义，可以看出它包含下述五层含义：

第一，会议是人类社会发展的产物。会议同人类社会的其他社会现象一样，是人类历史发展的产物，也是人类群居生活习性的产物，普遍存在于人类各种社会形态之中。早在人类原始氏族社会时就已经存在会议了。随着社会的发展、人类文明的进步，会议在现代社会中的地位不断提高，作用不断增强，已经成了不可缺少、不可取代的一种活动形式，这是人所共知的事实。

第二，会议是人类社会的一种集体活动形式。会议的定义中明确指出，会议必须是至少两个人的活动。在这样的集体活动中，大家就某个问题充分地发表自己的意见并进行讨论，然后根据讨论的情况进行进一步的决策。

第三，会议是有组织的集体活动。单独几个人的聚会，不讨论问题，不叫会议；为了解决某个或某些特定的问题，但却是某个人的单独思考也不叫会议，必须是二者皆有才叫会议。

第四，会议是有目的的集体活动。任何会议的进行都是有目的的，而不是漫无边际的。开会通常是为了解决一个或多个特定的问题。

第五，会议是短时间聚集的集体活动形式。会议的召开一般有一个时间限制，在日常生活中，除了特殊情况外，一般的会议是以小时来计算的，充其量是以天来计算的。所以,从总体上说,会议是一种短时间的集体活动。

## 二、会议的种类

会议依照目的及性质的不同大致可分为五大类:

1. 宣达会议

此类会议的目的主要是将重大的决策、规定或情报告知有关人员,由于没有文书转达的误解,并能立即解答疑问,是管理者最常采用的一种会议方式,此时主席扮演着信息提供者的角色。

2. 检讨会议

此类会议的目的是控制各部门的工作进度及品质,同时让与会者了解其他单位的现况,主席主要的职责在于检核进度、发觉异常。

3. 协调会议

此类会议之所以召开主要是因为部门间发生冲突,或者需要众多单位配合实施,主席的主要职责是控制发言顺序。

4. 解决问题会议

此类会议的主要目的是集思广益,共商可行办法,主席的主要职责是鼓励参与确认对策。

5. 搜集意见会议

此类会议的主要目的是获得与会者的意见,因此主席只扮演触媒的角色,尽量创造热烈的发言气氛。

## 三、哪些情境适宜会议沟通

如下的几种情境宜采用会议的方式进行沟通:

(1) 需要统一思想或行动时(如项目建设思路的讨论、项目计划的讨论等);

(2) 需要当事人清楚、认可和接受时(如项目考核制度发布前的讨论、项目考勤制度发布前的讨论等);

(3) 传达重要信息时(如项目里程碑总结活动、项目总结活动等);

(4) 澄清一些谣传信息,而这些谣传信息将对团队产生较大影响时;

(5) 讨论复杂问题的解决方案时(如针对复杂的技术问题,讨论已收集到的解决方案等)。

## 四、如何进行会议沟通

1. 选择会议沟通模式

会议沟通模式对其效果有很大的影响。适当、有效的沟通模式,不仅可以使会议取得好的效果,也能给与会者营造一份好的心情。这些沟通模式,就是与"谁发言?历时多久?"、"他对谁讲话?与谁交谈?"以及"其后会有谁发言?有几人?"等有关的问题,这些问题都是应该在会前事先明确的。

2. 明确会议目的

任何会议都是有目的的,主席在筹备会议时应问问自己"举行会议要达到什么目的",是信息共享、动员激励、信息传播还是问题解决和决策制定?这一目的应是具体的、明确的。高尔夫公司的杰利·麦克阿弗认为,会议中应使有关主题的各种意见都得到充分阐述。在确定主题、目标时,也应考虑各种不同意见及客观制约因素,可能的话,还应对目标进行分类、分解。

3. 确定与会者构成

确定与会者的首要原则是少而精。如果是信息型会议,应该通知所有需要了解该信息的人都参加;若是决策型会议,则需要邀请能对问题的解决有所贡献、对决策有影响的权威,以及能对执行决策做出承诺的人参加。同时,需要对某些未在会议邀请之列的关键人士说明原因。表 12-6 列出了参考会议规模。

**表 12-6　参考会议规模**

| 会议目的 | 参考与会人数 |
|---|---|
| 决策制定和关键问题解决 | 5 |
| 问题识别或头脑风暴 | 10 |
| 研讨会和培训班 | 15 |
| 信息研讨会 | 30 |
| 正式报告会 | 不限 |

4. 会议的筹备工作

(1) 确定会议主题和目标。会议的筹备是从分析会议的主题与必要性开始的。一般来说,一种可能是工作中出现了问题,通过开会研究解决问题的方案;另一种可能就是前瞻性的会议,为了解决将来工作中可能发生的问题。会议的主题一般就是解决这两种问题。围绕着会议的主题,应当设置一个比较具体的并且经过努力能够达到的目标,如统一认识、达成协议等。对会议的必要性应进行评估，只有当大量的信息需要在短时间内扩散到较大范围并且需要多方协商时，才有必要召开会议。

(2) 制订会议活动计划。会议活动计划内容可列出会议主题、目标、与会人员、会议时间、会议地点等。计划中，还应确定详细的会议筹备工作程序与安排。一般的会议筹备工作有三个方面，一是人员的筹备，包括主席、参加者、列席会议者以及服务人员等；二是会议的物质准备，如食宿、交通、器材设备、会场布置等；三是会议内容的准备，包括会议的形式方法、宗旨、文件、宣传材料等。另外，在会议计划中，还应详细地提出一系列有助于实现会议目标的措施。

(3) 制定会议议程。确定了会议的必要性和主题之后，要制定会议的议程。会议的议程即会议中所讨论问题的先后顺序。后面对此有详细论述。

(4) 发放会议通知。会议通知原则上要以文字形式进行。发通知时，要把请对方答复是否出席的邀请函一并发出。在会议通知书上，要写明以下事项：会议名称、会议召开以及结束的预定时间、会议目标、会议议题、会议场所(附导向图)、对方答复是否出席的期限、主办者及联络方式、会议有无停车场和其他事项(如有无会议资料、有无就餐安排等)。会议通知要及时发出。

(5) 会场布置安排。会场布置包括三个方面。

**会场的选定** 确定会议地点一般应遵循交通方便的原则，可能的话，应选择在离与会者工作或居住较近的地方，以保障与会者能方便及时地赶到。会场应该能够适应会议的级别和与会者的身份，不能太简陋，当然也不必太奢华，应符合经济实用的原则。会场应大小适宜，有良好的通风设施，会场应禁止抽烟，否则人多空气混浊不利于健康。会场照明状况同样很重要，光线明亮会使人精神振作，提高会议效率。

**会场内设备的准备** 会场内应具有与会议有关的设施，包括黑板、粉笔，以便与会人员板书；电源、银幕、投影仪、幻灯设备，用以展示会议的背景资料及议程大纲；扩音设备，这一点在较大型的会议中尤为重要，倘若与会者听不清主持人的发言，那将是一次非常失败的会议；录音设备，可以录下会议的实况。此外，还有其他一些基本的条件，如桌椅、茶水等。

**会场的布置** 举行会议，必须根据会议的目标、人数、会场的大小等情况恰当地布置会场。会场布置包括两个问题，一是座位的布置，一是会议参加者的位置安排。会场座位布置最好能适合会议的整个风格和气氛。而对于会议参加者的位置安排，一般应在最容易看到会议主席和黑板的位置上，会议主席的对面墙壁上最好能挂一个醒目的挂钟，以便其掌握会议进程。另外，在与会者彼此不熟悉的情况下,应在每个与会者面前的桌子上摆放其姓名牌,以便互相了解或结识。

5. 会议议程

"议程"一词来源于拉丁文,意为"必须做的事",一般也就把会议议程定义为"在会议上要考虑的事务"。

美国通用汽车公司前总裁托马斯·墨菲是一位成功的公司领导人,他说:"会议的议程必须事先准备妥当,并分发给与会者,这样可以使他们心中有数,做好倾听、发言的准备。必要时还可以向讨论议题有关的部门收集信息,以便会上提出准确的数据和资料。"确实,会议议程有着重要的作用。你会发现,花些时间准备一份议程,会有利于达到会议目的、提高会议效率,使每一个与会者聚精会神。

制定会议议程是主席的职责,在会议举行前就要将讨论的事务的内容和顺序做出决定。在发放议事日程时,必须有讨论的事务所需要的支撑材料。会议议程上应标明:会议时间(开始时间、结束时间)和地点;会议目的;会议议题的顺序。会议议题所需的支撑材料往往会影响会议议程与实际开会的间隔时间。例如,若支撑材料庞大、内容复杂,那么一周的间隔也就够了;材料不多或没有那么多议程,开会前两三天发出即可。当然,会议议程发放过早对保证出席会议并无必要,因为有的成员会丢失或忘记有会议议程这回事。而会议目的也有必要在此强调,以促使会议成员予以充分的重视。会议议题的顺序对会议的顺利举行也有重要影响。表12-7是一份会议议程实例。

**表12-7 会议议程实例**

| M计算机公司一号项目第6次检查会议 | |
|---|---|
| 日期:2010年12月4日,星期五 | |
| 时间:下午2:30—3:45 | |
| 地点:B大厦第二会议室 | |
| 会议目的:检查一号项目进展情况 | |
| **议程** | |
| 1. 公司第四季度销售情况; | 2. 上次会议记录; |
| 3. 上次会议记录中提出的问题; | 4. ××关于CPU进展的报告; |
| 5. ××关于Case设计进展的报告; | 6. ××关于软件进展的报告; |
| 7. 下次会议日期、时间、地点。 | |
| **附件** | |
| 1. 软件进展报告,第7号; | 2. Case设计进展报告,第2号; |
| 3. 关于软件问题的短文。 | |

6. 会议记录

对于一些正规的会议,详细、准确地记录会上的发言以及讲话者是谁是非常重要的,这类会议如法庭审讯、国家有关行政部门召开的办公会议、股东大会或董事大会等,为了将来发生争端或是有请求参照时使用。这些会议的程序和内容都应进行记录、录音、出版或收藏,一般地,经理会议极少要求那么正式的录音记录,仅限于记录达成了什么协议、谁对某种行动负责、什么时间等。

会议记录应包括显示内容的信息:哪些人出席了会议;谁受邀但没有出席;会议何时何地举行。在做会议记录时,上述内容应将段落章节编目,以便将来查找;使用有限的名字;以短句记录讲话的核心内容,谁讲的话,做出了什么决定等。表 12-8 是一个比较典型的会议记录实例。会议记录应能及时地送给主席和与会者,必要时发送新闻宣传机构。

**表 12-8　会议记录形式实例**

| M 计算机公司一号项目第 6 次检查会议记录 |
| --- |
| **时间、地点:**<br>2010 年 12 月 4 日(星期五)在 B 大厦第二会议室举行,下午 2:30 开始<br>**出席情况:**<br>出席会议者包括:钟楚义,周亦梅、周敏、唐婉、庄子期(主席);无故缺席者有:李杰、张明,吴倩发来了请假条。<br>**上次会议记录:**<br>与会者都同意,认为这是上次会议的准确记录<br>**上次会议记录中提出的问题:**<br>第四章　周亦梅报告说,有关客户仍在度假,所以她没能邀请到他们来参加会议。<br>第五章　同意的行动:周亦梅在有关客户度假归来后邀他们参加会议。<br>第六章　完成的时限:下次会议前。<br>**进展报告实例:**<br>周敏报告说,软件发展已在目标之列,可望在三月底前完成第二版。然而,仍存在吴倩对制图程序可行性不予协作的问题。<br>第七章　同意的行动:周敏与吴倩会谈,由唐婉解决问题。<br>第八章　完成的时限:2010 年月 12 月 21 日。<br>**下次会议的时间、地点:**<br>2010 年 12 月 25 日(星期五)下午 2:30 在 B 大厦第二会议室举行。 |

## 五、有效开会的技巧

1. 会议开始的技巧

好的开端等于成功的一半。会议开始顺利,则为会议的成功举行打下良好的基础。会议开始时,主席应尽力吸引与会者的兴趣,满足与会者的需求。有时会议成员之间并不相识,需要做些必要的介绍。常用的介绍方法有:

(1) 自我介绍。与会者分别做一下简短的自我介绍,说明自己的姓名、身份、背景情况等。这种介绍可以是按一定次序进行的,也可以是随意的、无序的,介绍时,通常应起立、脱帽。

(2) 互相介绍。这种介绍将自我介绍与他人介绍结合起来,通常按照座位的次序或按事前编排好的次序进行。

(3) 主席介绍。由会议主席一一介绍参加会议的人员情况,这一方法适用于主席对与会者的姓名、身份比较熟悉的情况。介绍到哪一位与会者时,被介绍者应起立、脱帽向大家点头示意。

(4) 名片介绍。通过与会者相互递交名片进行。名片通常印有姓名、身份等内容,呈长方形,长9—10厘米,宽5—6厘米,男子的可略大些,女子的可略小些。名片的颜色可以是白色、米黄色、浅灰色或浅蓝色,在左上角常用较小的字体写明身份、职务,名片正中用较大的字体印出姓名,左下角和右下角可印出地址、邮编、住址、电话等。

在介绍了与会者的情况之后,应设法使会议进入正题,其方式有两种。一种是比较正式的会议,可以由主席或其他重要人物的正式讲话开始;另一种是非正规的、非正式的场合,可由主席用一个与会议主题有关的故事或玩笑引入正题。

2. 会议进行中的技巧

表12-9列出了不同问题类型的特点,并给出了相应的处理技巧。

**表12-9　不同类型问题的特点及处理技巧**

| 问题类型 | 问题特点 |
| --- | --- |
| 棱镜型问题 | 把别人向你提出的问题反问给所有与会者。例如,与会者问:“我们应该怎么做呢?”你可以说:“好吧,大家都来谈谈我们应该怎么做。” |
| 环形问题 | 向全体与会者提出问题,然后每人轮流回答。例如:“让我们听每个人的工作计划,小王,由你开始。” |
| 广播型问题 | 向全体与会者提出一个问题,然后等待一个人回答。例如:“这份财务报表中有三个错误,谁能够纠正一下?”这是一种具有鼓励性而没有压力的提问方式,因为你没有指定人回答,所以大家不会有压力。 |
| 定向型问题 | 向全体提出问题,然后指定一人回答。例如:“这份财务报表存在三个错误,谁来纠正一下? 小王,你说说看。”这种提问方式可以让被问及的对象有一定的准备时间。 |

3. 会议结束的技巧

(1) 总结主要的决定和行动方案以及会议的其他主要结果。

(2) 回顾会议的议程,表明已经完成的事项以及仍然有待完成的事项;说明下次会议的可能议程。

(3) 给每位与会者一点时间说最后一句话。

(4) 就下次会议的日期、时间和地点达成一致意见。

(5) 对会议进行评估,在一种积极的气氛中结束会议。你可以对每一位与会者的表现表示祝贺,表达你的赞赏,然后大声地说“谢谢各位”来结束会议。

## 六、会议主席的沟通技巧

会议主席处在会议控制的核心地位,因此,会议主席对会议控制的技巧、对会议的结果具有重要影响。会议是多人进行沟通的场合,在开始时即营造出良好的或适宜的会议氛围对其顺利进展十分重要,这就需要会议主席具有较熟练的沟通技巧和丰富的主持会议经验。

**互动话题**

某高校科学馆会议厅内正在召开“中国21世纪的管理教学发展趋向”研讨会。会议进行期间,就MBA教育的发展方向问题,不同的与会者提出了不同的看法,有的认为MBA教学应该以案例教学为主;有的则认为应以理论修养的培养为主;也有的主张像哈佛商学院那样采用大量的案例教学,甚至可以取消传统的教师讲解的形式……这些不同的观点在讨论过程中争论得比较激烈,眼看讨论时间将近尾声,但与会代表为了充分表达自己的主张,很难“刹车”。

问题

如果现在你是这次研讨会的主席,面对这种不同主张分立的局面,你该如何应对?你又该如何就研讨的问题做总结?

1. 议程的控制

如果会议中设有司仪,议程是由司仪宣布的,但是议程转换的决定权却在会议主席手中。一般会议的议程应包含主席宣布开会、报告出席人数、报告会议议程、宣读上次会议记录、报告上次决议案执行情况、进行本次会议预定讨论事项、临时动议、宣读决议事项、散会等程序。

2. 时间的掌握

马拉松式的会议通常收不到较好的效果，一般的会议最好不要超过两个小时，否则与会者会身心俱疲，根本无心恋战，因此主席必须有时间观念，在开会前就宣布此次开会的预定持续时间，并在计划时间内完成会议目标。

3. 问题的澄清

会议中所讨论的问题往往不够明确，例如："目前工厂交货不顺如何解决?""是所有的货都不顺还是少数几样?""所谓的交货不是指生产落后抑或品质发生问题?"这些问题如果能以明确的数字或事实加以描述，将可以使问题具体化，避免牛头不对马嘴的讨论。

4. 争论的解决

会议中难免有些争论，如果争论得不到实时解决，将会影响后续的议程，因此会议主席如果发现争论过于冗长无法解决，应适时插入，或者做出表决，或者延至下次议题中讨论。

5. 避免讨论离题

会议中讨论离题是常有的事，有的借着会议大吐苦水，有的则尽在鸡毛蒜皮的事件上大作文章，此时主席应委婉制止，将讨论拉回主题。

6. 防止少数垄断

会议中难免有些人态度较为专横，气势凌人，频频要求发言，此时主席应让其他人有发表意见的机会。

7. 决议的确认

会议中决议如未经确认，经常会船过水无痕，只被当成意见而不被视为决议来认真执行，甚者发生混淆，与当初的决议大相径庭，因此主席有必要对决议予以确认。

8. 引发注意力

一般会议并不如头脑风暴会议一样热烈有趣，因此并非人人都有参与的兴趣，所以如何引发注意力、避免有人打瞌睡或私人谈天是主席的工作。

9. 鼓励参与

会场开放而热烈的讨论气氛是会议成功的基础，如此才能搜集到各方的意见，因此主席应创造一个民主、开放、自由的讨论空间，让每个人畅所欲言。

10. 维持会场秩序

开会最怕有人不遵守规定，例如随意走动、私下聊天、任意发言等，因此主席必须随时制止任何破坏会议进行的行为。

## 七、如何参与会议

一般人都不喜欢会议,但是如果我们从另一个角度来看,个人透过会议却可以说服别人接纳自己的意见,或者表现自己的才华。会议并不是一件令人厌恶的事情,我们不但要摒弃消极的心态,而且要以积极的态度做好参加会议的准备。

1. 参加会议前的准备

当你接到会议通知时,首先要考虑几个问题。

(1) 与会者有哪些人？不同的与会者将会影响会议的进行及结果,从与会者名单亦可预测会议中将会有哪些意见被提出,如果阻力大于助力则应尽早安排对策。

(2) 会议的目的是什么？会议有各种不同的召开目的,有的是老调重弹,有的是为了集体分担责任,也有的是为了找到最佳的创意,根据不同的会议目的应早做准备。

(3) 应准备哪些资料？会议中如果需要报告,或者可能被询及相关事项,就必须在事前准备,才能给人专业的印象。有时如果预知会议中将有争议,亦要在事前搜集佐证的资料,才有可能说服对方。

2. 会议中应注意的事项

(1) 提早到达会场。开会迟到是一种极不礼貌的行为,同时也给人不好的印象,开会时如果提早到场,不仅可以选择较佳的座位,同时也可以和其他与会人员先行交换意见,搜集必要的情报。

(2) 不要中途离席。除非万不得已,否则不要随意中途离席,中途离席不仅失礼,同时等于宣布放弃表达意见的权利。

(3) 仪容要整洁。一个人的魅力不仅可以从谈吐中表现出来,也可以经由仪容外表显露出来,因此参与会议一定要特别注意自己的仪表。

(4) 发言简单扼要、切中主题。所谓“行家一出手,便知有没有”,过于冗长累赘的发言往往令人不知所云。

**思考·讨论·分析**

1. 回想你认为无效的会议(学校、工厂、社团等),找出对会议效果产生负面影响的主要因素,说明无效果的计划和不合适的会议控制是怎样影响会议进程的。

2. 选择一次你必须定期出席并与工作有关的会议,设计一个具体的会议主持程序,说明在会议主持中,你所设计的程序如何克服会议主持中的困难。

# 本 章 小 结

1. 激励是一种特殊类型的沟通,通常发生在组织内部,并与组织的目标相关,然而,人们的动机具有多样性和复杂性,而激励是内在的,因此不存在什么最好的方法,真正的激励取决于由管理者营造的氛围。

2. 激励沟通原则:要了解下属的需求;要做到因人而异进行沟通;要了解沟通者的类型;重视评价;注重反馈。

3. 激励沟通模式:管理者工作当中的语言,从语言模式上来说包含了P(Parent)模式、A(Adult)模式和C(Child)模式三种,对应不同模式形成五种类型。在沟通过程中,管理者应当注意各种语言沟通类型的匹配,这样才能保证沟通的顺利进行。

4. 团队在组织中十分普及,根据每个团队存在的目的不同,我们可以将团队归结为四种类型:问题解决型团队、自我管理型团队、多功能型团队和虚拟型团队。

5. 团队的发展是一个动态过程,大多数团队都处于不断变化的状态下。虽然团队可能永远也达不到彻底稳定的状态,但我们依然可以用一个一般模式来描述团队的发展历程。研究表明,团队发展经过形成阶段、震荡阶段、规范阶段和执行阶段四个阶段。

6. 我们根据士气和生产力的高低两个尺度来识别团队的发展阶段,分别从四种管理职能来看管理团队的工作:计划、组织、领导、控制。

7. 处理冲突的能力是管理者需要掌握的重要技能之一。冲突的过程分为五个阶段:潜在的对立(或不一致),认知和个性化,行为意向,行为,结果。

8. 解决破坏性冲突的方法:(1) 了解你基本的冲突处理风格是什么样的;(2) 审慎地选择你想处理的冲突;(3) 评估冲突当事人;(4) 评估冲突源;(5) 进行最佳选择。

9. 激发建设性冲突的方法:(1) 改变组织文化;(2) 运用沟通;(3) 引进外人;(4) 改变组织结构;(5) 鼓励竞争。

10. 谈判有两种基本方法:分配谈判和综合谈判。

11. 阻碍有效谈判的决策偏见:(1) 承诺的非理性增加;(2) 虚构的固定效益观念;(3) 固定与调整;(4) 构建谈判;(5) 信息的可得性;(6) 成功者的苦恼;(7) 过于自信。

12. 会议依照目的及性质的不同大致可分为五大类:宣达会议、检讨会议、协调会议、解决问题会议、搜集意见会议。

13. 如何进行会议沟通:确定会议沟通模式;明确会议目的;确定与会者构成;做好会议的筹备工作;明确会议议程;做好会议记录。

## 冲突处理风格自我评估

当你与其他人意见不一致时,你是否经常用下列方式来表示:

1. 我会进一步了解我们之间的不一致,而不是立刻改变自己的看法或强加给他人我的看法。

2. 我坦诚地表明自己的不同意见,并欢迎有关这一方面的进一步讨论。

3. 我寻求一种双方共同满意的解决办法。

4. 我要确保自己的意见被倾听,而不能让别人不听我的意见就下结论。当然,我也会认真听取别人的意见。

5. 我采用折中办法,而没有必要非去寻求完全满意的解决办法。

6. 我承认自己错了一半而不去深究我们的差异。

7. 我总是迁就别人。

8. 我希望自己只说出了真正想说的一部分。

9. 我完全放弃自己的看法,而不是改变别人的意见。

10. 我把有关这一问题的所有矛盾搁置在一旁暂不考虑。

11. 我很快就会同意别人的观点而不去争论。

12. 一旦对方对某一争论感情用事,我很快就会放弃。

13. 我试图战胜其他人。

14. 我要不惜一切代价取得成功。

15. 对于一项好的建议,我从不退缩。

16. 我更愿意取胜,而不是妥协。

说明:先给全部选择打分,经常 5 分,有时 3 分,很少 1 分,然后计算每组的总分,分组如下:

① 13—16 题　　② 9—12 题　　③ 5—8 题　　④ 1—4 题

分别对每组进行分析。任何一组得分在 17 分或以上的,属于高程度;得分在 12—16 分属于较高;得分在 8—11 分属于较低;得分在 7 分或以下属于低程度。

A、B、C 和 D 组分别代表不同的冲突解决策略。

A——强迫/支配:我赢,你输。

B——和解:我输,你赢。

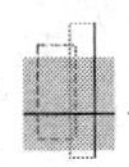

C——妥协:双方都有所赢、有所输。

D——合作:我赢,你也赢。

虽然我们中的大多数人都有因地制宜改变自己对冲突的态度的能力,但每个人都有自己处理冲突的习惯风格。此问卷能够帮助你认识你处理问题的基本风格。

你也许能够改变你的基本风格以适应某种冲突环境,但是你的基本风格表明你最可能采取的行为和最经常采用的冲突处理方式。

## 自我评价

一、会议主席自我评估问卷(见表12-10)

**表12-10 会议主席自我评估表**

| | | | | | | | | |
|---|---|---|---|---|---|---|---|---|
| 我知道这次会议要实现的目的 | 1 | 2 | 3 | 4 | 5 | 6 | 7 | 我不知为什么举行会议 |
| 我至少在会前两天发出会议议程 | 1 | 2 | 3 | 4 | 5 | 6 | 7 | 我在会上发放会议议程 |
| 我选定或影响对与会者的选择 | 1 | 2 | 3 | 4 | 5 | 6 | 7 | 我让与会者的各部门代表决定 |
| 我检查会议室及其布置情况 | 1 | 2 | 3 | 4 | 5 | 6 | 7 | 开会时我才去看看 |
| 讨论中我概括总结相关要点 | 1 | 2 | 3 | 4 | 5 | 6 | 7 | 我让他们自己做出总结 |
| 我不打断会议进程 | 1 | 2 | 3 | 4 | 5 | 6 | 7 | 我经常打断会议进程 |
| 我提清楚、公开的问题 | 1 | 2 | 3 | 4 | 5 | 6 | 7 | 我问无关的、保密的问题 |
| 我感到轻松且精力集中 | 1 | 2 | 3 | 4 | 5 | 6 | 7 | 我感到紧张难以放松 |

评分

如果你的得分为27分或以下,那看来你的会议主持得很好,得分在36分以上则预示着你可能在会议主席角色方面存在着某些问题。

二、会议参与者自我评估问卷(见表12-11)

**表12-11 会议参与者自我评估表**

| | | | | | | | | |
|---|---|---|---|---|---|---|---|---|
| 我清楚我开会要实现什么 | 1 | 2 | 3 | 4 | 5 | 6 | 7 | 我不知道为什么要举行会议 |
| 我在会前已看了议程和附件 | 1 | 2 | 3 | 4 | 5 | 6 | 7 | 我开会时才看会议议程 |
| 我与其他与会者交流了对主要议程的看法 | 1 | 2 | 3 | 4 | 5 | 6 | 7 | 我在会上了解与会者的看法 |
| 我已告诉主席我支持议程上的某个议题 | 1 | 2 | 3 | 4 | 5 | 6 | 7 | 我在开会时告诉主席我的观点 |
| 我讲话清楚简洁、相互关联 | 1 | 2 | 3 | 4 | 5 | 6 | 7 | 我随意漫谈进行无谓评论 |
| 我不打断会议 | 1 | 2 | 3 | 4 | 5 | 6 | 7 | 我经常打断会议 |
| 我提清楚、公开的问题 | 1 | 2 | 3 | 4 | 5 | 6 | 7 | 我问无关的、保密的问题 |
| 我提出解决问题的新方法 | 1 | 2 | 3 | 4 | 5 | 6 | 7 | 我只关心自己的事 |
| 我感到轻松且精力集中 | 1 | 2 | 3 | 4 | 5 | 6 | 7 | 我感到厌烦紧张难以放松 |

评分

如果你的得分为30分或30分以下,看来你的参与状态良好;若得分在

40分以上,可能预示着你对会议及你在其中的角色的认知有某些问题。

## 仿真谈判模拟

**目的**

灵活运用所学专业知识和技能,具备组织和实施商务谈判活动的初步能力。

**实施**

(1) 分组:要求参加实训的学生分成两组,分别扮演谈判双方。

(2) 各组根据成员具体情况分配角色,实施分工,组成谈判团队。

(3) 两组成员根据各组所收集的信息、制订的计划进行模拟谈判。

(4) 达成可操作性的协议条款,签订正式合同。

(5) 教师总结。

**参考资料**

佳康乳品企业是北方某省会城市的一家小型企业,成立不久,以贴牌生产的方式与邻省一家乳品企业合作,生产袋装酸奶。佳康乳品企业拥有自己的牌子,提供包装,对方为佳康乳品企业加工。由于该企业的酸奶在邻省同类产品中销量第一,质量和口感都很不错,而佳康乳品企业提供的包装无论是设计还是材料在同类产品中也是很好的,所以产品应该有较强的竞争力。

唯一的遗憾就是上市的时间比较紧张,公司决定产品在“六一”正式上市,同时开展大规模的促销活动,计划选择四家超市进行入场谈判。

鸿祥超市是一家地方性知名连锁超市,开店数量多,网点分布合理,是佳康乳品企业首先考虑的合作对象。

佳康乳品企业销售部与鸿祥超市采购部已预约好商谈时间,届时佳康乳品企业将派相关人员如期前往谈判,将重点就价格、入场、维护、促销、结款等问题展开讨论。

**相关情况提示**

具有一定销售额的零售商都具有这样的心态:零售商一般不敢得罪市场第一和第二品牌,虽然从这些品牌身上拿不到什么利益,但消费者认可该产品,零售商也没办法,毕竟这些品牌为零售商带来营业额、消费人群,一定程度上制造了零售场所的商业氛围。同时零售场所又不希望强势品牌的销售额过大,以免受制于强势品牌。所以在进入零售场所的时候你需要考虑到自己的产品到底处于哪个位置。一般来讲,刚进入时首先要吃掉第三和第四品牌的份额(首先要求生存),然后再向第二品牌发起冲击,最后使自己的产品占据第二位。领导品牌的份额在短期内真的很难撼动,需要很长一段时间去竞争。很多的数据分析也证明了这一点。在进入零售场所之前你必须很清晰地将自己的产品定位,一般都是将自己的产品定位为第二品牌的挑战者。

任何一个零售场所的销售总量都是有限度的(定值),零售场所往往在维持一种平衡,希望从每个品牌都能拿到利益。你的产品进入必然引起其他品牌的销量下滑,这时其他品牌就会投资。零售场所也乘机从中得益。零售场所很多时候会挑起品牌之间的竞争,所以对自己产品的销售要有清楚的估算。

新品牌和弱势品牌通常是零售场所欺诈的主要对象,可零售场所又不希望这些品牌消失,总是希望不断地索取。所以在刚开始时不要一下子把资源用尽。"假如你有十块钱花,那你开始只能用两块,其他的要留着以后用。"

零售场所通常对品牌施加的手段是调整零售价和进货时限量,所以很多时候要沉住气,尽可能保护自己的利益(采取一些反牵制的手段),而且某些时候态度要很强硬。因为双方是平等的(尽管你有求于它但不能太过表露出来),一味地付出、退让只能让别人得寸进尺地把你榨干。很多时候要显示一下"霸气"。

## 管理沟通的启示

### 冲突与沟通氛围

冲突处理所需要的不仅仅是管理者的洞察力,也不仅仅是一个决定性的"法规",而是沟通的灵活技巧。那些具有娴熟沟通技巧的人能够意识到所有参与者的需求并且能有效地处理冲突,从而留给参与双方一种成就感(当然,这种说法是基于所有的参与者都能对对方的假设以诚相待)。一个行之有效的方法可以满足双方处理冲突的需要,即注重培养一种鼓励性沟通的和谐氛围。

| | |
|---|---|
| 问题导向 | 着眼于需要做的事;将讨论置于更广泛组织的目标范围 |
| 平等性 | 公平对待每一位参与者 |
| 描述性 | 明确参与双方各自的立场和目标;将讨论置于一定范围内 |
| 理解性 | 给参与双方以真诚的关注 |
| 临时性 | 以开放的态度看待所有的参与者;过去的方法可能不再适合今天的环境 |
| 自发性 | 适应过程的发展;不要带着事先想好的处理方法介入该过程 |

## 管理冲突

当管理者面对的冲突水平过高、需要降低其水平时,我们可以提供哪些建议?不要误以为对某种冲突的处理意向是放之四海而皆准的,你应该选择一种最符合当前情境的处理意向。下面提供一些具体的行动指南。

1. 运用竞争

当遇到如下情形时,应当采取竞争策略来对待团队冲突。

当快速决策非常重要的时候,比如碰到了紧急情况,必须采取某种方式。例如工厂发生了危险化工原料泄露事件,这时可能会有几种不同的处理意见,作为团队领导在平衡各种方法的可行性、经济性的基础上,还必须要快速反应,这时为了尽快开展行动,就有必要采取竞争策略。

执行重要的但不受欢迎或不为多数人理解的行动计划,如缩减预算、执行纪律、裁减人员等,虽然这些措施对企业的发展是有利的,但有一部分人的利益将在此过程中受到损害,抵触和冲突不可避免,在这种情形下是难以取得全体成员的理解和认可的,因此常常也被迫采取竞争策略,我们常见到各类文件、报道中提到的“力排众议”,指的就是这种情形。

另外一种采取竞争策略的原因是出于政治因素。公司政治是一个不可能回避的话题,在某些情形下,比如在团队建设的初期,团队领导需要树立威信,或领导履新之时,往往要借助一些事件来树立权威,或是在一些特殊阶段,需要打击竞争对手等。在这类情形下采用竞争策略,则可以建立起雷厉风行、敢做敢当的形象,当然同时也可能会获得刚愎自用、脱离群众的评价。

2. 运用迁就

当需要维护团队和谐关系,或为了团队的长远建设和发展时,应考虑采用迁就策略,比如:当发觉自己的观点有错误时,应当放弃自己错误的观点,不必执迷不悟;当员工犯错误时,也不必穷追猛打,只要不是原则性的严重错误,就应当给员工提供改正错误的机会;当事情对于别人来说更具有重要性时,不妨迁就他人,换取对方的理解和支持。如果坚持竞争难以取得成效,或坚持竞争可能会带来破坏性的结果、损坏要达成的目标,不妨采用迁就策略。

在团队建设的特殊时期,如当团队遇到严重困难和挑战的时候,和谐比分裂更重要,或当氛围比成果更重要的时候,往往就需要所有团队成员多一些宽容和迁就。

3. 运用回避

在一些特定的条件下,不妨采取回避策略:当冲突事件无足轻重,或是问题很严重根本无法解决的时候，不妨听之任之；当对方过于冲动，或解决问题所需的条件暂不具备的时候，不妨暂时回避，让对方冷静下来，或争取解决冲突的条件；当其他人比自己能更有效地解决问题的时候，也可回避一下，让更合适的人出面解决；当坚持解决分歧，可能会破坏关系，导致问题往更严重的方向发展的时候，可采取回避策略。

4. 运用协调

当双方的利益都很重要，而且不能够折中，需要力求一致的解决方案的时候；当需要从不同角度解决问题，平衡多方利益的时候；当为了获得他人的承诺，或是满足对方利益可能争取自己或团队整体的更大利益的时候，宜采取协调策略。

5. 运用折中

当目标的重要性处于中等程度，或属于非原则性问题时；当双方势均力敌，难以对一方形成压倒性优势，或难以找到互惠互利的解决方案时；当面临时间压力或问题非常棘手、复杂，没有更多的时间实施合作策略时，宜采取折中策略。

# 参考文献


1. *Engineering Management & Communication*，澳方启思蒙学院教材，2007。

2. 查尔斯·E.贝克著，康青、王蔷、冯天译，《管理沟通——理论与实践的交融》，中国人民大学出版社，2003。

3. 斯蒂芬·P.罗宾斯，《组织行为学精要：全球化的竞争策略（第6版）》，电子工业出版社，2004。

4. 哈罗德·孔茨、海因茨·韦里克，《管理学（第十版）》，经济科学出版社，2002。

5. 斯蒂芬·P.罗宾斯，《管理学（第7版）》，中国人民大学出版社，2006。

6. 威廉·埃利特著，刘刚、钱成译，《案例学习指南：阅读、分析、讨论案例和撰写案例报告》，中国人民大学出版社，2009。

7. 魏江、严进，《管理沟通——成功管理的基石（第2版）》，机械工业出版社，2010。

8. 邹中棠，《要成功先沟通》，机械工业出版社，2010。

9. 张玉利，《管理学（第二版）》，南京大学出版社，2004。

10. 张炳达、陈婧、杨慧，《商务与管理沟通》，上海财经大学出版社，2010。

11. 戚安邦，《项目管理学》，南开大学出版社，2003。

12. 孙莉，《同事如何相处》，http://www.eshuba.com。

13. 程艳霞，《管理沟通（修订版）》，武汉理工大学出版社，2005。

14. 《管理沟通讲义》，http://hexun.com/hktk66。

15. http://doc.mbalib.com/view/36203caa2cb1fc07c52d4cbe675487dd.html。

16. 南志珍，《管理沟通》，中国物价出版社，2006。

17. 崔佳颖，《组织的管理沟通》，中国发展出版社，2007。

18. 胡巍，《管理沟通：游戏66》，山东人民出版社，2007。

19. 辛海，《团队为赢——造就卓越团队的第一行为准则》，中华工商联合出版社，2007。

20. 马鸿展，《团队领道》，清华大学出版社，2007。

21. 姚裕群，《团队建设与管理》，首都经济贸易大学出版社，2009。

22. 靳娟，《跨文化商务沟通》，首都经济贸易大学出版社，2010。

23. 承钢，《口才训练教程》，山西师范大学基础教学科研部内部教材。

24. 柳青、蓝天，《有效沟通技巧》，中国社会科学出版社，2003。

25. 钱佳，《国际商务书面沟通的基本原则》，《中国教育技术装备》，2008(16)。

26. 张岩松、陈百君、周宏波，《现代管理学案例教程》，清华大学出版社、北京交通大学出版社，2009。

27. 胡建宏、刘雪梅，《管理学原理与实务》，清华大学出版社，2010。

28. 卢建昌、牛东晓，《电力企业管理》，中国电力出版社，2007。

29. 宗蕴璋,《现代企业管理》,中国电力出版社,2004。

30. 国家电网公司农电工作部,《农村供电所人员上岗培训教材》,中国电力出版社,2006。

31. 黄漫宇,《商务沟通》,机械工业出版社,2010。

## 教师反馈及教辅申请表

北京大学出版社以“教材优先、学术为本、创建一流”为目标，主要为广大高等院校师生服务。为更有针对性地为广大教师服务，提升教学质量，在您确认将本书作为指定教材后，请您填好以下表格并经系主任签字盖章后寄回，我们将免费向您提供相应教辅资料。

<table>
<tr><td>书号/书名/作者</td><td colspan="4"></td></tr>
<tr><td>您的姓名</td><td colspan="4"></td></tr>
<tr><td>校/院/系</td><td colspan="4"></td></tr>
<tr><td>您所讲授的课程名称</td><td colspan="4"></td></tr>
<tr><td>每学期学生人数</td><td colspan="2">________ 人　________年级</td><td>学时</td><td></td></tr>
<tr><td>您准备何时用此书授课</td><td colspan="4"></td></tr>
<tr><td>您的联系地址</td><td colspan="4"></td></tr>
<tr><td>邮政编码</td><td></td><td>联系电话<br>（必填）</td><td colspan="2"></td></tr>
<tr><td>E-mail（必填）</td><td></td><td>QQ</td><td colspan="2"></td></tr>
<tr><td colspan="3">您对本书的建议：</td><td colspan="2">系主任签字<br><br>盖章</td></tr>
</table>

**我们的联系方式：**


北京大学出版社经济与管理图书事业部

北京市海淀区成府路 205 号，100871

联 系 人： 徐　冰

电　　话： 010-62767312 / 62757146

传　　真： 010-62556201

电子邮件： em@pup.cn　　xubingjn@yahoo.com.cn

网　　址： http://www.pup.cn

微　　博： 北大出版社经管图书，http://weibo.com/pupem